W0305096

STEPHEN HOLMES

Die Anatomie des Antiliberalismus

Aus dem Amerikanischen von
Anne Vonderstein

Rotbuch Verlag

ROTBUCH RATIONEN
Herausgegeben von Otto Kallscheuer

Die Deutsche Bibliothek – CIP-Einheitsaufnahme

Holmes, Stephen:
Die Anatomie des Antiliberalismus / Stephen Holmes. Aus dem Amerik. von Anne Vonderstein. – 1. Aufl. – Hamburg : Rotbuch-Verlag, 1995
(Rotbuch Rationen)
Einheitssacht.: The Anatomy of Antiliberalism <dt.>
ISBN 3-88022-466-8

1. Auflage 1995

Originaltitel: The Anatomy of Antiliberalism

Published by arrangement with Harvard University Press
Lektorat: Peter Hammans
Umschlaggestaltung: Michaela Booth
Herstellung: Das Herstellungsbüro, Hamburg
Satz: Greiner & Reichel Fotosatz, Köln
Druck und Bindung: Druckerei Wagner, Nördlingen
Printed in Germany 1995
ISBN 3-88022-466-8

INHALT

VORWORT

»On devra écraser tout ce qui subsiste du libéralisme dans les esprits.« *Charles Maurras*

Die Verachtung des »Liberalismus« ist keine bloß vorübergehende Modeerscheinung des ausgehenden 20. Jahrhunderts, sondern spätestens seit der Französischen Revolution ein immer wiederkehrendes Merkmal der westlichen politischen Kultur. Im 19. Jahrhundert verhöhnten die Gegner der Aufklärung, unter ihnen Joseph de Maistre und Friedrich Nietzsche, liberale Ideen und Zielsetzungen, und in den zwanziger und dreißiger Jahren unseres Jahrhunderts waren sich extreme Rechte wie extreme Linke einig zumindest in einem: in ihrer unversöhnlichen Feindschaft gegen den Liberalismus. In abgeschwächter Form hat sich diese Einstellung bis auf den heutigen Tag auch an amerikanischen Universitäten erhalten. Selbst im Jahrhundert Hitlers und Stalins haben einige Professoren nichts Besseres zu tun, als ausgerechnet den Liberalismus als Erzfeind zu brandmarken.

Aber was mag der Grund dafür sein, daß einige führende amerikanische Intellektuelle eine Denkrichtung beschimpfen, die sich unter anderem die Meinungsfreiheit auf die Fahnen geschrieben hat? Die Tendenz dazu bahnte sich mit dem versteckten, aber geradezu hypnotischen Einfluß Martin Heideggers an, dessen strikte Verurteilung der »Moderne« Hannah Arendt und Leo Strauss dem Denkhorizont ihres amerikanischen Publikums anpaßten. Sie zögerten, dem Amerika, das ihnen als Immigranten Zuflucht geboten hatte, zu verkünden, daß der »Verfall« der Moderne auf die »Seinsvergessenheit« zurückzuführen sei, wie Heideggers hochgestochene Formulierung lautete. Dergleichen hätten ihre kulturell zurückgebliebenen Leser dann wohl doch nicht verstanden. Hannah Arendt zufolge ist der Verfall das Ergebnis unseres Abweichens von der griechischen Polis; nach Strauss ist er darauf zurückzuführen, daß wir das klassische Naturrecht aus den Augen verloren haben. Unterdessen halfen Herbert Marcuse, Theodor W. Adorno und andere Repräsentanten der Frankfurter Schule, Heideggers These zu verbreiten, daß der »moderne Mensch«, dem seine ursprüngliche Naturverehrung abhanden gekommen sei, ein im wesentlichen instrumentelles Verhältnis zur Welt einnehme. Der Hang zum instrumentellen Denken, so argumentierten sie, sei das Hauptmerkmal unserer »gefallenen Natur«; daran gewöhnt, die Natur instrumentell zu betrachten, dächten wir auch instrumentell übereinander.

In den fünfziger und sechziger Jahren verbreitete sich Heideggers Gedankengut in »amerikanisierter« und gewissermaßen profanisierter Form an amerikanischen Universitäten. Aber schon in den siebziger und achtziger Jahren hatte sich die Situation grundlegend gewandelt. Die Angriffe auf die »Moderne« waren Angriffen auf »den Liberalismus« gewichen, aber die zugrunde liegende Feindseligkeit, die Herabsetzung und der Ton scharfer Kritik blieben unverändert, wenn auch die Terminologie eine andere geworden war. Beispiele hierfür sind Alasdair MacIntyres Werk *Der Verlust der Tugend* und Roberto Ungers *Knowledge and Politics.* Es ist nahezu unmöglich, diese einflußreichen Werke (deren Gedanken sich inzwischen in den politischen Kommentaren der Tagespresse wiederfinden) in ein Rechts/Links-Schema einzuordnen, aber offene Ablehnung oder sogar Verachtung liberaler Politik und liberaler Ideale ist beiden gemeinsam. MacIntyre macht kein Geheimnis aus den religiösen Wurzeln seines Antiliberalismus; er spottet über »säkulare Vernunft«, bewundert »Autorität« und äußert sich abfällig über das »demokratische Ich«. Unger hingegen hat die traditionalistischen Aspekte seines frühen Antiliberalismus (die Betonung von Sicherheit und gesellschaftlicher Stabilität) neuerdings aufgegeben und legt statt dessen in Anlehnung an Nietzsche heute Wert auf freie Selbstentfaltung, Kreativität und uneingeschränkte Willensfreiheit. Die vorliegende Studie wird sich eingehend mit den Schriften dieser beiden Kritiker des Liberalismus auseinandersetzen.[1] Allerdings sollte man gleich zu Beginn klarstellen, daß ihre Hauptthesen keineswegs neu sind: Ihr Stammbaum reicht weit hinein in die Vergangenheit. Gerade weil zeitgenössische Antiliberale ihre Vordenker oftmals leugnen, ist es wichtig, ausdrücklich auf die Vorläufer des modernen Antiliberalismus hinzuweisen. Für ihre zentralen Ideen legen die antiliberalen Zeitgenossen gewöhnlich einen den Konventionen angepaßten, oder genauer gesagt, einen bereinigten Stammbaum vor. So beruft sich etwa MacIntyre auf Aristoteles und Thomas von Aquin, ohne die erbitterten Angriffe auf die liberale Idee und die liberalen Institutionen, die so bestimmend und bedrohend für das politische Denken im 19. und 20. Jahrhundert waren, überhaupt zu erwähnen. Und er ist mit diesem Vorgehen beileibe kein Einzelfall.

Schillernde, wenn auch mittlerweile in Verruf geratene, faschistische Theoretiker wie Giovanni Gentile und Carl Schmitt griffen die liberale Tradition heftig an. Ihre Vorwürfe richteten sich gegen den atomistischen Individualismus des Liberalismus, seinen Mythos vom vorgesellschaftlichen Individuum, seine Geringschätzung des Organischen, sein Desinteresse an der Gemeinschaft, seine Mißachtung der Tatsache, daß der Mensch zu einem größeren Ganzen gehört, seinen Glauben an den Primat der Gesetzgebung, seine Flucht vor »dem Politischen«, seine kritiklose Hinnahme ökonomischer Kategorien, seinen moralischen Skeptizismus bzw. Nihilismus, seine Präferenz für abstrakte verfahrensrechtliche Entscheidungsprozesse und Gesetze im Gegensatz zu substantiellen Werten und Bindungen sowie schließlich gegen sein trügerisches Vertrauen auf ein angeblich neutrales Recht.[2] All dies klingt merkwürdig vertraut.

Wir wollen zwei Beispiele herausgreifen und näher betrachten. MacIntyre zufolge sehen die Liberalen »in der sozialen Welt nichts als einen Treffpunkt individueller Willen«. Ähnlichem Geist verpflichtet, kritisiert Unger »das liberale Konzept der Gesellschaft als eine Verbindung unabhängiger und miteinander ringender Individuen« und beschuldigt den Liberalismus, er halte die Gesellschaft für »ein Schlachtfeld verschiedener Willen«, auf dem jeder einzelne »isoliert« sei von allen anderen. Auch diese Behauptungen haben Vorläufer, mehr noch, sie fordern den Vergleich mit einigen Verkündungen faschistischer Denker geradezu heraus, etwa mit Gentiles Bemerkung, »der Irrtum des alten Liberalismus [ist] ein atomistischer Gesellschaftsentwurf, demzufolge die Gesellschaft eine zufällige Gruppierung und Begegnung von abstrakten Individuen ist.«[3]

In ähnlicher Weise glaubt MacIntyre den Liberalismus schon mit folgendem Hinweis widerlegen zu können: »Ich trete der Welt als Mitglied dieser Familie, dieses Hauswesens, dieser Sippe, dieses Stammes, dieser Nation, dieses Königreichs gegenüber. Es gibt kein anderes ›Ich‹ getrennt davon.« Auch Unger versucht die Ideen des klassischen europäischen Liberalismus mit der Feststellung zurückzuweisen, sie betrachteten »das Subjekt als Individuum, dessen Eingebundensein in Gruppen ein sekundäres Merkmal seiner Existenz« sei. Aber MacIntyres und Ungers tendenziöse Hinweise auf die soziale Natur des Menschen sind bereits bis in die Einzelheiten hinein in den protofaschistischen Kampfschriften eines Charles Maurras vorweggenommen: »Der Liberalismus versucht, das Individuum aus seinen natürlichen und historischen Bedingungen zu lösen: Er befreit es von seinen Familienbindungen, seinen Arbeitsbeziehungen sowie von allen anderen gesellschaftlichen und traditionellen Bindungen.«[4] Maurras zufolge befindet sich der Liberalismus darüber hinaus in einem antisozialen Kreuzzug gegen alle moralischen und sinnvollen Formen menschlicher Zusammengehörigkeit.

Wenn ich solche Zitate einander gegenüberstelle, ziele ich *nicht* darauf ab, aus Ähnlichkeiten Schuldzuweisungen abzuleiten. Ich will also, anders gesagt, nicht behaupten, MacIntyre und Unger seien Quasi-Faschisten, Sympathisanten der Faschisten oder gar wirklich Faschisten, wenn auch mit menschlichem Antlitz. Vielmehr will ich damit sagen, daß sie eine Rhetorik angenommen und weitergegeben haben, ohne deren Geschichte und Implikationen zu reflektieren. Ich möchte dem zeitgenössischen Antiliberalismus in Amerika nicht gefährliches Gedankengut unterstellen und sorge mich nicht um die praktischen Konsequenzen dieser Schriften. (Die historischen Umstände, in denen sie erscheinen, machen sie politisch ungefährlich.) Statt dessen möchte ich darauf aufmerksam machen, wie radikal unhistorisch und daher unklar ihr Denken ist. Die Antiliberalen sprechen fortwährend von Verwurzelung und Traditionen, sie klagen über den tiefgreifenden Mangel an historischem Bewußtsein, der für die Moderne charakteristisch sei, übersehen jedoch dabei geflissentlich ihre eigene intellektuelle Herkunft.

Dabei wäre es ihnen ein Leichtes, sich von den bedenklichsten ihrer Vorgänger zu unterscheiden, denn immerhin idealisieren sie »Gemeinschaft«, nicht »Staat« oder »Volk«; sie rufen nicht nach einem Führer, dem sie folgen wollen; sie erfinden keine Sündenböcke und suchen nicht paranoid nach realen Feinden, die sie vernichten können und anderes mehr. Aber sie bemühen sich nicht im geringsten, den Unterschied zwischen sich selbst und den faschistischen Theoretikern zu erläutern, deren Rhetorik von ihrer eigenen nur allzu oft nicht unterscheidbar ist. Daher lassen sie ihre Leser ratlos zurück.

Unbedacht beklagen sie, um nur ein weiteres Beispiel zu nennen, dem liberalen Individuum fehle es an »konstitutiven Bindungen«, ohne jemals auch nur zu erwähnen, daß dieser Vorwurf lange Zeit das Herzstück antisemitischer Propaganda und politischer Attacken auf »entwurzelte«, jüdische Kosmopoliten ausmachte.[5]

Aber mangelndes Augenmerk für die Ursprünge und den politischen Mißbrauch, der mit ihren Lieblingsideen betrieben wurde, ist nicht der einzige Mangel, den man jüngeren antiliberalen Autoren vorwerfen kann. Meine Analyse der antiliberalen Autoren aus der Vergangenheit und der Gegenwart wird sich noch auf zwei weitere Defekte konzentrieren: auf ihre unrealistischen und wenig attraktiven politischen Gegenentwürfe und, noch wichtiger, auf die innere Widersprüchlichkeit ihrer Argumentation. Auch wenn ihre Kritik am Liberalismus manchmal durchaus gültig erscheinen mag, ist sie meistens übertrieben. Sicherlich weisen liberale Gesellschaften manche Nachteile auf, und auch einige Schriften liberaler Autoren sind mit Mängeln behaftet. Keineswegs will ich in der folgenden Analyse behaupten, liberale Institutionen und Theorien seien über jede Kritik erhaben. Ganz im Gegenteil: Sowohl liberale Gesellschaften als auch liberales Gedankengut sollten kritisiert werden – aber unabhängig voneinander und nacheinander, nicht gleichzeitig, wie die Antiliberalen es bevorzugen.

Wirksam läßt sich der Liberalismus nur dann kritisieren, wenn zwischen zwei Gegenständen klar unterschieden wird: zwischen liberalen Theorien und liberalen Gesellschaften. Diese Differenzierung ist deshalb unerläßlich, weil der Liberalismus immer zu einem gewissen Grad ein unrealisierbares Unterfangen bleiben wird. Die liberalen Gesellschaften verkörpern liberale Ideale nur sehr unzureichend, und daher muß eine gleichzeitige Kritik der Idee und der Realität zutiefst verwirren. Idealerweise kritisiert man liberale Theorien und liberale Gesellschaften also gesondert und jeweils in bezug auf sich selbst. Genau diese Unterscheidung aber weigern sich die Antiliberalen beharrlich zu treffen. Man könnte sogar weiter gehen und behaupten, daß eben dieser Widerwille, liberale Theorien und liberale Gesellschaften unabhängig voneinander zu untersuchen, ein Markenzeichen antiliberalen Denkens ist, denn die Antiliberalen gehen davon aus, daß die liberalen Gesellschaften das liberale Gedankengut in Gänze verkörpern. Daraus schließen sie, daß die offensichtlichen Mängel liberaler Gesellschaften direkt auf die Fehler liberaler Prinzipien zurückzuführen sind. Liberale Gesellschaften sind also deswegen mangelhaft, weil sie erfolgreich mit liberalen Ideen programmiert wurden. Wer so denkt, sieht natürlich keine Notwendigkeit, zwischen einer Kritik an liberalen Texten und einer Kritik an liberalen Institutionen zu unterscheiden. Beide Formen der Kritik, so glauben die Antiliberalen, sind tatsächlich ein und dasselbe.

Indes führt die leichtfertige Verquickung von theoretischer und institutioneller Kritik in die Irre. Sie hat zudem eine unselige praktische Konsequenz, denn sie schmälert die Bedeutung einer kritischen Bestandsaufnahme der liberalen Gesellschaft aus liberaler Sicht. Tatsächlich jedoch ist die liberale Kritik die wichtigste Form der Beurteilung, der liberale Gesellschaften unterliegen. Jedem Versuch, reformgesinnte Kritik zu erschweren, sollte man mit Mißtrauen begegnen. Wenn etwa eine Gesellschaft, die sich als liberal bezeichnet, nicht gleiches Wahlrecht für alle oder Gleichheit vor dem Gesetz garantiert, dann verletzt sie liberale Normen. Wenn sie Frauen, Schwarze oder Juden von verfassungsmäßigen Rechten ausschließt, die für alle Menschen gelten, dann ist sie in einer eindeutig illiberalen Weise organisiert. Darauf hinzuweisen ist eine der vordringlichsten Aufgaben politischer Kommentatoren. Aber eine solche Kritik ist nur auf der Grundlage einer scharfen Trennung zwischen Normen und

Gesellschaften möglich. Die Antiliberalen bagatellisieren solche *liberale* Kritik an vorgeblich liberalen Gesellschaften, wenn sie alle gesellschaftlichen Fehler als logische Konsequenz liberaler Ideen betrachten.

Liberale Theoretiker zu kritisieren ist nicht weniger wichtig, als liberale Gesellschaften zu kritisieren, und auch das kann durchaus von einem liberalen Standpunkt aus geleistet werden. Man denke etwa an Humes Angriff auf Lockes Theorie vom »Gesellschaftsvertrag«, an Mills Kritik an Bentham oder daran, daß sich Kantianer und Utilitaristen gegenseitig kritisieren. Liberale Autoren widersprechen sich selbst und einander und begehen alle erdenklichen logischen wie empirischen Fehler. Zudem können Vorstellungen mit der Zeit an Überzeugungskraft verlieren. So bieten etwa die meisten Werke des 18. Jahrhunderts keine angemessenen Antworten auf die drängenden Probleme des ausgehenden 20. Jahrhunderts: Überbevölkerung, Massenimmigration, die gewaltsame Verteidigung territorialer Grenzen, die wachsende Verbreitung von Nuklearmaterial, internationalen Terrorismus, Umweltzerstörung, die Vernichtung natürlicher Ressourcen usw. Die von mir im folgenden analysierten Antiliberalen beschränken sich jedoch in ihrer Kritik an liberalen Theorien und Schriften nicht darauf, die intellektuellen Schwachpunkte des Liberalismus offenzulegen oder nachzuweisen, daß er wegen radikal veränderter gesellschaftlicher Bedingungen heute nichts mehr zu sagen habe. Sie haben Größeres im Sinn. Sie begnügen sich nicht damit, nach intellektuellen Schwachpunkten des liberalen Denkens zu suchen oder dessen Unzeitgemäßheit nachzuweisen, sondern entdecken in ihnen die *Ursache der zeitgenössischen Krise*. Statt also, was vernünftig genug wäre, den Liberalismus als eine Strömung zu beurteilen, die den Problemen der Gegenwart mitunter nicht gerecht wird, sehen sie in ihm die einzige Quelle aller gegenwärtigen Probleme. Sie behaupten, um unsere augenblicklichen Probleme zu verstehen, müßten wir uns an die mangelhaften philosophischen Schriften halten, die die Moderne in Gang gesetzt haben. Bei dem Unterfangen, Bücher erbarmungslos kritisch zu interpretieren, handelt es sich wohl um eine verfeinerte Form der Soziologie. Die Untersuchung der klassischen liberalen Theorie kann demzufolge die Symptome gesamtgesellschaftlicher Fehlentwicklungen enthüllen. Die Annahme, daß die wichtigsten gesellschaftlichen Fehlentwicklungen theoretischen Fehlern entspringen, verleiht den höchst abstrakten Abhandlungen der Antiliberalen einen bemerkenswerten, wenn auch nicht ganz überzeugenden Anstrich von politischem Engagement.

Carl Schmitt und Leo Strauss teilen diese Grundannahme, so sehr sich beide ansonsten auch voneinander unterscheiden mögen. Sie behaupten außerdem, der Liberalismus sei übertrieben tolerant, eine Ideologie des »anything goes«. Ihr Vorwurf lautet, der Liberalismus übertreibe Toleranz derart, daß sie einer Kapitulation gleichkomme; er sei nicht in der Lage, sich gegen Angriffe zu verteidigen usw. Ein bescheidenes Anliegen des vorliegenden Buches besteht darin, diesen Vorwurf tatkräftig zu widerlegen, indem ich den Liberalismus sich selbst verteidigen lasse. Die Antiliberalen verachten den Liberalismus und sehen in ihm einen einzigen, enormen Fehler. Meine Entgegnung ist genauso streitbar wie die Schriften der Antiliberalen, kann sich aber, so hoffe ich wenigstens, auf genügend Belege stützen und ist fair. Streitbare Geister, die immerhin – wie die im folgenden untersuchten – die gesamte westliche Zivilisation, mit Ausnahme ihrer selbst natürlich, für verderbt und krank halten, können sich über einen Gegenangriff sicher nicht beschweren.

Obwohl ich ihnen denselben Dienst erweisen will, den sie den Liberalen geleistet haben – nämlich, die wesentlichen Defizite ihres Standpunktes hervorzuheben –, möchte ich doch nicht in ihren Manichäismus verfallen. Ich sehe in ihnen nicht, wie sie in den Liberalen, Verräter oder Teufel. Es sind lediglich Theoretiker, die zwar manch interessante oder gültige Einsicht haben mögen, sich aber in Widersprüche verwickeln und oft im Unrecht sind. Mein Ziel ist daher nicht, sie zu verdammen, sondern sie zu kritisieren. Im besten Fall werde ich meine Leser von den intellektuellen Unzulänglichkeiten der nichtmarxistischen Kritiker des Liberalismus überzeugen; im schlechtesten die nichtmarxistische Kritik am Liberalismus als einen zusammenhängenden Untersuchungsgegenstand der theoretischen Analyse und der streitbaren Diskussion zugänglich gemacht haben.

EINLEITUNG: WAS IST ANTILIBERALISMUS?

»Un jour viendra, et peut-être il n'est pas loin,
où Locke sera placé au nombre des écrivains qui ont fait le
plus de mal aux hommes.« *Joseph de Maistre*

Die Kritiker des Liberalismus lassen sich auf ganz einfache Weise zwei Gruppen zuordnen: der marxististischen und der nichtmarxistischen Schule. Während der Marxismus gründlich analysiert und erforscht ist, sind die nichtmarxistischen Angriffe auf den Liberalismus nur sehr selten unter einem primär theoretischen und kritischen Blickwinkel untersucht worden. Die Marxisten verurteilen den Liberalismus als die Ideologie der besitzenden Klasse: Seine Mängel führen sie ausnahmslos auf seine Funktion zurück, die Klassenprivilegien und die Klassenherrschaft zu legitimieren. Demgegenüber nehmen die nichtmarxistischen Gegner des Liberalismus einen anderen Standpunkt ein. Sie differenzieren kaum zwischen verschiedenen gesellschaftlichen Klassen und behaupten statt dessen, die liberale Ideologie habe alle Mitglieder der westlichen Gesellschaften befallen und erniedrigt, die Herrschenden wie die Beherrschten, die Arbeitgeber nicht weniger als die Arbeitnehmer.

Die Marxisten behaupten, die bürgerlichen Freiheitsrechte seien rein »formale« Rechte – nur einige wenige hätten ein Monopol auf diese Privilegien, die für die besitzlose Mehrheit so gut wie nutzlos seien. Die nichtmarxistischen Antiliberalen hingegen kritisieren das Ideal der individuellen Freiheit an sich, nicht seine nur auf wenige beschränkte oder unvollkommene Verwirklichung. Die marxistisch gesinnten Kritiker konzentrieren sich gewöhnlich auf das 19. Jahrhundert, als sich die industrielle Elite angeblich der Ideologie der individuellen Rechte bediente, um das einfache Volk zu unterdrükken. Die nichtmarxistischen Gegner des Liberalismus behandeln den Liberalismus des 19. Jahrhunderts hingegen meist im Zusammenhang mit seinen Vorläufern aus dem 17. und 18. Jahrhundert. Die Marxisten sind nicht weniger säkular gesinnt als die Liberalen – sie plädieren dafür, die Religion ganz und gar abzuschaffen, während die Liberalen sie entpolitisieren möchten. Die nichtmarxistischen Antiliberalen dagegen betrachten die Säkularisierung als eine moralische Katastrophe. Wie die Liberalen, so sehen auch die Marxisten ethnische Identität und nationale Solidarität als partikulare Atavismen. Während die Liberalen für eine Ethnizität ohne Militarismus eintreten, möchten die Marxisten diese ganz abschaffen. Im Unterschied dazu halten die nichtmarxistischen Antiliberalen die ethnische Entwurzelung für eine menschliche Katastrophe sondergleichen.

Hinzu kommen noch andere Unterscheidungsmerkmale von nicht geringer Bedeutung. Die Marxisten z.B. verherrlichen die Wissenschaft, die Technik und den ökonomischen Fortschritt. Für die Nichtmarxisten hingegen stellen die Autorität der Naturwissenschaft und die Verbreitung einer materialistischen Lebenseinstellung die zwei größten Sünden des Liberalismus dar. Sie betrachten sich, im Unterschied zu Marx, nicht als Erben der Französischen Revolution. Mehr noch, die Antiliberalen, so wie ich sie verstehe, sind sich einig darüber, daß der Marxismus und der Liberalismus einander zwar oberflächlich betrachtet entgegengesetzt sind, jedoch einen gemeinsamen Vorfahren haben und insgeheim Verbündete sind. Beide sind Nachkommen ein und derselben, spirituell verkümmerten Tradition der Aufklärung.[1]

Was ist Antiliberalismus?

Die Tradition des Antiliberalismus

Das vorliegende Buch beschäftigt sich nicht mit dem Marxismus; es handelt ausschließlich von der nichtmarxistischen Kritik an liberalen Theorien und Institutionen. (Auf sozialistische Autoren gehe ich nur dann am Rande ein, wenn sie, wie R. H. Tawney, liberale Gesellschaften unter Rückgriff auf explizit vormoderne Sitten und Ideale kritisieren.) Die Historiker setzen sich natürlich bereits seit langem mit der kommunitaristischen Sehnsucht auseinander, die »bürgerliche Gesellschaft« zu stürzen und eine verderbte Gegenwart durch eine geistige Revolution zu erlösen. Die Suche nach einem dritten Weg, wie sie sich in der Zwischenkriegszeit mit dem Schlagwort »Weder Kommunismus noch Kapitalismus« ausprägte, kann als ausführlich erforscht und diskutiert gelten. Zwei hier stellvertretend für andere genannte Monographien, die sich mit dem Thema der politischen Kultur nichtmarxistischer Antiliberaler im Rahmen eines jeweils unterschiedlichen nationalen und historischen Kontextes beschäftigen, sind Zeev Sternhells *Neither Right Nor Left* und Andrzej Walickis *The Slavophile Controversy*. Diesen beiden ausgesprochen informativen Studien ist zu entnehmen, daß der nichtmarxistische Antiliberalismus eine in ganz Europa verbreitete Bewegung ist, die auf eine mehr als zweihundertjährige Geschichte zurückblicken kann.[2] Zwar war diese Form von Antiliberalismus nicht immer gleichermaßen von Bedeutung, aber sie ist nie ganz von der Bildfläche verschwunden. (Nach dem Scheitern des Marxismus und einer explosiven Mischung aus chaotischen ökonomischen Verhältnissen und ethnischen Konflikten macht der antiliberale Geist heute Anstalten, sich im ehemaligen sowjetischen Einflußbereich auszubreiten.)

Ein wiederauflebender Regionalismus und Fundamentalismus erinnern uns daran, daß der Antiliberalismus heute als politische Kraft und als kulturelle Strömung noch immer eine Rolle spielt. Aber es ließe sich fragen, ob er eine philosophische Richtung ist bzw. es je war. Tragen seine Vertreter irgendwelche ernstzunehmenden theoretischen Behauptungen vor? Läßt der Antiliberalismus sich überhaupt als einheitliche Tradition begreifen oder dient dieser Begriff nicht vielleicht nur den Verteidigern des Liberalismus (solchen wie mir) als Klammer, mit der sie alle Kritiker des Liberalismus umgreifen, obwohl diese möglicherweise nur sehr wenig gemeinsam haben? Natürlich reicht ein derart umfassender und beliebiger Begriff wie »antiliberal« zur Charakterisierung der im folgenden einzeln untersuchten Theoretiker nicht aus. Aber er hilft, den Blick auf zahlreiche Argumente und Einstellungen zu lenken, die einige der wichtigsten nichtmarxistischen Kritiker des Liberalismus teilen. Der Antiliberalismus ist eine unverwüstliche, vielschichtige, einigermaßen konsistente und ungebrochene Denkrichtung, die bislang theoretisch nicht genügend untersucht wurde. Seine Einheit beruht gewiß nicht auf Gleichförmigkeit, soviel steht fest, sondern auf einer Reihe von Grundannahmen und, vor allem, auf einem gemeinsamen Feind. Eine der grundlegenden Prämissen des vorliegenden Buches ist die Annahme, daß den verschiedenen nichtmarxistischen Kritikern des Liberalismus bestimmte Einstellungen und Überzeugungen gemeinsam sind. Daher muß ich zeigen, daß es den Antiliberalismus gibt, bevor ich die antiliberale Theorie in ihre Einzelteile zerlege und in ihren verschiedenen Varianten untersuchen kann. Ich muß die Standpunkte, die viele seiner Vertreter einnehmen, zunächst sammeln und analysieren, um mit diesen Beispielen den skeptischen Leser davon zu überzeugen, daß ich nicht einfach eine widerspenstige Fülle historischen Materials anhand einer willkürlichen Klassifizierung zu ordnen versuche. Ebenso muß ich erklären, inwiefern sich die antiliberalen Angriffe auf den Liberalismus von den Standardargumenten der Sozialisten und der Konservativen gegen den Liberalismus wie auch von der Selbstkritik der Liberalen unterscheiden.

Aber bevor wir uns in den Standpunkt der antiliberalen Autoren hineinversetzen können, müssen wir zunächst verstehen, was sie unter dem von ihnen bekämpften »Liberalismus« verstehen, den sie abzuschaffen versuchen, und warum sie ihn mit solcher Vehemenz ablehnen. Und bevor wir ihre Argumente abwägen und ihnen vollständig entgegentreten können, müssen wir selbst einen Begriff davon entwickelt haben, was unter Liberalismus eigentlich zu verstehen ist.

Was ist Liberalismus?

Ganz grob läßt sich der Liberalismus als eine politische Theorie oder ein politisches Programm definieren, das seine Blütezeit von der Mitte des 17. bis zur Mitte des 19. Jahrhunderts hatte, obgleich er natürlich bedeutende Vorläufer hatte und bis auf den heutigen Tag weiterbesteht. Zu den klassischen liberalen Theoretikern zählen John Locke, Montesquieu, Adam Smith, Kant, James Madison und John Stuart Mill. Liberale Institutionen und eine liberale politische Praxis entwickelten sich zuerst im 17. und 18. Jahrhundert in den Niederlanden, in England und Schottland, in den Vereinigten Staaten und – weniger erfolgreich – in Frankreich. Liberale Prinzipien fanden ihren Ausdruck nicht nur in theoretischen Schriften, sondern auch in der englischen *Habeaskorpusakte*, in der *Bill of Rights* und im *Act of Toleration* (1679, 1688/89), in den ersten zehn Zusätzen zur amerikanischen Verfassung und in der *Déclaration des droits de l'homme* (beide 1789).

Zu den zentralen Inhalten einer liberalen politischen Ordnung gehören religiöse Toleranz, die Rede- und Meinungsfreiheit, begrenzte Polizeibefugnisse, freie Wahlen, eine konstitutionelle Regierung, die auf dem Prinzip der Gewaltenteilung beruht, ein der öffentlichen Kontrolle unterliegender Staatshaushalt und schließlich eine Wirtschaftspolitik, die anhaltendes Wachstum durch Privateigentum und Vertragsfreiheit zu verwirklichen sucht. Die vier zentralen Normen bzw. Werte des Liberalismus sind *persönliche Sicherheit* (ein staatliches Gewaltmonopol, das auch die Inhaber öffentlicher Ämter an das Gesetz bindet und gesetzlicher Kontrolle unterwirft), *Unparteilichkeit* (das Gesetz gilt für alle Bürger gleichermaßen), *individuelle Freiheit* (d. h. Freiheit von kollektiver oder staatlicher Überwachung, wozu Gewissensfreiheit, das Recht, anders zu sein, das Recht, Ideen anzuhängen, die andere für falsch halten, das Recht zu reisen, auszuwandern usw. gehört) und *Demokratie* bzw. das Recht, durch Wahlen und öffentliche Diskussionen mit Hilfe einer freien Presse an der Gesetzgebung mitzuwirken. Die größte Neuerung und das radikalste Prinzip liberaler Politik besteht möglicherweise darin, daß öffentlich vorgebrachte Kritik für produktiv gehalten wird.

Die liberale Einstellung stellt das traditionelle Verständnis von Gleichheit auf den Kopf. Die nach liberalem Verständnis traditionellen Gesellschaften akzeptierten angeborene Ungleichheit und lehnten die neue, ökonomische Ungleichheit ab. Die Liberalen wollten dieses Muster umkehren, indem sie die Aristokratie abschafften und eine neue, ungleiche Verteilung von Reichtum für legitim erklärten.[3] Die liberalen Gesellschaften, zu deren Entstehung sie beitrugen, lehnten alle Besitzansprüche an ererbte Herrschafts- und Besitzmonopole ab, vor allem die Machtansprüche einiger »großer« Familien mit Großgrundbesitz. Die klassischen Liberalen waren jedoch keine militanten Egalitaristen, da sie *Armut* und *Abhängigkeit* für dringlichere Probleme hielten als ökonomische Ungleichheit an sich. Warum? Die Liberalen waren für eine kommerzielle Gesellschaft, weil sie zu Recht der Überzeugung waren, daß der ökonomischer Wettbewerb außer wirtschaftlicher Ungleichheit auch genügend wirtschaftliches Wachstum schaffen würde, um den allgemeinen Wohlstand zu heben und die persönliche Sicherheit und Unabhängigkeit der »untersten Schichten der Bevölkerung« zu vermehren.[4]

Die Fehler des Liberalismus

Diese äußerst grobe Skizzierung reicht natürlich zur Kennzeichnung des Liberalismus kaum aus.[5] Aber wie verkürzt sie auch sein mag, sie bietet den Feinden des Liberalismus bereits genügend Angriffsfläche und uns Gelegenheit, sie kennenzulernen. Welche Verbrechen werden dieser Philosophie bzw. Ideologie von ihren nichtmarxistischen Kritikern vorgeworfen? Welche Fehler entdecken sie in der liberalen Praxis und an liberalen Institutionen? Welche Vorbehalte hegen sie gegenüber den liberalen Werten und Normen? Warum beschreiben die Antiliberalen den Liberalismus insgesamt, also liberale Theorien und Gesellschaften miteinander in eins setzend, als einen einzigen gewaltigen Fehler?

Diese Fragen lassen sich nicht ohne weiteres beantworten, und zwar weil der Antiliberalismus, so wenig wie der Liberalismus selbst, aus einem einzigen Guß ist. Der nichtmarxistische Antiliberalismus artikuliert sich in verschiedenen Formen, die genauestes auseinandergehalten werden sollten. Aber selbst solchen Antiliberalen, die zu verschiedenen und miteinander rivalisierenden Schulen gehören (wie etwa Carl Schmitt, Leo Strauss, Alasdair MacIntyre und Roberto Unger), sind einige Themen gemeinsam. Sie alle betreiben Kulturkritik, und ihre Kritik an der modernen Kultur ist einem einigermaßen gleichbleibenden Muster verhaftet, demzufolge »die Geringschätzung des Liberalismus ein fester Bestandteil der allgemeinen Klage über den moralischen und geistigen Verfall der modernen Gesellschaft«[6] ist. Sie alle behaupten, die höheren geistigen Wahrheiten seien in den modernen Gesellschaften gefährdet und vor allem der Liberalismus sei dafür verantwortlich.

Selbst in seiner philosophischsten Ausprägung ist der Antiliberalismus so sehr eine Lebenseinstellung wie eine Theorie; er ist immer auch ein Gefühl, nicht nur eine theoretische Position. Seine Vertreter definieren sich durch das, was sie ablehnen, in Opposition zum Liberalismus. Die antiliberale Bewegung verstehen wir daher nur, wenn wir zunächst die Gefahren, Bedrohungen und diabolischen Kräfte, vor denen sie uns warnt, in Augenschein nehmen. Dazu zählen vor allem der Individualismus, der Rationalismus, eine humanitäre Gesinnung, Entwurzelung, Toleranz, der Universalismus, der Materialismus, der Skeptizismus und eine kosmopolitische Einstellung. Es seien diese zersetzenden Haltungen, so behaupten die Antiliberalen – weniger die Gewaltenteilung, allgemeine Wahlen, eine freie Presse, religiöse Toleranz, ein öffentlich kontrollierter Staatshaushalt oder die gesetzliche Kontrolle der Polizei –, die das Herzstück der liberalen Politik ausmachten. Und dieselben Einstellungen seien auch das wichtigste Symptom des kulturellen und moralischen Verfalls in der modernen Welt. Ob ein Autor zu den Antiliberalen gehört, können wir also am besten entscheiden, wenn wir darauf schauen, was vor allem seinen Abscheu erregt. Aber auch an einem bestimmten Stil und einer bestimmten Geisteshaltung können wir antiliberale Werke erkennen. Im folgenden also will ich eine vorläufige Liste aller Merkmale aufstellen, die den Antiliberalismus auszeichnen.

Was ist Antiliberalismus?

Grundeinstellungen und Behauptungen

Antiliberale Autoren schrecken ihre Leser meistens auf, indem sie einen Schuldigen benennen und ihm den Prozeß machen. Manchmal treten sie auch als Ärzte auf, die eine Diagnose erstellen und eine Heilung der Erkrankung anstreben. Sie schreiben häufig lange Kommentare zu alten Büchern, vorzugsweise um den Verfall der modernen Gesellschaft zu beklagen und herauszustellen. Sie klagen über die »moralische Verarmung des 20. Jahrhunderts« und warnen uns vor bevorstehenden Gefahren, etwa vor »der politischen Krise der heutigen Welt und der bereits beginnenden geistigen Krise«.

Gewiß konzentriert sich jeder Kritiker dabei auf verschiedene Aspekte der zugrunde liegenden »Krise« der modernen Gesellschaft; aber beinahe alle zeigen sich alarmiert über den weltweiten Verfall der Gesellschaft in »atomisierte« Individuen, die selbstsüchtig, berechnend und materialistisch sind und sich im Kriegszustand aller gegen aller befinden. Der Mensch, so sagen sie, braucht ein Gefühl der Zusammengehörigkeit und der Verwurzelung, doch die liberale Gesellschaft entfernt die Menschen voneinander und verdammt sie zu einer ruhe- und wurzellosen Mobilität.

Die Antiliberalen beklagen außerdem den »Irrweg der Aufklärung«, die sie für »eine Katastrophe« halten, »die auch heute noch ihre Wirkungen hinterläßt«. In diesem Fall spielen sie auf »die Misere eines autonomen, unreligiösen menschlichen Bewußtseins« an. Die Säkularisierung durch den Humanismus, so behaupten sie, sei der Ursprung der Krankheit mit Namen Liberalismus. In der frühen Neuzeit habe »eine totale Emanzipation vom moralischen Erbe des Christentums stattgefunden«, »vom Erbe der vorangegangenen tausend Jahre«, und der Liberalismus sei das politische Ergebnis dieser verhängnisvollen Emanzipation.

Dasselbe trifft auf den Marxismus zu. Alle im folgenden hier behandelten Kritiker argumentieren, der Liberalismus und der Marxismus gingen auf gemeinsame Wurzeln zurück, die gewöhnlich beschrieben werden als normatives Bekenntnis zu »grenzenlosem Materialismus«, zur Emanzipation und zur Entwicklung der menschlichen Individualität, zur »Loslösung von der Religion«, zu »einem angeblich wissenschaftlichen Gesellschaftsverständnis« und zu einem ausschließlich auf das »diesseitige Wohlergehen« ausgerichteten Interesse.

Die nicht- oder antimarxistischen Antiliberalen setzen den Liberalismus darüber hinaus mit der Moderne gleich, so als gäbe es nicht auch bedeutende nichtliberale Bewegungen in der Kultur und der Politik der Neuzeit. Daher unterschätzen sie allesamt, was jeder Historiker des 19. oder 20. Jahrhunderts ihnen erläutern könnte: daß die liberale Tradition angreifbar und hart umkämpft ist.

Die Krankheit der modernen Gesellschaften, so behaupten sie weiterhin, sei durch eine Infektion mit liberalen Theorien verursacht. Diese intellektuelle Katastrophe ereignete sich an einem einschneidenden Wendepunkt der Vergangenheit, der meistens auf das 17. Jahrhundert datiert wird: »Diese Philosophie entstand vor einigen Jahrhunderten in Europa.« Daß die moderne »Krise« geistige Wurzeln habe, gehört zum festen Bestandteil antiliberaler Überzeugungen. Ein philosophischer Irrtum bzw. ein Akt des Ungehorsams kennzeichnet den Beginn des Verderbens der Moderne: »Der Fehler ist mit Sicherheit an den Wurzeln, in den Grundlagen des neuzeitlichen Denkens zu finden.« Häufig wird dieser philosophische Fehltritt als ein Akt der Geheimhaltung oder des Vergessens dargestellt; eine bedeutende Einsicht, die den vormodernen Gesellschaften noch wohlvertraut war, wurde unterdrückt oder vergessen. Dieser gesellschaftliche Gedächtnisschwund, der katastrophale Konsequenzen zeitige, sei philosophisch verursacht.

Nicht zuletzt zeichnen die Antiliberalen sich durch einen glühenden missionarischen Eifer aus. Jenen Lesern, die die umfassende Kritik des Liberalismus akzeptieren, verheißen sie die Beteiligung an einem beispiellosen, weltverändernden Kampf um die Wiederbelebung eines verlorengegangenen Wissens. Sie können dazu beitragen, so suggerieren die Antiliberalen, die Menschheit vor dem Abgrund zu bewahren. Wenn das unterdrückte Wissen wiedergefunden wird, dann hat man nicht nur eine Diagnose der modernen Gesellschaft erstellt, sondern sie auf wundersame oder heroische Weise auch geheilt.

Die Zitate in den letzten Abschnitten sind nach meinem Dafürhalten prototypisch für den Antiliberalismus. Sie entstammen zwei Essays von Alexander Solschenizyn.[7] Ihr Standpunkt wie auch ihr Vokabular sind erstaunlich vertraut, ja Solschenizyns Wortschatz ist demjenigen von Strauss oder MacIntyre so ähnlich, daß man nicht umhin kann anzunehmen, hier tue sich ein und derselbe, nationale und religiöse Traditionen überbrückende antiliberale Geist kund. Gewiß existieren neben diesen Parallelen auch gewisse Unterschiede. So schlagen etwa weder Strauss noch MacIntyre ernsthaft vor, ihr Land müsse von fremden Einflüssen gereinigt oder ihr Volk zu seinen Wurzeln zurückgeführt werden, um es vor der Verderbtheit der Moderne zu retten. Ihnen allen gemeinsam aber ist die Rede von einer »Krise« und von moralischer Verkümmerung, die Darstellung der »Moderne« als Krankheitsverlauf, die Rückführung des Marxismus und des Liberalismus auf einen gemeinsamen Ursprung, die Annahme, aufmüpfige Philosophen seien für die Krise verantwortlich, sowie eine kaum verhüllte Erlösungsverheißung.

Diese Thesen und Einstellungen erscheinen mit bewundernswerter Hartnäckigkeit immer aufs neue in zahllosen, auch zeitgenössischen Werken, und in ihrer Gesamtheit konstituieren sie das unverwechselbare Markenzeichen des antiliberalen Denkens. Ein Buch, ein Artikel, eine Vorlesung, in denen diese Vorstellungen auftauchen, sind Teil der antiliberalen Tradition, wie ich sie verstehe. Die wesentlichen Unterschiede zwischen den im folgenden behandelten Autoren sind zwar wichtig, lassen aber letztlich die ihnen zugrunde liegenden Gemeinsamkeiten nur noch deutlicher hervortreten.

Entstehung und Aufbau des vorliegenden Buches

Die vorliegende Untersuchung nahm ihren Anfang als Analyse von zeitgenössischen amerikanischen Autoren der siebziger und achtziger Jahre, besonders von MacIntyre und Unger. Die Untersuchung ihrer wichtigsten Argumente führte mich zu übermächtigen Autoren der Vergangenheit, zunächst zu Strauss und Schmitt und schließlich zu einem der wahrhaft brillanten Gründerväter der antiliberalen Bewegung, Joseph de Maistre. De Maistre und Schmitt bringen kühne und kompromißlose Argumente gegen den Liberalismus vor, von denen mir einige gültig oder wenigstens schwer widerlegbar zu sein scheinen. Von den Argumenten der Antiliberalen der Nachkriegszeit, in deren Schriften der Antiliberalismus in abgeschwächter, verwässerter oder auch nur akademisierter Gestalt auftaucht, läßt sich das nicht behaupten. Warum der Antiliberalismus heute eher gemäßigte Formen angenommen hat, können wir nur verstehen, wenn wir seine frühere, rohere Verkörperung betrachten.

Wenn meine Untersuchung auch bei zeitgenössischen Autoren ihren Anfang nahm und von ihnen aus in die Vergangenheit vordrang, so habe ich mein Buch doch in umgekehrter Reihenfolge aufgebaut. Im ersten Teil untersuche ich eine Reihe von bedeutenden antiliberalen Theoretikern in mehr oder weniger chronologischer Reihenfolge, von de Maistre bis hin zu MacIntyre und Unger. (Nur insofern sie sich durchaus voneinander unterscheiden, konnte jedem sinnvollerweise ein eigenes Kapitel gewidmet werden.) Meine Kritik an ihnen – und mein erklärtes Ziel ist es, sie zu kritisieren – ist vorwiegend immanent, oder um es anders zu sagen: Ich konzentriere mich auf die gedanklichen Widersprüche und Unschärfen, die jedem der diskutierten Werke anhaften, sowie auf die Unzulänglichkeiten der in ihnen vorgetragenen praktischen Alternativen. Abschließend gelange ich dann auf eine etwas allgemeinere Ebene, indem ich die wichtigsten theoretischen Mängel des »Kommunitarismus«, jener augenblicklich in den Vereinigten Staaten beliebtesten Form des Antiliberalismus, beschreibe und kritisiere.

Im zweiten Teil wende ich mich einem spezielleren Gesichtspunkt zu, nämlich der Geschichte des Liberalismus, wie sie in antiliberalen Werken aufscheint. Ich formuliere dort noch einmal die wichtigsten Thesen, die die Antiliberalen zur Geschichte des liberalen Denkens vorbringen, und versuche nachzuweisen, warum diese Thesen großenteils irrig sind. In dem Bemühen, die wichtigsten Fehler der antiliberalen Geschichtsschreibung zu korrigieren, arbeite ich auch die Züge eines anderen Gesichts des Liberalismus heraus. Daher kann ich mein Werk in einem optimistischeren Ton beenden. In meinem Nachwort gehe ich noch einmal kurz auf die verschiedenen Varianten des Antiliberalismus ein, die zuvor untersucht wurden, um die Gemeinsamkeiten und Unterschiede zwischen ihnen noch deutlicher herauszustreichen. An dieser Stelle werde ich noch einmal aufnehmen, was wir über den Liberalismus aus den Schriften seiner erbarmungslosesten Gegner erfahren haben.

Daß ich die Autoren in chronologischer Abfolge behandle, hat rein praktische Gründe und soll nicht heißen, daß ich eine gleichsam narrative historische Darstellung anstrebe. Im ersten Teil geht es mir darum, einige wichtige antiliberale

Schriften aus unterschiedlichen historischen Epochen zu verstehen. Die Ähnlichkeiten zwischen ihnen sind um so erstaunlicher, als diese Werke auf verschiedene historische Gegebenheiten und Situationen reagieren. Ich bemühe mich zunächst darum, jeden Antiliberalen für sich genommen zu verstehen, und erst dann versuche ich, Gemeinsamkeiten zwischen ihnen nachzuweisen. Der Einfluß eines Denkers auf den anderen oder die Herleitung ihrer Ideen sind für mich nur von nebensächlichem Interesse, obschon ich solche Beziehungen gelegentlich nachweise. Aus all diesen Gründen ist die vorliegende Untersuchung im ganzen genommen eine theoretische und keine historisch ausgerichtete Studie. Sie liefert gewiß keine umfassende Untersuchung einer weitverzweigten und offensichtlich nicht zu unterdrückenden Denkrichtung. Viele wichtige antiliberale Autoren, die man hätte berücksichtigen können oder müssen, bleiben hier unberücksichtigt. Statt dessen bietet die vorliegende Studie ein relativ einfaches analytisches Gerüst, mit Hilfe dessen sich »zeitlose« antiliberale Argumente klassifizieren und bewerten lassen. Ich habe also unter der Oberfläche gegraben, um das, was ich für die Wesenzüge des antiliberalen Denkens halte, ans Tageslicht zu befördern.

Maistre, Schmitt, Strauss, MacIntyre und Unger stehen für eine gewisse Bandbreite an »Antiliberalismen«. Die Übereinstimmungen zwischen ihnen vermögen nicht, die bunte Vielfalt an Ansichten zu überdecken. Ich habe mich für diese Au toren entschieden, weil sie unverwechselbar und an sich interessant sind, weil sie in Amerika häufig diskutiert werden, großen Einfluß haben und Tendenzen repräsentieren, die weitverbreitet sind. (Ganz bewußt habe ich solche Kommunitaristen nicht mit aufgenommen, die sich wie etwa Michael Walzer emphatisch für die Autonomie des Individuums, für Toleranz und Bürgerrechte einsetzten.) Aber nicht einmal die Autoren, die ich für eine detaillierte Analyse ausgesucht habe, sind »reine« Antiliberale. Sie alle sind bis zu einem gewissen Grad Eklektiker und neigen gelegentlich eher gemäßigten und vertretbaren Standpunkten zu, etwa dem Konservatismus der Tories oder einer christlichen Weltanschauung im Geiste von Augustinus.

Im Unterschied zu den von Sternhell behandelten Autoren haben zeitgenössische Autoren wie MacIntyre und Unger, die ich hier diskutiere, außerdem niemals persönlich zu irgendwelchen militanten »Kadern« oder einflußreichen sozialen Protestbewegungen gehört. Die faschistischen Theoretiker aus der Zeit zwischen den beiden Weltkriegen vertraten ganz ähnliche Thesen wie die heutigen Antiliberalen in den Vereinigten Staaten. Aber der Faschismus enthielt Elemente von einer Virulenz, etwa den Rassismus, die Zwangsvorstellung von einem »Feind im Inneren«, das Führerprinzip, eine Blut- und Bodenideologie, einen Kult der Gewalt usw., die weit über das hinausgehen, was die Antiliberalen, die sich nach dem Krieg vor allem an ein amerikanisches Publikum wandten, jemals behauptet haben. Ich habe also nichtaggressive Kommunitaristen nicht deshalb den Faschisten gegenübergestellt, weil ich ihre politischen Überzeugungen für vergleichbar hielte (wie schon gesagt, scheinen die Kommunitaristen auch gar keine festgefügten politischen Überzeugungen zu haben), sondern weil die Argumente, die sie gegen den Liberalismus vorbringen, einander überraschend ähnlich sind.

Obgleich die zeitgenössischen Antiliberalen sich fast gänzlich über die Jahre des Faschismus ausschweigen, ist ihre Rhetorik dennoch in beachtlichem Maße von der Erfahrung des Faschismus geprägt. Die Angriffe der Kommunitaristen gegen die »bürgerliche Gesellschaft« waren nach 1945 deutlich weniger militant. Sie forderten kaum noch, man solle sein Leben für das Vaterland opfern. Obwohl die antiliberalen Nachkriegsschriften nicht ganz auf gelegentliche Appelle an männlichen Mut, kriegerische Ehre und die Vorstellung verzichten, daß man im Krieg bestimmte »Tugenden« entwickle[8], sind diese Reminiszenzen militaristischen Denkens wohl kaum ernstzunehmen. Wenn MacIntyre und Unger ganz nebenbei bemerken, der geistigen Leere der Konsumgesellschaft sei mit dem Töten von Feinden und der Lebensgefahr auf einem Schlachtfeld beizukommen, dann schluckt der Leser zwar, geht aber letztlich wohl zu Recht davon aus, daß das nicht wörtlich zu verstehen sei. Einem Antiliberalen der Vorkriegszeit wie Carl Schmitt war es damit fraglos ernst.

Man kann also die Antiliberalen nicht alle über einen Kamm scheren. Die nichtmarxistischen Antiliberalen haben zwar im Liberalismus einen gemeinsamen Feind, greifen ihn aber in den verschiedensten Formen an und tragen untereinander erbitterte Kämpfe aus. Trotz ihrer Differenzen ist allen im folgenden untersuchten Autoren jedoch etwas gemeinsam, das ihre gemeinsame Behandlung geradezu herausfordert. So kritisiert etwa keiner von ihnen den Liberalismus im Namen universalistischer oder aufklärerischer Ideale. Sieht man sie hier zu einem Gruppenbild versammelt, so bemerkt man jene reizvolle Verschiedenheit, die sich bei jeder großen Familie beobachten läßt. Fraglos sind sie einander geistesverwandt, und sie zeigen uns, zusammen betrachtet, die vielen Gesichter einer einzigen Tradition. Eine vielversprechende Gelegenheit, um mit einer Einzelfallstudie dieser einflußreichen Denkrichtung zu beginnen, ist die katholische Reaktion auf die Französische Revolution.

ERSTER TEIL
DIE ANTILIBERALEN

Kapitel 1
MAISTRE UND DIE TRADITION DES ANTILIBERALISMUS

Zwischen den im folgenden analysierten und neubeurteilten Antiliberalen gibt es mehrere bedeutende Unterschiede. Einig sind sie sich jedoch darin, wer als ihr gemeinsamer Feind zu betrachten sei: der säkulare Humanismus der Aufklärung. Einig sind sie sich auch in ihrer Verachtung der liberalen Institutionen und Vorstellungen. Sei es nun aus Naivität oder aus List, sie stellen sich jedenfalls als Bilderstürmer oder Innovatoren dar, als Denker, die »gegen den Strom schwimmen«. Tatsächlich jedoch sind sie selbst unbeirrbar Teil einer größeren Tradition, die sie jedoch nur selten diskutieren. Diese im Verborgenen bleibende Tradition ans Tageslicht zu befördern ist eines der Hauptanliegen des vorliegenden Buches.

Was also ist der Stammbaum des Antiliberalismus? Wann nimmt die antiliberale Tradition ihren Anfang? Zunächst einmal konnte es keinen Antiliberalismus geben, bevor nicht der Liberalismus selbst entstanden war. Auch wenn die Antiliberalen sich auf die Autorität von Platon oder von Augustinus berufen, sollte man die Entstehung des Antiliberalismus als einer Denkrichtung wohl auf das 18. Jahrhundert datieren. Gleich zu Beginn trug Rousseau dazu bei, eine antibourgeoise Gefühlslage populär zu machen, die nachfolgende Kritiker der liberalen Theorie und Gesellschaft zutiefst beeinflußte. Ein Jahrhundert später verband Nietzsche seine Verachtung für Kant und John Stuart Mill mit einer spöttischen Diagnose der Leiden eines kränkelnden Europa. Ich habe aber weder Rousseau noch Nietzsche gewählt, um die historische Tiefe des Antiliberalismus auszuleuchten, sondern Joseph de Maistre. Maistre widmete sein Leben der Aufgabe, »die gräßliche Literatur des 18. Jahrhunderts«[1] zu verfluchen und anzuprangern. Kein zweiter der frühen Theoretiker führte so viele wegbereitende antiliberale Ideen ein wie er.

Maistre kämpfte gegen liberale Ideen und Institutionen, ohne auch nur ein einziges Mal das Wort Liberalismus zu benutzen, das vor seinem Tod im Jahre 1821 auch noch nicht in den allgemeinen Sprachgebrauch eingegangen war. Er war einer der ersten, der die liberalen Rechte als rein fiktiv oder abstrakt bezeichnete und als völlig unangemessen für die konkreten und verzweigten Beziehungen, die unter Menschen herrschen. Er behauptete, der Gegenbegriff zu »legal« laute nicht »willkürlich«, sondern »konkret«. Er befand die Erklärung der Menschen- und Bürgerrechte, die den französischen Verfassungen in den neunziger Jahren des 18. Jahrhunderts vorangestellt waren, für absurd und bemerkte: »Nun aber gibt es auf Erden keinen Menschen schlechthin. Ich habe in meinem Leben Franzosen, Italiener, Russen usw. gesehen [...] Den Menschen aber erkläre ich, nie in meinem Leben gesehen zu haben, er müßte denn ohne mein Wissen vorhanden sein.«[2] Doch zum Kreuzzug gegen den Liberalismus trug er mehr als bloß sarkastische Bemerkungen über die Gleichheit der Menschen und konstitutionell verankerte Rechte bei. Er brachte es in der Gewohnheit, die konspirativ verschworenen progressiven Intellektuellen für alle Übel der Welt zu beschuldigen, zu einiger Vollkommenheit und fand darin viele Nachahmer.

Lange vor Carl Schmitt behauptete de Maistre, der Zweifel der Aufklärer am biblischen Gott führe zu einem gewaltigen Haß auf politische Autoritäten. Vor Leo Strauss vertrat er die Ansicht, der Durchschnittsmensch müsse mit Märchen betäubt werden und die Philosophen sollten daher ihre wahren Gedanken verbergen. (Außerdem bezeichnete er Bacon, Locke und Hume als Lehrer des »Bösen«.[3]) Weit vor Alasdair MacIntyre verspottete er das aufklärerische Konzept einer »atomistischen« Persönlichkeit. Er verherrlichte die nationale Gemeinschaft und sehnte sich nach einer Verschmelzung des Individuums mit der Gruppe. Er war der festen Überzeugung, daß atheistische Ansichten jede Übereinstimmung zwischen den Menschen zunichte machen: Wenn alle Menschen ihrer eigenen Vernunft gehorchten, könnten sie sich niemals auf die gleichen Ideen einigen. Vor Christopher Lasch machte de Maistre in der neuzeitlichen Wissenschaft eine unmoralische Kraft aus, die den Menschen ins Verderben führen werde. Vor Heidegger hielt er die Vergöttlichung des Ich und den Glauben, die Welt könne dem souveränen menschlichen Geist völlig durchschaubar werden, für die Todsünde des modernen Denkens. Und vor Roberto Unger verwarf er den Glauben an die Dauerhaftigkeit der liberalen Institutionen: Abstrakte Gesetze könnten keine kohärente Ordnung zwischen Individuen schaffen, die jeweils rein persönlichen Werten anhingen. All diese verschiedenen Stränge verband de Maistre schon zu Beginn des 19. Jahrhunderts zu einem einzigen Lehrgebäude. Isaiah Berlin übertreibt möglicherweise gelinde, wenn er schreibt: »Maistres zutiefst pessimistische Vision ist das Kernstück des linken und des rechten Totalitarismus des 20. Jahrhunderts.«[4] Unbestritten gebührt de Maistre jedoch der Rang eines Hauptgestalters der antiliberalen Mentalität.

Maistre hatte keine Vorbilder, denen er nacheifern konnte – genausowenig wie die französischen Revolutionäre, auf die er reagierte. Aus diesem Grunde fällt es schwerer, ihn einzuordnen, als das bei den Denkern in seiner Nachfolge der Fall ist. Tatsächlich sind seine Ideen zumeist überaus originell, schwerlich auf einen Nenner zu bringen, gelegentlich auch verworren. Häufig bezeichnet man ihn als Traditionalisten oder Konterrevolutionär, aber solche konventionellen Etikettierungen führen in die Irre. Jedenfalls stellt man seine Weltanschauung verzerrt und grob vereinfachend dar, wenn man ihn als seriösen Fürsprecher eines klassenbewußten Konservativismus bezeichnet. Schmitts lapidare Bemerkung, de Maistre und andere hätten »gegen die französische Revolution Partei ergriffen, weil sie ein Unrecht darin sahen«[5], verstellt den Blick auf das Außergewöhnliche an Maistres Denken. Natürlich ist diese Einschätzung nicht ganz unzutreffend, andererseits aber so banal, daß das Wesentliche gar nicht in den Blick gerät. Denn tatsächlich kam die Französische Revolution de Maistre persönlich gelegen, ermöglichte sie ihm doch, der stumpfsinnigen Plackerei als Senator in der Provinz zu entfliehen. (1789 war er immerhin bereits 47 Jahre alt.) Wie alle nachfolgenden Denker seiner Provenienz, so genoß auch er die Möglichkeit, auf der Bühne der Weltgeschichte gegen das Böse zu kämpfen, sich zum Ritter des wahren Glaubens zu deklarieren und bis zum letzten Atemzug für die Verteidigung der Zivilisation gegen ihre Feinde zu kämpfen. Mehr noch, seine persönlich positive Einstellung der Französischen Revolution gegenüber wirkte sich auch auf seine theoretischen Schriften aus.

Sein Urteil über die französischen Kriege lautete etwa, Robespierre habe Frankreich vor dem drohenden Zusammenbruch gerettet und dessen Zerstückelung durch feindliche Armeen verhindert. Überraschend genug ist seine Ansicht, es habe keine unschuldigen Opfer der Revolution gegeben. Beinahe alle Franzosen, so fährt er fort, waren in den Aufstand verwickelt. Der »moralische Verfall« des Adels im 18. Jahrhundert sei einer der Hauptgründe für den Ausbruch der Revolution gewesen und der französische Adel habe all seine Leiden sich selbst zuzuschreiben. Auch Ludwig XVI. bezieht er in dieses Urteil ein: Er habe den Protestanten schließlich die Bürgerrechte zugestanden. Demnach haben die Opfer der Guillotine lediglich die Früchte dessen geerntet, was sie zuvor gesät hatten. Den Pariser Aufstand von 1789 bis 1794 vergleicht de Maistre mit dem Erdbeben von Lissabon; wie dieses habe er genau zum richtigen Zeitpunkt am genau richtigen Ort stattgefunden. Und indem er die Guillotine als »Altar« bezeichnet, zeigt er eine befremdliche Ehrfurcht vor der Todesstrafe – eine Ehrfurcht oder Gläubigkeit, die sich noch auf die Hinrichtung Ludwigs XVI. erstreckt. Der Mensch an sich habe es verdient zu leiden, um wieviel mehr erst die französische Elite des 18. Jahrhunderts, so könnte man de Maistre zusammenfassen. Gott entfache aus guten Gründen ein kosmisches Terrorregime. Weil die neunziger Jahre grausam und katastrophal gewesen seien, seien sie gerecht und – so fügt er in einem ausgefallenen Sinn fürs Ästhetische noch hinzu – auch interessant gewesen.[6] Man kann beileibe nicht behaupten, dies seien gewöhnliche Thesen eines Konterrevolutionärs, die von den meisten Verfassern konservativer Pamphlete aufgegriffen worden wären. Sie enthüllen vielmehr das überaus unkonventionelle Denken de Maistres.

Allerdings behauptet de Maistre nicht nur, daß der Mensch es verdient habe, zu leiden. Tatsächlich entwickelt er drei verschiedene Interpretationen der revolutionären Schreckensherrschaft. Erstens erklärt er sie zur notwendigen Folge des Antiklerikalismus, der Autoritätsfeindlichkeit sowie des abstrakten Humanismus des 18. Jahrhunderts. Zweitens begreift er sie als Gottes weisen Plan zur Wiederbelebung der Religion in Frankreich, und drittens beschreibt er den Terror als eines der zahllosen Beispiele für das gesetzmäßige gegenseitige Abschlachten, das die Menschheit seit Anbeginn der Geschichte betreibe. (Dieser letztgenannten Ansicht zufolge war die Guillotinierung von Tausenden nicht sonderlich modern, und sie würde auch keine nennenswerten positiven Auswirkungen haben.) Allerdings stellt de Maistre diesen einigermaßen merkwürdigen und einander widersprechenden Erklärungen des Terrors auch Thesen zur Seite, die eher typisch antiliberal genannt zu werden verdienen.

Der Mensch als von Natur aus gesellschaftliches Wesen

Maistre ist aber nicht in jeder Beziehung ein origineller Denker, seine Grundeinstellung ist vielmehr unerschütterlich antiliberal.[7] Er verteidigt sogar die spanische Inquisition und tritt gegen die Aufhebung der Leibeigenschaft in Rußland ein. Er gibt vor, die Redefreiheit zu verachten, denn die Torheit, Menschen aller Stände zu gestatten, sich frei miteinander auszutauschen, sei im Begriffe, Europas Gesellschaften zu zerstören. Toleranz hält er für nichts weniger als politischen Selbstmord, das kränkelnde Anzeichen dafür, daß eine Gesellschaft aufgegeben habe, sich gegen ihre Feinde zur Wehr zu setzen. Öffentliche Debatten seien unfruchtbar; wenn eine Regierung auch nur im geringsten kritisiert werde, dann drohe ihr der Zusammenbruch: »Sie zu vernichten kommt auf dasselbe heraus, wie sie jedem Individuum zur Diskussion freizustellen«. Das Postulat der Gleichheit aller Bürger sei durch und durch unvereinbar mit jeder Form von stabiler Herrschaft: »Es kann keine Herrschaft geben, wenn die regierten Massen sich denen gegenüber, die sie beherrschen, für gleichberechtigt halten.«[8]

Wie die meisten nachfolgenden Gegner des Liberalismus interessierte sich auch de Maistre nicht für die Einzelheiten der Planung politischer Institutionen. Daher nimmt er auch Zuflucht zu einem eher fundamentalen, beinahe metaphysischen Argument, einem Argument zudem, das bleibende Spuren in der Rhetorik der gesamten antiliberalen Schule hinterlassen hat. Gemeinsam mit Louis de Bonald, dem er größte Bewunderung entgegenbrachte, spottete er über das mangelhafte Verständnis des Liberalismus für das menschliche Ich.[9] Die liberale Theorie – und mit ihr die liberalen Institutionen – gründeten auf einer Theorie, die sich einen falschen Begriff von der menschlichen Persönlichkeit mache. Die Liberalen gingen davon aus, daß Individuen, bevor sie in den Gesellschaftszustand eintreten, ihre eigenen Bedürfnisse genau benennen und zu deren Befriedigung Verträge abschließen könnten, die für alle gleichermaßen vorteilhaft seien. Aber, so de Maistre, es gebe kein Individuum, das von gesellschaftlichen Einflüssen frei sei, weswegen »der Gesellschaftsvertrag eine Schimäre ist«. Es sei unmöglich, jenseits der Gesellschaft einen Naturzustand des Menschen auszumachen, und zwar aus dem einfachen Grund, weil »die Gesellschaft besteht, seitdem es den Menschen gibt«. Oder mit anderen Worten: »Es hat für die Menschheit nie eine Zeit vor dem Gesellschaftszustand gegeben, denn vor dem Zusammenschluß zu politischen Gesellschaftsgefügen war der Mensch noch nicht Mensch.« Der »isolierte Mensch« sei eine Entstellung, der Mensch von Natur aus ein »geselliges Lebewesen«. Daher sollten tradierte Lebensweisen unbedacht übernommen und niemals in Frage gestellt werden.[10]

Maistre war einer der ersten, der die gesellschaftliche Natur des Menschen als ein maßgebendes Argument gegen liberale politische Institutionen ins Feld führte. Die Liberalen verleugnen ihm zufolge die gesellschaftliche Natur des Menschen. Wie aber können denn ungesellschaftlich lebende »atomistische« Individuen kollektive Entscheidungen treffen und sich zu wechselseitiger Freiheitsbeschränkung und staatlicher Zusammenarbeit entschließen? In welcher Sprache sollten sie miteinander sprechen? Verhandlungen setzen Sprache voraus, und Sprache kann nicht ohne Gesellschaft existieren. Daher sollte man die von den Liberalen ersonnenen Märchen über einen Gesellschaftsvertrag verwerfen und statt dessen vernünftigen empirischen und anthropologischen Einschätzungen des menschlichen Verhaltens Glauben schenken. Illusionen über die Willensfreiheit und die Konsensfähigkeit des Menschen sollten der realistischen Wahrnehmung weichen, daß Fremdbestimmung und kulturbedingte Einschränkungen unausweichlich seien. (Es ist übrigens interessant, daß de Maistres Beharren auf der sozialen Konstitution des Individuums ihn in Konflikt mit der katholischen Kirche geraten ließ. Die Dogmen der Erbsünde und der Unsterblichkeit der Seele lassen sich nur schwerlich mit einem ausschließlich gesellschaftlichen Konzept des Individuums vereinen. Aber ein konventioneller Christ war de Maistre natürlich ohnehin niemals.)

Maistres wegweisende »Entdeckung«, daß der Mensch von Natur aus in Gesellschaft lebt, ist allerdings nicht gänzlich empirisch. Wenn er auf die Natur des Menschen Bezug nimmt, dann will er eigentlich sagen, daß Gott den Menschen für das gesellschaftliche Leben geschaffen hat: »Gott machte den Mensch zu einem sozialen Wesen.« Gottes Gebot gibt der universellen Gesellschaftlichkeit ihre moralisch verbindliche Kraft. Maistre beurteilt die Gesellschaft theologisch; das ist auch der Grund dafür, daß er sie nicht einfach als eine universelle Tatsache, sondern als eine universelle Norm betrachtet. Nur weil er sich auf theologische Prämissen stützt, kann er »das Gesellschaftliche« als normative Kategorie statt einfach als rein deskriptive oder wertneutrale Kategorie behandeln. Den Verfall gesellschaftlicher Bindungen im Europa seiner Zeit betrachtet er als eine Abkehr vom Gebot Gottes zur Gesellschaftlichkeit. Daher ist der Zusammenbruch der traditionellen Lebensweise ihm zufolge durch die Sünde veranlaßt, die ein Akt des menschlichen Ungehorsams gegenüber dem Willen Gottes ist. Die Auflösung sozialer Bindungen im 18. Jahrhundert ist hauptsächlich das Ergebnis eines »Krieges auf Leben und Tod« gegen die Religion.[11]

Warum behandeln die heutigen »Kommunitaristen« die Gesellschaft grundsätzlich als moralische Pflicht statt als unvermeidlichen Zustand? Zum Teil mag das darauf zurückzuführen sein, daß der antiliberale Denkstil, der heutzutage unlogisch erscheinen mag, ursprünglich auf theologischen Prämissen beruhte, die ihm Kohärenz verliehen, aber später entfielen. Ohne die Vorstellung von einem göttlichen Gebot wird die These, die Gesellschaftlichkeit des Menschen sei moralisch verpflichtend, unverständlich, auch wenn manche Menschen weiterhin aus psychologischen Gründen an ihr festhalten mögen. In Maistres Argumentation sind kommunitaristische und religiöse Formen des Antiliberalismus noch eng miteinander verknüpft.

Die Religion, so behauptet er, sei die »Grundlage« der Gesellschaft, die säkulare Philosophie hingegen nicht allein die »größte Plage im ganzen Universum«, sondern auch »der größte Zersetzer«. Der Verfall hat de Maistre zufolge mit der Reformation begonnen, denn der Protestantismus habe den Menschen in seinem Stolz ermutigt, sich gegen die Autorität aufzulehnen und Gehorsam durch Diskussion zu ersetzen. Die Philosophie habe diesen Weg weiter geebnet, auch sie »hat das Bindemittel aufgelöst, das die Menschen aneinander bindet«, so daß »es keine geistige Zusammengehörigkeit mehr gibt«. Die Vernunft kann eine Gemeinschaft nur zerstören, eine Gemeinschaft stiften kann allein die Religion. (Dieses Mißverhältnis verdeutlicht, daß sich hinter der auch heute von Antiliberalen noch beibehaltenen Charakterisierung der aufklärerischen Vernunft als zugleich machtlos und schädlich nur scheinbar ein Widerspruch verbirgt.) Als politischer Ausdruck humanistischer Skepsis war die Revolution für de Maistre ein direkter Angriff auf die Gesellschaftlichkeit des Menschen, »eine glaubens- und gesellschaftsfeindliche Umwälzung« oder, noch zugespitzter, »eine förmliche Empörung gegen Gott«. Sie sei die logische Folge des »gräßlichen Vorhabens, das Christentum und die Souveränität in Europa auszulöschen«. Wenn man den Menschen von Gott löst und die Religion in Frage stellt, dann vernichtet man auch den Sinn für die Gemeinschaft.[12] Der Zweifel also führt zu einer »Atomisierung« der Gesellschaft, zu Isolation und Selbstsucht.

Autoritäre Entscheidungen

Carl Schmitt nennt den »unsterblichen Maistre« einen militant »unromantischen« Denker. Der Antiliberalismus sei streng, männlich, unerbittlich und realistisch, er habe nichts von der verträumten Maßlosigkeit der Romantik. Maistre gehöre zu dieser Denkschule, die sich keine Illusionen mache, er sei ein nüchterner und tatsachenorientierter Denker, so Schmitt, der für die »fixité« der Institutionen plädierte, statt sich Gefühlen und dem Ausdruck der eigenen Persönlichkeit verpflichtet zu fühlen. Ganz sicher habe er keine nostalgische Sehnsucht nach einem verlorenen Paradies des Naturzustandes verspürt. »Maistre, der das Überwachungsrecht der Kirche entschieden vertrat«, stieß damit bei Romantikern wie Schlegel verständlicherweise auf Ablehnung. Maistre war Diplomat und aktiver Politiker »mit eigener Verantwortung« und hatte daher kein Verständnis für das unpräzise Gerede eines Adam Müller. Seine Verteidigung der Monarchie war »die Konsequenz eines spezifisch juristischen, höchst unromantischen Bedürfnisses nach einer letzten Instanz«. Auch sein starkes Nationalgefühl entsprang nicht etwa romantischen Gefühlen, sondern ergab sich ganz selbstverständlich aus seinem Mißfallen an dem liberal-romantischen Gerede von »der allgemeinen Brüderlichkeit der ganzen Menschheit«. Schmitt ist sich mit de Maistre auch darin einig, daß der Mensch »von oben« regiert werden muß und daß der Haß auf Autorität die

Welt zerstört. Aber am meisten bewunderte er de Maistres »Reduzierung des Staates auf das Moment der Entscheidung, konsequent auf eine reine, nicht räsonierende und nicht diskutierende, sich nicht rechtfertigende, also aus dem Nichts geschaffene absolute Entscheidung«.[13] Gottgleiche Autorität, wie er und de Maistre sie schätzen, verlangt aber nach einem absoluten Herrscher, einem Alleinherrscher, der allen Beeinflussungen und Gesetzen enthoben ist.

Schmitt stellt de Maistre durchaus nicht unzutreffend dar. De Maistre hielt unantastbare Autorität tatsächlich für eine unabdingbare Voraussetzung der gesellschaftlichen Ordnung und republikanische Regierungen nur vorübergehend sowie nur in kleineren Staaten für angebracht, ansonsten sei »der Mensch für die Monarchie geschaffen«. Die Behauptung, der Mensch sei frei geboren, schien ihm, der ihn doch überall in Ketten sah, absurd. Die Geschichte belege, daß der Mensch zum Untertan bestimmt und dazu geschaffen sei, in hierarchisch strukturierten Gesellschaften zu leben, in denen alle Macht sich an der Spitze vereine. Der König, so de Maistre, ist das Zentrum der Gesellschaft, ihre einzige Stütze und die Quelle ihrer moralischen Einheit. Die Monarchie ist die einzig naturgemäße Herrschaftsform, da die Menschen spontan zu Trotz und Widerstand neigen, auf sich allein gestellt keine wichtigen Entscheidungen treffen können und nur überlegene Macht in der Lage ist, ihren Eigensinn zu brechen. Der Souverän hat in einem ganz praktischen und rechtlichen Sinn »unfehlbar« zu sein, d.h. niemand darf das Recht haben, ihm zu widersprechen.[14] Die »Autorität« also müsse man als vollkommen und jeder Kritik enthoben betrachten. (Es sollte allerdings nicht unerwähnt bleiben, daß de Maistre im privaten Kreis die Herrscher seiner Zeit wegen ihrer Inkompetenz und Dummheit schonungslos kritisierte.)

Die liberalen Theoretiker hält Maistre für verblendet: »Sie rühmen sich ihrer Aufklärung, und doch wissen sie nichts;

denn sie wissen nichts über sich selbst.« Unbelehrbar hielten sie an dem Glauben fest, der Mensch sei von Natur aus gut, und bestritten deswegen auch die Notwendigkeit einer göttlich legitimierten Herrschaft, dic allein die verruchte Menschheit zu bestrafen und unter Kontrolle zu halten verstehe. Keine andere These aber werde häufiger durch Erfahrung bestätigt als die Unauslöschbarkeit der Erbsünde. Der Mensch ist von Geburt an böse und bleibt es auch: »L'homme est mauvais, horriblement mauvais«. Weder Aufklärung noch Bildung und Erziehung können ein so unheilbar verdorbenes Geschöpf wie den Menschen vollkommener oder auch nur besser machen; man kann höchstens versuchen, ihn zu zähmen. Ohne einen Herrscher, dessen Entscheidungen absolute Gültigkeit zukommt, kann der Mensch gar nicht leben.[15]

Was also könnte lächerlicher sein, fragt de Maistre, als der Versuch der Liberalen, die Menschen von der Herrschaft zu befreien? Nur wer sich keine Vorstellung von den menschlichen Bedürfnissen mache, könne diese »Befreiung« für erstrebenswert erachten. In Wahrheit sei der Mensch eine verwirrte, »schwache und blinde« Kreatur, ohne festen Willen, ein »verderbtes und schwankendes Wesen«. Das Wesen des Menschen ist von Natur aus gespalten und daher unbeständig: Jeder Mensch ist ein kleines Schlachtfeld; in ihm spiegelt sich der kosmische Kampf zwischen den Mächten des Guten und des Bösen wider. Als Makrokosmos des universellen Chaos hat der Mensch weder beständige noch miteinander in Übereinstimmung stehende Sehnsüchte: »Er weiß nicht, was er will; was er will, will er nicht, und was er nicht will, will er.« In dieser Formel ist die gesamte de Maistresche Psychologie enthalten. Der überzeugendste Beweis für die menschliche Irrationalität, Kurzsichtigkeit und Willensschwäche sei, daß selbst die Menschen, die an die ewigen Qualen des Höllenfeuers glaubten, noch der Sünde verfielen. Überhaupt sei es grotesk, ein derart verwirrtes, gefesseltes und von seinen Leidenschaften willenlos beherrschtes Geschöpf wie den Menschen nur deswegen als »frei« zu bezeichnen, weil man ihn von politischen Zwängen befreit und ihm erlaubt habe, seinen eigenen Nutzen zu fördern. Was der Mensch für nützlich hält, ändert sich aber von einem Augenblick zum anderen; sobald er zufrieden ist, wird er auch schon wieder unzufrieden. Er ist »immer unzufrieden mit dem, was er hat; er liebt nur, was er nicht besitzt«.[16] Ein derart beschaffenes Wesen weiß nicht im geringsten zu beurteilen, was eigentlich sein Zweck ist; jemand, der sich immer nach dem sehnt, was er nicht hat, kann nicht rational entscheiden, was das Beste für ihn ist. Der Mensch ist zutiefst krank, ja sein ganzes Leben eine Krankheit.

Weil sie all dies nicht sehen und vor allem nicht erkennen, daß der Mensch ohne Lenkung »von oben« nicht leben kann, plädieren die Liberalen – so de Maistre – für Selbstbestimmung. Ihr naiver Glaube an das wesenhaft Gute im Menschen und die Überzeugung, daß der Mensch zum Guten zu erziehen sei, läßt sie am Konzept der Selbstbestimmung festhalten, obwohl es offensichtlich nicht zu verwirklichen ist. Den Humanismus der Aufklärung und den Rationalismus hält de Maistre für einen Ausdruck der ewigen Auflehnung des Menschen; der Mensch sei als *frondeur* geboren: »Das Herz des Menschen lehnt sich stets gegen die Autorität auf, weil sie ihn behindert und stört.« Allerdings hat es kaum je zuvor einen so unverfrorenen Ausdruck dieser den Menschen inhärenten Veranlagungen zur Revolte gegeben wie in der Neuzeit; Europa werde von einem regelrecht herrschaftsfeindlichen Ethos vergiftet.[17] Dieser umstürzlerische Impuls begann mit der Reformation, löste die Irreligiosität der Aufklärung aus und war schließlich für die tödliche Schreckensherrschaft der Revolution verantwortlich. (Gelegentlich erklärt de Maistre den bürokratisch organisierten Mord der

Jahre zwischen 1792 und 1794 paradoxerweise als die Folge einer für die Neuzeit bezeichnenden Verachtung der Macht.)

Die Liberalen unterschätzen also das Böse im Menschen und glauben daher auch nicht an die Notwendigkeit einer höchsten Entscheidungsinstanz – diese Interpretation des Liberalismus vererbte de Maistre unter anderem Carl Schmitt. Er lehrte die nachfolgenden Antiliberalen ebenfalls, daß eine feindselige Einstellung gegenüber politischen Autoritäten ihre Wurzeln im »Haß gegen das Christenthum« habe. Politische Einstellungen seien ein Spiegelbild der zugrundeliegenden religiösen Überzeugungen: Ein politisches Gemeinwesen ohne einen Souverän sei das Abbild eines Universums, aus dem Gott verschwunden sei. In diesem Lichte betrachtet ist der Liberalismus die säkularisierte oder politisierte Form der »Theophobie«. Die Philosophen lehnten sich gegen Gott auf, weil er psychologisch betrachtet das mächtigste Symbol der Autorität sei.[18] Die demokratische Ideologie hat diesem Verständnis nach ihre Wurzeln in einer Auflehnung gegen Gott, denn wenn die Menschen wahrhaft an Gott glaubten, an die alleinige Beherrschung des Universum durch einen allwissenden und allmächtigen Gott, könnten sie nicht zu einer demokratischen Organisation ihres politischen Lebens neigen. Maistre definiert demzufolge Demokratie als die Abwesenheit von Souveränität, wodurch sie kaum noch von Anarchie zu unterscheiden ist.

Esoterik

Maistre hatte einen unmittelbaren und leicht nachzuweisenden Einfluß auf Schmitts Denken; Leo Strauss hingegen ist nur sehr wenig von de Maistres Gedankengut beeinflußt worden – was auch angesichts der Tatsache, daß Strauss Atheist war, nicht weiter verwundert. Dennoch existieren zwischen de Maistre und Strauss erstaunliche und nicht zu übersehende Parallelen, auf die im folgenden kurz einzugehen ist. Nach Maistre beispielsweise bewahrten die wenigen philosophisch »Eingeweihten« der Antike ihr höheres Wissen »in Tempeln abgeschirmt« vor der Menge. Gleichzeitig hängt de Maistre dem in Platons *Phaedron* vorgetragenen Argument an, daß das Reden dem Schreiben überlegen sei, weil der Sprechende sich seine Zuhörerschaft selbst aussuchen kann, der Schreibende nicht.[19] Maistre, so ließe sich sagen, ermöglicht es erstmals, Schmitt und Strauss, den Dezisionismus und die Esoterik zu einer einzigen Theorie zu verschmelzen.

Maistre scheint der Verfall der autoritären politischen Institutionen (eines der wichtigsten Themen für Schmitt) weniger zu beunruhigen als die Aushöhlung der Religion (eines von Strauss' Hauptthemen). Er schreibt: »Wir haben das Gemeinwesen bis auf seine Grundfesten erschüttert gesehen, weil es in Europa zuviel Freiheit und zuwenig Religion gibt.«[20] In Strauss' Worten hieße das, daß die Säkularisierung die Krise des Westens verursacht habe. Der Versuch, den Menschen von Gott zu lösen, sei »der Weg zum Nichts«, der Weg in den Abgrund. Der Verlust des Glaubens mache das 18. Jahrhundert, das nur der Kalenderschreibung nach an sein Ende gekommen sei, zu einer der beschämendsten und unglückseligsten Epochen der Menschheitsgeschichte. Der Mensch kann ohne unerschütterliche Meinungen, die er sich vor jeder Erfahrung und rationalen Überprüfung bilde, nicht leben: »Nichts ist wichtiger für ihn als Vorurteile.« Der einzelne braucht, um sich richtig zu verhalten, Glaubensüberzeugungen, nicht verwickelte Überlegungen. Um jeden Preis sollte man die gewöhnlichen Menschen glauben machen, daß der Schuldige mehr als der Unschuldige leide, und das nicht erst im Himmel. Eine Person in den *Soirées* sagt über die Vorstellung, daß Tugend nicht belohnt und Sünde nicht bestraft werde: »Auch wenn diese Vorstellung richtig ist, scheint sie mir doch höchst gefährlich zu sein.«[21] Nur die Liberalen sind töricht genug, so de Maistre, die Unverzichtbarkeit von verführerischen Dogmen und tröstenden Lügen zu leugnen.

Der größte Irrtum der Aufklärung bestand in ihrer Überschätzung der menschlichen Fähigkeit, Herrschaft zu legitimieren. Nur geheiligte Institutionen sind dauerhaft: »Keine menschliche Einrichtung kann bestehen, wenn sie nicht eine religiöse Grundlage hat.« Der Ursprung der Souveränität müsse immer außerhalb des Bereichs menschlicher Macht liegen. Das Volk muß davon überzeugt sein, daß »jede Form der Souveränität das unmittelbare Ergebnis von Gottes Willen ist« oder daß »alle Souveränität von Gott kommt«. Das ist wohl die eigentliche Bedeutung des schwer verständlichen Satzes »Die Macht des Souveräns ist rein geistig.« Die Macht der Herrscher gründe weder auf reiner Vernunft noch nur auf Gewalt, sondern auch – wie Schmitt später ebenfalls behaupten wird – auf politischer Theologie. Ohne den Koran wäre das gesamte Gefüge des Osmanischen Reiches in kürzester Zeit zusammengebrochen; die Macht müsse sakral sein, denn »die Menschen achten niemals, was sie selbst errichtet haben«. Wenn einzelne Menschen, so de Maistre, selbst politische Institutionen gründen oder sich das auch nur vorstellen können, dann glauben sie auch unwiderruflich, sie könnten sie wieder abschaffen. Wer aber wird einem Souverän gehorchen, den er auch wieder absetzen kann? Nur einem Herrscher, der von einem Nimbus der Unvermeidlichkeit umgeben ist, wird man jederzeit gehorchen. Die Menschen werden sich nur dann mit einer Regierung abfinden, wenn sie wissen, daß sie diese weder schaffen noch zerstören können. Daher muß das Gesetz den »Charakter von Heiligkeit und Unabänderlichkeit« haben.[22] Die liberalen Fürsprecher für gewählte Regierungen und die Mitwirkung der Bürger an der Gesetzgebung leugnen die überwältigende Macht des Heiligen. Die

Säkularisierung hat die Liberalen gegen die menschliche Natur und die psychologischen Voraussetzungen eines gesellschaftlichen Gemeinwesens blind gemacht.

Aus einem säkularisierten bzw. einem rationalistischen Blickwinkel heraus muß jede Regierung illegitim erscheinen und jede Souveränität als Usurpation. Die Macht hält einer nüchternen und genauen Untersuchung nicht stand, denn dabei enthüllt sich unwillkürlich die Wahrheit über sie. Nur eine sich ihrer selbst nicht bewußte Gesellschaft – oder in Strauss' Terminologie, eine »geschlossene« Gesellschaft – kann daher gedeihen und überleben. Die zivilisiertesten und dauerhaftesten Staaten der Antike hatten zutiefst religiöse Verfassungen. Das Sonnenlicht der Vernunft unterhöhlt die Fundamente der politischen Pflichten, und Herrschaft wie Unterwerfung gedeihen am besten im Dunkeln. Die Menschen sind nur dann gehorsam – was sie zu ihrem eigenen Nutzen sein müssen –, wenn sie sich einem undurchdringlichen Mysterium unterwerfen, das ihnen tiefe Ehrfurcht abverlangt. Es ist demnach notwendig, daß die ursprüngliche Illegitimität aller Souveränität von einer Aura des Geheimnisvollen verdeckt wird.[23]

Anders gesagt: Für de Maistre ist »wichtiger, was wir nicht wissen sollten, als was wir wissen sollten«. Dieses Argument trägt er in säkularer Haltung vor; es soll auch diejenigen überzeugen, so schreibt er, die den religiösen Vorstellungen mit Spott begegnen. (Und in diesem Sinne hätte es bei Strauss Anklang gefunden.) Soziale Stabilität also erfordert neben Vernunft und Gewalt auch einen bedingungslosen Glauben an die Unabänderlichkeit der Gesetze und der politischen Verhältnisse. Eine »falsche Notwendigkeit« ist die einzige Hoffnung der Menschheit; jede gesellschaftlich nützliche Überzeugung muß für »wahr« gehalten werden. Nur wenn man die Menschen zu dem Glauben erzieht, ein göttlicher Wille liege der herrschenden Ordnung zugrunde, kann man sie von der destabilisierenden Vermutung abhalten, die gesellschaftlichen Verhältnisse seien willkürlich geschaffen, d.h. schon von Kindheit an müssen die Menschen die »Lehre von einem göttlichen Gesetzgeber« verinnerlichen. Ein Denken, das aller Illusionen beraubt ist, stürzt die Dogmen und beraubt uns unserer tiefsten moralischen Überzeugungen, ohne etwas an deren Stelle zu setzen. Wenn also der Skeptizismus die natürliche Verehrung vernichtet, »ist alles verloren«.[24]

Das Gift der Wissenschaft

Maistres religiöser Ehrfurcht entspricht seine Ablehnung der Wissenschaft. Die wissenschaftliche Theorie, daß die Erde ein Fragment der Sonne sei, vor Millionen von Jahren von einem Kometen angezogen und seitdem im leeren Raum herumwirbelnd, hat – sofern sie als ernstzunehmende Alternative zur biblischen Schöpfungsgeschichte akzeptiert wird – nihilistische Konsequenzen. Erklärungsmodelle von natürlichen Geschehnissen, die auf Atome und Moleküle Bezug nehmen, erniedrigen und verunreinigen das Denken. Die Wissenschaft verhärtet den Menschen und verödet sein Herz, so de Maistre, Wissenschaftler sind schlechte Bürger und ungeeignete Politiker. Wen wundert es da, daß Menschen von niedrigem Stand genauso erfolgreiche Wissenschaftler sein können wie die Söhne angesehener Familien. Schon die Sprache der Wissenschaft sei hohl und mechanisch, und der Mensch verliere seine Würde, wenn er die Natur auf die ihr zugrundeliegenden Gesetzlichkeiten hin untersuche. Wenn das wissenschaftliche Denken gar den Menschen selbst zum Gegenstand mache, stelle es ihn beinahe auf die gleiche Stufe mit den Tieren. Die Zivilisation »verwildert« also durch die Wissenschaft, und Maistre fügt noch hinzu, »es ist sogar der höchste Grad der Verwilderung«.[25] Die Wissenschaft ist, von einem moralischen Blickpunkt aus betrachtet, der Todfeind.

Freilich scheint de Maistre stolz darauf zu sein, daß die Vorsehung die größten naturwissenschaftlichen Erfolge den christlichen Nationen vorbehalten hat, und er gesteht der Naturwissenschaft gleichsam die Funktion eines Sicherheitsventils zu, da sie die Intellektuellen beschäftigt und von der Politik fernhält. Aber die Naturwissenschaft sei, ähnlich wie das Feuer, nur dann von Nutzen, wenn sie sich nicht zu weit und unkontrolliert verbreite: »Wenn man sie auf wenige beschränkt, dann ist die Wissenschaft gut; wenn man sie weit verbreitet, wirkt sie wie Gift.« Dem religiösen Bewußtsein erscheint das wissenschaftliche Denken aufsässig, vor Stolz gebläht und auf irrationale Weise einem dogmatischen Glauben an den Zweifel anheimgefallen. Der wissenschaftlichen Rede von »Gesetzen« liege einzig und allein der Wunsch zugrunde, die Menschen dadurch vom Gebet abzuhalten. Und überhaupt, so Maistre, zerstöre die Naturwissenschaft das moralische Gleichgewicht des Menschen.[26]

Wegen ihrer Unvereinbarkeit mit der traditionellen Moral seien die moderne Philosophie wie die Naturwissenschaft für den revolutionären Terror verantwortlich zu machen. Lockes Thesen hätten unter dem Druck der französischen Verhältnisse »das revolutionäre Ungeheuer, das Europa verschlingt« entfesselt. Diese Ansicht ist die Urversion eines Arguments, das im 20. Jahrhundert als »Dialektik der Aufklärung« ausgesprochen beliebt werden sollte. Die Philosophen hätten in einer ersten Phase als Fürsprecher der modernen Wissenschaft die Religion unterhöhlt, die erst eine gesellschaftliche Ordnung ermögliche. Nach der Auflösung des sozialen Gefüges habe dann aber die Wissenschaft selbst ihre Gültigkeit verloren. Daß ein irreligiöser Skeptizismus die Bedingungen aller menschlichen, auch der wissenschaftlichen Kreativität vernichte, sei der bitterste Kommentar der Vorsehung zum philosophischen Denken.

Die Philosophen haben, indem sie die Religion aushöhlten, aber auch die seit unerdenklichen Zeiten gültigen Tabus zerstört, mit denen die »Schurken und Schufte« kontrolliert werden konnten. Aus diesem Grund seien die Hände der Enzyklopädisten letztlich blutbefleckter als die der brutalen Henker, die die Guillotinen bedienten. Die Aufklärer reden zwar von der Zivilisation und der Vernunft, tatsächlich aber bringen sie Barbarei und Irrationalität hervor. Die revolutionäre Schreckensherrschaft sei »gelehrte Barbarei«, ein beispiellos erschütterndes Ereignis.[27]

Maistre prägte die Züge des antiliberalen Denkens stärker als jeder andere Autor seiner Zeit. Er inszenierte sich als Anti-Voltaire in einem dramatischen Kampf gegen weltweite Auflösungserscheinungen. Den lokal begrenzten Gefechten seiner Zeit verleiht er kosmische Bedeutung, die Welt befinde sich in einem ewigen Kampf: »Wenn der Mensch irgend etwas als ausgemacht ansehen kann, so ist es das Daseyn zweier einander entgegengesetzter und sich unaufhörlich bekämpfender Kräfte im Weltall.« Diese melodramatische und manichäische Weltsicht zeigt noch Einflüsse aus Maistres früher Zeit bei den Freimaurern, aus deren Denken er auch die Vorstellung übernimmt, die Menschheit könne durch ein Geheimwissen errettet werden. Die Liberalen nennt er oberflächlich und gefährlich, weil sie den zentralen Aspekt der politischen Herrschaft verkennen sowie die Rolle der Vernunft und der Gewalt bei der Herstellung und Erhaltung einer gesellschaftlichen Ordnung überschätzen.[28] Sie erkennen nicht, daß der Mensch auch auf Mythen angewiesen ist. Daher kann ein Antiliberaler, der der herrschenden Elite wieder bewußt zu machen versteht, daß der Mensch Mythen braucht, möglicherweise sogar die Welt retten.

Seit Maistre ist die Vorstellung, daß der Skeptizismus eine starke Bedrohung für die Gesellschaft darstelle, ein Allgemeinplatz der Antiliberalen geworden. Schmitt veranlaßte diese Überzeugung zu der These, autoritäre Entscheidungen seien unerläßlich, Strauss flüchtete in die Esoterik, und MacIntyre beruft sich ihretwegen auf »Gemeinschaft« und Tradition. Hingegen befürworteten die Liberalen, von Milton über Spinoza bis hin zu Constant und Mill, stets öffentliche Debatten und Meinungsverschiedenheiten, in der Überzeugung, daß sie zu einer verständigen und sachkundigen Regierung beitragen. Die Liberalen also haben übereinstimmend stets geleugnet, was die Antiliberalen ebenso übereinstimmend behaupten, daß nämlich »der Konflikt von unkontrollierten individuellen Meinungen nur Skeptizismus hervorbringt, der alles zerstört«.[29] Gewiß läßt sich darüber streiten, welche dieser beiden Gruppen realistischer ist, aber eines ist gewiß: Die Antiliberalen fürchten den Zweifel mehr als die Liberalen. Den Antiliberalen mangelt es an dem Vertrauen der Liberalen darauf, daß öffentliche Meinungsverschiedenheiten zu brauchbaren Übereinkünften und Kompromissen führen können, daß alle Streitigkeiten entweder entpolitisiert, vermittelt oder gelöst werden können.[30] Die Antiliberalen, so scheint es, fühlen sich vom Skeptizismus deswegen stärker bedroht, weil sie selbst skeptischer sind. Sie stellen die nicht sonderlich überzeugende Theorie auf, daß der Skeptizismus die größte aller Gefahren für die Zivilisation darstellt. Dessen angebliche Gefährlichkeit übertreiben sie unter anderem, weil sie von einigen höchst zweifelhaften Grundannahmen ausgehen, beispielsweise von der irrigen Annahme, alle unreflektierten Dogmen und »falschen Gewißheiten« seien aus dem modernen Denken bereits getilgt worden oder drohten, in Zukunft ausgelöscht zu werden.

Kapitel 1

Die Nichtigkeit des Ich

Der Mensch braucht Autorität, Religion und – wie de Maistre mit größtem Nachdruck hinzufügt – auch Gemeinschaft. Die Liberalen, so behauptet er, zielten mit ihrer Leugnung der Erbsünde darauf ab, das Individuum aus seinen Familienbindungen zu lösen. Der Individualismus sei jedoch eine Lüge, und es könne als erwiesen gelten, »daß die Einzelmenschen, aus denen die Völker bestehen, die Familien, ja selbst die politischen Körperschaften solidarisch sind.«[31] Daher müsse man den progressiven Versuchen, den Individualismus zu institutionalisieren, auf zwei Wegen begegnen. Das Ich muß durch die Macht des Souveräns gebändigt werden, und die individuelle Vernunft muß »sich in der nationalen Vernunft verlieren«. Das Verschmelzen des Individuums mit einer Gruppe wird den einzelnen, neben allen anderen damit verbundenen Vorteilen, auch von seinen inneren Widersprüchen befreien. In den *Soirées* stellt Maistre Überlegungen an, was wohl aus dem »Ich« werden wird, wenn es seiner Sehnsucht nach einer *unio mystica* mit anderen nachgeben würde. (Er hält dies für eine schwierige Frage, weil sie den christlichen Glauben an die Unsterblichkeit der Seele in Frage stellt.) Darauf gibt er zur Antwort, daß sich nach dem Jüngsten Gericht das Böse, Mißstimmigkeiten und innere Konflikte aufgelöst haben und die Überlebenden einer idealen Gemeinschaft angehören werden, in »der alle Einwohner vom selben Geiste durchdrungen miteinander verschmelzen«.[32] Der Schandfleck der Subjektivität jedenfalls wird diese Einheit nicht mehr trüben.

Gelegentlich führen de Maistres Überlegungen zur Selbstauslöschung eher in eine universalistische als in eine nationalistische Richtung. Die »angeborene Vernunft« des Menschen, erklärt de Maistre, »muß in einer universellen Vernunft untergehen, damit der Mensch seine individuelle Existenz in einer Gemeinschaftsexistenz verlieren kann. Dann wird sie einem

Flusse gleichen, der namenlos und ohne Eigenleben in den Fluten des Meeres enthalten ist.«[33] Das endlose Meer der »universellen Vernunft« ist natürlich nicht das gleiche wie eine scharf begrenzte Solidargemeinschaft. Maistre verachtet den Liberalismus nicht allein, weil er die Autorität verspottet, sondern auch, weil er der Sehnsucht nach Verschmelzung in einer Nation oder – an anderer Stelle – der verwandten Sehnsucht nach einer gesichtslosen Anonymität entgegenarbeitet.

Angesichts Gottes ist der Mensch lediglich ein verächtliches Nichts, was eine Flucht in die Gemeinschaft zu einem psychologisch verständlichen Trostmechanismus macht. Der einzelne erspart sich damit, über sein sündenverschmutztes und wurmgleiches Ich nachzudenken, das stets dem Tod anheimgegeben ist. Sein Leben entlang den Vorgaben der Gesellschaft zu führen, ist eine große Erleichterung, denn realistisch betrachtet ist das menschliche Individuum ein Nichts. Die Revolutionäre, die glaubten, die menschliche Geschichte zu verändern, waren nichts weiter als Werkzeuge der Vorsehung, so de Maistre. Das Individuum kann tatsächlich nicht das Geringste erschaffen – weder die Sprache, noch die Gesellschaft, noch eine Verfassung. Was, so fragt de Maistre, könnte angesichts der »absoluten Nichtigkeit der menschlichen Vernunft« absurder sein als einige Schreiberlinge, die sich zur Niederschrift eines Dokumentes zusammensetzen, um das politische Leben zu regulieren? Die Verfassung sei ein nichtiges Gewebe, und die Philosophen im Irrtum, wenn sie glaubten, man könne Gesetze zur Regelung des politischen Lebens und des menschlichen Verhaltens ersinnen.[34] Eine Verfassung, die diesen Namen verdient, kann man, um es mit Thomas Paine zu sagen, nicht in die Tasche stecken; sie ist kein Dokument, sondern besteht aus den Grundstrukturen einer Gesellschaft, die sich aus überkommenen Sitten, Gebräuchen und einer tradierten Moral zusammensetzt.

Bedenkt man zudem die menschliche Untreue und Unzuverlässigkeit, dann können die Gesetze unmöglich von denen erlassen werden, die ihnen auch zu folgen haben.[35] Gesellschaftlicher Zusammenhalt ist über längere Zeit hinweg nur durchsetzbar, wenn ein äußerer Zwang ihn gewährleistet. Um so lächerlicher, daß die Liberalen tollkühn von einer Selbstbestimmung der Gesellschaft träumen, von der Fähigkeit des Menschen, sich selbst erst ein Gesetz zu geben und es dann auch noch zu befolgen. Das hält de Maistre für zutiefst unlogisch, denn der Wille könne sich nicht selbst verpflichten, und außerdem müsse die Macht zu binden zugleich auch die Macht beinhalten, diese Bindung wieder aufzulösen. Die verfassunggebenden Liberalen können also auch nicht begründen, warum eine Generation den nachfolgenden Generationen ihren Willen aufzwingen darf. Jede Verfassung muß selbstverständlich auch für die Zukunft bindend sein, aber dieser Anspruch steht ganz offenkundig in Widerspruch zu den voluntaristischen Grundsätzen der Liberalen. Man kann nur dann nachfolgende Generationen verpflichten, wenn der Gesetzgeber auf einer höheren ontologischen Ebene angesiedelt ist als diejenigen, die dem erlassenen Gesetz gehorchen müssen. Wenn eine Generation geringer Sterblicher es sich einfallen läßt, eine Verfassung nach ihrem eigenen Gutdünken zu ersinnen, warum sollte dann nicht eine spätere Generation diesen Knoten nach ihrem Belieben lösen? Auch hier also gilt für de Maistre, daß ein institutioneller Rahmen nur dann bestehen kann, wenn er das Resultat göttlichen Handelns zu sein scheint und auf den Befehl eines »verpflichtenden Gottes« hin erlassen worden ist. Dieses Argument bringt de Maistre als einen apriorischen Beweis für die Absurdität des liberalen Verfassungsgedankens vor.[36] Jede wirkliche Verfassung kommt vom Himmel, zumindest muß es den Anschein haben, sie käme von dort.

Die aufeinanderfolgenden und stets scheiternden Verfassungen in Frankreich waren Wasser auf de Maistres Mühlen.

Aber er hatte sich auch mit der amerikanischen Verfassung auseinanderzusetzen und wies zu Recht darauf hin, die amerikanische sei im Unterschied zu den französischen Verfassungen keine vollständige Umwälzung und Neuerung. Sie konnte sich auf republikanische Institutionen und Traditionen stützen, die aus England eingeführt worden waren und sich in der Kolonialperiode entwickelt hatten, in der die Untertanen allmählich gelernt hatten, ohne König zu leben. Aber auch über das amerikanische Experiment, eine Verfassung zu entwerfen, lautet sein Urteil letztlich, daß es zum Scheitern verurteilt sei. (Bekannt und berüchtigt wurde de Maistres Zweifel daran, ob jemals eine Stadt namens Washington gebaut werde, »weil der Mensch aus eigener Kraft nichts erschaffen kann«.)[37]

Gewalt und Krieg

Maistre hält die Liberalen für ausgesprochen naiv, weil sie dem Menschen genügend Selbstdisziplin zutrauen, sich selbst zu regieren, und weil sie nicht einsehen, daß eine oberste Autorität unerläßlich ist, um alle erbitterten Auseinandersetzungen durch einen Befehl zu beenden. Er wirft ihnen vor, sie seien außerstande einzusehen, wie wichtig es ist, schlichte Gemüter durch Vorurteile fest im Griff zu behalten. Sie weigerten sich zu verstehen, welch bedeutende soziale Funktion der verbreitete Glaube an ein Jüngstes Gericht übernehme und sperrten sich gegen die Verlockung gemeinschaftlicher Einheit, des Selbstverlustes in der Verschmelzung mit anderen. Auf diese Unzulänglichkeiten der liberalen Bewegung macht de Maistre immer wieder aufmerksam, regt dadurch eine antiliberale Bewegung an und hilft, ihr Gestalt zu verleihen. Allerdings erschöpfen sich seine Gedanken noch lange nicht bei diesen Themen.

Keiner der obigen Mißstände, so schreibt er, bezeichnet den wichtigsten Fehler des Liberalismus, der darin besteht, der Brutalität und Gewalt des menschlichen Lebens nicht ins Auge blicken zu können. Dieses Urteil dürfte de Maistres charakteristischer und eigenständigster Beitrag zum Antiliberalismus sein. Die Liberalen, behauptet er, sind nicht in der Lage, den Krieg zu verstehen; sie gehen von einem friedlichen Normalzustand aus, eine Erwartung, die völlig unverständlich ist, da es »in der Welt nur Gewalt gibt«.[38] Diese bewußt schockierend formulierte Erkenntnis erinnert an Schmitt bzw. übertrifft dessen Formulierungen noch an Radikalität. Die Liberalen scheinen zu übersehen, daß die Geschichte sich ihren Weg über Leichen bahnt, weil sie ihren Blick von der bitteren Realität abgewendet haben. Da sie leichtfertig das Dogma der Erbsünde aufgegeben haben, nehmen sie, so de Maistre, nicht einmal mehr wahr, was offen zutage liegt.

Maistres radikalster Angriff auf die Aufklärung liegt in diesem Hinweis auf die schreckliche Gewalt, die Menschen einander zufügen. Und in diesem Fall ist seine Argumentation sogar einigermaßen überzeugend. Er erregt sich besonders über die Selbstgefälligkeit und Schönfärberei des liberalen Menschenbildes, das vorgibt, der Fortschritt habe die Grausamkeit und Gewalttätigkeit des Menschen bereits überwunden. Die Liberalen gehen davon aus, daß die Menschen den Naturzustand aufgegeben hätten, um der gegenseitigen Vernichtung zu entgehen.[39] Das ist der Hauptpunkt der Theorie vom Gesellschaftsvertrags, auch wenn sie in subtilerer Form lediglich als Denkfigur verwendet wird. Aber das ganze Modell beruhe auf einer reinen Illusion, denn, so Maistre, erst mit dem Eintritt der Menschen in den Gesellschaftszustand beginne das gegenseitige Abschlachten. Durch Kriege sterben mehr Menschen als durch einzelne Übeltäter. Warum sollten die Menschen also – wie die Liberalen behaupten –

einen Zustand aufgeben, in dem nur ein unorganisierter und daher auch relativ harmloser Krieg herrscht, und ihn gegen einen Zustand eintauschen, in dem ein organisierter und um so grausamerer Krieg herrscht? Antiliberale können den Gesellschaftszustand damit erklären, daß der Mensch von Natur aus ein »geselliges Lebewesen« ist und daß grausame Auseinandersetzungen zwischen rivalisierenden Gruppen realistisch betrachtet der leidenschaftlichste Ausdruck dieser angeborenen Gesellschaftlichkeit sind. Wie aber können die Liberalen den freiwilligen Eintritt in den Gesellschaftszustand angesichts grausamer Kriege erklären? Sie könnten behaupten, daß die einzelnen den Naturzustand aufgeben, weil sie auf der Suche nach Ruhm und Ehre sind, die sie im Kampf erwerben können. Aber diese Erklärung weist de Maistre zurück, weil schließlich nur die Anführer zu Ruhm und Ehre gelangen. Außerdem verstellt diese Antwort nur die eigentliche Frage, denn sie liefert keine Erklärung dafür, warum der Mensch eigentlich nach Ruhm und Ehre strebt.

Der Krieg widerlegt nach Maistre im übrigen auch den Mythos von einem autarken und souveränen Ich, den die Liberalen verbreiten. Die Menschen haben de Maistre zufolge gar keine Macht, das Ergebnis von Kriegen zu lenken; Siege sind nicht so sehr das Ergebnis menschlicher Entscheidungen und Leistungen, sondern kommen eher zufällig zustande. Die Schlachten, die das Antlitz Europas verändert hätten, wurden nicht durch die Kraft des Stärkeren oder durch taktische Fähigkeiten geschickter Kriegsführer entschieden, sondern durch unvorhersehbare Angstzustände. Maistre schildert Generäle, die mitten in einer Schlacht plötzlich von »der kalten Göttin«, einer Art geistiger Lähmung ergriffen werden, einem unerklärlichen Gefühl, das sie wie erstarrt innehalten läßt. Er bezeichnet das als »reine Magie«.[40] Letztlich könne man nicht erklären, warum ein militärischer Führer urplötzlich von Angst übermannt werde, aber wenn es geschehe, entscheide es den Krieg und verändere das Leben von Millionen über Generationen hinweg.

Die Geschichte sei mit Blut geschrieben worden, und trotz aller Humanisten und Philosophen bleibe das »vernünftige Europa« hoffnungslos kriegerischen Kämpfen ausgeliefert. Aber, fragt de Maistre, wie läßt sich dieses fortwährende Töten und Getötetwerden erklären, wo doch der Mensch letztlich ein mitfühlendes Wesen sei? Er ist der Tränen fähig und ersinnt sogar kleine Geschichten, die ihn zum Weinen bringen, so zart und mitleidig ist das menschliche Herz. Kaum ertönt jedoch der Schlachtruf, stürmen schon alle jungen Männer in den Kampf, um ihre Feinde niederzumetzeln, »ohne zu wissen, was sie wollen oder was sie tun«. Sie riskieren, zu töten und getötet zu werden, ohne überhaupt zu wissen, wer ihr Feind ist, ja, mehr noch, was überhaupt das Wort »Feind« bedeutet. Der Soldat, der in seinem bürgerlichen Leben ein durchaus sanftmütiger Mensch sein mag, entwickelt auf dem Schlachtfeld einen »enthusiasme du carnage«.[41] Peter dem Großen sei es nicht gelungen, die Bojaren dazu zu bringen, sich die Bärte abzurasieren, aber sie ließen sich bereitwillig in Kriege führen, um ihre Nachbarn, die ihnen nie irgend etwas zuleide getan hatten, in Stücke zu reißen.

Ganz im Widerspruch zu der (von den Liberalen betonten) Vernunft des Menschen und seinem Selbsterhaltungstrieb bestimmt der Krieg aber nach wie vor das Leben und übt einen unwiderstehlichen Reiz auf die Menschen aus. Es sei absurd, mit den Philosophen der Aufklärung zu behaupten, Kriege würden den Menschen »von oben« aufgezwungen. Die Ansicht, Kriege entstünden durch Kabinettspolitik oder seien das Machwerk der Höfe, sei nur ein weiteres Beispiel für jene allzu vereinfachende Verschwörungstheorie, die von der Aufklärung verfochten werde. Dies ist eines von de Maistres Lieblingsthemen und auch eines seiner überzeugendsten: »Das Eigeninteresse kann die Überzeugungen der Allgemeinheit mißbrauchen, es kann sie aber nicht schaffen.« Mit anderen Worten: Wenn es keinen Kampfinstinkt gäbe, dann könnten die herrschenden Eliten ihn auch nicht für ihre eigenen mißlichen Zwecke ausnutzen. Es sei töricht zu glauben, sie könnten ihn erst schaffen.[42]

Maistre »ist es unmöglich, zu erklären, wie der Krieg dem Menschen überhaupt möglich ist«, denn er glaubt nicht daran, daß die Menschen blutrünstig in den Krieg ziehen, um ihren Feinden zu beweisen, daß sie bereit sind, ihr Leben aufs Spiel zu setzen. Kriegslust habe nichts mit Freiheit zu tun, sie sei ganz im Gegenteil ein unwiderstehlicher Trieb, zutiefst menschlich und zutiefst unmenschlich gleichermaßen, und daher das beste Beispiel für das unlösbare Rätsel des Lebens. Der Krieg widersteht allen rationalistischen Versuchen, Licht in das Dunkel zu bringen. Nichtreligiöse Autoren hätten nichts zu diesem Thema beizutragen. Daß die Aufklärer zum Thema Krieg nichts Intelligentes zu sagen haben, ist ein um so vernichtenderes Urteil, als die Menschheitsgeschichte eine Geschichte des Krieges sei.[43]

Die Geschichte ist eine Abfolge kriegerischer Kreuzzüge und Auseinandersetzungen. Der Mensch ist de Maistre zufolge kein rational handelndes Wesen, das die besten Mittel erwägt, um zu klar formulierten Zielen zu gelangen. Er ist ein Spielzeug in den Händen höherer Mächte, die er weder lenken noch verstehen kann. Ihm ist instinktiv und vorrational die Vorstellung angeboren, daß es einen Todfeind gibt, dem man sich zu stellen hat und den man töten muß. Weil das Freund-Feind-Schema, von dem der Mensch sich in seinem Sozialverhalten lenken läßt, so tief verankert ist, kann es auch durch antimilitaristische Kampagnen nicht verändert werden. Der Mensch ist dem Haß, der in ihm tobt, willenlos ausgeliefert. Eines der größten Rätsel des menschlichen Lebens besteht de Maistre zufolge darin, daß Menschen mit großem Vergnügen Taten begehen können, die ihnen auf einer anderen Ebene ihres Lebens zutiefst abstoßend erscheinen. Ein junger Mann, der in Tränen ausbrechen würde, wenn er den Kanarienvogel seiner Schwester aus Versehen verletzt hätte, kann im Kampf auf einen Leichenberg steigen, »um sich einen besseren Überblick zu verschaffen«. Maistre faszinieren an diesem Bild nicht die zertrümmerten Schädel oder die Todesschreie, sondern daß der Krieg von einem rationalistischen Standpunkt aus betrachtet überhaupt nicht zu verstehen ist.

Maistres berühmte Gedanken über den Henker sind von ähnlichen Überlegungen begleitet. Er ergeht sich in grausamen und übelkeitserregenden Schilderungen des Todes auf der Folterbank mit detailgetreuen Beschreibungen von »krachenden Knochen«, zerissenem Fleisch und dem von Blut schäumenden Mund eines Opfers, das herzzereißend darum fleht, endlich getötet zu werden. Seine greuliche Schilderung krönt er dann mit der Bemerkung, der Henker sei stolz auf sein Handwerk. Aber diese Schilderung ist sowenig ein Anzeichen für Maistres Sadismus wie seine berauschenden Schilderungen vom Grauen des Krieges. Er bezweckt mit diesen polemischen Schilderungen lediglich, den Rationalisten nachzuweisen, daß sie ein der Gesellschaft gleichsam eingewobenes paradoxes Muster ignorieren.

Jedes politische System ist auf Strafen angewiesen, aber wenn die Liberalen sich die Todesstrafe aus der Nähe betrachten, so de Maistre, dann wird ihnen schlecht. Der Henker sei »der Schrecken und das Band der menschlichen Gemeinschaft«[44], besonders von einem rationalistischen oder humanistischen Standpunkt aus betrachtet eine schockierende und rätselhafte Tatsache. Schon die bloße Existenz des Henkers ist kaum zu erklären. Wer wolle sich schon freiwillig der öffentlichen Schmähung aussetzen, die ein Henker auf sich zieht? Aber immer wieder fänden sich Menschen zu diesem Beruf bereit. Die Liberalen bräuchten nicht weniger als andere Regierenden auch strafende Instanzen, doch seien sie nicht einmal in der Lage, offen über körperliche Strafen zu diskutieren. Weil der säkulare Humanismus die Welt für verständlich bzw. erklärbar hält, sind die Liberalen für die erstaunlichen und rätselhaften Realitäten, die offen zutage liegen, unempfänglich geworden – so weit, daß der höchste Garant eines zivilisierten Zusammenlebens, der Henker, ihnen Übelkeit erregt. Maistre verharrt also allein deshalb so ausführlich bei der rätselhaften Gestalt des Henkers, bei der Unergründlichkeit des Krieges, weil er das Gespür für das unerforschliche Geheimnis der menschlichen Gesellschaften wiedererwecken will, das die oberflächliche und optimistische Aufklärung so vorschnell verbannt habe.

Allerdings beruht de Maistres gerühmter »Realismus« auch nur auf einer höchst selektiven Wahrnehmung. Wäre er tatsächlich durch und durch Realist gewesen, dann hätte er nicht ohne jeden Beweis alle religiösen Verblendungen für gesellschaftlich nützlich gehalten.[45] Für sein Denken ist weniger eine nüchterne Betrachtung der Tatsachen charakteristisch als eine konservative Bindung an die Tradition. Ein kurzer Vergleich mit Edmund Burke verdeutlicht dies. Burke weist entschieden die Ansicht zurück, eine Gesellschaft sei zu ihrem Bestehen auf die Todesstrafe angewiesen, ja er ist sogar der Auffassung, daß die Theorie von der abschreckenden und daher kriminalitätsvermindernden Wirkung der Todesstrafe erst mit dem rationalistischen Denken der Aufklärung aufgekommen ist. Wenn Burke die Religion als die Grundlage der Gesellschaft bezeichnet, dann will er damit sagen, daß jedenfalls nicht der Henker die Aufrechterhaltung der Gesellschaftsordnung gewährleistet.[46] Dieser Unterschied zwischen Burke und de Maistre ist erstaunlich. Maistre unterscheidet nicht zwischen einer Gesellschaft, die durch die Religion integriert, und einer Gesellschaft, die durch die Todesstrafe zusammengehalten wird; mehr noch, er hält beides für identisch. Den Henker betrachtet er als den Eckpfeiler der Gesellschaft, und zwar nicht, weil die Todesstrafe von weiteren Verbrechen abschrecke, sondern weil der Henker der letzte archaische Priester sei, der über den letzten Opferaltar der Menschheit gebiete.

Die meisten kritischen Einwände de Maistres gegen das rationalistische Denken der Aufklärung sind nicht ganz zutreffend oder sogar verworren. Aber seine These, die liberalen Theoretiker beachteten Gewalt und Grausamkeit nicht genügend, trifft in gewissem Sinne zu. Locke oder Montesquieu haben zwar wohl kaum das Problem der menschlichen Grausamkeit übergangen, und Bentham sprach wohl für alle Liberalen, als er sich fragte: »Was ist die Geschichte anderes als eine Folge der absurdesten Feindseligkeiten, der sinnlosesten Verfolgungen?« Aber es hat tatsächlich Liberale wie beispielsweise Hume gegeben, die in ihren Schriften Gewalt so behandelten, als sei sie bereits ein Problem der Vergangenheit.[47] Und vielen Liberalen bereitet es zugegebenermaßen Schwierigkeiten, sich mit dem Problem des Krieges auseinanderzusetzen.[48] Andererseits muß man aber auch sagen, daß Maistres Theorie vom Henker-Priester eine extreme, um nicht zu sagen makabre Position verkörpert, die seinem Werk stellenweise Züge des Wahnsinns aufprägt.

Sie führt ihn aber auch zu einer seiner aufschlußreichsten Fragestellungen. Warum gilt das unschuldige Töten unschuldiger Menschen als das Ehrenwerteste überhaupt? Denn nichts anderes als die Verherrlichung des Tötens Unschuldiger sei ja die Verehrung der kriegerischen Tugend. Eine Erklärung für den Krieg wie auch für die Notwendigkeit der Todesstrafe, die in Maistres Sinne sein könnte, lautet, daß der Mensch von mörderischen, dämonischen Trieben beherrscht ist. Obwohl er über einen verletzten Kanarienvogel Tränen vergießen kann, ist der Mensch ein bösartiges Ungeheuer, ein geborener Despot, wie ein »Kind, das einen Vogel mit seinen

Händen erwürgt, nur der Lust des Anblicks wegen, daß es eine Kreatur in diesem Universum gibt, die noch schwächer als es selbst ist«.[49] Allerdings betont Maistre selbst dieses Erklärungsmodell nicht.

Statt dessen schreibt er, das Töten gehöre einfach zum Leben, die ganze Natur sei ein Schlachtfeld, und die Geschichte ein ununterbrochenes Gemetzel. Die Welt sei ein riesiger Altar, auf dem alles, was lebt, geopfert werden muß. Daher nehme es auch kaum Wunder, daß der Mensch ein mordlüsternes Tier sei. Er ist das gefährlichste Raubtier, auf seinen Tischen nichts als Leichen. Beinahe jedes Lebewesen, das ihm begegnet, tötet er, sei es, weil er Nahrung, sei es, weil er Kleidung braucht, oder auch nur zum Sport. Er tötet aber auch um des Tötens willen: »il tue pour tuer«. Und mehr noch, er tötet auch seine Artgenossen.[50]

Maistre stellt anhand des folgenden Beispiels dar, wie unbegreiflich der Hang der Menschen ist, sich gegenseitig umzubringen[51]: Man stelle sich einen Philosophen von einem anderen Planeten vor, der auf die Erde kommt und weiß, daß es dort zwei verschiedene Arten von Mördern gibt. Man hat ihm berichtet, daß die eine Art – die Soldaten – Unschuldige töten, die andere – die Henker – Schuldige umbringen; er erfährt außerdem, daß es mehr Soldaten als Henker gibt. Auf die Frage, welche dieser beiden Arten wohl das höhere Ansehen in der menschlichen Gesellschaft genießt, wird er, vorausgesetzt, er reagiert rational, genau die falsche Antwort geben. An diesem Beispiel zeigt de Maistre, daß die abstrakte Psychologie der Aufklärung für eine realistische Einschätzung der menschlichen Werteskala unbrauchbar ist. Der gesellschaftliche Status des Soldaten im Vergleich zum Henker gilt ihm als ein weiteres bezeichnendes Rätsel des menschlichen Verhaltens.

Wie aber läßt sich der Hang zur Selbstzerstörung bei der menschlichen Spezies erklären? Maistre beruft sich auf ein

»okkultes und schreckliches Gesetz, das nach menschlichem Blut verlangt«, oder auf ein Gesetz »der grausamen Zerstörung der menschlichen Gattung«. Seine sogenannten »Gesetze« fassen allerdings historische Ereignisse zusammen, ohne sie zu erklären. Gott habe eben dem Menschen, der ansonsten sanftmütigen Wesens ist, ein unwiderstehliches Verlangen eingepflanzt, das Blut Unschuldiger zu vergießen. Das weltumfassende Schlachthaus, das zwangsläufige Abschlachten, das wir menschliches Leben nennen, bleibt ein »furchtbares Geheimnis«.[52] Dennoch hat »keine Nation jemals daran gezweifelt, daß das Blutvergießen sühnende Kraft hat«.[53] In allen Kulturen herrsche die Vorstellung, daß die Sünden der Schuldigen durch die Leiden der Unschuldigen gesühnt werden, und daher pflegen sie alle Opferbräuche, in denen meistens die Schwachen und Friedlichen zu Tode kommen. In diesem Lichte betrachtet nimmt auch die Französische Revolution eine neue und unerwartete Bedeutung an. Der Terror ist nichts anderes als die Zurschaustellung des gewöhnlichen, der Menschheit innewohnenden Sühnebedürfnisses durch Blutvergießen, und genau das fand de Maistre auch so »interessant« an den revolutionären Tribunalen. Das Christentum, so schreibt er, habe sogar eine Opfergeschichte zu seinem zentralen Glaubensinhalt erhoben; das Kreuz sei ein Symbol für die tiefe Verwurzelung des Christentums in der *conditio humana*.[54] Die Guillotine enthülle dasselbe über den Terror, auch sie sei ein universelles Symbol. Schmitt war ein Bewunderer der klassischen »Nüchternheit« de Maistres, aber »nüchtern« ist wohl kaum der angemessene Begriff für diese Ansicht de Maistres, die für sein Denken zentral ist. Seine Schriften legen eher den Gedanken nahe, daß ein illusionsloser Blick auf die Welt alles andere als nüchtern ist.

Gnostische Elemente in Maistres Denken

Gelegentlich stellt de Maistre das Universum als ungeordnet und böse dar, dann wiederum als geordnet und gut. Dieser Widerspruch ist anscheinend das Ergebnis seiner Zugehörigkeit zu zwei Denkrichtungen: der Gnosis (dem Glauben also, daß die Welt hoffnungslos beschmutzt ist) und der christlichen Theodizee (dem Glauben, daß alles weltliche Geschehen, so schmerzlich auch immer es für den Menschen sein mag, einen guten Zweck habe, den allein Gott kennt). Gemetzel und Leiden sind zwar unerklärliche Rätsel, aber auch nützliche Mittel zu einem rationalen Zweck. Maistre sagt explizit, die Welt sei so schlecht, daß sie nicht erlöst werden könne – in gnostischer Redeweise ein »Labyrinth«, ein Gefängnis, in das die Menschen eingesperrt sind, und zugleich ein Ort des zügellosen Chaos. Im großen kosmischen Kampf zwischen den Kräften des Guten und des Bösen hat das Böse den Sieg davon getragen. (Diese gnostischen Elemente seines Denkens unterscheiden de Maistre zugleich von dem gewöhnlich klassenbewußten Konservatismus wie vom orthodoxen Christentum. Sie trennen ihn auch von seinen antiliberalen Nachfahren.)

Maistres radikale Schicksalsgläubigkeit setzt allerdings absolutes Vertrauen in die Klugheit der menschlichen Vernunft voraus, in die weltlichen Vorteile, die aus Qualen und Elend gewonnen werden können. Sein Glaube an das unheilbar Böse dieser Welt läßt ihn wiederholt den naiven Optimismus der Aufklärung kritisieren.[55] Aber wie ein wiedergeborener Pangloss* versichert er auch, daß dieses scheinbar Böse einem höheren Zweck diene. Die Revolution verstreute den

* A. d. Ü.: Figur aus Voltaires satirischem Roman *Candide*, einer Parodie auf die »beste der möglichen Welten«, in der sich Pangloss, der Gehängte, unter merkwürdigen Fügungen lebendig wieder einfindet.

französischen Klerus über ganz Europa und somit auch in die protestantischen Länder, was eine zukünftige Wiedervereinigung der Christenheit ermögliche. Nach Zeiten kultureller Armut und Unproduktivität, die die Menschen in Untätigkeit versetzt haben, kann ein Blutbad erfrischende Wirkungen haben und eine Kultur jäh verjüngen. Alle Epochen künstlerischer und wissenschaftlicher Kreativität seien, so Maistre, auf grauenhafte und grausame Kriege gefolgt.[56] Das Schlagwort *Le salut par le sang* mag zwar häretisch klingen, aber es bringt auch eine optimistische Einstellung zum Ausdruck, die für de Maistre, jedenfalls in seinen dunkleren Stunden, viel zu optimistisch ist.

Unglück ist im allgemeinen nützlich, wie der »panglossische« Maistre feststellt, denn es erinnert die Menschen an ihre Sterblichkeit und an Gott und hindert sie daran, allzu ungläubig zu werden und sich nur an die diesseitige Welt zu binden. Die Vorsehung fungiert sogar als eine Art kosmisches Zuchtlabor; sie wählt alle genetisch Niedrigstehenden aus und benutzt Kriege dazu, die Schwächeren von den Stärkeren zu trennen: »Man sieht nur deutlich, daß die Menschheit als ein Baum betrachtet werden kann, der von unsichtbaren Händen dauernd beschnitten wird und dabei oft gewinnt.« Maistre kritisiert Voltaires Schrift über das Erdbeben von Lissabon und betont, daß Naturkatastrophen zwar böse erscheinen, tatsächlich aber gut sind, weil alle menschlichen Wesen Strafe verdienen. Vielleicht sind die kleinen Kinder von Lissabon als Ausnahme zu betrachten, aber wie jedermann wisse, der sich mit den Techniken der Belagerung beschäftigt habe, könne man eine Stadt nur strafen, wenn man alle ihre Bewohner gemeinsam bestrafe. Man könnte aber fragen, warum Gott dann nicht die Unschuldigen an einen sicheren Ort verbrachte, an dem sie geschützt gewesen wären, während er die Schuldigen leiden ließ. Genau das, so Maistre, habe der Herr getan, denn er habe die Schuldigen bestraft (mit dem Tod) und die Unschuldigen (durch den Tod) in den Himmel befördert.[57] Diese bemerkenswerte Logik läßt sich in dem Satz zusammenfassen, daß alles gut ist, weil alles schlecht ist.

Mit derselben Gabe für Widersprüchlichkeit vergleicht de Maistre die Hinrichtung Ludwig XVI. nicht nur mit einem Opferbrauch, sondern auch mit dem Tod durch einen herabstürzenden Dachziegel. Tatsächlich besteht die bedrückendste illiberale Folgerung seines Denkens darin, daß es keine Ungerechtigkeit auf Erden gebe, sondern nur Unglück – *le malheur*. »Ist es ungerecht, wenn ein guter Mensch im Krieg den Tod findet? Nein, das ist ein Unglück.« Oder an anderer Stelle: »Wenn ein unschuldiger Mensch stirbt, ist das ein Unglück wie viele andere.« Wer wie Hobbes denke, müsse sich natürlich vor einem gewaltsamem Tod durch Erstechen fürchten, aber Gott mache keinen Unterschied zwischen einem Dolchstoß und einem Herzinfarkt. Gewiß würden die Menschen weiterhin an einer derartig oberflächlichen Unterscheidung festhalten, aber »Gott kennt keinen gewaltsamen Tod«.[58]

Die Widersprüchlichkeit, mit der Maistre dieses Thema behandelt, ist zermürbend. Schlägt Gott uns nun aus Liebe und zu unserem eigenen Besten, oder weil sein Zorn nur durch ein Meer aus Blut zu besänftigen ist? Maistre denkt ja schließlich auch, daß die Opferung Unschuldiger die Sünden der Schuldigen sühne – andererseits behauptet er mit demselben Eifer, daß es gar keine Unschuldigen gebe.[59] Wenn ein guter Mensch in der Schlacht fällt, ist das keine Ungerechtigkeit, sondern ein Unglück, dennoch fügt er unmittelbar danach an, daß alle Menschen schlecht seien und daher das grausamste Schicksal verdienten. Ist demnach weltliches Leiden eine Form der Vergeltung oder lediglich Pech? Die *Soirées* beginnen mit einer Diskussion darüber, wie willkürlich menschliches Leiden und Sterben verteilt sind. Das Böse stürme auf die Menschen ein wie Kugeln eine Armee treffen, ohne zwischen Guten und Bösen zu unterscheiden. Dahinter spürt man absolute Willkür; eine bestimmte Seuche hat einen verschont, aber ebensogut hätte man ihr erliegen können. Der eine stirbt im Kampf, aber er hätte dem Tod auch entrinnen können. Weder das Leiden noch die Zufriedenheit der Menschen haben einen Sinn. Nachdem aber Maistre diese Argumentation zu Ende gebracht hat, verkündet er das genaue Gegenteil. Alles Leiden, so schreibt er, sei sinnvoll; Gott straft uns auf diese Weise für unsere unverzeihlichen Vergehen.[60] Diese Inkohärenz könnte man mutig nennen, wenn sie nicht gar so sehr den Anschein der Nachlässigkeit hätte.

Von Isaiah Berlin stammt die Bemerkung, daß das »Waffenarsenal«, das de Maistre gegen den Liberalismus versammelt hätte, »das wirksamste war, das jemals angelegt wurde«. Seine »positive Lehre« jedoch sei »nicht überzeugend« gewesen.[61] Dabei dürfte es sich sogar noch um eine Untertreibung handeln. Maistres Schilderung der Rolle, die Gewalt und Grausamkeit in der Geschichte gespielt haben, ist zwar zutreffend, aber die Erklärungen, die er für den Ursprung dieses unbegründeten Blutvergießens liefert, grenzen an Wahnsinn. Sein gleichzeitiger Glaube an die Gnosis und an die Theodizee lassen ihn sich in tiefste Widersprüche verstricken. Und schließlich ist auch das ungeheure Ausmaß seines deterministischen Denkens mit politischem Denken – sei es nun liberal oder konservativ – nicht zu vereinen. Er behauptet zur gleichen Zeit, daß Gottes Pläne nicht zu vereiteln sind, andererseits, daß Gott den Menschen zürne, weil sie seine Pläne durchkreuzt hätten. Welchen Sinn aber kann es haben, so muß man sich fragen, die Zustände seiner Zeit zu beklagen, wenn Gott ohnehin über den Verlauf der Geschichte gebietet?

Maistre kann man aber auch schon auf einer wesentlich prosaischeren Ebene kritisieren, denn er macht sich eine ausgesprochen übertriebene Vorstellung vom Schaden, den der

Skeptizismus anrichten kann. Der Zweifel wird tatsächlich solange politisch nützlich sein, wie die Menschen noch von »falschen Notwendigkeiten« beherrscht sind. Liberalismus und Anarchie sind keineswegs ein und dasselbe, und die Aufklärer wußten sehr wohl, daß verpflichtende Verträge nur dann tatsächlich eingehalten werden, wenn darüber mit äußerem Druck gewacht wird. Religion ist nicht das einzig mögliche »soziale Bindemittel«. (Eine Gesellschaft kann auch durch gemeinsame Interessen und säkulare Normen zusammengehalten werden; und überdies ist die Religion allzu häufig eine trennende statt eine harmonisierende Kraft.) Eine Gesellschaftsordnung ist nicht auf eine höchste und unantastbare Entscheidungsinstanz angewiesen. Auch hindert öffentlicher Widerspruch eine Regierung nicht daran, das Gesetz auch anzuwenden. Wenn eine gesetzgebende Versammlung heute die Entscheidungen überdenkt, die die Exekutive gestern gefaßt hat, dann führt das nicht zu chaotischen Zuständen. Gesetze, die in einer Verfassung niedergeschrieben sind, können zu überdachteren und intelligenteren politischen Entscheidungen führen. Und aus Überlegungen und Wahlen können selbstverständlich stabile Regierungen hervorgehen.[62] Verfassungen, von einigen Schreiberlingen der Aufklärung »ersonnen«, haben die Jahrhunderte überdauert und dazu beigetragen, das politische Leben großer Nationen zu gestalten. Die Bürger, so hat sich herausgestellt, gehorchen tatsächlich auch solchen Gesetzen, die sie widerrufen können, und sie fügen sich auch den Entscheidungen solcher Herrscher, die sie wieder abwählen können. Mit anderen Worten: Maistres empirische Verallgemeinerungen über die liberale Politik haben sich schlicht und ergreifend als falsch herausgestellt. Dennoch haben seine Erben ergeben an ihnen festgehalten und sie immer aufs neue wiederholt.

Schlußfolgerung

Maistres größter Beitrag zur existentiellen Haltung der Antiliberalen war möglicherweise seine Mischung aus Pessimismus und Optimismus. Er erklärte die moderne Welt für hoffnungslos verderbt, verkündete aber, die Möglichkeit zur geistigen Erneuerung sei nicht fern. Er bezeichnete die Französische Revolution als »die große Reinigung«, als wenn er von ihr eine Neuordnung Frankreichs erhoffte, die es von seiner voraufgegangenen Lasterhaftigkeit reinwasche.[63] Er schrieb, daß die menschliche Geschichte eine ununterbrochene Aneinanderreihung grauenhafter Katastrophen gewesen sei, und dies auch immer sein werde. Weder Autoritäten noch die Religion noch die Gemeinschaft könnten den Menschen von seinem Unglück erlösen, ein trostloser Gedanke. Aber de Maistre gelang es, sich über die schmerzlichen Implikationen seiner eigenen Diagnose zu erheben, und damit sollte er eine neue Bewegung ins Leben rufen. Aber wie gelang ihm das? Wie konnte er zugleich untröstlich und kämpferisch sein? Vielleicht genoß er den Kampf mit dem Liberalismus so sehr – wie so viele, die ihm nachfolgten –, daß er lieber in dieser widersprüchlichen Geistesverfassung verharrte, als sich der Ruhe einer postliberalen Welt zu verschreiben. Das wenigstens trifft auch auf Carl Schmitt zu, den originellsten Bewunderer de Maistres im 20. Jahrhundert.

Kapitel 2
CARL SCHMITT: DIE SCHWÄCHE DES LIBERALISMUS

»La haine de l'autorité est le fléau de nos jours.«
Joseph de Maistre

Wie de Maistre so erlebte auch Carl Schmitt den Untergang einer nationalen Monarchie wie eine welterschütternde Autoritätskrise. Der Zusammenbruch des Kaiserreichs 1918 und das schwache liberale Regierungssystem, das an seine Stelle trat, können als Hauptanlässe und Antriebsfedern seines Antiliberalismus gelten. Schmitts Ruhm als brillanter Kritiker liberaler Ideen entstand in den zwanziger Jahren, lange vor seinem Eintritt in die NSDAP, hält bis heute an und wächst sogar noch. Bei der politischen Linken ist Schmitt einflußreich geworden, weil er den Parlamentarismus und dessen Scheinheiligkeit bloßgestellt hat. Die Konservativen hingegen begrüßen seine Charakterisierung des liberalen Staates als kompromißlerische und unentschiedene Verfechter einer Beschwichtigungspolitik, die sich gegen Angriffe letztlich nicht zur Wehr setzen können. Noch seine erbittertsten Kritiker zollen ihm als einem Intellektuellen von Rang und Bedeutung Respekt. Die linksorientierte Vierteljahreszeitschrift *Telos* widmete ihm unlängst eine gesamte Nummer, in der einer der Autoren feststellte: »Schmitts Rehabilitierung hat begonnen.« Und der Herausgeber verkündet in seiner Einleitung provokativ: »In der augenblicklichen politischen Sackgasse kann die Linke nur davon profitieren, wenn sie von Carl Schmitt lernt.«[1]

Carl Schmitt wurde 1888 im Sauerland geboren und katholisch erzogen. Er studierte Jurisprudenz und gelangte in den zwanziger Jahren zu einem gewissen akademischen Ruhm, als er eine Reihe wissenschaftlicher und polemischer Schriften veröffentlichte. Diese Schriften zeichneten sich durch einen unnachgiebigen Antiliberalismus aus; er beschrieb in ihnen etwa die Weimarer Verfassung als das Symbol der deutschen Kapitulation vor dem Feinde. Sie sei »der englische Konfektionsanzug, den das Deutsche Reich 1919 übernommen hat«, zitierte er Spenglers ironische Bemerkung.[2] Dazu paßt seine ausgesprochene Sympathie für Mussolini: »Der faschistische Staat will mit antiker Ehrlichkeit wieder Staat sein«. In den frühen dreißiger Jahren hatte er an Hitlers Gesetzesentwürfen zur Gleichschaltung mitgewirkt, noch bevor er im Mai 1933 in die NSDAP eintrat. Nachdem er Parteimitglied geworden war und den Posten eines Preußischen Staatsrats angenommen hatte, wurden seine Schriften zusehends extremer. Seine kompromittierende Karriere in den Jahren zwischen 1933 und 1936 steht dem Versuch einiger seiner Anhänger, ihn zu rehabilitieren, sicherlich am meisten im Wege. Es ist jedoch nicht so, als stünden Schmitts offen nationalsozialistische Schriften im Widerspruch zu seinen frühen Publikationen, denn schon 1920 hatte er den Liberalismus unerbittlich als die verlogene Ideologie jener Mächte bloßgestellt, die das Rheinland annektierten.

In seinen Schriften aus den Jahren 1933 bis 1936, die eine deutlichere Sprache sprechen, verurteilte Schmitt die demokratische Weimarer Verfassung als den Deutschen vom Ausland aufgezwungen und feierte das Dritte Reich als erhebende Antwort auf die Schande des Versailler Vertrags. Er betonte immer wieder, daß »die liberalen Verfassungsfreiheiten des 19. Jahrhunderts von den alliierten Mächten dazu benutzt wurden, um die Unterschiede in Religion und Klasse, die im deutschen Volk bestehen, zu einem ehernen Gesetz zu machen.«[3] Den Siegern des Ersten Weltkriegs sei es auf geschickte Weise gelungen, den deutschen Staat durch ein System der Hemmungen und Kontrollen zu schwächen, um die besiegte Nation in den selbstzerstörerischen Bürgerkrieg zu treiben. Schmitt setzte sich als politischer Autor die Aufgabe, die Deutschen von ihrer verhängnisvollen Abhängigkeit von einem bürgerlichen Konstitutionalismus zu befreien, der ihnen vom Ausland aufgezwungen worden war.

Sobald die Nationalsozialisten an die Macht gekommen waren, verkündete er triumphierend, daß die liberalen Illusionen nun ihrem sicheren Untergang entgegensähen. »Wir haben erkannt, daß liberale Verfassungen zu typischen Tarnungsformen der Fremdherrschaft werden.« Hinterlistige jüdische Autoren hätten liberale Verfassungsprinzipien in das Wilhelminische Deutschland geschmuggelt, das Kaiserreich gelähmt sowie die große Katastrophe von 1918 vorbereitet, doch nun könne endlich ihr schädlicher Einfluß ausgeschaltet werden. In seinem berühmt gewordenen Artikel zur Rechtfertigung des Röhm-Putsches wies Schmitt noch einmal auf den Umstand hin, daß der Liberalismus das imperialistische Regime handlungsunfähig gemacht habe, indem er die Privatsphäre in übertriebenem Maße geschützt und die politisch instinktlose Zivilbürokratie nicht den Mut gefunden habe, gegen die Meuterer und Staatsfeinde vorzugehen. Aber nun endlich, im Jahre 1933, schlage die Schikanierung Deutschlands in ihr gesundes Gegenteil um: »Alle sittliche Empörung über die Schande eines solchen Zusammenbruchs hat sich in Adolf Hitler angesammelt […]«[4]

Schmitts zunehmender Ruhm provozierte Mißgunst aus den Reihen der Partei, besonders in der SS. Um dem Vorwurf zu begegnen, er sei zu wenig antisemitisch, veranstaltete er eine Konferenz mit dem Titel »Die deutsche Rechtswissenschaft im Kampf mit dem jüdischen Geist«. Schmitts Schlußrede, am 15. Oktober 1936 in der *Deutschen Juristen-Zeitung* veröffentlicht, erfüllte ihren Zweck meisterhaft, selbst wenn er – wie seine Apologeten versichern – lediglich versuchte, den Autoritäten zu Diensten zu sein, und nicht wirklich aus

Überzeugung sprach. In ihr machte er die Juden für die moralische Krise der westlichen Welt verantwortlich und beschrieb das Judentum als den »Todfeind jeder echten Produktivität bei jedem anderen Volk«. Um die »unversehrte Reinheit unseres deutschen Volkes« zu erhalten, müßten die juristischen Seminare »eine deutsche Rechtswissenschaft schaffen, die nicht mehr von Juden verunreinigt wird«. Und um die »ungeheure Suggestion« zu entkräften, daß deutsche Studenten zu einer Verwertung jüdischen Gedankenguts geradezu aufgefordert würden, sollte man die Bibliotheken säubern und alle juristischen Schriften jüdischer Autoren unterschiedslos in eine besondere Abteilung »Judaica« stellen. Eine Säuberung der Rechtsliteratur könne nicht durch große, abstrakte Ausführungen, durch die »kein Jude sich in concreto betroffen fühlt«, gelingen, sondern nur durch die Erstellung eines exakten Verzeichnisses der jüdischen Gelehrten. Bei Zitaten sollten die Autoren demnach wie folgt aufgeführt werden: Kelsen, Hans, Jude. »Schon von der bloßen Nennung des Wortes ›jüdisch‹ wird ein heilsamer Exorzismus ausgehen.«[5]

Aber er war weiterhin scharfen Angriffen aus den Reihen der Partei ausgesetzt und behielt seine Professur an der Universität Berlin nur, weil Hermann Göring ihn protegierte. Nach 1936 veröffentlichte er immer weniger über innenpolitische Themen und konzentrierte sich statt dessen auf internationales Recht. Er rechtfertigte die Expansion des Reichs etwa mit der Monroedoktrin – ein für die Amerikaner recht peinliches Unterfangen. Aber weil er sich nicht genügend anerkannt fühlte, löste er seine Bindung an die Nationalsozialisten allmählich, wenn auch nie vollständig. Bei Kriegsende wurde er verhaftet und tat in seinem Nürnberger Verhör die bescheidene Selbsteinschätzung kund: »Ich bin ein intellektueller Abenteurer.« Und um die Dinge ins rechte Licht zu rücken, fügte er noch hinzu: »Auch das Christentum hat Millionen von Menschenleben gefordert.«[6] Er ging straffrei aus und verbrachte während der folgenden vierzig Jahre ein relativ ruhiges Leben in Westdeutschland, veröffentlichte noch einiges, unternahm manche Versuche zur Selbstrechtfertigung und hielt anscheinend weiterhin an seiner Überzeugung fest, eine der mißverstandenen großen Persönlichkeiten seiner Zeit zu sein. 1985 starb er im Alter von 96 Jahren.

Zwei Feindbegriffe

Für Schmitts kunstvoll geschmiedete Prosa ist ein Stil kennzeichnend, der stets zwischen Kälte und Erregung, zwischen Wissenschaftlichkeit und Prophetie sowie zwischen Analyse und Mystizismus oszilliert. Dieser faszinierende Wechsel begründet möglicherweise das Geheimnis seines Erfolges. In seinen Büchern sind theoretische Betrachtungen mit beinahe ekstatischen Ahnungen ineinandergeflochten. (Selbst die Diskussion verfassungsmäßiger Formalitäten versteht er noch faszinierend erscheinen zu lassen, weil er sie in einem Gestus verfaßt, als hinge der weitere Lauf der Weltgeschichte von ihnen ab.) Diese eindrucksvolle Vorgehensweise zeichnet auch sein berühmtes Argument aus *Der Begriff des Politischen* aus, daß die Unterscheidung von Freund und Feind die spezifisch politische Unterscheidung und daher das Wesen des Politischen sei.[7] Kriege seien nicht das Hauptziel oder gar der Inhalt der Politik; was das Politische auszeichne und ihm seine »spezifisch politische Spannung« verleihe, sei der Schatten eines gewaltsamen persönlichen Todes, der über allen genuin politischen Handlungen liege. »Das Politische« erhebt den Bürger über »das Ökonomische«, weil es ihn mit einem Todfeind konfrontiert, mit der Gefahr, gewaltsam durch eine feindliche Gruppe zu Tode zu kommen. (Zu diesem Zeitpunkt bringt Schmitt den Bereich des Ökonomischen noch nicht offen in Verbindung mit den Juden, aber er stellte ihn bereits als einen schmutzigen Bereich dar, in dem Schwächlinge um die Befriedigung materieller Bedürfnisse kämpfen.)

Man kann die Freund-Feind-Unterscheidung auch leidenschaftslos, einfach als intellektuelle Hilfskonstruktion oder als Modell für eine historische Analyse benutzen, und sicherlich erweist sie sich für solche Zwecke als sinnvoll. Sie liefert darüber hinaus, und das ist noch wichtiger, ein scharfes Argument sowohl gegen die Liberalen als auch gegen die Marxisten. Die Liberalen unterscheiden gewöhnlich zwischen dreierlei Konflikten: Interessenkonflikten, Ideenkonflikten und Konflikten zwischen fundamentalen Wertvorstellungen. Sie gehen davon aus, daß Interessenkonflikte durch Kompromisse und Verhandlungen gelöst werden können, Ideenkonflikte durch rationale Diskussion und Wertekonflikte durch die Verlagerung des Religiösen in die Privatsphäre. Aber, so wendet Schmitt zu Recht ein, Konflikte nehmen tatsächlich oftmals weniger klare Konturen an. Es gibt durchaus Feindschaften, die so intensiv und irrational sind, daß es ebensowenig gelingt, sie aus der Sphäre des Politischen zu entfernen, wie sie rational zu lösen oder Kompromisse zu schließen; Konflikte also, in denen alle Beteiligten gegeneinander stehen, in denen es »sie« gegen »uns« heißt. Es fallen einem ohne Schwierigkeiten auch jüngere Beispiele für Schmitts Muster ein: Aserbaidschan, der Libanon, Nordirland, Bosnien, Kaschmir und Sri Lanka. (Über die sozialen Ursachen, die lösbare Konflikte zu unversöhnlicher Feindschaft eskalieren lassen, äußert sich Schmitt nicht.)[8]

Einem ähnlichen Trugschluß sei auch Marx erlegen, so fährt Schmitt überzeugend fort, weil er alle menschlichen Konflikte auf die Auseinandersetzung zwischen verschiedenen ökonomischen Klassen reduziert habe, obwohl doch Konflikte offensichtlich auch aus nichtökonomischen Spaltungen entstehen können: aus ethnischen, religiösen, sprachlichen, nationalen oder ähnlichen Entzweiungen. Marx habe außerdem den Klassenkampf im Rahmen einer Geschichtsphilosophie betrachtet, derzufolge letztlich die moralisch Überlegenen den Sieg davon tragen. Für dieses Märchen hatte Schmitt nur Spott übrig, und berechtigterweise behauptet er, solange es Menschen gebe, werde es auch Konflikte zwischen ihnen geben. Und häufig sei es nicht der Bessere, der siege, sondern der Stärkere.

Schmitts Kritik an den Liberalen und den Marxisten ist einigermaßen plausibel. Leider aber verbindet er sie mit einem gänzlich andersartigen und weit weniger überzeugenden Argument. Allen Ernstes behauptet er, die Unterscheidung von Freund und Feind sei Ursprung und Sinn des Lebens. Dies scheint die Bedeutung des von ihm gerne zitierten rätselhaften Satzes zu sein: »Der Feind ist unsre eigne Frage als Gestalt.«[9] Gewiß, unsere Feinde mögen uns einen Grund liefern, morgens überhaupt aufzustehen; jeder aufmerksame Beobachter der *comédie humaine* weiß um die dem Menschen angeborene Kampfeslust. Aber Schmitt steht der Sinn nicht nach Komik, er betrachtet die Geschichte als Tragödie, wenn nicht gar als Melodrama. Das Leben erhält ihm zufolge seinen Sinn und seinen Ernst erst, wenn wir uns unserem Todfeind stellen. Nur die Entscheidung zwischen »ihnen« und »uns«, in der es um das physische Überleben geht, verleiht dem Politischen seinen Glanz, formt wahre Männer und ermöglicht es den politisch engagierten Menschen, sich über die Oberflächlichkeit des alltäglichen Lebens zu erheben.

Obwohl Schmitt über die Naivität der Marxisten-Leninisten spottet, bewundert er deren Mut, vor allem ihre durch die Hegelsche Geschichtsphilosophie bekräftigte Bereitschaft, Diktaturen zu gründen, die sich nicht auf eine Mehrheit stützen können. Anders als die Liberalen haben die Marxisten begriffen, daß der Mensch auf Mythen angewiesen ist, die seinem Leben Gewicht und Bedeutung verleihen. Wie schon Sorel darlegte, erweckt der »Mythus« Gefühle, schafft Solidarität, stärkt die Muskeln und gibt den Menschen den Mut zu kämpfen. Die Kommunisten vertreten den Mythos, daß es einen Endkampf zwischen den Kräften des Guten und des Bösen geben wird, der über das Schicksal der Menschheit entscheidet. Aber sie begehen nach Schmitts Ansicht den Fehler, diesen Kampf zwischen Freund und Feind von der internationalen Szenerie auf die nationale zu verschieben. (In gesunden Gesellschaften, so Schmitt, gibt es überhaupt nur Außenpolitik.) Die kommunistische Propaganda macht die Menschen bereit, in einen tödlichen Kampf gegen den »Klassenfeind« zu ziehen und dafür zu sterben. Indem sie das Monopol des Staates gebrochen hätten, darüber zu bestimmen, wer als Todfeind zu gelten habe, hätten die selbstgerechten linken Revolutionäre das Rad der europäischen Geschichte zurückgedreht. Sie hätten einen chaotischen Pluralismus von Glaubensrichtungen und Klassen geschaffen.

Zwei Rechtfertigungen für einen starken Staat

Diese Analyse ist interessant, sollte aber nicht zu der nur halbwahren Schlußfolgerung verleiten, Schmitt sei ein Schüler von Hobbes – die unter anderem Schmitts amerikanischer Biograph Joseph Bendersky zieht.[10] Es herrsche Übereinstimmung, so Bendersky, daß Deutschland in den zwanziger Jahren gegen ein Übermaß an Machtkonflikten kämpfte: paramilitärische Organisationen, Haß zwischen verschiedenen gesellschaftlichen Gruppen, die gefährliche ideologische Polarisierung der Volksparteien, einmal ganz abgesehen von einer Ängste mobilisierenden ökonomischen Unsicherheit. Schmitt habe daher eine Rechtfertigung für eine autokratische Herrschaftsform wiederbelebt, die ursprünglich im

16. und 17. Jahrhundert in Europa verbreitet war. Er vertrat erneut die Ansicht, ein starker Staat sei von Nutzen, weil er eine Gesellschaft innerlich befrieden könne, die sich ansonsten in Bürgerkriegen zwischen fanatischen Gruppen selbst vernichte. Auf den ersten Blick mag diese Darstellung von Schmitt und seiner Zeit überzeugen, und es gelingt auch tatsächlich, Ähnlichkeiten zwischen Schmitts und Hobbes' Weltsicht nachzuweisen.

Aber Schmitt hatte eine gespaltene Einstellung zu Frieden und Ruhe. Gewiß, er lobt die Diktatur als Mittel zur Aufrechterhaltung der staatlichen Ordnung, aber er betrachtet einen starken deutschen Staat auch als einen Zweck an sich: »Der gelungene und vollendete Staat ist daher ebenso großartig wie der mißlungene Staat – moralisch und ästhetisch – widerwärtig und miserabel.«[11] Solche Machtphantasien belegen, daß es Schmitt nicht nur um eine Rechtsordnung ging. Zuweilen scheint ihm am Frieden weniger gelegen zu sein als an der Wiedergutmachung der Demütigung, die dem deutschen Reich durch den Versailler Vertrag zugefügt worden war. Dieser erzwungene Friedensvertrag kann möglicherweise erklären, warum Schmitt niemals zu einem richtigen Hobbesianer werden konnte, warum ihm die Herausforderung der Unordnung interessanter erscheint als die Herstellung der staatlichen Ordnung.[12] Schließlich gedeiht wahre Männlichkeit nur unter extremen Umständen, und Frieden ist an sich langweilig; er verführt die Menschen zu einem lustlosen und verantwortungslosen Leben. Kein Wunder also, so Schmitt, daß bürgerliche Kaufleute und kosmopolitische Humanisten vor allem eines wollen: Frieden.

Auch Schmitts entschiedener Antiindividualismus unterscheidet ihn aufs Schärfste von Hobbes. Nicht weniger als der Bürgerkrieg beunruhigen ihn kulturelle Verfallserscheinungen und moralische Unentschiedenheit. Er verbindet die größten Befürchtungen mit der »allgemeinen Ökonomisierung des geistigen Lebens«, mit dem Verschwinden von Ernst, Entschiedenheit und *virtù* in einer pazifizierten Weltgesellschaft, einer reinen »Konsum- und Produktivgenossenschaft«, die nur noch aus Reisenden und Unterhaltern, Rechtsanwälten und Künstlern besteht. Wie Leo Strauss bemerkt, entfernte sich Schmitt gerade in seinem Denken über den »Bellizismus« am weitesten von Hobbes. Am klarsten findet diese Dimension seines Denkens Mitte der zwanziger Jahre am Schluß seines Buches über den Parlamentarismus ihren Ausdruck: »Was das menschliche Leben an Wert hat, kommt nicht aus dem Räsonnement; es entsteht im Kriegszustande bei Menschen, die, von großen mythischen Bildern beseelt, am Kampfe teilnehmen.«[13] Das ist nicht Hobbes, das ist Mussolini.

Im Gegensatz zur Überzeugung seiner Apologeten stand Schmitts positiver Bewertung des »Normalzustands« immer auch eine an Maistre gemahnende Faszination entgegen, die er für die Gefahr und den Konflikt empfand. Seine Bewunderung galt mutigen Männern, die kampfeswillig und zum »Verzicht auf die Sicherheit des status quo«[14] bereit waren. Sein Bedürfnis nach einem starken deutschen Staat begegnete auch einer existentiellen Bedrohung: Er wollte den kulturellen Verfall abwehren und eine kommunistische Revolte abwenden. Schmitts Denken über die Staatsmacht war stets von dieser fundamentalen Ambivalenz geprägt. Er erwartete vom »Politischen« einerseits Ordnung und andererseits Sinn, Nationalstolz, einen männlichen Triumph über moralische Schwäche und einen Sinn für den Ernst des Lebens.[15]

Die Schmitt wohlgesonnenen Interpreten schreiben viel und gerne über den Zeitraum zwischen 1930 und 1932.[16] Zu dieser Zeit habe Schmitt Reichspräsidenten Hindenburg gedrängt, die Rolle eines gütigen Diktators zu übernehmen: Hindenburg und der Reichskanzler sollten ihre Macht dazu benutzen, die Verfassung vor extremen Kräften sowohl von der linken als auch von der rechten Seite des politischen

Spektrums zu schützen. Es ist jedoch fraglich, ob damit Schmitts Einstellung zutreffend beschrieben wird: War er tatsächlich gleichermaßen gegen die KPD wie die NSDAP eingestellt? Bei einer Antwort auf diese entscheidende Frage sollten wir nicht übersehen, daß die Nationalsozialisten und die Kommunisten extrem verschiedene Haltungen zum Thema Nationalismus einnahmen, an dem Schmitt so viel gelegen war. Daher ist die Behauptung – die Schmitt selbst nach 1945 vertrat –, er habe beiden Parteien gleichermaßen feindlich gegenübergestanden, einigermaßen unglaubwürdig. Denn in den zwanziger und dreißiger Jahren befürchtete er nicht bloß politischen Pluralismus an sich, sondern einen Pluralismus militanter gesellschaftlicher Gruppierungen, die sich selbst als die Inkarnation universalistischer Werte betrachteten. Die Nationalsozialisten aber waren weder internationalistisch noch kosmopolitisch gesinnt. Zwar waren sie Feinde des demokratischen Systems, aber sie hielten sich nicht für Vertreter der »Menschheit« und stellten aus diesem Grunde für Schmitt auch keine ernsthafte politische Bedrohung dar. Schmitt hielt die Nationalsozialisten zugegebenermaßen noch vor der Machtergreifung für »unreif« – sie seien in der Lage, Deutschland unregierbar zu machen, aber nicht fähig, selbst die Regierung zu übernehmen. Er lehnte sie nur deshalb ab, weil er fürchtete, sie könnten für Aufruhr sorgen, den die Kommunisten letztlich für ihre Zwecke auszunutzen vermöchten. Er lehnte aus dem gleichen Grunde auch jeden Versuch ab, die Weimarer Verfassung zu revidieren – nicht etwa, weil er sie für gut hielt oder aus Loyalität (alle seine Schriften über die Verfassung versuchen, ihre fundamentalen Widersprüche herauszuarbeiten), sondern weil er fürchtete, in politischen Krisenzeiten könnte eine grundlegende Umwälzung der elementaren Institutionen einem kommunistischen Umsturz Vorschub leisten und letztlich zu »Fremdherrschaft« führen.

Doch sollte Schmitts Werk nicht nach seiner politischen Karriere beurteilt werden, sondern aufgrund intellektueller Kriterien. Daher werde ich Schmitts – gelinde gesagt – politischen Opportunismus vorerst beiseite lassen und sechs seiner wichtigsten Schriften näher untersuchen. In ihrer Gesamtheit zeigen sie die Stärken und Schwächen seines Antiliberalismus deutlich.

Eine Kultur politischer Schwäche

Ursprünglich 1919 verfaßt und 1921 in überarbeiteter und erweiterter Fassung erschienen, handelt die *Politische Romantik* von dem kulturellen Verfall, der nach Schmitts Ansicht zur Demütigung und zum Zusammenbruch des deutschen Reiches 1918 geführt hatte. Seine These lautet, daß der Liberalismus und die Romantik einander nicht annähernd so feindselig gegenüberstünden, wie die Romantiker und die Liberalen glauben machen wollten. Die romantische Emotionalisierung des Privatlebens sei undenkbar ohne die damit einhergehende liberale Entemotionalisierung des öffentlichen Lebens. Die gefühlsträchtige Ausdrucksstärke wie die nüchterne Ökonomisierung des Lebens seien weniger Gegensätze als vielmehr zwei Seiten derselben Medaille. Diese provozierende historische These verdient nähere Aufmerksamkeit. Allerdings stellt Schmitt in diesem Werk auch noch eine weitaus fragwürdigere These auf, indem er die Romantik und den Liberalismus beide mit Passivität und Entscheidungsschwäche gleichsetzt, die angeblich die Ursache der Niederlage Deutschlands im Ersten Weltkrieg gewesen seien.

Schmitts *Politische Romantik* argumentiert überraschend unhistorisch. Schmitt reduziert das Denken der Romantik auf die narzißtische Suche nach geeigneten Gelegenheiten, um poetischen Gefühlen Ausdruck zu verleihen, eine Lesart der Romantik, die weder historisch noch philologisch haltbar ist. Aus welchem Grund bringt Schmitt sie dann aber vor? Ein Grund dafür könnte sein, daß er mit diesem eingeengten Begriff die Tatsache verschleiern kann, daß die Romantik ebenfalls den Rechtsstaat und eine rein an ökonomischen Interessen orientierte Gesellschaft kritisiert. Sie bringt damit Kritikpunkte vor, die Schmitts eigenen Einwänden eng verwandt sind.[17] Tatsächlich muß Schmitt sich in Interpretationsakrobatik üben, um von den romantischen und ästhetizistischen Zügen seines eigenen Denkens abzulenken. (Und aus wahrscheinlich eben diesem Grund verurteilt er auch den romantischen Nationalismus.) Schmitts geschickte Täuschungsmanöver ermöglichen es seinen Apologeten sogar noch heute, seine offenkundige Affinität zur politischen Romantik zu leugnen.

Schmitts Kritik an den Romantikern – und das ist in Anbetracht seiner eigenen späteren Laufbahn von bitterer Ironie – nimmt sich zum Anlaß, daß Adam Müller, jener Romantiker des 19. Jahrhunderts, der die liberale Wirtschaftstheorie im Namen eines »organischen« Gesellschaftsmodells kritisierte, seine politischen Einstellungen wie ein Chamäleon gewechselt habe. Müller habe, je nachdem, was gerade politisch opportun gewesen sei, einmal der Revolution, einmal der Restauration das Wort geredet. Mit dieser angeblichen Enthüllung eines rückgratlosen Anpassertums glaubt Schmitt, seine Leser davon zu überzeugen, daß die Romantiker verweichlicht, politisch unberechenbar und unverbindlich gewesen seien. Sie seien letztlich wie Frauen! (Schmitt benutzt die Unterscheidung zwischen Frauen und Männern sehr häufig, um den Unterschied zwischen Autorität und Anarchie zu beschreiben.) Aber selbst, wenn man einmal von dem metaphysischen Sexismus dieses Arguments absieht, bleibt es falsch: Auch ein so kühler und sachlicher, abgehärteter Charakter wie Talleyrand zeigte sich in Zeiten schneller politischer Veränderungen erstaunlich wandelbar. Und die französischen Ultramontanisten weisen sogar ein noch geringeres Maß an Selbstbeherrschung auf als die deutschen Romantiker: Sie waren überwiegend Träumer, die nichts vom praktischen Leben verstanden, die Erfordernisse des wirklichen Lebens nicht begriffen, vor 1830 in Verschwörungen verwickelt waren und danach aus dem politischen Leben herauskatapultiert wurden.

Die historischen Ungenauigkeiten treten in der *Politischen Romantik* nicht krasser zutage als in jedem anderen Werk Schmitts auch; aber der Ton unversöhnlichster Kritik zeichnet es vor den anderen aus. Hier rechnet ein Gesunder mit den Kranken ab, und er plädiert für ihre Liquidierung, nicht für ihre Heilung. Schmitt lobt die Verachtung, die der »einfache Mann« für die feigen Kompromißler und Wortverdreher verspüre. Seine Verachtung für Tagträumer, für Hilflosigkeit, Verzögerungstaktiken, Sentimentalität und Gefühlsduseleien scheint unendlich zu sein. Aber wodurch eigentlich sind diese emotionalen Ausbrüche gegen Gefühlswallungen veranlaßt?

Wie Max Weber, an dessen Seminaren Schmitt im Wintersemester 1919/20 teilnahm, hielt Schmitt der romantischen Schwäche strenge männliche Tugenden wie »Verantwortung« und Sachlichkeit entgegen.[18] Die romantischen Schwärmer seien unentschieden und »weich«, Entscheidungen hingegen »hart«, weswegen die Romantiker entscheidungsunfähig seien. Aber die konkrete historische Situation, auf die Schmitt reagiert, wird erst deutlich, wenn er feststellt, daß den Romantikern die innere Kraft zum Haß auf die Fremdherrschaft fehle.[19] Deutschland habe den Krieg verloren, weil es von der romantischen Krankheit befallen sei. Sie sei ebenfalls für den Versailler Vertrag verantwortlich zu machen und für das Versagen der Mittelschicht, auf die chaotischen Nachkriegszustände mit eiserner Faust zu reagieren. (In *Der Begriff des*

Politischen stellt Schmitt die zugespitzte These auf, Reparationszahlungen seien schlimmer als Tributzahlungen: Die Indianer Nordamerikas seien bereits ausgerottet worden, und demnächst drohe vielleicht den Deutschen ein ähnliches Schicksal, wenn sie ihre Schulden nicht bezahlen könnten.)[20]

»Der Liberalismus«, so schreibt Ortega y Gasset, »verkündet den Entschluß, mit dem Feind, mehr noch: mit dem schwachen Feind zusammenzuleben.«[21] Von keinem Aspekt des Liberalismus fühlt sich Schmitt mehr abgestoßen als von diesem gefühlsseligen Humanismus. Er betont die »liberalen Ursprünge dieser Romantik« und weist immer wieder darauf hin, wie feige und übermäßig kompromißbereit der Liberalismus ist.[22] Weil die deutsche Mittelschicht sich von einem konservativen Liberalismus hat beeinflussen lassen, kann sie sich gegen Angriffe nicht mehr zur Wehr setzen, ist skeptisch, relativistisch und aus Angst apolitisch geworden – kurz gesagt, sie ist nicht in der Lage, Freund und Feind zu unterscheiden. Die Liberalen haben, so Schmitt, den Staat geschwächt, um das Privateigentum zu schützen, und mit ihm die einzige Macht gelähmt, die der sozialistischen Gefahr zu begegnen imstande wäre. Ohne einen leitenden Mythos und auf der »Flucht vor der Politik«, mangele es dem deutschen Bürgertum am Mut zum Blutvergießen, weswegen es den kampfbereiten Kommunisten hilflos ausgeliefert sei. (Die amerikanischen Leser machte unter anderem Strauss mit der Diagnose eines kränklichen und hilflosen Liberalismus vertraut.)[23]

Die inständige Sehnsucht danach, das Politische im Ökonomischen aufgehen zu lassen, ist nach Schmitt ein Hinweis auf die selbstzerstörerischen Tendenzen des Mittelschichtliberalismus. Kein Staat könne seine politische Einheit allein auf eine »Konsum- und Produktivgenossenschaft« gründen; mehr aber gesteht der Versailler Vertrag einem entmilitarisierten Deutschland nicht zu. Moralische Kategorien seien in diesem Fall nichts anderes als eine Waffe, mit der eine Gruppe eine andere bekämpfe.[24] Die Alliierten hätten den Liberalismus benutzt, um Deutschland zu verwirren und zu demütigen und um ihre eigenen imperialistischen Pläne zynisch durchzusetzen.

Der Dezisionismus

In seinen nationalsozialistischen Schriften argumentiert Schmitt durchgängig, daß »es zur konsequenten Liberaldemokratie gehört, das Ideal in der politischen ›Führerlosigkeit‹ zu sehen«.[25] Die Ansicht, daß die Liberalen konsequent die Notwendigkeit einer politischen Führerschaft unterschätzen, geht bis auf eine seiner wichtigsten Frühschriften zurück, auf die *Politische Theologie* aus dem Jahre 1922. Überzeugend argumentiert er dort, der Liberalismus vertraue zu stark auf drei unpersönliche Mechanismen: auf gesetzliche Normierung, den freien Markt und darauf, daß sich in Diskussionen stets die Wahrheit durchsetzen werde. Er übersehe zudem, daß es in kritischen Situationen von entscheidender Bedeutung sein kann, Entscheidungen zu treffen, bevor in langwierigen Prozeduren ein rationaler Konsens zustande kommt.

Wie gewöhnlich bildet das Gegenstück zu dieser anregenden und zum Teil überzeugenden Kritik am Liberalismus eine eindringliche Argumentation gegen den Marxismus. Schmitt versucht allerdings nicht, den ökonomischen Determinismus des Marxismus durch einen theologischen Determinismus zu ersetzen. Aber er behauptet, daß die Grenzen des Möglichen in der Politik eher durch die Grenzen der Vorstellungskraft als von materiellen Bedingungen gesetzt werden. Was politisch vorstellbar sei, ergebe sich aus religiösen Überzeugungen. Der »Beweis«, den Schmitt für dieses Abhängigkeitsverhältnis anführt, ist die historische Koexistenz der Monarchie mit dem Monotheismus und der Anarchie mit dem Atheismus. Der Glaube an einen Gott läßt die Autorität des Monarchen selbstverständlich erscheinen, während die Überzeugung, Gott sei tot, zwangsläufig zu der Überzeugung führt, Macht sei grundsätzlich schlecht. Besonders denkwürdig ist Schmitts Behauptung, die im 19. Jahrhundert geläufige Theorie vom »Nachtwächterstaat« sei undenkbar ohne eine vorausgegangene theologische Revolution, die Gott als Weltenlenker durch die Vorstellung Gottes als Uhrmacher ersetzte. Mit anderen Worten, der ökonomische Liberalismus sei die irrationale Reminiszenz einer deistischen Theologie.

Hier wie auch in anderen Fällen spricht einiges für Schmitts Zweifrontenkrieg gegen Liberalismus und Marxismus, aber sehr schnell weicht er dann auf weniger vernünftige Gefilde aus. Mit seiner Ansicht, der moderne Souveränitätsbegriff sei die säkularisierte Version der theologischen Vorstellung von göttlicher Herrschaft und der Ausnahmezustand habe für die Jurisprudenz dieselbe Bedeutung wie das Wunder in der Theologie, gerät er auf den Holzweg. Dieses Argument entstellt seine Primärquellen, denn Jean Bodin, der große Theoretiker der Souveränität des Fürsten aus dem 16. Jahrhundert, wußte, daß auch der Tag eines Königs, wie absolut dessen Herrschaft auch immer sein mochte, nur 24 Stunden hat und daß er sich – im Unterschied zu Gott – auf indirekte Strategien zur Herstellung von Einheit zu stützen hatte. Auch wenn Schmitt das Gegenteil behauptet, sagte Bodin explizit, daß der Souverän mit und durch allgemeine Gesetze herrschen sollte. (Nur so konnte er seine kapp bemessene Zeit effizient nutzen.) Außerdem glaubte Bodin, daß nur unter außergewöhnlichen Umständen Anlaß zu der politischen Entscheidung bestand, einen Ausnahmezustand auszurufen. Diese Form von Krisenbewältigung, die als Reaktion auf äußere Umstände zustande kommt, hat wenig gemeinsam mit Gottes Wundern, die freiwillig und nicht durch äußere Umstände veranlaßt sind. Schmitts Analogie ist also, mit anderen Worten, falsch.

Schmitts eigene Theorie läßt sich, wie sehr sie auch auf einer Fehlinterpretation seiner Quellen beruhen mag, zutreffend als »Dezisionismus« bezeichnen. Er verachtet Verhandlungen und das Prinzip der Gesetzesherrschaft und glorifiziert »harte« politische Entscheidungen – z.B. die Bestimmung von Freund und Feind oder die Entscheidung, die Verfassung und das Gesetz durch die Reichswehr außer Kraft zu setzen. Sein Denken ist von der Angst vor einem moralischen Skeptizismus geprägt, und mutige Entscheidungen vermögen Zweifel zu beruhigen. (Schmitt fürchtet wahrscheinlich moralischen Skeptizismus noch mehr als Jürgen Habermas, sein unerbittlicher Kritiker.[26]) Schmitt konzentriert sich ausschließlich darauf, daß autoritäre Befehle »von oben« den Menschen emotional entlasten. Aus diesem Grunde betont er den männlichen Charakter politischer Entscheidungen übermäßig und mißachtet den Unterschied zwischen intelligenten und törichten Entscheidungen vollständig. Dabei hat es Herrscher gegeben, die ihren eigenen Untergang durch falsche Entscheidungen herbeigeführt haben. So erklärte etwa Karl I. 1634 den »Notstand« wegen des Schiffsgelds*, und Ludwig XVI. sah noch 1789 im französischen Adel den gefährlichsten Feind seines Regimes – zwei Beispiele für törichte und unnötige Entscheidungen, die zum Untergang dieser beiden Herrscher nicht unwesentlich beigetragen haben. Außerdem können politische Fehlentscheidungen in konstitutionellen Systemen leichter ausgeglichen werden als in monokratischen Herrschaftssystemen, ein Gedanke, den Schmitt in seiner tendenziösen Kritik an der parlamentarischen Regierung vollkommen übersieht.

* A.d.Ü.: Von König Karl I. in England unberechtigt für Schiffsaufgebote im Krieg erhobene Steuer, 1640 vom Parlament abgeschafft.

Carl Schmitt: Die Schwäche des Liberalismus

Parlamentarismus versus Demokratie

Die geistesgeschichtliche Lage des heutigen Parlamentarismus (1923/1926) enthält ebenfalls einige scharfsinnige Analysen. Schmitt argumentiert in diesem Essay, eine politische Institution werde nicht so sehr durch die ihr zugrundeliegende Verteilung ökonomischer Macht stabilisiert als vielmehr durch die allgemeine Akzeptanz ihres grundlegenden Prinzips. Eine parlamentarische Regierung beispielsweise sei auf einer ideellen, nicht auf einer realistischen Ebene gerechtfertigt: Sie sei weniger ein System, in dem Interessengruppen ihre Interessen miteinander verhandeln könnten, als vielmehr ein Forum für rationale Verhandlung unter unabhängigen, an keine Interessen gebundenen Abgeordneten, aus denen sich der richtige staatliche Wille als Resultat ergebe. Eine starke parlamentarische Debatte sei der öffentlichen Aufklärung förderlich und führe schließlich zu einem informierten Konsens in politischen Fragen. Schmitt zufolge ist diese wohlklingende Ideologie allerdings leider nicht mehr tragfähig. Die Herrschaft der Parteien, wirtschaftlicher Interessensgruppen und großkapitalistischer Propagandisten sowie das allgemeine und gleiche Wahlrecht haben zu einer Krise des Parlamentarismus geführt. Nur ein Wahnsinniger könne noch annehmen, in den Debatten im Reichstag trage die Wahrheit den Sieg davon. Die wichtigsten Entscheidungen würden außerhalb des Reichstags, hinter verschlossenen Türen, von mächtigen Komitees und Ausschüssen getroffen. Die gewählte Volksvertretung sei nicht in der Lage, die Nation durch rationale Debatten politisch zu integrieren, und nichts weiter als die schlechte Fassade eines unversöhnlichen sozialen Pluralismus.

Diese Rekonstruktion der Ideologie der parlamentarischen Regierungsform und die Analyse der Pattsituation der deutschen Politik klingen überzeugend. Aber auch hier kann sich der Mythenschöpfer Schmitt nicht zurückhalten. Sicherlich dürfte er kaum vergessen haben, wer den Ersten Weltkrieg gewonnen hat, dennoch sagt er ausdrücklich, daß nicht nur Deutschland, sondern die liberalen Demokratien im allgemeinen schwach und erschöpft seien und nichts anderes könnten als »reden«. Seine Darstellung des Grundprinzips des »Regierens durch Diskussion« läßt den Liberalismus bedauernswert naiv erscheinen. Die Liberalen, so unterstellt er, glaubten, schon eine einzige freie Zeitung wäre imstande, den mächtigsten Tyrannen zu beseitigen und die Regierung vollkommen zu machen.

Auf solche Weise karikierend verzerrt, erscheinen die liberalen Prinzipien im Zeitalter realistischen Denkens töricht und hoffnungslos veraltet. Schmitt kann sich nicht ganz entscheiden, ob er das Grundprinzip der parlamentarischen Regierung als nicht mehr gültig (obwohl es dies einstmals war) oder als grundsätzlich lachhaft darstellen will. War die »diskutierende Schicht« immer entscheidungsunfähig oder hat sie erst kürzlich begonnen, so jämmerliche und unergiebige Diskussionen zu führen? Seine Unentschiedenheit in diesem Punkt ergibt sich zwangsläufig daraus, daß er einerseits das »Regieren durch Diskutieren« verhöhnt, während er andererseits behauptet, daß dieses Prinzip im 19. Jahrhundert große politische Erfolge erzielte.

In seinen verfassungsrechtlichen Schriften der zwanziger Jahre stellt sich Schmitt als antiparlamentarischer Demokrat dar. Sein Hauptziel ist es, »die Demokratie aus ihrer Verhüllung durch liberale Momente zu retten.«[27] Seine eigene Definition von »Demokratie« lautet hingegen, sie sei die psychologische Identifikation von Regierenden und Regierten, Herrschern und Beherrschten. Wer von den endlosen Verhandlungen und labilen Ad-hoc-Kompromissen der Weimarer Politik enttäuscht war, dem mußte dieser Appell an eine »Herrschaft des Volkes« attraktiv erscheinen. Weniger leicht zu akzeptieren ist hingegen Schmitts ausdrückliche Behauptung, eine Demokratie sei keinesfalls auf Wahlen und die Konkurrenz mehrerer Parteien angewiesen. Geheime Wahlen insbesondere, so Schmitt, zerstören die Einmütigkeit des Willens, die für wahre Demokratien kennzeichnend sei.[28] Opposition, abweichende Meinungen, konkurrierende Parteien, Mißtrauen gegenüber den Inhabern öffentlicher Ämter, Bürgerinitiativen, die für bestimmte politische Belange eintreten, eine freie Presse, die die Regierungspolitik kritisiert, und Proteste der überstimmten Minderheiten – alle diese Elemente sind nach Schmitt liberal und daher undemokratisch. Daher erklärt er auch das faschistische Italien und das bolschewistische Rußland für demokratischer als die Weimarer Republik oder die Vereinigten Staaten. Im Unterschied zu liberalen Regierungsformen ermöglichten Diktaturen den einmütigen Ausdruck des Volkswillen.

»Duce sei tutti noi!« war ein berühmter faschistischer Schlachtruf. Der liberale Verfassungsstaat mit seiner »banalen« Gewaltenteilung zielte darauf ab, eine derartige emotionale Verschmelzung von Herrschern und Beherrschten zu verhindern. Von den liberalen Fesseln befreit, werde ein demokratisches Volk seinen Willen per Akklamation äußern, wie Soldaten, die ihre Schwerter spontan und unisono gegen ihre Schilde schlügen. In seiner berühmten und vielgepriesenen *Verfassungslehre* (1928) schrieb Schmitt, daß »die natürliche Form der unmittelbaren Willensäußerung eines Volkes [...] der zustimmende oder ablehnende Zuruf der versammelten Menge« ist. Die Akklamation sei »eine natürliche und notwendige Lebensäußerung jedes Volkes«, aber der Liberalismus versuche aufs niederträchtigste, sie zu verhindern. Mehr noch, »die Organisation der Demokratie, wie sie heute in den Staaten bürgerlich-rechtsstaatlicher Verfassung vorgenommen wird, geht darauf hinaus, gerade das versammelte Volk als solches zu ignorieren.« Das in liberalen

Verfassungen festgeschriebene Versammlungsrecht sei nur scheinbar demokratisch, denn ihr [der Verfassung] sind »echte Volksversammlungen und Akklamationen ganz unbekannt«. Der Grund dafür, daß kein wahrer Demokrat sich jemals mit statistischen Verfahren und der Auswertung der abgegebenen Stimmen beschäftigen würde, liegt darin, daß Wahlen jenem »unmittelbaren Ausbruch und Ausdruck des Volkswillens« weit unterlegen seien. Es überrascht daher auch nicht, daß nach diesem von Schmitt schon 1923 propagierten Modell einer Fußballstadion-Demokratie das Volk seinem Führer gegenüber eine entsprechende Fügsamkeit zu zeigen hat. Das Volk kämpft zwar in geschlossenen Reihen hinter seinen Führer geschart, jedoch ohne außer Kontrolle zu geraten und zu randalierenden Rowdys zu entarten. Ein wahrhaft demokratisches Volk organisiert sich nicht wie ein verachtungswürdiges bürgerliches Volk selbst, sondern folgt dem Verhalten, das ihm ein charismatischer Herrscher vorgibt. Schmitt nennt den Volkswillen das »formlos Formende«.[29] Allerdings war diese Heideggerianische Begrüßung der verfassunggebenden Kraft des Volkes scheinheilig, denn Schmitt ging ganz einfach davon aus, daß ein mächtiger Führer die absolute Freiheit habe, die öffentliche Meinung und die Gefühle der Massen zu formen.[30]

Hobbes und die Ursprünge des jüdischen Liberalismus

Da Schmitt den Naturwissenschaften gegenüber stets Vorbehalte hatte, war er nie Anhänger des biologischen Rassismus. Kultureller Antisemitismus jedoch war ein integraler Bestandteil seines Denkens, nicht bloß schmückendes Beiwerk oder blanker politischer Opportunismus. Lange vor 1933 und trotz seines kollegialen Verhaltens zu einzelnen jüdischen Akademikern setzte er die Krankheit der deutschen Kultur zunehmend mit dem jüdischen Liberalismus gleich.[31] Diesem Denken blieb er auch nach 1936 treu, etwa in dem 1938 veröffentlichten Werk *Der Leviathan in der Staatslehre des Thomas Hobbes.* In seinem erstmals 1965 erschienenen Essay *Die vollendete Reformation* kommentiert Schmitt dieses Werk im nachhinein geschickt und läßt es harmlos und liberal erscheinen.[32] Er zitiert den nichtsahnenden C.B. Macpherson als Zeugen, um zu beweisen, daß Hobbes' Bewunderer, zu denen er selbst zähle, durchaus nicht totalitär gesinnt sein müssen, sondern liberale Individualisten sind. Und auf R.G. Collingwood beruft er sich, um zu belegen, daß bereits die Vorstellung vom Leviathan mit dem Kampf der Zivilisation gegen die Barbarei, wie Hitler sie verkörpert, verbunden sei. Weil Pufendorf und Bentham zu den geistigen Nachfahren von Hobbes zählten, müsse man Hobbes als Vorfahren des bürgerlichen Rechtsstaats betrachten, zu dessen fundamentaler Norm der Grundsatz *nulla poena sine lege* gehöre. (Bezeichnenderweise sprach sich Schmitt erst nach 1945 grundsätzlich gegen eine rückwirkende Bestrafung aus.[33]) Schmitt schreibt, gewöhnlich betrachte man Hobbesianer wie ihn selbst als Sympathisanten grausamer und tyrannischer Herrschaftsformen, aber das liege nur daran, daß Hobbes den Fehler begangen habe, sein Buch nach einem mythischen Schreckbild zu benennen. Tatsächlich aber sei Hobbes – wie Schmitt selbst – ein Liberaler, dem nur daran gelegen war, die Anarchie zu verhindern und den Frieden durchzusetzen, um individuelle Freiheiten zu schützen.

Schmitt ist demzufolge ein moderner Hobbes oder will uns das zumindest glauben machen. Aber wir haben bereits auf die grundsätzlichen Unterschiede zwischen ihm und Hobbes hingewiesen. So kann es auch kaum überraschen, daß das 1938 veröffentlichte Buch in der bereinigten Ausgabe von 1965 nicht zutreffend wiedergegeben ist. In Wahrheit versucht Schmitts *Leviathan* Hobbes einen zentralen Denkfehler nachzuweisen, indem er die Wurzeln der Leviathan-Metapher im antiken und mittelalterlichen jüdischen Symbolismus freilegt. Gewiß, einen Aspekt des Hobbesschen Denkens verteidigt Schmitt: dessen radikalen Erastianismus, d.h. die totale Unterordnung der Religion unter die politische Herrschaft.* Das internationalistische Christentum hatte sich Hobbes zufolge bedingungslos dem nationalen Souverän unterzuordnen, so wie die Aufgabe in Schmitts Zeit lautete, den internationalistischen Sozialismus zu zerstören. Gegenüber den anarchischen religiösen Tendenzen der Puritaner, Presbyterianer und Papisten verstand es sich von alleine, daß Hobbes den Staat vergöttlichte. Er taufte ihn »einen sterblichen Gott« und brachte so zum Ausdruck, daß die politische Herrschaft keine sakralen Rivalen dulden würde: daß keine Gruppierung innerhalb des Staates einen privilegierten Zugang zur Göttlichkeit für sich in Anspruch nehmen oder unabhängig entscheiden könne, wer als Freund und wer als Feind zu gelten habe.

Hobbes beschrieb aber den Staat nicht nur als einen sterblichen Gott, sondern benutzte eine schwindelerregende Anzahl von Metaphern: ein großer Mensch, eine große Maschine, eine repräsentative Person oder Körperschaft, ein Vertrag, ein fürchterliches Ungeheuer. Hobbes sei schließlich gescheitert, weil er das letzte Symbol übermäßig stark betont habe. Schmitts Einwand gegen Hobbes lautet mitnichten – wie er 1965 behauptet –, Hobbes habe den guten Eindruck eines friedensstiftenden Staates durch die Benennung nach einem

* A.d.Ü.: Carl Schmitt beruft sich auf Thomas Erastus (1500–1538), einen kirchengeschichtlichen Lehrer der Reformationszeit, der behauptet, die Prediger hätten ihr Amt der von Gott eingesetzten Obrigkeit zu verdanken und gehörten zur Masse der Untertanen – eine rechtliche Nivellierung aller Staatsangehörigen, wie sie nach Schmitt erst der moderne Staat des 19. Jahrhunderts verwirklichte.

biblischen Ungeheuer geschädigt. In der Originalausgabe des Buches lautet sein Haupteinwand vielmehr, der Leviathan sei eine jüdische Interpretation heidnischer Lebenskraft gewesen, ein Bild, das untergründig von einem Haß gegen die Staatsmacht durchdrungen sei und jüdische Überlegenheitsgefühle zum Ausdruck bringe.[34] Hobbes Fehler habe also mit anderen Worten darin bestanden, einen jüdischen Mythos zu verwenden.

In diesem Zusammenhang zitiert Schmitt seine jüdische Lieblingslegende aus dem Mittelalter, eine Geschichte aus der Kabbala. Die Weltgeschichte erscheint diesem jüdischen Mythos zufolge als Kampf zwischen den beiden Ungeheuern Leviathan und Behemoth, d.h. als ein Kampf der Seemächte gegen die Landmächte. Behemoth versucht seinen Feind mit den Klauen zu zerreißen, während der Leviathan mit seinen Fischflossen Behemoths Mund und Nasenlöcher zudrückt. Dieses Bild des Strangulierens und Erstickens, schreibt Schmitt, sei ein schönes Bild der Bezwingung eines Landes durch eine Seeblockade. Die Juden nehmen an diesem heldenhaften Kampf nicht selbst teil, aber nach seiner Beendigung essen sie das Fleisch der getöteten Völker und leben davon. Bereits in seinem Buch über Hobbes gibt Schmitt mit offensichtlichem Wohlgefallen diesen Mythos wieder: »[...] die Juden aber stehen daneben und sehen zu, wie die Völker der Erde sich gegenseitig töten; für sie ist dieses gegenseitige ›Schächten und Schlachten‹ gesetzmäßig und ›koscher‹. Daher essen sie das Fleisch der getöteten Völker und leben davon.«[35] Und er fügt noch hinzu, dies behaupteten die Juden von sich selbst.

(Schmitt mag der Ansicht gewesen sein, daß »der Feind« nicht zwangsläufig kriminell oder ketzerisch ist und als ebenbürtig betrachtet werden kann. In *Der Begriff des Politischen* schreibt er, »der politische Feind braucht nicht moralisch böse, er braucht nicht ästhetisch häßlich zu sein«.[36]) Diese

Differenzierung besagt, daß feindliche Soldaten zwar getötet werden dürfen, aber kein fanatischer Angriff auf den Feind erfolgen dürfe, der ihn definitiv vernichtet. Es gibt also keinen endgültigen Sieg, und nach Kriegsende darf ein Friedensvertrag abgeschlossen werden. Schmitts Apologeten nach dem Krieg weisen immer wieder auf dieses human und tolerant klingende Argument hin, können aber damit nicht überzeugen. Denn Schmitt betrachtete die Juden als Zuschauer und Schmarotzer, nicht als Feind, dem männlicher Respekt gebühre. In dieselbe Kategorie gehören ihm zufolge liberale Verteidiger des Verfassungsstaates, kosmopolitische Pazifisten und Humanisten – also all jene, die versuchten, den Staat zu schwächen oder die gesunde Freund-Feind-Unterscheidung im Namen der Menschheit zu unterwandern. Sie sind für ihn Heuchler, die einen verborgenen Kampf gegen jene führen, die einen offenen Kampf bevorzugen. (Und weil Juden, Liberale und alle anderen häßlich und böse sind, dürfen sie auch »definitiv« vernichtet werden.)

Weil Hobbes den Staat als biblisches Schreckbild beschrieb, machte er ihn gegenüber den zerstörerischen Bemühungen der staatsfeindlichen Juden besonders verwundbar, argumentiert Schmitt. Indirekt habe diese unbesonnene Anlehnung an einen jüdischen Mythos dazu geführt, daß Hobbes dem jüdischen Liberalismus in der Gestalt Spinozas den Weg bereitet habe – wobei Schmitts Behauptung, es handele sich um eine kausale Verknüpfung, unverständlich bleibt. Daher sei Hobbes erastianisches Projekt gescheitert. Sein Hauptanliegen sei gewesen, die von universalistischen, d.h. christlichen Prinzipien überzeugten Gruppierungen zu vernichten, die den Staat von innen zu zerstören drohten. Die Erfahrung der Weimarer Republik, in der Universalisten, d.h. die Kommunisten und die Liberalen, den Staat schwächten und demütigten, war für Schmitt ein Beweis, daß Hobbes gut gemeinter Etatismus im modernen Europa besiegt worden war.

Die Wurzeln dieser Katastrophe, so Schmitt, seien bereits im Werk des Meisters selbst angelegt und reichten tiefer als bloß bis zu einem unglücklich gewählten Buchtitel. Hobbes vertrat seinen Standpunkt gegen die antistaatlichen Mächte durchaus nicht konsequent: ganz wesentlich für seine Theorie sei die Unterscheidung zwischen Innen und Außen, zwischen privater und öffentlicher Vernunft, zwischen innerem Glauben und äußerem Bekenntnis. Er schrieb, daß »der innere Glaube seiner Natur nach unsichtbar ist und daher von aller menschlichen Rechtssprechung ausgenommen«.[37] Der autoritätsfeindliche Liberalismus bemächtigte sich rasch dieser unbedachten Möglichkeit, den Fuß in die Tür zu bekommen. Hobbes Unterscheidung von öffentlicher und privater Vernunft, die den inneren Glauben außerhalb jedes staatlichen Zwanges beläßt, »wird zum Todeskeim, der den mächtigen Leviathan von innen her zerstört und den sterblichen Gott zur Strecke gebracht hat.«[38]

Nicht lange nach Erscheinen von Hobbes' Buch sei »der erste liberale Jude« dahergekommen und habe Messer und Gabel gewetzt. Er habe die kaum sichtbare Bruchstelle im Panzer des Leviathan erspäht und sofort erfaßt, wie sie zu nutzen wäre. Die Hobbessche Unterscheidung zwischen einem öffentlichen und einem privaten Bereich habe für Spinoza »die große Einbruchstelle des modernen Liberalismus« dargestellt, jene Bruchstelle, durch die die Staatsfeinde in den Staat eindringen konnten, um ihn zu zerstören. Spinoza wendete Hobbes »inneren Glauben« nach außen und öffnete ihn für eine gefährliche gesellschaftliche Welt. Er machte ihn zur Grundlage einer bürgerlichen Gesellschaft, die gegenüber der gesunden Disziplin der Staatsmacht abgeschirmt war. Zunächst einmal formte er die von Hobbes geforderte Toleranz des Staates gegenüber einem unsichtbaren inneren Glauben in die These um, daß die Staatsgewalt nur den äußeren Kult bestimmen könne. Für Hobbes waren noch der öffentliche

Friede und das Recht der souveränen Gewalt von primärer Bedeutung, während die Gewissensfreiheit für ihn eine untergeordnete Rolle spielte. Spinoza aber drehte die Beziehung zwischen diesen Polen genau um: die Religionsfreiheit rückte an die zentrale Stelle und die Rechte der souveränen Staatsgewalt an den Rand. Viele Gruppierungen leisteten dieser Aushöhlung der staatlichen Macht Vorschub: Freimaurer, Pietisten, Mystiker »und vor allem auch hier wieder der rastlose Geist der Juden«. Jeder intelligente Jude habe begriffen, »daß eine solche Unterminierung und Aushöhlung der staatlichen Macht zur Lähmung des fremden und zur Emanzipation des eigenen jüdischen Volkes am besten dient.«[39]

Dieses Argument rückblickend als rein erastianisch zu bezeichnen, wie Schmitt das 1965 tat, ist kaum überzeugend. Wer Schmitt verteidigen will, mag argumentieren, daß ein eingeschüchterter Professor sich mit diesen Stellen bei den wachsamen Parteibonzen einschmeicheln wollte. Aber gegen Schmitts Argumente im *Leviathan* sprechen nicht nur moralische Vorbehalte, sie sind überdies theoretisch wirr und historisch unzutreffend. Er erwähnt nicht einmal Spinozas Grundthese, daß beschränkte Gewalt mächtiger ist als uneingeschränkte Gewalt.[40] Diese zentrale liberale Idee weist die Liberalen eher als pragmatisch gesinnt denn als romantisch aus und führt auch dazu, daß sie sich mit der Realität arrangieren können. Liberale Staaten haben sich historisch als sehr stark erwiesen. Der einzige Nachteil dieser liberalen Grundthese scheint zu sein, daß sie Schmitts tiefsitzender Überzeugung widerspricht, der Liberalismus sei seinem Wesen nach antistaatlich. Aber wie ist es möglich, daß der Liberalismus gleichzeitig schwach und zerstörerisch ist?

Das Paradox eines britischen Weltreichs

In seinem 1942 verfaßten Werk *Land und Meer* setzt sich Schmitt offen und aus dem Blickwinkel eines Antiliberalen mit diesem merkwürdigen Phänomen der modernen Geschichte auseinander.[41] Trotz seiner festen Überzeugung, daß der Liberalismus den Staat schwäche, wußte er doch, daß sich liberale Staaten – selbst an seinen eigenen illiberalen Maßstäben gemessen – als außerordentlich mächtig erwiesen hatten. Sie waren in der Lage, Feinde zu erkennen und zu besiegen, den Ersten Weltkrieg zu gewinnen – und dem liberalen England war es sogar gelungen, ein Weltreich zu errichten, dem außer vielleicht dem römischen Imperium in der Geschichte nichts vergleichbar war. Wie aber konnte Großbritannien so erfolgreich sein, wenn der Liberalismus tatsächlich den Kampfgeist schwächte und grundsätzlich eine Abneigung gegen die Macht hatte?

Schmitt faßt die gesamte Geschichte der westlichen Welt, angefangen bei Kreta bis hin zum Zweiten Weltkrieg, auf wenigen Seiten dieser rhetorisch brillanten Schrift zusammen. Dabei konzentriert er sich auf die Ursprünge der britischen Weltherrschaft, ein Thema, das ihn zutiefst beschäftigte, weil es Deutschlands Stellung in der Vergangenheit und in der Zukunft betraf. Bedauernd notiert er in bezug auf die angelsächsische Welt: »Die Vorstellung, daß eine Landmacht [wie Deutschland] eine den ganzen Erdball umfassende Weltmacht ausüben könnte, wäre nach ihrer Weltanschauung unerhört und unerträglich.«[42] Die größte Weltherrschaft der Briten war also ihre Herrschaft über das deutsche Denken; es war ihnen gelungen, die Deutschen bis in die jüngste Vergangenheit davon zu überzeugen, daß das britische Weltreich ganz selbstverständlich sei, ein deutsches Weltreich hingegen unvorstellbar.

Gegen die marxistische Geschichtsdeutung angehend, definiert Schmitt Geschichte nicht als Klassenkampf, sondern als

Kampf von Seemächten gegen Landmächte und umgekehrt.[43] Dieses Muster wiederhole sich von den Kriegen zwischen Sparta und Athen bis hin zu den Kriegen zwischen dem Deutschen Reich und Großbritannien. Schmitt spottet auch über den marxistischen Stolz, angeblich die Kommandohöhen der Industrie eingenommen zu haben. Die Übernahme der industriellen Produktionsmittel schwindet innerhalb eines größeren historischen Rahmens, so Schmitt, wenn man sie mit der Landnahme vergleicht, bis zur Bedeutungslosigkeit. Alle großen Epochen beginnen mit einer großen, moralisch nicht gerechtfertigten Landnahme. Die moderne Geschichte beginne mit der gewaltsamen europäischen Inbesitznahme des gesamten Erdballs. Statt auf den Nebenschauplatz der Klassenherrschaft zu blicken, sollten wir auf das Hauptereignis schauen, die Besitznahme der Welt durch Europa und schließlich durch England allein. Man könne sogar die Neuzeit als »das Zeitalter der europäischen Landnahme« bezeichnen.[44]

Die Liberalen liebten es, von »Menschheit« und »Zivilisation« zu sprechen, aber sie schwiegen sich scheinheilig über die grausamem Eroberungen christlicher Nationen aus. Die Europäer benähmen sich, als sei der übrige Erdball vorher niemandes Eigentum gewesen, und die Briten seien die größten Heuchler von allen. Was sie »freien Welthandel« nennen, sei nichts anderes als die britische Beherrschung der Weltmeere. Sie brüsteten sich ihrer Menschlichkeit und erfanden den totalen Krieg. (Großbritanniens Seeblockaden trafen sowohl Soldaten als auch die Zivilbevölkerung und waren insofern eine frühe Form des totalen Krieges. Aber die Briten erfanden nicht nur den totalen Krieg, sondern hatten außerdem auch noch die Chuzpe – und dieses Wort wählt Schmitt mit Bedacht, er hatte ein Porträt Disraelis über seinem Schreibtisch hängen –, ihre Seeblockaden als Zeichen moralischer Überlegenheit darzustellen. Schmitts hypothetischer Engländer hält sich, wenn Frauen und Kinder verhungern, noch etwas darauf zugute, daß kein Blut vergossen worden sei.)

Aber wie moralisch verwerflich die Briten auch immer sein mögen, es war ihnen doch gelungen, ein Weltreich von beispiellosen Ausmaßen zu schaffen. Einige Jahre zuvor hatte Schmitt noch stark vereinfachend Händler und Helden gegenübergestellt. Nun sah er sich der Frage ausgesetzt, wie es einer verächtlichen Nation von Kleinkrämern gelungen sein konnte, ein riesiges Reich zu schaffen. Er erklärt sich das damit, daß Großbritannien einen einzigartigen Entwicklungsweg von einem feudalen Königreich zu einem Weltreich durchlaufen habe, ohne daß es jemals im kontinentalen Sinne ein Staat gewesen sei. So habe es etwa nie eine mächtige Bürokratie oder eine Landarmee gehabt. Diese nationale Metamorphose sei unvergleichlich und höchst dramatisch verlaufen, und die Briten hätten etwas gewagt, das nur wenige Nationen jemals gewagt hätten. Sie hätten die »männliche Entscheidung« getroffen, sich vom festen Land abzuwenden, und sich für die stürmische See entschieden.[45] Mit unglaublichem Mut hätten sie sich die Meere untertan gemacht, den »Ozean, dieses große und stets bleibende Gemeingut der Menschheit«, wie Locke sagt.[46] Sie zogen sich am eigenen Schopf aus einer mißlichen Situation und trafen die existentielle Entscheidung, ihr Wesen zu ändern und zu Seewesen mit Lungen zu werden. So wurden aus Schafzüchtern heroische Seefahrer.

Daher war das bedeutendste Ereignis der Neuzeit nicht die »Landnahme« der europäischen Nationen, sondern die beispiellose »Seenahme« der Briten.[47] *Land und Meer* ist hauptsächlich damit beschäftigt, zu erklären, wie dieser außerordentliche Akt der weltweiten Seenahme geschehen konnte. Schmitt hält sich hier nicht mehr bei Richelieu und anderen kontinentalen Staatengründern auf, sondern singt ein Loblied auf einen Helden ganz anderer Art, den »Walfischjäger«. Seine Bewunderung gilt nun nicht mehr der Ordnung, sondern dem Mut. Die Walfischjäger seien ungeheuer waghalsig gewesen; denn europäische Fischer hätten sich immer nur an die Küste gehalten. Der Wal erst habe sie auf die Ozeane gelockt und von der Küste emanzipiert; er habe sie geführt. Sie brauchten diesen Riesen, ein warmblütiges Säugetier, das erstaunlicherweise mit Lungen atmete und im Meer lebte.

Schmitt betrachtet die Walfängerei als ein dramatisches Kräftemessen zwischen zwei Säugetieren auf See. Die Expansion von Weltreichen sei ein nur zufälliges Ergebnis dessen, weder Kolumbus noch Drake, sondern der Wal habe zur Entdeckung Amerikas geführt. Weil die Europäer, vor allem die Briten, dieses riesige Tier verfolgt hätten, hätten sie entdeckt, daß die Erde eine Kugel sei, die sich umfassen lasse. Wie die Walfänger, so seien auch die britischen Seeräuber wirkliche »Kinder der See« gewesen. Das große Zeitalter der Piraten dauert laut Schmitt von 1560 bis 1713, vom Beginn des Kampfes protestantischer Mächte gegen die katholische Weltmacht Spanien bis zum Frieden von Utrecht. Er berichtet, daß die Piraten fremde Schiffe überfielen, vorzugsweise jene, die unter der Flagge einer katholischen Nation segelten, die Mannschaft umbrachten und die Ladung konfiszierten. »Beutekapitalismus«, so erklärt Schmitt, sei die Hauptquelle einer primitiven Stufe der Akkumulation im England des 16. Jahrhunderts gewesen. Erst das mit der Vollmacht der Krone versehene Piratentum brachte der Insel Reichtum und schuf die erste Klasse wohlhabender Unternehmer. Die liberale Ideologie des Freihandels sei ein reiner Mythos, mit dem man versuchte, ahnungslose Ausländer zu überlisten. Tatsächlich seien die Anfänge britischen Reichtums ein Ergebnis von Täuschungsmanövern und Gewalt gewesen.

Natürlich beschlossen die Europäer, nachdem sie nun einmal die Welt entdeckt hatten, sie auch zu besitzen. Schmitt wertet die Tatsache des europäischen Machtkampfes um die Weltherrschaft, in dem Großbritannien den Sieg davontrug, negativ. Deutschland habe dabei nur eine erbärmliche Zuschauerrolle eingenommen, es habe an der großen Landnahme der Neuzeit nicht teilgehabt. Und zwar sei es aufgrund seines einzigartig miserablen historischen Erbes ausgeschlossen worden, wegen seiner inneren Konflikte zwischen Katholiken und Protestanten. Deutschland sei deswegen der Hamlet unter den Völkern. Im Inneren zerrissen, sei es tatenarm und von dem Tanz, den seine Rivalen auf der Bühne der Welt aufführten, ausgeschlossen.[48]

Natürlich hatte sich all dies 1942 längst geändert. Zum einen war Großbritanniens Macht geschrumpft. Für diese zufriedenstellende Entwicklung bietet Schmitt eine erstaunliche Erklärung an. Sie lautet, Großbritannien habe mit der Industrialisierung auch begonnen, gepanzerte Dampfschiffe einzusetzen. Britische Walfänger hätten nun nicht mehr mit Muskelkraft ihre Harpunen geworfen, sondern mit Kanonen geschossen. So gingen sie ihrer Männlichkeit verlustig. Hatten sie sich einstmals von Schafzüchtern in heldenhafte Piraten verwandelt, so entwickelten sie sich nun zu verachtenswürdigen Maschinisten. Zum zweiten habe Deutschland zwischen 1890 und 1914 Großbritannien in der industriellen Produktion nicht nur eingeholt, sondern sogar überholt. Doch die Deutschen seien in der Weimarer Republik zwar technisch überlegen, geistig aber immer noch versklavt gewesen, da sie weiterhin englischen Verfassungsidealen anhingen.[49] Diese geistige Versklavung allerdings sei nun überwunden. (Nur ganz am Rande sei erwähnt, daß Schmitt nichts über den schädlichen Einfluß der Technisierung auf den deutschen Nationalcharakter sagt.)

Land und Meer ist ein fesselndes und zugleich entlarvendes Buch. An ihm hat nur Schmitt, der Mythenerzähler geschrieben, nirgendwo läßt sich der Verfassungstheoretiker auch nur erahnen. Beeindruckend an diesem Werk ist nicht so sehr seine analytische Schärfe und seine historische Gelehrsamkeit, sondern vielmehr die dem Neid entspringende Umdeutung der neuzeitlichen Geschichte. Schmitts Freilegung der imperialistischen Ziele, die sich hinter Großbritanniens Rhetorik des Freihandels verbergen, legt die Heuchelei bloß, die den Kern des Liberalismus im 19. Jahrhundert ausmachte. Nicht sein Bedürfnis, die Nationalsozialisten zu beschwichtigen also, sondern sein Nationalismus, der sich im Hexenkessel des Ersten Weltkrieges herausgebildet hatte, veranlaßt Schmitt dazu, den liberalen Konstitutionalismus zu verachten, der in England seinen Ursprung hat und den Deutschen als Symbol ihrer Niederlage aufgezwungen worden war. Andererseits erweist sich Schmitt trotz seiner umfassenden Gelehrsamkeit als unfähig, die tieferen Ursachen der liberalen Politik und der militärischen Macht zu verstehen. (Wenn die liberale und bürgerliche Kultur so schwach und schwächend ist, warum verlieren dann autokratische Staaten Kriege gegen parlamentarische Demokratien?)

Eine Widerlegung

Schmitts Kritik des Liberalismus ist oftmals interessant und manchmal überzeugend, so z. B. sein Hinweis darauf, daß kein Klassiker des Liberalismus eine angemessene Theorie politischer Führung entwickelt habe. Die liberalen Prinzipien des Mehrheitsprinzips und der Gleichheit vor dem Gesetz können nur innerhalb legitimer territorialer Grenzen wirksam angewandt werden, können aber selbst solche Grenzen weder schaffen noch legitimieren. Derartige Kritikpunkte sind von Interesse, wenn auch längst nicht so entscheidend, wie Schmitt annimmt. So hat beispielsweise eine fehlende theoretische Begründung politischer Führerschaft liberale Gesellschaften nicht davon abgehalten, politische Führer zu haben. Und ebensowenig hat eine fehlende liberale Rechtfertigung spezifischer Territorialgrenzen liberale Gesellschaften daran gehindert, psychologisch die willkürlichen und legal nicht gerechtfertigten Grenzen anzuerkennen, die sich geschichtlich zufällig ergaben.

Andere Einwände Schmitts gegen den Liberalismus hingegen mögen zwar intelligent sein, verfehlen aber ihr Ziel vollständig. Ich möchte zunächst acht Einwände gegen Schmitts antiliberale Hauptthesen vorbringen, die auf dem Prinzip des Common sense beruhen. Erstens treffen liberale Regierungen durchaus bindende und verpflichtende Entscheidungen und setzen diese auch durch, obwohl sie sich sehr stark auf bestimmte Verfahrensweisen und öffentliche Debatten verlassen. Sie »reden« nicht nur, sondern kommen erwiesenermaßen zu Entscheidungen, und manchmal benennen sie sogar ihre Feinde und besiegen sie. Der Verfassungsstaat setzt seine Entscheidungsträger nicht hilflos den Geschicken und Gesetzen der Geschichte aus. Liberale politische Systeme sind nicht weniger geeignet, sich selbst gegen innere Unterwanderung zu verteidigen, als andere Regierungsformen. Schmitt hat einfach unrecht, wenn er behauptet, es gebe keine liberale Staatskunst, sondern nur eine liberale Kritik am Staat. Er hat sogar dann unrecht mit seiner These, der Liberalismus sei wesentlich apolitisch, wenn man sich auf seine willkürliche Definition von Politik als der Bestimmung eines Todfeindes einläßt, denn liberale Gesellschaften haben auch diese Wahl mit bemerkenswertem Erfolg getroffen.

Zweitens ist der liberale Pluralismus nicht notwendigerweise eine Einladung zum Bürgerkrieg. Ganz offensichtlich übertrieben ist die Behauptung, eine konstitutionelle Regierung schaffe eine bewaffnete und anarchische bürgerliche Gesellschaft, die ihrer gewaltsamen Selbstzerstörung entgegeneile. Drittens begreift der Liberalismus nicht alle Menschen als private Produzenten oder Konsumenten; durch Wahlen und eine freie Presse fördert er vielmehr die unbezahlte, in der Freizeit stattfindende Mitwirkung am öffentlichen Leben. Viertens waren sich die Liberalen vollständig darüber im klaren, daß Gruppen Herrschaft über Individuen ausüben und daß mit irrationalem Haß verschiedener Gruppierungen aufeinander gerechnet werden muß. Schon die Definition der Religion als Privatsache, die Trennung von Staat und Religion, ist ein wohlbekannter liberaler Versuch, mit diesen unabänderlichen Realitäten des Lebens umzugehen. Fünftens scheint schon die bloße Existenz der Vereinigten Staaten die Behauptung, »jede Demokratie setzt die volle Homogenität des Volkes voraus«, zu widerlegen.[50] Der Liberalismus hat seine eigenen – und nicht ganz unwirksamen – Methoden, mit sozialer Heterogenität und kulturellen Unterschieden umzugehen. Sechstens können ausweglose politische Situationen gelegentlich auch durch Kompromisse gelöst werden, nicht immer braucht es dazu eine autoritäre Entscheidung. Siebtens sind die Liberalen zwar gewöhnlich antimilitaristisch eingestellt und darum besorgt, daß die Exekutivgewalten nicht in physische Gewaltanwendung ausartet, doch glauben sie nicht daran, daß Diskussionen Gewalt ganz und gar ersetzen könnten. Natürlich ziehen sie wirtschaftlichen Wettbewerb und Wahlkämpfe der Blutfehde vor, aber man kann wohl kaum behaupten, daß diese Vorliebe besonders unrealistisch wäre. Achtens ist der Liberalismus seinem Ursprung nach wesentlich eher praktisch denn romantisch. So hat sich z.B. die Methode, daß verschiedene Parteien miteinander im Wahlkampf um die Herrschaft streiten, als die beste aller bekannten Methoden erwiesen, das schwierige und in vorliberalen oder nichtliberalen Gesellschaften nur sehr selten zufriedenstellend gelöste Problem einer geordneten politischen Nachfolge zu bewältigen. Als weiteres Beispiel kann die Religionsfreiheit angeführt werden, die eine Reaktion auf den Bürgerkrieg darstellt. Der Parlamentarismus entstand aus einer Steuerkrise heraus, und die unabhängige Justiz etablierte sich als Behelf gegen die Überlastung der Regierung. Ähnlich wurde eine allgemeine Gesetzgebung zunächst eingeführt, um große Gebiete und eine große Bevölkerung effizient zu regieren. Nichts von alldem hat auch nur das allergeringste mit einer blauäugigen Idealisierung »endlosen Geredes« zu tun.

Wenn man etwas akademischer argumentieren möchte, dann sollte man Schmitts Behauptung, »der rechtsstaatlichen Doktrin Lockes und dem rationalistischen 18. Jahrhundert war der Ausnahmezustand etwas Inkommensurables« einmal mit Lockes eigener These vergleichen, »die Gesetze sollten vielmehr in manchen Fällen der exekutiven Gewalt weichen« und es könnten »Ereignisse eintreten«, bei denen »eine genaue und strenge Befolgung des Gesetzes von Schaden sein würde«. Auch Blackstone, der diesbezüglich von Locke gelernt hat, argumentierte, daß es »in jedem praktikablen Rechtssystem [...] unmöglich ist, jene außergewöhnlichen Heilmittel, die ein plötzlicher Ausbruch nationalen Unglücks notwendig machen und die allein dieser rechtfertigen kann, im voraus zu bestimmen«. Den Liberalen war in der Tat eine nachdrückliche Vorstellung vom Ausnahmezustand gemeinsam. Liberale Verfassungen schaffen die Exekutive nicht ab, und die Exekutive kann niemals ausschließlich nach vorgefaßten Regeln handeln. Die Liberalen gingen davon aus, daß es keine Regeln ohne Ausnahmen gebe. Sie verstanden unter Gesetzesherrschaft niemals die Herrschaft abstrakter, sich automatisch durchsetzender Gesetze, sondern die Herrschaft von gewählten und rechenschaftspflichtigen Vertretern in Übereinstimmung mit öffentlich bekanntgemachten und veränderlichen Gesetzen. Aus diesem und anderen Gründen scheint die persönliche Verantwortung für politische Entscheidungen, die Schmitt zu bewundern vorgibt, eher in einem liberalen politischen System gewährleistet zu sein als in einem nichtliberalen System. Denn schließlich ist es zumindest teilweise der Sinn liberaler Verfassungen, die Herrschenden rechenschaftspflichtig zu machen und sie daran zu hindern, ihre Verantwortung auf andere abzuwälzen und Schuld von sich zu weisen.

Schließlich hat Schmitt auch darin unrecht, daß er dem Liberalismus ein allzu naiv optimistisches Menschenbild unterstellt.[51] Sicher, die Liberalen wiesen eine Unterscheidung wie die zwischen den Verdammten und den Erlösten zurück, aber ganz sicher erkannten sie, daß Neid, Stolz und Bösartigkeit Teil der menschlichen Natur sind. Thomas Paines Bonmot, daß eine Regierung ebenso wie die Kleidung ein Zeichen für den Verlust der Unschuld sei, entspricht diesem augustinischen Zug innerhalb des liberalen Denkens. Und auch Madisons Bemerkung, daß »Regierungen überflüssig wären, wenn die Menschen Engel wären«, paßt in diesen Zusammenhang.[52] Aus diesem Grunde war die wirkliche Neuerung des Liberalismus nicht etwa der Optimismus, sondern die *Universalisierung* des Pessimismus. Weil alle Menschen einen Hang zum Chaos haben, müssen sie gelenkt werden, und zwar sowohl die Regierenden als auch die Regierten. Man kann sogar so weit gehen, zu sagen, daß naiver Optimismus weniger für jene liberalen Denker charakteristisch war, die sich der Gefahren des Machtmißbrauchs bewußt waren, als vielmehr für Schmitts Führerprinzip. Denn wer die Sicherheit des einzelnen gewährleisten will, indem er einem einzelnen politischen Führer oder einer Führungsgruppe unbegrenzte Macht zuspricht, kann das nur tun, wenn er die alles durchdringende Sündhaftigkeit des Menschen gravierend unterschätzt.

(Die Liberalen halten übrigens deswegen nichts von einer strikten Anwendung der Gesetzesherrschaft, weil sie das Bedürfnis des Durchschnittsbürgers anerkennen, die Regierung mit einiger Skepsis und einigem Mißtrauen zu betrachten. Wie Blackstone sagt, enthalten liberale Verfassungen gewöhnlich »keine festgelegten Regeln oder rechtlichen Vorschriften« darüber, wie man eine Regierung stürzt, die das Vertrauen des Volks mißbraucht hat. Daher muß es der »Weisheit der jeweiligen Zeit« überlassen bleiben, Abhilfe zu schaffen.[53] Was hindert uns also, das ununterdrückbare Recht auf Widerstand als Ausdruck eines liberalen Dezisionismus zu betrachten?)

Schlußfolgerung

Nach 1945 gab Schmitt vor, Fanatismus in jeder Form zu verabscheuen und sich nach dem alten, angeblich stabilen Europa zurückzusehnen, in dem es keiner politischen Gruppierungen jemals eingefallen wäre, selbst ihre schlimmsten Feinde zu kriminalisieren und zu vernichten.[54] Dies tat er vermutlich auch, um seine verbliebenen Sympathien für den Nationalsozialismus zu verdecken. Es war zwar eine geschickte, aber nicht ganz überzeugende Haltung. Ganz offensichtlich läßt sich Schmitts Verherrlichung von Kämpfen auf Leben und Tod, mythengespeisten Auseinandersetzungen und titanischen Duellen, die er in seinen Schriften vor 1933 verkündete, nicht mit der Sehnsucht nach einer Welt vereinbaren, die relativ ruhig und von Gesetzen regiert ist, in der Auseinandersetzungen keine ideologischen Tragödien darstellen und politische Gegner nicht als Verbrecher oder Häretiker, sondern mit Zurückhaltung und Anstand behandelt werden. Seine anhaltende Verachtung einer verweichlichten, aus Produzenten und Konsumenten bestehenden Gesellschaft straft sein retrospektives Selbstporträt Lügen. Bereits in den zwanziger Jahren suchte er eine Vorahnung der Apokalypse, die nur dort zu finden ist, wo extreme Weltbilder unter großem Donnern aufeinanderprallen.

Schmitts Begeisterung für dramatische Konflikte, die einem »seichten« aufgeklärten Denken unverständlich bleiben muß, ist ein Hinweis auf seine tiefe Verbundenheit mit de Maistre und anderen. Aber er baute nicht nur auf eine antiliberale Vergangenheit, sondern bereitete auch die Grundlagen für eine antiliberale Zukunft. Eine der ersten bekannten Veröffentlichungen von Leo Strauss war sein brillanter, 1932 verfaßter Kommentar zu Schmitts *Der Begriff des Politischen*.[55] Seine Grundthese lautet: Schmitt mag zwar den Liberalismus verachten, aber letztlich bleibt sein Denken selbst liberalen Prämissen verhaftet. Anders gesagt, Schmitt ist Strauss nicht antiliberal genug, denn er kritisiert den Liberalismus nicht von einem durch und durch nichtliberalen Standpunkt aus. Welch erstaunliche These! Um zu verstehen, wie ein derartiger Vorwurf entstehen konnte, müssen wir uns in eine weitere Dimension des antiliberalen Denkens vertiefen.

Kapitel 3
LEO STRAUSS: WAHRHEITEN NUR FÜR PHILOSOPHEN

»Quant à celui qui parle ou écrit pour ôter un dogme national au peuple, il doit être pendu comme voleur domestique.«
Joseph de Maistre

Der 1973 verstorbene Leo Strauss gilt als einer der gelehrtesten und intellektuell anregendsten Denker unter den deutsch-jüdischen Emigranten der dreißiger Jahre. Berühmt geworden ist er weniger des Inhalts seiner Schriften wegen als vielmehr wegen seines außergewöhnlichen Erfolges als Begründer einer politologischen Schulrichtung oder, wie manche böswillig formulieren, eines Kultes. Professoren können nur dann Anhänger um sich scharen, wenn sie Zuspruch fördern; insofern sagt das Phänomen des »Straussianismus« – zumindest in der ersten Generation – auch über Strauss selbst Bezeichnendes aus. Das Unbehagen an der Bewunderung seiner Anhänger hat nicht eben dazu beigetragen, die Schriften des Meisters selbst ausgewogen zu beurteilen. Und so hat denn auch die Empörung über seine unkritischen Bewunderer und die Enttäuschung über seinen alles andere als klaren Stil in letzter Zeit einen neuen Mythos entstehen lassen, demzufolge Strauss eine Sphinx ohne Geheimnis ist, ein schwer verständlicher Autor, hinter dessen rhetorischem Gehabe sich weder Einsichten noch Ideen verbergen. Diese Kritik ist durchaus verständlich, doch zutreffend ist sie deswegen nicht.

Strauss faszinierte seine Studenten durch seine leidenschaftliche Hingabe an Texte und seine unermüdlichen Bemühungen, das, was er die »große Tradition« nannte, wiederzubeleben. Aber er begnügte sich nicht damit, alte Werke nur zu erläutern, sondern betrachtete sie als Fenster zur Welt. So schrieb er etwa über Thukydides: Er »macht uns das Wesen des menschlichen Lebens verständlich, er macht uns weise. Indem wir die Weisheit des Thukydides verstehen, werden wir selbst weise; aber wir können durch das Verstehen Thukydides nicht weise werden, ohne gleichzeitig zu verstehen, daß wir weise werden, indem wir Thukydides verstehen, denn Weisheit ist untrennbar mit Selbsterkenntnis verbunden. Indem wir also weise werden, weil wir Thukydides verstehen, sehen wir Thukydides' Weisheit.« In diesem Sinne wollte Strauss auch sein eigenes Werk gelesen wissen. Obwohl er den überragenden Gestalten der politischen Philosophie aus Antike, Mittelalter und Neuzeit mehr als ein Dutzend Bücher und viele Aufsätze widmete, war er kein gewöhnlicher Ideengeschichtler. Es ging Strauss weniger um Gelehrsamkeit als um die Suche nach Weisheit, vor allem nach »einem Horizont jenseits des Liberalismus«.[1] Der Liberalismus, an sich schon schwach und begrenzt, befindet sich Strauss zufolge in einer schweren Krise. Im Unterschied zu den meisten Ideengeschichtlern zeigte sich Strauss von »der Krise des Liberalismus« geradezu fasziniert und warnte seine Leser in diesem Sinne auch vor der »Krise der Moderne«, »der Krise des Westens«, »der zeitgenössischen Krise der westlichen Zivilisation«, »der Krise des Fortschrittglaubens«, »dem endgültigen Zusammenbruch des Rationalismus«, »dem Untergang Europas«, »der Gefahr«, die im Augenblick »die gesamte westliche Tradition« bedrohe, ganz zu schweigen von »der einen großen Krise, der Krise unserer Zeit«.[2] Niemand, der sich nur für Textinterpretationen interessiert, hätte sich so ausschließlich auf kulturelle Prozesse des Verfalls, der Verarmung und der Zersetzung konzentriert. Ein Gelehrter würde uns normalerweise nicht bedeuten, er könne uns helfen, die Feinde unserer Zivilisation zu besiegen und die Übel unseres Jahrhunderts zu beheben. Einem gewöhnlichen Professor käme es nicht in den Sinn, zu glauben, er wüßte eine Antwort auf die brennende, von der modernen Wissenschaft offen gelassene Frage, wie die Menschen leben sollten. Strauss' Schriften sind in einem dramatischen, wenn nicht gar melodramatischen Ton verfaßt, der an de Maistre und Schmitt gemahnt und ihn von seinen zurückhaltenderen, in ihre Bücher versunkenen Kollegen unterscheidet.

Strauss' Anhänger zeigen sich angetan davon, daß er seine interessantesten Ideen verborgen habe, beklagen sich aber zugleich darüber, daß er aus unerfindlichen oder gänzlich ungerechtfertigten Gründen nicht genügend Beachtung finde. Wenn wir ihn ernst nehmen wollen, müssen wir natürlich das Geheimfach öffnen und den künstlich produzierten Nebel durchdringen. Wir müssen uns fragen, ob er beispielsweise behauptet, die Liberalen seiner Zeit hätten eine moralische Wahrheit vergessen, die einst Allgemeingut gewesen sei, und wenn ja, welche Wahrheit das gewesen sein soll. Betrachtet er die wertfreie Sozialwissenschaft als Symptom einer tieferliegenden sozialen Krankheit, als ein Anzeichen dafür, daß liberale Gesellschaften nicht zwischen Recht und Unrecht unterscheiden können? Erkennen die Bewohner der westlichen Welt von heute den Unterschied zwischen Barbarei und Zivilisation nicht mehr? Ging es jenen Gesellschaften besser, die noch nicht von der Sozialwissenschaft infiziert waren? Es fragt sich auch, warum Strauss so unklar schrieb, wenn es ihm tatsächlich um die Verteidigung hoher moralischer Prinzipien gegen den entkräftenden »Relativismus« seiner Epoche ging. Warum verstellte er dann seine Stimme, verbarg seine Einsichten und versperrte uns den Weg zu den ethischen Wahrheiten, die angeblich der Natur eingeschrieben sind? Aber so interessant und wichtig diese Fragen auch sein mögen, sollten doch all diejenigen, die mit Strauss noch nicht vertraut sind, einen anderen Einstieg wählen.

Kapitel 3

Schädliche Wahrheiten, tröstliche Lügen

Als Ausgangspunkt bieten sich die politischen Wirkungen der Religionskritik an.[3] Die Religionskritik war eines von Strauss' Hauptinteressensgebieten. Immer wieder stellte er »die Frage, wie sich die unphilosophische Masse verhalten wird, wenn sie aufhört, an Götter zu glauben, die einen Mangel an Patriotismus und an kindlicher Ehrfurcht bestrafen«.[4] Diese Fragestellung war keine rein akademische, sondern eine politische, wenn auch nur insofern, als sie sich auf Bücher bezog – auf die Politik, Bücher zu veröffentlichen, die die Religion und die Achtung vor den Vorfahren zersetzten. Wie viele andere vor ihm glaubte Strauss, daß eine bis zum äußersten getriebene Vernunft in Unvernunft umschlagen würde. Der säkulare Humanismus als die dem politischen Liberalismus zugrundeliegende Weltanschauung bringt Dunkelheit und Zerstörung über die Menschheit. Das säkulare Denken unterminiert die Religion und führt daher unmittelbar zu persönlicher Amoralität und politischen Katastrophen. Nach Strauss (und nach de Maistre) lassen die unseligen Folgen der Modernisierung es vernünftig erscheinen, von einer »Dialektik der Aufklärung« zu sprechen.

Strauss verblüffte seine jüdisch-amerikanischen Studenten mit der These, Toleranz sei gefährlich, und die Aufklärung selbst, nicht erst ihr Scheitern, habe Hitler indirekt den Weg bereitet. Strauss war jedoch keineswegs ein unerbittlicher Feind des aufklärerischen Denkens, sondern ein kosmopolitischer Agnostiker, zutiefst davon überzeugt, der »moderne Rationalismus« vermittle »eine ganze Reihe wichtiger Einsichten, die man nicht einfach über Bord werfen kann«. Seine Frage lautete daher, wie es den großen Denkern der Vergangenheit gelungen war, die Vorteile der Aufklärung zu genießen, der Dialektik der Aufklärung aber zu entgehen. Er vermutet, dies sei ihnen aufgrund einer geheimen Schreibtechnik gelungen, einem Schreiben »zwischen den Zeilen«. Die Gesellschaft sei auf Religion angewiesen, die Philosophen hingegen auf die Freiheit von der Religion. Um diesem Dilemma zu entkommen, »muß die Wissenschaft das Reservat einer kleinen Minderheit bleiben; sie muß dem gemeinen Mann gegenüber geheimgehalten werden.« Die Philosophen müßten sich gegenüber manchen Menschen verstellen und so tun, als würden sie demselben Glauben anhängen wie »die Herde«, während sie sich untereinander unter dem Siegel der Verschwiegenheit verständigten: »Sie werden zwischen der wahren Lehre als der esoterischen Lehre und der gesellschaftlich nützlichen Lehre als der exoterischen Lehre unterscheiden; während die exoterische Lehre jedem Leser leicht zugänglich sein soll, enthüllt sich die esoterische Lehre nur dem sorgfältigen und gut ausgebildeten Leser nach einer langen und konzentrierten Lektüre«.[5] Die exoterische Lehre bestätigt die gebräuchlichen religiösen Glaubensüberzeugungen. Aber warum hält Strauss die Religion für »gesellschaftlich nützlich«? Er führt verschiedene Gründe an, die vor ihm schon de Maistre (wie auch Dostojewski und andere mehr) erkannt hatten.

Erstens bedürfen die meisten Menschen der Herrschaft. Die Religion gewöhnt die Menschen an eine passive Ergebung in die göttliche Autorität, die auch zu »einer heilsamen Unterwerfung unter die herrschende Schicht« führt.[6] Die Religion erfüllt zweitens die Funktion, die Bedürfnisse und Sehnsüchte des Menschen zu hemmen, die bei freier Entfaltung über das Maß hinauswachsen würden, das die Gesellschaft noch befriedigen kann und damit die Menschen unregierbar machte. Der Glaube vermag diese Sehnsüchte zu begrenzen und das politische System zu entlasten. Auch die »märchenhaften« Schilderungen gewisser Religionen über ein Leben nach dem Tod fördern den Gesetzesgehorsam, weil sie den Menschen Angst davor machen, in der Hölle bestraft zu werden, und den Armen Hoffnung auf eine Entschädigung im Himmel machen, weswegen sie sich leichter mit ihrer Armut auf Erden abfinden. Aber all diese Erklärungen über den gesellschaftlichen Nutzen der Religion wirken im Vergleich zu einer anderen These grob und oberflächlich: Die Religion kann die Urangst des Menschen vor dem Tod und vor der unendlichen Leere und Gleichgültigkeit des Universums besänftigen.

Nach Strauss ist »die Entdeckung der Natur das Werk der Philosophie«; Normalsterblichen würde diese Entdeckung »größte Schmerzen« bereiten. Aber was versteht er unter Natur, und warum ist sie schmerzhaft? Natur ist nach Strauss die Summe aller unüberwindbaren Einschränkungen, denen das menschliche Leben unterworfen ist. Die Natur beschränkt das Leben in persönlicher, politischer und kosmischer Hinsicht. Die Entdeckung dieser enormen Beschränkungen lehrt die Philosophen, daß die Menschen – gleichgültig, wie sehr sie ihre Lebensdauer zu verlängern vermögen – niemals die Zeitspanne ihrer Existenz als Tote verkürzen werden. Das Nachdenken über Naturkatastrophen führt zu einem ähnlichen Ergebnis, denn es deutet schlicht darauf hin, daß die bewohnbare Welt dem Untergang geweiht ist und schließlich mit allen Spuren menschlichen Lebens vergehen wird. Diese beiden Überzeugungen gehören zu den wichtigsten ahistorischen Wahrheiten in Strauss' Philosophie. Sie sind keine moralischen Imperative, sondern nackte Tatsachen, jenseits von volkstümlichen Erzählungen und Textinterpretation. Es sind erbarmungslose und beunruhigende Beobachtungen über die unveränderliche *conditio humana*. Und natürlich müssen sie geheimgehalten werden: »Die exoterische Literatur geht davon aus, daß es Grundwahrheiten gibt, die kein anständiger Mensch jemals öffentlich aussprechen würde, weil sie vielen Menschen Schmerzen zufügen würden, die dann ihrerseits verständlicherweise demjenigen, der sie mit seiner unangenehmen Wahrheit verletzt hat, Schmerzen zufügen würden.«[7] Die Philosophen, die solch ungeheuren Wahrheiten ins Antlitz schauen können, ohne geblendet zu sein, haben eine anhaltende Distanz zu ihrer eigenen Kultur erlangt und sind in gewisser Weise nicht mehr von ihrer eigenen Zeit geprägt.

Ich möchte Strauss' zentrale These in einem Bild veranschaulichen, das er selbst zweifellos für unangemessen und oberflächlich gehalten hätte: Das Leben gleicht einem Sturz vom Sears Tower, einem Hochhaus mit 110 Etagen in Chicago, dem sicheren Aufprall auf dem Pflaster entgegen. Nur wenn wir nicht allzu gründlich über das unausweichliche Ende unserer Reise nachdenken, können wir sie genießen. Die Menschen haben also verschiedene Mythen ersonnen, um ihr trostloses Schicksal vor sich selbst zu verbergen und ihre drohende Rückkehr in die anorganische Leblosigkeit wie den Anfang eines neuen Lebens erscheinen zu lassen. Die Menschen träumen von einem glücklichen Ende und einem göttlichen Hirten; ja, selbst furchterregende Erzählungen über einen rächenden Gott, der uns bestrafen wird, sind ihnen noch lieber als die Erkenntnis, daß das Universum »ein absolut furchterregender Abgrund« ist, den unser unwiderrufliches Versinken in die Vergessenheit völlig gleichgültig läßt.[8] Mit anderen Worten: Die Angst vor konkreten, vereinzelten Ereignissen, vermag die existentielle Angst zu betäuben.

Einige wenige Übermenschen allerdings sind in der Lage, diese grauenhafte Wahrheit zu verkraften: die stets wachsamen Philosophen. Allan Bloom faßt Strauss' Einstellung folgendermaßen zusammen: »*Der* unaufhebbare Unterschied, der die Philosophen von allen anderen trennt, betrifft den Tod und das Sterben. Keine andere Lebensweise als die des Philosophen kann die Wahrheit über den Tod ertragen.«[9] Philosophen können ohne tröstliche Lügen leben, sie wissen, daß die menschliche Geschichte vergänglich ist, und haben sich mit der Tatsache abgefunden, daß wir »in einem unendlichen All leben, in welchem nichts ewig ist, was dem Menschen teuer sein kann«.[10] Sie genießen ihre Fähigkeit, der rauhen Wirklichkeit ins Auge blicken zu können, ohne von ihr geblendet zu sein. Auch die Unterscheidung zwischen den Wenigen und den Vielen, zwischen den Übermenschen, die authentisch und ohne Mythen leben können, und der Herde, die die Realität nur mit Zuckerguß ertragen kann, ist ahistorisch. Dieser Dualismus, den Platon bereits mit unübertroffener Deutlichkeit erfaßt hat, zeichnet jede beliebige, des Lesens und Schreibens kundige Gesellschaft aus.

Die Religion ist gesellschaftlich nützlich, insofern sie die meisten Menschen zu Kindern macht und sie die Ängste nicht spüren läßt, die eine unverstellte Einsicht in die Natur bei schwachen Gemütern erregen würde. Die Religion täuscht ihnen vor, daß Gott oder die Götter sich aktiv für die Erhaltung der bewohnbaren Erde einsetzen. Nur die auserlesenen Philosophen, die die Natur erkannt haben, sind für solche Täuschungen unempfindlich. Sie können die kindischen Ansichten durchschauen, die ihre Mitbürger in den Bann schlagen. Die Philosophen zweifeln chronisch an den Überzeugungen, die allen gemeinsam sind, und überschreiten in ihren Gedanken – wenn auch nicht in ihren Taten – überkommene Tabus. Allerdings zeigte schon de Maistre, daß es nicht unbedingt »nüchtern« ist, die Welt ohne Illusionen zu betrachten. Tatsächlich bereitet es den wenigen Auserlesenen *ausgesprochene Lust*, auf Illusionen zu verzichten. Wenn aber die illusionslosen Philosophen ihr nonkonformistisches Denken, ihre Zweifel und ihr ungezügeltes Denken anderen Menschen mitteilen, dann werden sie »die beschützende Atmosphäre« zerstören, die die meisten Menschen am Leben erhält und ihnen Begrenzungen auferlegt.[11] Wären die gewagten philosophischen Einstellungen jemals Allgemeingut, dann würden sich die meisten Menschen, weil eher körperlichen als geistigen Genüssen zugetan, so benehmen, als wäre alles erlaubt. Und diese massenhafte Enthemmung machte sowohl ein gesellschaftliches Zusammenleben als auch die Philosophie selbst unmöglich.

Philosophen hüten ihre Geheimnisse

Strauss macht auf einen Unterschied zwischen dem frühen und dem späten Sokrates aufmerksam. Der junge Sokrates ist ihm zufolge eine typische Gestalt der Aufklärung, von der Natur fasziniert, die Politik im Vergleich zum physikalischen Universum geringschätzend und offen verkündend, daß »Zeus tot ist«, bis der weise Aristophanes ihn belehrt, daß er im Irrtum sei. Wenn die Philosophen ihr Wissen öffentlich verkündeten, so befürchtet dieser, dann werden die Söhne sich gegen ihre Väter auflehnen, und irregeleitete Bürger die Akademie in Flammen setzen. Um gesellschaftliches Chaos zu verhindern und ihrer Verfolgung zu entgehen, müßten die Philosophen ihr Licht unter den Scheffel stellen; sie müßten lernen, ihre trunkenen Gedanken in eine täuschend nüchterne Sprache zu hüllen. Sokrates habe diese Lektion gelernt und begonnen, mit unterschiedlichen Leuten auf unterschiedliche Weise zu sprechen. So habe er seine streng geheimen Gedanken nur jungen Männern von herausragender Begabung mitgeteilt und allen anderen Menschen gegenüber nur Lippenbekenntnisse abgelegt und so getan, als hinge er dem Glauben seiner Vorfahren an. Um seine Mitbürger nicht vor den Kopf zu stoßen, ging er sogar so weit, zu heiraten und Kinder zu zeugen. Dennoch gelang es ihm, seine philosophische Unabhängigkeit zu bewahren. Wie Strauss uns versichert, vernachlässigte der erwachsene Sokrates seine Kinder und »benahm sich wie ein eingefleischter Junggeselle«.[12]

Aber leider stellte sich Sokrates zu spät und nicht konsequent genug auf die esoterische Lehre um. In gewisser Weise war es gerechtfertigt, ihm den Prozeß zu machen und ihn zu verurteilen, denn aus dem Blickwinkel der Athener war er ein illoyaler Bürger, der die Religion zu zerstören versuchte. Diesen Anklagepunkt mußten die Athener also nicht erst ersinnen. *Immer*, so Strauss, werden die Philosophen aus diesem Grunde und überdies zu Recht gehaßt werden: »Die Philosophie stößt jedoch die Menschen ab, weil sie Freiheit vom Verhaftetsein mit ›unserer Welt‹ fordert.«[13] Sokrates' Verurteilung zum Tode ist daher eine Lektion für zukünftige Philosophen. Stets werden die Schwachen die Starken hassen, weswegen diese ihre Wahrheit noch radikaler verheimlichen müssen als der alte Sokrates.

Nach de Maistre beruhen alle menschlichen Gesellschaften auf Opfern an Menschenleben. Strauss ging noch weiter und behauptete zynisch, daß alle Gesellschaften sich auf Verbrechen gründen. Tatsächlich war er sich mit Schmitt darin einig, daß alle Staaten auf *Landnahme* gründen, auf einer brutalen und illegalen territorialen Aneignung: »Sind Gemeinwesen, wenn sie gedeihen wollen, nicht gezwungen, Gewalt und Betrug anzuwenden und anderen Gemeinwesen wegzunehmen, was diesen gehört? Bilden sie sich nicht dadurch, daß sie sich einen Teil der Erdoberfläche, der allen anderen in gleicher Weise gehört, widerrechtlich aneignen?« Das ist selbstverständlich eine rein rhetorische Frage, denn die Antwort lautet: Ja. Auch das Skandalon, daß alle Herrschaft auf Plünderung beruht, gehört zu jenen schockierenden Einsichten, die den einfachen Menschen vorenthalten werden müssen: »Eine Gesellschaft, die sich selbst achtet, kann sich nicht mit dem Gedanken versöhnen, daß ihre Grundlage im Verbrechen zu suchen ist.« Wenn erst einmal die große Mehrheit der Bevölkerung erkennt, daß die Gründungsväter ihres Staates mit einer Räuberbande vergleichbar sind, dann werden sie die Gesetze nicht mehr achten und sich weigern, ihr Leben im Krieg für ihr Land aufs Spiel zu setzen. Die herkömmliche Lösung dieses Problems ist der Mythos von der göttlichen Herkunft der Gesellschaft, also die Beschreibung einer Gesellschaft als unmittelbar von einem göttlichen Wesen gegründet oder aber von Gesetzgebern, die sich mit den Göttern zu verständigen wußten. Man denke dabei nur an die amerikanische Legende von den moralisch makellosen Gründervätern der Nation, die angeblich der Ansicht waren, daß »alle Menschen von ihrem Schöpfer mit unveräußerlichen Rechten ausgestattet sind«. Die unschöne Wahrheit sieht natürlich ganz anders aus, denn die ersten Siedler eroberten das Land und brachten die unschuldigen Ureinwohner brutal um. So sah die Gründung tatsächlich aus, doch ist es für die meisten Menschen überaus wichtig, eine »uneingeschränkte Überzeugung« hinsichtlich der moralischen Überlegenheit ihres Landes zu empfinden. In diesem Sinne müssen alle Gesellschaften »geschlossen« bleiben, nämlich einer unerträglichen Wahrheit gegenüber verschlossen. Die unangenehme Realität muß man daher immer verschleiern. (Strauss wirft der Sozialwissenschaft vor, sie hätte einen »zersetzenden Einfluß« und würde die liberalen Demokratien angesichts der kommunistischen Gefahr noch schwächen.[14] Sie würde nationale Mythen verwerfen und wenn auch zutreffend, so doch höchst unklug behaupten, uneingeschränkter Nationalismus könne niemals rational gerechtfertigt werden.)

Das Böse, so Strauss, kann niemals aus dem menschlichen Leben verbannt werden. Diese Wahrheit zählt ihm zufolge nicht zu den gefährlichen, die Philosophen für sich behalten müssen, sondern zu den nützlichen Wahrheiten, die die klugen Männer, die Entdecker eines »Horizontes jenseits des Liberalismus« so vielen Menschen wie nur eben möglich verkünden sollten. Manchmal muß die Natur um der politischen Mäßigung willen *ent*schleiert werden. (Weil Strauss sich so ausschließlich auf den Unterschied zwischen schädlichen Wahrheiten und nützlichen Lügen konzentriert, hat er nichts Aufschlußreiches über die Unterscheidung zwischen nützlichen und schädlichen Wahrheiten zu sagen.) Eine weitere gesellschaftlich nützliche Wahrheit hatte schon Carl Schmitt betont, nämlich daß die Menschen von Natur aus Gruppenwesen seien und dazu neigten, sich moralisch und emotional mit einer exklusiven Gruppe zu identifizieren. Universalistische Ideologien wie der Liberalismus und der Kommunismus stützen sich zwar auf den modernen Rationalismus, sind aber schon deshalb irrational, weil sie unrealistische Anforderungen an die menschliche Natur stellen. Sie sind es auch deswegen, weil sie den Traum von einem universalen Staat propagieren, ein Traum, der nach Strauss zu einer Welttyrannei führen könnte, in der die Philosophen keine Zuflucht vor der Unterdrückung mehr fänden. Jedenfalls leugnen sowohl der Liberalismus als auch der Kommunismus ein wesentliches Merkmal der *conditio humana*: die Natürlichkeit exklusiver Gruppen.

Eine Gesellschaftsordnung läßt sich laut Strauss auch deswegen aufrechterhalten, weil die erotischen und vorrationalen Identifikationen eines Menschen mit seiner Familie leicht auf die erotische und vorrationale Identifikation mit seinem Land umgelenkt werden können, obwohl jede dieser Identifikationen auch Feindschaft gegenüber Rivalen und Feinden beinhaltet. Strauss vertrat wie Schmitt die These, daß Freund-Feind-Muster ein kennzeichnendes Merkmal der Politik sind: »Die Gegenüberstellung von ›uns‹ und ›ihnen‹ ist für ein politisches Gemeinwesen wesentlich«.[15] Was Strauss von Schmitt unterscheidet, ist seine Ansicht, daß furchtlose Philosophen, nicht starke politische Führer die »wirklichen Männer« seien. Die Philosophen allein sind wirkliche Ausnahmeerscheinungen, sie identifizieren sich weder geistig noch emotional mit ethnischen, regionalen oder nationalen Gruppen, die sich wechselseitig hassen.[16] Diese kosmopolitische Distanziertheit ist ein weiterer Grund dafür, daß die Menge den Philosophen schon immer mißtraut hat. Den Philosophen erscheinen die blutigen Auseinandersetzungen zwischen exklusiven Gruppen und Nationen ähnlich töricht wie der Streit der Stumpfender gegen die Spitzender in *Gullivers Reisen.* Fest steht jedenfalls, daß man ohnehin gegen lächerliche Freund-Feind-Unterscheidungen, die naiven Loyalitäten und Antagonismen der meisten Menschen nicht das geringste ausrichten kann; man sollte auch nichts dagegen unternehmen, weil eine Gesellschaft ohne die emotionale Identifikation der Bürger mit ihrem Vaterland gar nicht weiterbestehen könnte. Für die meisten Menschen ist die Gruppenloyalität eng verknüpft mit ihrer Angst vor Bestrafung und ihrer Hoffnung auf Belohnung.

Doch zurück zu den Wahrheiten, die einstmals verborgen waren und unklugerweise der Öffentlichkeit bekanntgemacht wurden. Die Sozialwissenschaftler, die heute auf »die Irrationalität der Massen und die Notwendigkeit von Eliten« hinweisen, sagen nichts, was nicht auch Platon schon gewußt hätte. Aber im Unterschied zu Platon begehen sie den Fehler, diese Überzeugung nicht für sich zu behalten. Denn die öffentliche Verbreitung solcher beunruhigenden Wahrheiten schwächt die unbedingte Bereitschaft der Bürger zur Verteidigung des liberalen Staates, wenn er sich zum Kampf gegen seine Feinde rüsten muß. Der »Relativismus«, den Strauss für ein zentrales Merkmal der meisten Sozialwissenschaften hält, ist ebenfalls schädlich, er habe zu »totalem Chaos« geführt.[17] Schmitt hatte den Liberalismus noch als eine schwächende Lehre kritisiert, die die männliche Aggressivität den eigenen Feinden gegenüber, vor allem den Kommunisten gegenüber, unterwandere. Strauss unterzog seine Kollegen einer ganz ähnlichen Kritik: Die von ihnen betriebene politische Wissenschaft beziehe keine Stellung gegen diejenigen, die eine

Kapitulation dem Krieg vorzögen. Eine politische Wissenschaft, die nicht überzeugend darzustellen vermag, daß »wir« recht haben und »sie«, die anderen, nicht, duldet stillschweigend jene Halbherzigkeit, die den tabufreien und toleranten Gesellschaften innewohnt. Unter diesen Bedingungen ist es nicht weiter verwunderlich, wenn die Bürger kein Vertrauen mehr in ihre gemeinsamen Ziele setzen und so geschwächt sind, daß sie sich gegen Angriffe nicht mehr zur Wehr setzen.

Die antike Auffassung von natürlicher Ungleichheit

Strauss' Name verbindet sich mit der Neueröffnung der »Querelle des ançiens et des modernes« aus dem 17. Jahrhundert; er läßt den stilisierten Kontrast zwischen Antike und Moderne wieder aufleben. Wie de Maistre war er der Ansicht, die Alten hätten ein tiefes Wissen gehabt, das der Moderne mit gefährlichen und schädlichen Konsequenzen verlorengegangen sei. Die »Alten« (damit sind Platon und Aristoteles gemeint) wußten noch, daß die Philosophie und die Gesellschaft nicht miteinander vereinbar sind, ein Wissen, das »uns« verloren gegangen sei. Große Philosophen der klassischen Tradition, wie Al Farabi, waren noch bemüht, ihren Atheismus geheimzuhalten. Heute hingegen sei der Atheismus, obwohl ganz offensichtlich mit »einem gesunden gesellschaftlichen Leben« unvereinbar, zum ersten Mal in der Geschichte der Menschheit zur allgemeinen und weitverbreiteten Überzeugung geworden.[18]

Den antiken und den modernen Philosophen sind eine beträchtliche Anzahl verbindlicher Wahrheiten gemeinsam: Sie sind sich einig, daß es kein Leben nach dem Tod gibt, daß die belebte Welt verschwinden wird, daß alle Staatengründungen auf verbrecherische Handlungen zurückgehen, daß alle

Grenzen ungerecht sind und vieles andere mehr. Nur in bezug auf die Frage, wie ratsam es sei, über diese Auffassungen öffentlich zu sprechen, unterscheiden sie sich. Die antiken Philosophen argumentierten weise, die große Masse der Menschen dürfte mit solchen Erkenntnissen nicht in Berührung kommen, während die Modernen, zu denen Strauss auch alle klassischen Liberalen von Spinoza bis hin zu John Stuart Mill zählt, unbedacht von der Unschädlichkeit der Wahrheit ausgingen und sie möglichst weit verbreiteten. Das will Strauss' zunächst nicht überzeugende These besagen, die Krise der Moderne sei eine direkte Folge des Niedergangs der politischen Philosophie. Politische Philosophie »bedeutet primär nicht, über Politik zu philosophieren, sondern den politischen (d. h. geschickten) bzw. öffentlichen Umgang mit der Philosophie«.[19] Politische Philosophie ist also mit anderen Worten die Strategie der Verstellung, die die Philosophen benutzen, wenn sie versuchen, anderen Philosophen ihre ungewöhnlichen Erkenntnisse mitzuteilen, ohne sie den Nichtphilosophen zu offenbaren. So betrachtet ist der Niedergang der politischen Philosophie, der nach Strauss mit der Krise der Moderne zusammenfällt, zugleich auch identisch mit dem verhängnisvollen Verschwinden einer esoterischen Schreibweise.

Der antike Rationalismus ist in Strauss' Darstellung nicht anfällig für Krisen und gänzlich immun gegen jenen Verlust des Selbstvertrauens, der den modernen Rationalismus kennzeichnet. Das erklärt sich jedoch nicht allein durch die unterschiedliche Auffassung der Klassiker und der Modernen über die Ratsamkeit der Massenaufklärung. In der Tat ist dies nur *ein* Aspekt des Gegensatzes zwischen dem antiken und dem modernen Rationalismus; beide unterscheiden sich auch in ihren philosophischen Ansichten über Politik und Natur. Die modernen Liberalen – um nur ein Beispiel zu nennen – glauben nicht, daß der Mensch von Natur aus schlecht sei und

»von oben« regiert werden müsse. Sie sind vielmehr der Ansicht, institutionalisierte Zwangsmechanismen würden zunehmend überflüssig, eine Gesellschaft könne auch durch reine Toleranz zusammengehalten werden, man könne die Menschen lehren, sich nicht mehr in exklusiven Gruppen und geschlossenen Gesellschaften voneinander abzugrenzen, und Kriege könnten eines Tages überflüssig sein. Das wußten die antiken Weisen – ganz abgesehen von großen antiliberalen Denkern wie de Maistre und Schmitt – besser. Die modernen Rationalisten sind irrational und sogar unaufrichtig: Sie verschließen die Augen vor den unabänderlichen Gegebenheiten der menschlichen Existenz.

Noch beeindruckter zeigte sich Strauss von der Überlegenheit des antiken im Vergleich zum modernen Rationalismus in einer weiteren Hinsicht. Er vergleicht die radikal unterschiedlichen Ansichten von Hobbes und Platon über die Natur und die Philosophie. Platon behauptete im Unterschied zu Hobbes, daß die Natur hierarchisch organisiert sei; die bloße Existenz des »Niedrigen« rechtfertige sich überhaupt nur dadurch, daß es dem »Höheren« diene. Manche Seelen seien edler als andere, manche Handlungen über-, andere untergeordnet. Der moderne Rationalismus sei wegen seiner egalitären Illusionen, wegen seiner unverzeihlichen Attacke auf die schönen und alles erklärenden Schemata der Über- und Unterordnung, in eine Sackgasse geraten.

Strauss hielt das Konzept des Naturrechts für einen zweckmäßigen Mythos. Man könne es nur als »eine Erklärung des Willens Gottes« verstehen.[20] Wer nicht an einen göttlichen Gesetzgeber glaube, der glaube auch nicht an ein Naturgesetz. Als areligiöser Mensch glaubte Strauss weder an die Existenz eines göttlichen Gesetzgebers noch an ein Naturgesetz. Statt dessen glaubte er an das klassische Naturrecht, worunter er grob die Summe all dessen verstand, was notwendig und unvermeidlich ist: Ignorieren wir die Anforderungen der

Natur, dann führt das zur Katastrophe. (Strauss distanzierte sich von der Weberschen Unterscheidung zwischen Tatsachen und Werten, weil sie unter anderem voraussetzt, daß eine Naturnotwendigkeit nicht moralisch verpflichtend ist.) Die Moderne sei deshalb in eine Krise geraten, weil sie in anmaßender Arroganz versuche, die Natur zurückzudrängen.

Hiermit nähern wir uns dem zentralen Punkt des Denkens von Leo Strauss. Der antike Rationalismus lehrte, *daß das Wesen der Natur Ungleichheit sei.* Die liberale Gesellschaft ist nach Strauss verkommen, weil sie diese erhabene Wahrheit vergessen hat. Die Menschen verstehen heute Platons Unterscheidung zwischen Wissen und Meinung nicht mehr, die recht verstanden zwangsläufig zu der Schlußfolgerung führt, daß Ungleichheit fundamental zur menschlichen Existenz gehört. Wenn man die Unterscheidung zwischen freidenkenden Menschen und jenen Menschen akzeptiert, die im Käfig der allgemeinen Überlieferung gefangen sind, weist man damit zugleich auch die besänftigende liberale Rede von der Gleichheit aller Menschen zurück. Diese Kluft zwischen Menschen, die höher stehen, und solchen, die niedriger rangieren, ist außerdem der einzige moralische Kompaß, der uns zur Verfügung steht. (Strauss meint das im Sinne einer Wertehierarchie, nicht als Gesetz. Die Unterscheidung bezieht sich auf wertvolles und wertloses Leben, sie legt keine Verhaltensregeln fest.[21] Der liberale Haß auf die Aristokratie – also der Haß auf Ungleichheit – habe die Menschheit moralisch fehlgeleitet und die menschliche Zivilisation beinahe zerstört.)

Strauss weiß sich mit Schmitt darin einig, daß der Liberalismus die fundamentale Struktur der menschlichen Existenz völlig übergeht. Aber Schmitts Kritik am Liberalismus sei nicht weitreichend genug, denn er habe nicht bis auf die griechische Kultur zurückgegriffen, um einen Maßstab seiner Kritik zu erlangen. » Die von Schmitt eingeleitete Kritik am Liberalismus, kann nur dann zur Vollendung kommen, wenn es gelingt, einen Horizont jenseits des Liberalismus zu erreichen.« Diesen Horizont eröffnen Platon und Aristoteles. Sie ebnen einen Weg, »zwischen von Natur aus höheren und von Natur aus niedrigeren Lustgefühlen zu unterscheiden«. Die »Alten« hätten uns gelehrt, das nur das Leben der Philosophen »erfüllt, vollkommen und ganz« sei: »Der Mensch ist so veranlagt, daß er seine Befriedigung und seine Seligkeit in der freien Forschung finden kann.« Die Welt zu betrachten und sie ausführlich mit Gleichgesinnten zu diskutieren, ist das *summum bonum* der Menschheit.[22] Allerdings können nur sehr wenige Menschen diese erhabenen Lustgefühle wertschätzen bzw. erfahren. Schmitts Hauptirrtum habe in der These bestanden, die Natur sei agonal bzw. der Konflikt sei das Gesetz des Lebens. Platon und Aristoteles hätten ihn lehren können, so Strauss, daß das wahre Gesetz des Lebens die Ungleichheit sei.[23] Die hierarchische Strukturierung der Natur – so auch die unumstößliche Überlegenheit der Philosophen und die unbestreitbare Inferiorität der Nichtphilosophen – biete die einzige rationale Grundlage für eine gründliche Kritik der liberalen Theorie und liberaler Institutionen.

Die Demokratisierung des Hedonismus

Den ersten Verrat an der natürlichen Hierarchie beging die Erkenntnistheorie. Platon hatte geglaubt, die Wissenschaft sei ein Selbstzweck: Wissen mache den Wissenden glücklich. Bacon, Descartes, Hobbes und Locke hatten das antike Credo, das Wissen nutze nur dem Wissenden, aufgegeben und eine Wissenschaft begründet und durchgesetzt, die Krankheiten heilen half, eine Steigerung der Nahrungsproduktion ermöglichte, Reisen über weite Entfernungen wie überhaupt das Leben der Menschen in jeder Hinsicht erleichterte. Sie suchten damit das Ressentiment der »Herde« gegenüber den ungläubigen und die Tradition verschmähenden Intellektuellen zu besänftigen. Fortschritt, so glaubten sie, war ein noch wirksameres Opium für die Massen als die Religion. Wenn die Denker ihr Wissen dazu nutzten, das Los der Bevölkerung zu verbessern, dann konnten sie, so die Überlegung, der Zustimmung der breiten Masse sicher sein und dem Schicksal des Sokrates entgehen, auch wenn sie weiterhin unangepaßt lebten. Strauss hielt diesen »Handel« für einen folgenreichen Irrtum. Zwar könnten die technologische Wende und der Versuch, »die Natur zu besiegen«, die Proteste der Masse eine Zeitlang besänftigen, aber es werde letztlich katastrophale Folgen haben. Die Bibel komme mit ihrer Aussage, der Wissensdurst des Menschen werde ihm unfaßbares Leiden bereiten, der Wahrheit sehr nahe. Die reine Wißbegierde des Menschen nach dem platonischen Modell hat keine negativen Begleiterscheinungen. Aber wenn die Philosophen beginnen, nach Wissen zu streben, um die Natur zu beherrschen, dann ist die Menschheit dem Untergang geweiht. Die Menschheit ist nicht einsichtig genug, das Handwerkszeug, das ihr die moderne Wissenschaft an die Hand gibt, nutzbringend einzusetzen. Außerdem bietet die Wissenschaft keine moralische Führung. Strauss schmückt seine Kritik der modernen Wissenschaft mit bedrohlichen, wenn auch realistischen Anspielungen auf thermonukleare Waffen aus: Der faustische Mensch werde sich schließlich, wenn er maßloses Wissen angehäuft habe, die eigene Kehle durchschneiden.

Die Leistung einer freien Wissenschaft sollte also dem Zweck dienen, das Leben der Allgemeinheit zu erleichtern. Die Moderne ist aber nicht nur durch Atheismus, sondern auch durch Hedonismus gekennzeichnet. Der Liberalismus insbesondere hat zu der Ansicht beigetragen, das Hauptziel einer Gesellschaft bestehe darin, die Bedürfnisse so vieler Menschen wie möglich zu befriedigen. Für Strauss wie für die meisten anderen hier behandelten Kritiker des Liberalismus geht mit der Inthronisierung des Individuums und seiner Bedürfnisse ein allgemeiner moralischer Verfall von ungeahnten Ausmaßen einher. Die Wissenschaft hat ihnen zufolge den Weg zu immer weiter ausufernden Bedürfnissen bereitet, indem sie die religiöse Bedürfnisbeschränkung aufgelöst und die Ausbeutung der Natur zur Befriedigung der Menschen verheißen habe. Das Projekt der Moderne hatte gelautet, eine universelle und friedliche Gesellschaft zu schaffen, in der alle Bedürfnisse befriedigt werden könnten. Aber, so wenden die Kritiker ein, da zum menschlichen Leben unwiederbringlich das Freund-Feind-Schema gehöre und da Bedürfnisse, sobald sie befriedigt werden, auch schon wieder wachsen, ist das Projekt der Moderne eine Sisyphosarbeit: absurd und von vornherein zum Scheitern verurteilt. Die antiken Denker waren sich darüber im klaren und daher auch keine Liberalen. Sie wiesen energisch den Gedanken ab, der Zweck einer Gesellschaft bestehe in Frieden und Fortschritt, in universeller Übereinstimmung und der Erfüllung der materiellen Bedürfnisse der meisten Menschen. Sie vertraten eine wesentlich einsichtigere Lehre, die im übrigen auch in größerer Übereinstimmung mit der menschlichen Natur stand: Sie proklamierten den Hedonismus für eine philosophische Elite, für diejenigen »wirklichen Menschen«, die am Wissen Gefallen finden; für den Rest der Menschheit forderten sie hingegen Frömmigkeit sowie Aufopferung in Kriegs- und Friedenszeiten.[24] Man könnte also sagen, daß sie kommunitaristische Bindungen für die Masse und individualistische Selbstverwirklichung für die Wenigen favorisierten. Entgegen ihren öffentlich verkündeten Verlautbarungen waren die Denker der Antike der Ansicht, daß der Eigennutz das einzig natürliche Gut sei. Denn die philosophische Elite findet ihre persönliche Befriedigung, ja sogar ihr Glück, in der Kontemplation und im theoretischen Gespräch. Diese Befriedigung ist der Definition nach der höchste Genuß, der Menschen zugänglich ist. Eine gute Gesellschaft ist demzufolge eine Gesellschaft, die einigen auserwählten Individuen diese außergewöhnlichen Genüsse ermöglicht, ohne näher zu berücksichtigen, was deren abgeschiedenes Glück die meisten anderen Menschen kostet. Eine derartige Gesellschaft entspräche in Strauss' Sinne »der Natur«. Sie ermöglichte »das gute, das naturgemäße Leben«, »das zurückgezogene Leben des am Rande der politischen Gesellschaft existierenden Philosophen«.[25]

Die weltliche Aufgabe der Philosophie

Die Philosophie ist die einzige Tätigkeit, die in sich selbst gerechtfertigt, die ein Zweck an sich ist. Aber die Philosophen täten nicht gut daran, sich in einen abgeschirmten Garten zurückzuziehen und den Rest der Menschheit sich selbst regieren zu lassen. Ihr zurückgezogenes Leben ist auf eine stabile Umwelt angewiesen, und gesellschaftliche Stabilität ist nicht eben leicht herzustellen. Aber selbst wenn die Philosophen wüßten, wie eine Gesellschaft regiert werden sollte, könnten sie nicht selbst die Herrschaft übernehmen, weil die unphilosophische Menge ihnen stets mißtraue. Sie haben den Ruf, illoyale Bürger, Feinde der Religion und Tagträumer zu sein. Nichtsdestoweniger können die Philosophen zwei sehr wesentliche gesellschaftliche Funktionen ausüben. Sie können erstens zur Beruhigung oder Betäubung des Volkes beitragen, indem sie sich hinter einer Maske verstecken und die Religion ebenso wie andere Mythen der Vorfahren öffentlich verteidigen. Sie können zweitens eine Art heimlicher Königsherrschaft ausüben, indem sie Inhaber hoher politischer Ämter sachdienlich beraten. Allerdings bleibt bei Strauss offen, welche Ratschläge genau die Philosophen den Herrschern hinter verschlossenen Türen erteilen. Einerseits sollen sie die Herrschenden dazu ermutigen, von den gewohnten moralischen Geboten abzuweichen, wenn deren strikte Befolgung vernichtende Folgen haben könnte; andererseits sollen sie zu Zurückhaltung aufrufen.

Die Philosophen müssen darauf bedacht sein, ihren eigenen Nachwuchs zu fördern, und sind daher stets auf der Suche nach »jungen Männern, die zu Philosophen werden könnten«. Dafür eignen sich nur Jünglinge mit der Überzeugung, daß »das praktische und politische Leben wesentlich unbedeutender als das kontemplative Leben ist«. Sie müssen lernen, die Politik als kindisches Geschäft zu verachten. Strauss zeigt sich fasziniert von dem erotischen Aspekt dieser im Verborgenen stattfindenden Verführung auserlesener Jugendlicher, denen die Weisen gefährliche Wahrheiten ins Ohr flüstern. Deren beachtliche Großzügigkeit, so glaubt Strauss, ist auf »die Liebe des reifen Philosophen für die Jungen seiner Art zurückzuführen, von denen er sich eine Erwiderung seiner eigenen Liebe erhofft«.[26] (Daß dieses Bedürfnis nach der Liebe der Jungen keinesfalls göttlicher Natur ist, scheint Strauss weniger zu stören, als dies vielleicht der Fall sein sollte.)

Die gute Gesellschaft besteht diesem Modell zufolge aus der ruhig gestellten Masse, aus ehrenwerten Herrschern, einem vielversprechenden Nachwuchs und aus Philosophen, die nach Wissen streben, die Herren von Stand manipulieren, das Volk betäuben und die begabtesten Jugendlichen aufziehen. Im Unterschied zu Marx' kommunistischer Utopie hat dieses Modell angeblich den Vorteil, mit der menschlichen Natur vereinbar zu sein: Strauss glaubt tatsächlich, es ließe sich verwirklichen.[27] Allerdings bedarf es zu seiner Verwirklichung mehr als bloß den Willen der Philosophen, es hängt von einem »glücklichen Zufall« ab, der Inthronisation eines freundlich gesinnten Herrschers, der bereit ist, den heimlichen Ratschlägen der Philosophen Gehör zu schenken. Zu wissen, daß man das Glück nicht zwingen kann, ist ein Zeichen antiker Nüchternheit und Mäßigung. Diese stehen in auffälligem Gegensatz zu dem schwindelerregenden Ehrgeiz der modernen Bürger – allesamt vulgäre Machiavellisten –, die leugnen, daß das »Schicksal in der Politik entscheidet«, und davon ausgehen, daß *fortuna* dem menschlichen Willen untertan gemacht werden kann.[28]

Der Irrtum des Christentums

Obwohl Strauss viele Ansichten der katholischen Gegenaufklärer wie de Maistre oder in jüngerer Zeit Alasdair MacIntyre teilt, unterscheidet er sich von ihnen radikal durch die Überzeugung, daß das Christentum beinahe genausoviel Schuld wie die säkulare Philosophie an der Verderbnis der modernen Welt trägt.[29] In dieser Hinsicht ist er zweifelsohne Nietzsche verbunden. Das Christentum, so behauptet er, habe die privilegierten Rechte der Wenigen mit seiner Lehre untergraben, daß Gott die Schwachen und die Häßlichen liebe.

Das Christentum ist – wie die Aufklärung im 18. Jahrhundert – universalistisch und zersetzt wie diese die gesunden Traditionen. Jesus wandte sich an die gesamte Menschheit und löste die moralische Bindung der Menschen an ihre exklusiven und geschlossenen Gesellschaften. Noch erfolgreicher als Machiavelli und Hobbes habe das Christentum außerdem die platonische und aristotelische Idee bekämpft, die philosophische Forschung sei die höchste Form des Lebens.[30] Schon in der islamischen und der jüdischen Tradition hätten sich die Philosophen in einer »prekären Lage« befunden, aber immerhin war es ihnen möglich, sich öffentlich zu den überlieferten Mythen zu bekennen und ansonsten privat ihren intellektuellen Forschungen nachzugehen. Das Christentum verstieß gegen das für Strauss wichtigste Tabu und zerstörte diese glückliche Beziehung. Es versuchte, Vernunft und Offenbarung miteinander zu versöhnen, und beraubte somit die Philosophie ihrer »inneren Freiheit vor Überwachung«. Das christliche Mittelalter nahm der Philosophie »den Charakter eines Lebensstils«.[31] Thomas von Aquin war im Unterschied zu Al Farabi kein heroischer Esoteriker; er glaubte tatsächlich das meiste dessen, was er schrieb. Hätte die Verehrung eines eifersüchtigen Gottes die meisten Menschen von der erotischen Liebe zum Wissen um des Wissens willen ausgeschlossen, so wäre das nicht weiter schlimm gewesen. Aber dem Christentum gelang es, unterschiedslos alle Menschen zu umgarnen, auch die begabten Jünglinge. Nicht zuletzt deswegen schwächte es die westliche Zivilisation erheblich und bereitete den Weg für die Krise unserer Zeit.

Die Diagnose der Moderne

Strauss schreibt zwar in einem fesselnden, indes komplizierten und verworrenen Stil. Wie bereits John Gunnell bemerkte, läßt sich nicht ohne weiteres erkennen, wann Strauss lediglich die Meinung anderer paraphrasiert und wann er seine eigene Ansicht vertritt.[32] Zwar hat er tiefe und ungewöhnliche Überzeugungen, aber er scheint sie nicht gerne dem hellen Tageslicht auszusetzen. Jeder Versuch, sein Denken in einfachen Worten zusammenzufassen, muß der Eigenheit seines Vorhabens Gewalt antun. Aber es versetzt uns wenigstens in die Lage, die Frage zu stellen, an der er uns hindern will: Was sind die wesentlichen Schwachpunkte seines Standpunktes?

Doch bevor wir uns dem Grundsätzlichen zuwenden, wollen wir noch einige kleine Ärgernisse erwähnen. Da wäre etwa Strauss' hermeneutischer Grundsatz zu erwähnen, daß das mittlere Glied einer Aufzählung stets das wichtigste sei; seine unbewiesene Prämisse, daß große Köpfe in ihrem Denken keinen kulturellen Beschränkungen unterliegen, sein Überblick über die Geschichte der Philosophie in Form einer Geschichte mit Helden und Bösewichten, in der die edlen Denker der Antike von minderwertigen modernen Denkern besiegt werden. Auch an seine geradezu grandios banale politische Schlußfolgerung ließe sich erinnern: Nicht alles ist möglich, daher empfiehlt sich Mäßigung. Überdies scheint seine wiederholte Behauptung, die Philosophie sei eine offene und undogmatische »Suche«, im Widerspruch zu seiner kryptographischen Darstellung der esoterischen Lehren zu stehen, der es stets um doktrinäre Überzeugungen und Weisheit und eben nicht um den Prozeß des Denkens geht. Seine methodologischen Annahmen führen zudem zu einigen irrigen Schlußfolgerungen: Wenn die großen Philosophen tatsächlich gezwungen waren, die meisten ihrer Leser in die Irre zu führen, dann müssen die Forscher immer dann unrecht haben, wenn sie sich über eine Interpretation einig werden.[33] Aber ich will auf diese Kleinigkeiten nicht näher eingehen und mich statt dessen auf vier zentrale Schwachpunkte konzentrieren: auf Strauss' rhetorische Pose (die er von Nietzsche und Heidegger übernommen hat), seine illiberale, elitäre Einstellung, seine Doppelmoral und auf seine nur spärlich begründeten Kausalbehauptungen.

Strauss ist in hohem Maße Nietzsche verpflichtet. Es war immerhin Nietzsche, der geschrieben hatte: »Der grosse Mensch ist nothwendig Skeptiker (womit nicht gesagt ist, dass er es scheinen müsse)« oder: »Jeder tiefe Geist braucht eine

Maske« und: »Was der höheren Art von Menschen zur Nahrung oder zur Labsal dient, muss einer sehr unterschiedlichen und geringeren Art beinahe Gift sein.«[34] Selbstverständlich bestritt Nietzsche entschieden, daß die Menschen gleich seien: »Das Exoterische und das Esoterische, wie man ehedem unter Philosophen unterschied, bei Indern wie bei Griechen, Persern und Muselmännern, kurz überall, wo man an eine Rangordnung und *nicht* an Gleichheit und gleiche Rechte glaubte ...«[35] Er behauptete gleichermaßen, daß »der Wille zur Gleichheit« die Wurzel aller moralischen Katastrophen der Moderne sei. Man denke schließlich noch daran, daß Zarathustra vom Berge hinabkommt, nicht um zum »Volke, sondern zu Gefährten« zu sprechen. Er möchte nicht »einer Heerde Hirt und Hund werden«. Und da sein erklärtes Ziel ist, »viele wegzulocken von der Heerde«, solle man sich auch nicht darüber wundern, daß ihm »Volk und Heerde« zürnen.[36] Keimhaft ist in diesem Abschnitt bereits angelegt, was zu Strauss' Idee eines ewigen Konflikts zwischen der »Philosophie« und »der Polis« werden sollte.

Strauss war als Student in Deutschland auch zutiefst von Heidegger beeinflußt worden. Er schrieb später, daß »Heidegger der einzige deutsche Philosoph« sei; er habe alle »seine Zeitgenossen an spekulativer Intelligenz übertroffen«, einer ganzen Generation das Denken und Lesen beigebracht; er habe »eine wirkliche Rückkehr zur klassischen Philosophie« ermöglicht, »zur Philosophie Platons und des Aristoteles«; im Vergleich zu ihm sei Max Weber lediglich ein »Waisenknabe«, schließlich sei er »der einzige große Denker unserer Zeit gewesen«. Gewiß distanzierte Strauss sich in wichtigen Punkten von seinem Lehrmeister; so bedauerte er beispielsweise den christlichen Einfluß auf Heideggers Denken: »Sein Begriff der Existenz stammte offensichtlich aus dem Christentum (Gewissen, Schuld, das Leben zum Tod, die Angst).« Strauss hielt die Suche nach unveränderlichen

Wesenszügen des Menschen und seines Lebens anders als Heidegger nicht für eine vergebliche Flucht vor der vergänglichen Welt oder für den Versuch, sich an ihr zu rächen. Und entschieden kritisierte er die existentialistische Idee der »Entschlossenheit« um ihrer selbst willen. Heideggers (wie Schmitts) fundamentaler Irrtum habe darin bestanden, die wesenhafte Überlegenheit der Philosophie zu mißachten – eine Überlegenheit, die in der Natur begründet liege und sich der Vernunft erschließe. Er habe nicht erkannt, daß nur die Philosophen authentisch sein können, daß nur einige wenige den fundamentalen Gegebenheiten des menschlichen Lebens, zu denen der Tod zählt, ins Auge schauen können, ohne geblendet zu sein. Er habe nicht begriffen, daß das Philosophieren ein »Heilmittel« gegen eine beängstigende existentielle Situation sei. Die Philosophen und sie allein können »in einem Zustand jenseits von Furcht und Zittern sowie jenseits aller Hoffnung« leben, weil sie sich dem lebenslangen Studium »des Rätsels des Lebens« verschrieben hätten.[37]

Auch Heidegger war nach Strauss ein Historist. Er habe die unveränderliche Bedeutung der Unterscheidung des Höheren vom Niederen geleugnet, über die fortwährende Überlegenheit der Philosophen und die Unterlegenheit der Nichtphilosophen gespottet und Platons inspirierende Schlußfolgerung, daß »das Höhere stärker ist als das Niedere«, bestritten.[38] Die hierarchische Natur in dieser Hinsicht zu leugnen komme aber der Vernichtung der Philosophie gleich – der Vernichtung jener Aktivität, der sich die besten Geister widmen. Es sei nicht verwunderlich, daß Heidegger die »Eigentlichkeit« als nichtrationale »Bindung« statt als rationale Einsicht betrachtete.

Strauss' Argument ist an dieser Stelle erstaunlich paradox. Es ist unserem herkömmlichen Denken derart fremd, daß wir es zunächst nicht recht begreifen können. Denn es stellt sich heraus, daß der Faschismus, aus der platonischen Perspektive betrachtet, als übermäßig demokratisch und egalitär zu gelten hat. Wie das Christentum und der Liberalismus so verneinte auch der Faschismus »den besten Menschentypus«.[39] Der Faschismus habe nicht zwischen »wirklichen Männern« und weniger bedeutenden Artgenossen unterschieden. Verantwortungslose Intellektuelle wie Schmitt und Heidegger, die der nationalsozialistischen Bewegung gefolgt seien, hätten nicht erkannt, daß es eine angeborene und natürliche – wenn auch sicherlich nicht erbliche – Unterlegenheit gebe.

Trotz dieser gelegentlichen Einwände zeigt Strauss' Diagnose der »Moderne« unverkennbar und durchgängig heideggerianische Züge. Wie Heidegger ist er der Ansicht, ein fürchterlicher philosophischer Irrtum sei die Ursache der grundlegenden Schwäche der modernen Welt. Heidegger führte die Verderbtheit der Moderne auf die *Seinsvergessenheit* zurück. Strauss paßte dieses Konzept seinem amerikanischen Publikum an und schrieb statt dessen von »dem Vergessen der fundamentalsten Sachverhalte«. Er gab zudem Heideggers berühmte Aussage wieder, daß die Vereinigten Staaten und die Sowjetunion metaphysisch betrachtet identisch seien, denn beide Gesellschaftssysteme hätten dasselbe Ziel: eine universelle, wohlhabende Gesellschaft. (Natürlich bleiben die politischen Unterschiede zwischen ihnen bedeutend.) Noch stärker von Heidegger beeinflußt ist die Haltung, die Strauss als Autor einnimmt. Er befleißigt sich des von Heidegger bereits bekannten Ton des Orakels und verbündet sich mit dem *Rettenden*, das allein die Menschheit vor den Gefahren bewahren könne, die sie bedrohen. Mit erstaunlichem Scharfblick sieht *er*, was sonst niemand wahrnimmt. Er gehört zu den wenigen, die wagen, die entscheidenden Fragen zu stellen. Er ist einer der wenigen, der die wahre Alternative zum modernen Denken erkennt. Und er gehört zu den Erwählten, die der geistigen und moralischen Katastrophe der Moderne widerstehen. Wenn auch der Rest der Menschheit in dunklen

Höhlen dahinsiecht, so haben doch wenigstens er und einige andere sich von ihren Ketten befreit. Diese Pose ist nicht nur deshalb so ermüdend, weil sie von Selbstüberschätzung zeugt – ein Zug, der schließlich weit genug verbreitet ist –, sondern weil Strauss diese unverhohlene Angeberei mit endlosen Hinweisen auf die Hybris anderer Menschen verbindet sowie mit der natürlich nicht ernst gemeinten Bemerkung, er sei lediglich ein bescheidener Niemand, der einige schwierige Fragen stelle, nicht wert, in einem Atemzug mit den großen Philosophen der Vergangenheit genannt zu werden.[40]

Zu dieser rhetorischen Haltung gehört auch, daß Strauss den Eindruck vermittelt, als seien er und seine Anhänger lebendige Zeitzünder[41], ihre Ideen weder schlicht noch langweilig, sondern vielmehr ungeheuer gefährlich und ihr Wissen potentiell weltzerstörend. Die meisten Intellektuellen werden von einem Gefühl der Ohnmacht geplagt und können sich des Eindrucks nicht erwehren, daß ihre Ideen einen höchst geringen Einfluß auf politische Ereignisse oder den Verlauf der Geschichte haben. Strauss verheißt Linderung gegen ihre Misere, wenn er die Philosophen zur Verschwiegenheit aufruft, weil die Verbreitung ihrer Lehren die Welt von Grund auf ändern könnte. Schon ein einziges unbedachtes Wort aus ihrem Munde könnte jene nährende Atmosphäre zerstören, welche die gewöhnlich Sterblichen am Leben erhält. Für all jene, die ihr Leben am Schreibtisch verbringen, muß das eine schmeichelhafte Vorstellung sein. Wenn die Krise der westlichen Zivilisation eine philosophische Ursache hat, dann muß es auch ein philosophisches Heilmittel gegen sie geben.[42] Die Intellektualisierung der Wurzeln von gesellschaftlichen Problemen hebt das Sozialprestige der Intellektuellen. Und nicht zuletzt das dürfte Strauss zu seiner These bewogen haben.

Professoren zählen gewöhnlich nicht eben zu den mutigsten Männern. Strauss jedoch eröffnet ihnen die Möglichkeit, sich selbst als Helden an vorderster Front zu betrachten, die die Zivilisation gegen ihre Feinde verteidigen. Diese Illusion mag zwar lächerlich sein, sonderlich gefährlich ist sie freilich nicht. Sie wird nur dann schädlich, wenn Studenten in das Spiel hineingezogen werden. Pädagogisch betrachtet ist die Verheißung eines Bücherwurm-Heroismus bizarr. Sowohl intellektuell als auch moralisch erscheint es verfehlt, junge Menschen zu lehren, der einzige Grund für das Studium der großen Werke der Philosophie bestehe darin, die Zivilisation gegen ihre Feinde zu verteidigen und in den klassischen Schriften ein Heilmittel gegen die Krise der westlichen Zivilisation zu finden. Damit führt man Studenten in die Irre und suggeriert ihnen ein napoleonisches Hochgefühl, das ernsthaftes wissenschaftliches Arbeiten ehrlicherweise nicht einlösen kann.

Eine Artverschiedenheit

Strauss' stets wiederkehrende Vorliebe für krasse Gegenüberstellungen ist nicht nur ermüdend, sondern auch höchst unrealistisch – er spricht von Schafen und Sündenböcken, von edlen und schlichten Gemütern, von der Elite und den Durchschnittsbürgern, den Klugen und Unklugen, den Bedachten und Unbedachten, den Starken und den Schwachen, den Übermenschen und der Herde. Die reichhaltige Vielfalt menschlicher Charaktere widersetzt sich aber einer Einordnung anhand einer einzigen Dichotomie. Schon in seiner unveröffentlichten Dissertation an der Universität Hamburg von 1921 ist Strauss' Begeisterung für »wirkliche Männer im Unterschied zu den normalen Menschen«, die sich durch »Begabung« auszeichnen, deutlich spürbar.[43] Wenn er sehr viel später verkündet, daß »Dinge, die auf die höchsten Geister zutreffen, ganz und gar nicht auf andere zu übertragen sind«, dann unterschätzt er die graduelle Abstufung zwischen den weniger Intelligenten bzw. Weisen und den Intelligenteren noch in demselben Maße. Er ignoriert sie, weil er ein leidenschaftlicher Esoteriker ist. Allein seine Vorstellung von einer *nützlichen Fiktion* setzt ja bereits eine absolute Trennung zwischen den Wenigen und den Vielen voraus, zwischen den Erfindern und den Konsumenten der heilsamen Mythen; zwischen diesen Gruppen gibt es keine Überschneidungen und keinen allmählichen Übergang. Strauss spricht davon, daß es sich nicht um einen graduellen Unterschied, sondern um eine Artverschiedenheit handele.[44] Diese saubere »Entweder-Oder-Einteilung« verfälscht freilich die Welt, die ja in einer ungeordneten Vielfalt existiert.

Nach David Hume gehört es beinahe zur menschlichen Natur, die Gegenwart zu verurteilen und die Tugenden entfernter Vorfahren zu verherrlichen.[45] Strauss war ein ganz gewöhnlicher Mensch mit ganz gewöhnlichem Dünkel. Max Weber kritisiert den weitverbreiteten »Mißverstand«, sich in »aristokratischer Kontrastierung« von den »Vielzuvielen« abzusetzen, wie es die »verschiedenen auf Nietzsche zurückgehenden Prophetien« glauben.[46] Ähnlich kritisiert Alexandre Kojève Strauss, er habe den Unterschied zwischen den Vielen und den Wenigen stark übertrieben: Die Wenigen strebten nach Überlegenheit, aber ist das nicht die weitverbreitetste Sehnsucht überhaupt? (Mit anderen Worten: Streben die Philosophen nicht nur deswegen nach dem Wissen um des Wissens willen, weil sie sich dadurch den Adligen überlegen fühlen können, die einfach nur nach Überlegenheit streben?)

Die undemokratische *und daher unrealistische* Dimension von Strauss' Denken tritt an dieser Stelle deutlich zutage. Eine wichtige Prämisse der demokratischen Theorie lautet nicht, daß alle Menschen in jeder Hinsicht gleich sind, sondern daß wir nicht im vorhinein wissen können, wer zu einer öffentlichen Debatte Wichtiges beizutragen hat. (Das ist jedenfalls das Kernstück von Miltons Verteidigung der Redefreiheit.) Strauss ist in genau dieser Hinsicht undemokratisch und illiberal: Er weiß von vornherein, daß die philosophischen Wenigen nicht das geringste von den unphilosophischen Vielen zu lernen haben.

Auch Hannah Arendt beschäftigt sich mit dem »Konflikt zwischen den Philosophen und der Polis«, wenn sie ihn auch nicht zum Mittelpunkt ihres Denkens erhebt. Sie schrieb sogar, »in Platos politischer Philosophie [wird] nicht nur die utopische Ordnung der Polis von der überlegenen Einsicht des Philosophen geleitet, sondern [sie hat] bereits als Ordnung kein anderes Ziel als die Lebensweise des Philosophen.«[47] Da Arendt nicht alle Dinge danach bewertet, wie nah oder fern sie der Philosophie stehen, mag sie mit diesem Satz Strauss' Einseitigkeit kritisiert haben. Denn was kann einem Philosophen in Strauss' Sinne schließlich das gewöhnliche Glück der »zutiefst inkompetenten«, »dümmlichen« und »moralisch unterlegenen« Leute bedeuten? Natürlich nicht das Geringste: »Da die Philosophen das wahrhaft Große erkannt haben, betrachten sie die menschlichen Angelegenheiten als wertlos. Ihre Gerechtigkeit – die Tatsache, daß sie ihren Mitmenschen nicht unrecht tun – stammt aus ihrer Verachtung für all jene Dinge, über die die Nichtphilosophen heftig streiten.«[48] Diese Einstellung möchte ich als Strauss' Theorie von der Fußmattenfunktion der großen Mehrheit bezeichnen. Nicht nur, daß die meisten Menschen den philosophischen Übermenschen gegenüber unterlegen sind; mehr noch, ihr Leben ist zutiefst wertlos und rechtfertigt sich nur dann, wenn es den Philosophen ein leichteres und sorgloses Leben bereitet.[49] Die Philosophen müssen in ihre Höhle oder in die Stadt zurückkehren, obwohl es doch zutiefst unter ihrer Würde ist, sich eine angenehme Umgebung für ihre eigenen »auserlesenen« Aktivitäten erst schaffen zu müssen. (Der

Parasit muß seinen Wirt am Leben erhalten.) Die philosophischen Wenigen müssen die Herren erziehen und zähmen, weil sie ansonsten Gefahr laufen, für ihre Untreue, ihren Atheismus usw. getötet zu werden.[50] Es muß Strauss sehr ungelegen sein, daß sich historisch keine Belege für die These anführen lassen, Philosophen hätten jemals eine derartige erzieherische Rolle gespielt. Platon selbst vermutete, daß der Philosoph hinter dem Thron wahrscheinlich von dem Politiker, den er zu zähmen versuchte, benutzt und ausgenutzt werde.

Die Minderwertigkeit des Liberalismus

Strauss scheint kein besonders klares Bild von der modernen Wissenschaft gehabt zu haben, obwohl ihn ihr »enormes Ansehen« ganz offensichtlich ärgerte. Er war der Ansicht, daß die Naturwissenschaften weniger mit Vernunft, Forschung, Problemlösungen, Entdeckungen und der Wahrheit zu tun hatten als mit dem unwürdigen Geschäft, die Massen zu versorgen. Die moderne Wissenschaft stillt ihm zufolge nicht die Bedürfnisse der wissenschaftlichen Elite, sondern der gewöhnlichen Menschen, aber diese Bedürfnisse sind von Natur aus unstillbar. Aristoteles begriff Gott als »einen sich selbst denkenden Gedanken«; dieser Gott straft nicht, noch kommt er den Menschen zur Hilfe, er ist vollständig selbstzentriert. Die Philosophen sollten sich selbst nach dieser Gottheit formen. Strauss drückt das folgendermaßen aus: »Das der bürgerlichen Gesellschaft und dem Dienst für andere gewidmete Leben ist nicht das naturgemäße Leben.«[51] Die Philosophen der Antike waren niemals daran interessiert, »Wohltäter« der Menschheit zu sein. Und alle, die es nach ihnen werden wollten, haben lediglich einen gefährlichen Strom niederer Bedürfnisse entfacht und schließlich die Atombombe erfunden.

Gegen Hobbes, Locke und die anderen Gründerväter des modernen Liberalismus scheint Strauss dieselben Vorwürfe vorzubringen wie gegen die moderne Wissenschaft. Es hat zunächst den Anschein, als kritisiere er die Liberalen und deren Vorläufer dafür, die Ziele der Menschheit gesenkt, den Egoismus gefördert und das Bedürfnis nach materieller Befriedigung geweckt zu haben. (Vulgärmarxistische Argumente dieser Art machten Strauss' Theorie für R.H. Tawney attraktiv.) Aber Strauss wußte sehr wohl, daß Hobbes und Locke weder ein Loblied auf die niederen Leidenschaften gesungen noch sämtliche moralische Schranken aufgehoben hatten. Ihm war bekannt, daß sie die Menschen zur Selbstbeschränkung und zur Niederlegung ihrer Waffen aufgefordert hatten bzw. dazu, von ihrem Recht abzusehen, sich dem Naturrecht entsprechend zu benehmen. Er stimmte mit den Liberalen und deren Vorläufern sogar darin überein, daß Bösartigkeit, Neid und Rachebedürfnisse moralisch »niedriger« einzustufen sind als der Wunsch zu leben. Außerdem wußte er sehr genau, daß Nietzsche den Liberalismus genau aus diesem Grunde heftig attackiert hatte: Liberale Gesellschaften verlangen dem einzelnen ab, seinem spontanen Wunsch, andere zu verletzen, nicht nachzugeben. Mit anderen Worten: Strauss' Kritik an niederen Bedürfnissen und dem Mangel an Beschränkungen ist eine Art Vorwand für seinen tatsächlichen Einwand gegen Hobbes und Locke. Ihren Materialismus und ihre Toleranz bedauert er weit weniger als ihre Verteidigung einer bestimmten Norm: der Norm der Gleichheit, des Verbots, sich selbst von allgemeinen Regeln auszunehmen. Nicht ihren moralischen Relativismus oder ihre moralische Ziellosigkeit also greift er an, sondern im Gegenteil ihren moralischen Absolutismus. Minderwertig findet er vor allem ihren Egalitarismus.

Weder Hobbes noch Locke glaubten daran – wie sehr sie sich auch ansonsten voneinander unterscheiden mögen –, daß das Leben der Vielen den Lustgefühlen und außerordentlichen Leistungen einiger weniger Philosophen zu dienen habe. Sie traten vielmehr dafür ein, daß die Rechte für alle Menschen gleichermaßen, unabhängig von ihren »hohen« oder »niederen« Fähigkeiten zu gelten hätten. In diesem Sinne gingen sie tatsächlich gegen die Natur an. Die Liberalen und ihre Vorläufer erklärten der Natur auf der Grundlage christlicher Prinzipien den Krieg. Sie waren nicht der Ansicht, daß einige wenige Übermenschen das Recht haben sollten, die Regeln, die für alle gleichermaßen gelten, zu mißachten. Und sie glaubten nicht, daß unaufhebbare Hierarchien notwendig zum Leben gehören.[52] Letztlich wehrt sich Strauss weniger gegen den Egoismus der Moderne als gegen ihren Universalismus, gegen die außerordentliche Vorstellung, daß alle Menschen aus demselben Stoff geformt sind.

Strauss glaubte leidenschaftlich daran, daß »es politisch relevante natürliche Unterschiede zwischen den Menschen« gibt und daß »einige Menschen von Natur aus anderen überlegen sind«. Er gibt sich wenig Mühe zu verheimlichen, daß er zu den wenigen Auserlesenen gehört. Warum aber beschäftigt er sich eigentlich so ausschließlich mit Beziehungsgefügen der Über- und Unterordnung? Was fasziniert ihn so am »überlegenen Menschen«, am »Ranghöchsten«? Warum dachte er, selbst große Denker wie Thukydides und Machiavelli hätten vor allem ihre Überlegenheit über Konkurrenten wie Homer oder Jesus hervorzuheben versucht? Interpretierte er vielleicht andere nach seinem eigenen Bild? Wie erklärt es sich, daß er nicht einmal wahrnahm, wie lächerlich der Drang ist, andere in den Schatten zu stellen, wie töricht der Versuch, andere stets zu übertreffen? Warum teilt er uns immer und immer wieder mit, daß die Philosophie besser, wertvoller und würdiger ist als jede andere Beschäftigung? Ganz offensichtlich stand er im Banne einer Vorstellung vom Stufenkosmos, einer unversöhnlichen »Seinshierarchie«.[53] Doch warum er sich so sehr für Rangfolgen unter den Menschen interessierte, bleibt sein Geheimnis.

So sehr sich Strauss auch darum bemüht, er liefert kein Argument für die absolute Überlegenheit des Philosophen und läßt viele relevante Fragen unbeantwortet. Was verleitet ihn etwa zu der Annahme, daß ein Philosoph, wie begabt auch immer er sei, mehr als nur einen winzigen Bruchteil der breiten Skala menschlicher Leistungsfähigkeit verwirklichen könne? (Webers Wertepluralismus war Strauss unter anderem deshalb ein Greuel, weil er den Gedanken nahelegte, daß der Philosoph etwas anderes Wertvolles aufgeben muß, wenn er sich dem theoretischen Lebensstil verschreibt.[54]) Warum sollte eine höhere Begabung das Recht einschließen, andere Menschen als Mittel zum Zweck zu benutzen? Warum begründet sich die Philosophie selbst, während alle anderen Lebensstile nicht mehr als lediglich instrumentellen Wert haben? Warum setzt er »Philosophie« mit »Vernunft« gleich? Warum sollten wir Sokrates' Vorstellung anhängen, der Philosoph sei edler als Achilles? Wie kann man überhaupt eine Beschäftigung, die den meisten Menschen unverständlich bleibt, als das »höchste Ziel des politischen Lebens« bezeichnen? Warum sollte man den Lebenstrieb als »nieder« einschätzen? Ist eine liberale Demokratie *nur* deshalb eine akzeptable Regierungsform, weil sie vom Standunkt eines Philosophen aus als bestverfügbare Möglichkeit erscheint? Und schließlich: Wenn die Philosophen tatsächlich autonom sind, warum haben sie es dann nötig, »die Menschen zu verachten, deren Horizont sich auf die Nahrungsaufnahme und -verdauung beschränkt«?[55] Und so weiter und sofort. Zuletzt beantwortet Strauss nicht einmal eine fundamentale philosophische Frage: Wie weiß er, was er zu wissen vorgibt? Wir wollen einen Moment lang davon ausgehen, daß er auf diese und andere peinliche Fragen nicht zu antworten wußte. Wie gelegen muß es ihm da gekommen sein, daß der Philosoph angeblich seine wichtigsten Gedanken für sich behalten muß. Selbstverständlich beweist diese zufällige Koinzidenz nichts, aber man kann nicht leugnen, daß sie vielsagend ist.

Die Doppelmoral

Strauss ist nachsichtiger gegen sich selbst als gegen andere. Gewöhnlich wirft er Liberalen und Quasiliberalen wie Max Weber vor, sie böten intellektuell wie moralisch keine Maßstäbe gegen den Nationalsozialismus. Aber worauf kann Strauss selbst sich diesbezüglich stützen? Hitlers Aufstieg hätte sich wohl kaum durch die Fähigkeit, Platon im Original zu lesen, verhindern lassen. Oder kann etwa das individuelle Bewußtsein, vom heilsamen Mythos eines Naturgesetzes ermutigt, etwas gegen die verheerenden Auswirkungen der Inflation ausrichten, die Erschütterungen der Industrialisierung und der Verstädterung auffangen und den Zusammenbruch der politischen Institutionen angesichts paramilitärischer Aktionen verhindern? Sind religiöse Mythen, denen viele Menschen unkritisch Glauben schenken, eine Gewähr für politische Mäßigung? Es mag wohl sein, daß die Sozialwissenschaftler ihre Zeit vertrödelt haben, während der Westen brannte. Aber Strauss schreibt unterdessen schwer verständliche Bücher, schart einige Studenten um sich und gibt sich gelehrt: Auch das sieht nach Zeitvertreib aus. Er kann zwar einer Gesellschaft das Studium der Klassiker empfehlen, die dieses Studium nicht zu schätzen weiß. Aber kann er tatsächlich »eine Aristokratie innerhalb der modernen Massengesellschaft«[56] gründen? Und selbst wenn er das könnte: Wäre das etwa ein zuverlässiger Schutz gegen eine Wiederkehr des Nationalsozialismus?

Eine weitere Form der Doppelmoral zeigt sich in Strauss' wohlüberlegter Vernachlässigung der antiken Gesellschaft und Kultur. Die theoretischen Fehler der modernen Philosophie hält er für den Schlüssel zur Krise der modernen Gesellschaften. Aber in bezug auf die Antike scheint er sich ganz und gar nicht für soziale oder politische Krisen zu interessieren. Obwohl eine Gegenüberstellung der modernen Gesellschaft und der antiken Philosophie ganz offenkundig ungerecht ist, geht Strauss an keiner Stelle zu dem entsprechenden Vergleich zwischen modernen und antiken Gesellschaften über. Möglicherweise aber befinden sich alle Gesellschaften in einer Krise, vielleicht ist sogar die Geschichte eine einzige Abfolge von Krisen. Falls das zutrifft – und alle Anzeichen deuten darauf hin –, dann ergibt es wenig Sinn, wie Strauss unablässig die modernen Philosophen in außerordentlicher Weise zu beschuldigen.

Die Macht der Ideen

Zu den mitreißendsten Thesen von Strauss zählt die Annahme, die Denker der Antike hätten bereits die moderne Wissenschaft erfinden können, aber bewußt darauf verzichtet, weil sie wußten, daß sie »die Menschheit zerstören« würden.[57] Diese Behauptung taucht nicht als Interpretation eines Textes oder als auslegende Erklärung auf, sondern sie ist eine historische These. Ohne diese mutige Verneinung des Faktischen wäre Strauss lediglich einer unter vielen Ideengeschichtlern. Aber obwohl Behauptungen dieser Art für seine Position von wesentlicher Bedeutung sind, diskutiert oder verteidigt er sie niemals offen. Statt dessen sind sie geschickt zwischen Abschnitte dichter Textinterpretationen gezwängt. Auf diese Weise vermag er seine Leser zu reizen, ohne irgendwelche Fragen nach Beweisen zu provozieren. (In diesem Zusammenhang stoßen wir auf einen weiteren, und vielleicht den wichtigsten Grund für Strauss' Abneigung gegen die Sozialwissenschaften. Er befürchtet, der Positivismus schwäche die Kraft des Westens. So sehr er die plebejische Art verachtete, in der die moderne Sozialwissenschaft die Politik offen und demokratisch zu beeinflussen versuchte, so unglücklich war er über die peinliche Forderung der Empiriker, wir hätten stets Tatsachen zur Begründung unserer Kausalbehauptungen anzuführen.)

Ein ähnliches und deutlicheres Beispiel liefert Strauss' Vorstellung, Machiavelli habe die »Moderne« durch einen Akt der Empörung gegen die Weisheit der Antike begründet. Hätte es also die Moderne nicht gegeben, wenn Machiavelli schon in der Wiege gestorben wäre? Strauss sagt das nicht, aber von dieser Art Kausalbegründung muß die rhetorische Überzeugungskraft seiner Interpretation abhängen. Weder ökonomische Strukturen noch politische Prozesse, sondern Ideologie beherrscht die Welt – so lautet Strauss' unmodern elitäre und intellektualistische Theorie des sozialen Wandels. Nur große Männer machen Geschichte. Nur sie legen den Menschen die Worte in den Mund. (Wie sich diese unwiderstehliche Macht der großen philosophischen Meinungsmacher mit dem Gesetz des »glücklichen Zufalls« verträgt, erklärt Strauss nicht.)

Die meisten derjenigen, die an den Einfluß von Ideen auf die Geschichte glauben, sehen sich gezwungen, sich mit den Mechanismen und Vermittlungsinstanzen auseinanderzusetzen, durch die Theorien und Standpunkte Ereignisse bestimmen und formen. Alexis de Tocqueville beispielsweise müht sich gründlich um eine Erklärung dafür, wie gefährliche Ideen, die einst sicheres Eigentum einiger weniger Philosophen waren, »sobald sie einmal für richtig gelten, sich unvermeidlich in politische Leidenschaften und Taten verwandeln«.[58] Strauss hingegen konzentriert sich ausschließlich auf heroische Denker und verschwendet keine Gedanken an Vermittlungsprozesse, Begleit- oder Folgeerscheinungen, die weniger philosophisch sind. Die Entdeckung Amerikas, die Reformation und der Dreißigjährige Krieg, die Erfindung des Magnetkompasses, des Schießpulvers, des Teleskops und der Druckerpresse, die Entstehung der Staatsbürokratie – keiner dieser Faktoren läßt sich auf den Machiavellismus reduzieren, obwohl sie alle einen entscheidenden Einfluß auf die Entstehung der Moderne hatten. Die Behauptung, Machiavelli allein habe die Habsucht über die moderne Welt gebracht, heißt auch, ohne weitere Begründung eine ganze Reihe anderer Ursachen für die Entstehung des modernen kommerziellen Ethos zu leugnen. Damit will ich nicht bestreiten, daß Machiavelli, Hobbes und alle, von denen gesagt wird, sie hätten das Leben der Menschen revolutioniert, nicht tatsächlich einen mächtigen, komplexen, indirekten und verzweigten Einfluß gehabt hätten, der sehr oft völlig unbeabsichtigt war. Ihren Einfluß als nur einen Faktor unter vielen anderen zu betrachten heißt keineswegs auch schon, wie Strauss anzunehmen scheint, sie herabzusetzen.

Auch Strauss' These, die gesellschaftliche Stabilität sei auf »Meinung« angewiesen bzw. eine philosophische Lehre wie die Ablehnung der natürlichen Ungleichheit sei »zersetzend« und »gefährde die Gesellschaft«, ist eine Kausalbehauptung über gesellschaftliche Prozesse und keine Interpretation eines Textes.[59] Behauptungen dieser Art verleihen seinen Schriften »das gewisse Etwas« und lassen sie mehr als nur akademisch erscheinen. Aber auch an dieser Stelle verzichtet er darauf, seine These offen zu verteidigen, weswegen man auch nicht sicher weiß, was er eigentlich meint. Will er etwa sagen, die Gesellschaft werde stabiler, wenn man den Atheisten die bürgerlichen Rechte entzieht? Und unter welchen Bedingungen?

Kann er es beweisen? Können Eliten sich nicht auch in den Mythen täuschen, die sie für gesellschaftlich »notwendig« halten? Unterlaufen ihnen in dieser Hinsicht nicht auch gelegentlich Fehler, die bei näherer Betrachtung zufällig ihren eigenen Interessen entsprechen?

In diesem Zusammenhang ist auch von Belang, daß Strauss ein Bekenntnis zum Skeptizismus für gefährlich hält. Was will er damit sagen? Seine Prämisse ist von Nietzsche übernommen: »Kultur ist nur dann möglich, wenn der Mensch sich gänzlich an Prinzipien des Denkens und Handelns orientiert, die er nicht in Frage stellen kann und nicht in Frage stellt.«[60] Der Skeptizismus kann das tiefsitzende menschliche Bedürfnis nach unhinterfragbaren Wahrheiten nicht befriedigen. Aber wie genau wirkt sich der Verlust der Gewißheit auf den einzelnen aus? Führt er zu Gleichgültigkeit und Verzweiflung oder zu entfesselter Amoralität? Oder verhält es sich vielmehr so, daß die Menschen gar nicht ohne dogmatische Überzeugungen leben können? Dann würden sie an Stelle der vom Skeptizismus zerstörten vergleichsweise harmlosen Überzeugungen (etwa des Patriotismus und der Religion) vielleicht andere und wesentlich gefährlichere dogmatische Überzeugungen übernehmen (etwa die rassische Reinheit). In seiner Darstellung der Gefahren des Skeptizismus erklärt Strauss nie, wie scheinbar gegensätzliche Prozesse zueinander in Beziehung stehen. Der Preis seiner verdeckten Darstellungsweise ist daher ein bedauerlicher Mangel an Klarheit in bezug auf seine kontroversesten Äußerungen – eine Unklarheit, die keineswegs unserem Denken entstammt, sondern bereits bei Strauss angelegt ist.

Kapitel 3

Ein letztes Rätsel

Auch viele Ideengeschichtler, die nicht der Strauss-Schule angehören, würden die Existenz der Esoterik akzeptieren.[61] Dunkle Rhetorik und verhüllte Anspielungen auf der einen, die Suche des Zensors nach verborgenen Bedeutungen auf der anderen Seite sind nichts Außergewöhnliches. Jedermann weiß, daß die Angst vor dem Fegefeuer lange Zeit als unverzichtbares »soziales Bindemittel« galt. Aus diesem Grunde hielt man es für falsch, die Religion öffentlich anzugreifen. Die *libertins érudits* wollten ihren Kopf nicht riskieren und behielten daher ihren Abfall vom Glauben für sich. In seinen Nachkriegsschriften strapaziert Strauss dieses Thema merkwürdigerweise sehr stark, ja, er dehnt es auf eine Geschichtsphilosophie aus, erhebt es zu einer Diagnose der großen Krise des Westens, zu einem allgemeinen Kommentar über die Natur des menschlichen Lebens. Warum geht er so weit? Auf diese Frage mag eine Parabel eine Antwort geben, die Strauss selbst in seinem Buch über die verfolgten Philosophen erzählt. Sokrates sah sich als kosmopolitischer Außenseiter bzw. als Ausländer angegriffen, der sich weigerte, die lokalen Gottheiten anzubeten. Die Analogie zum europäischen Judentum, dessen »bösartigen« Einfluß intolerante Gläubige bis auf die Aufklärung datieren, ist zu naheliegend, um bloß zufällig zu sein.[62] Philosophen, so geht der Gedanke, können ihre Überlebenschancen verbessern, wenn sie nicht zu viel Aufhebens von sich machen. Sie sollten sich besser bedeckt halten und ihre Herren nicht erzürnen. Dieser Ratschlag verstärkt noch die Parallele zum europäischen Judentum, wie schon die Vorstellung, daß die Philosophen sich auf edle Aristokraten verlassen sollten, die sie vor den feindlich gesinnten Massen schützte. Die Angelegenheit wird nicht weniger kompliziert, wenn Strauss die kluge Entscheidung Athens, sich gegen den schädlichen Einfluß universalistischer

Ideen zur Wehr zu setzen, mit dem ebenso vernünftigen Entschluß der jüdischen Gemeinschaft vergleicht, den liberalen Universalismus abzulehnen. Aber was will diese merkwürdige, verwickelte, vielschichtige, erzwungene und explosive Allegorie besagen? Warum will Strauss seine Leser auf diese Weise beunruhigen und erschrecken? Wir können weder über seine Parabel hinweggehen noch sie verstehen. Was will er damit sagen? Diese Frage stellt sich wohl jedem Leser. Aber Strauss' verklausulierte Schreibweise, sein selbstgefälliger Mißbrauch der »spezifischen Immunität des Kommentators«, macht es unmöglich, seine Absichten zu erraten.[63] Meiner Ansicht nach wußte er selbst nicht, was er damit sagen wollte. Wir können jedoch mit einiger Sicherheit davon ausgehen, daß Strauss' sich nicht aus rein wissenschaftlichem Interesse so sehr auf die Esoterik und die Verfolgung konzentrierte, sondern daß sein Interesse mit der unfaßbaren Tragödie seiner Generation zusammenhing.

Strauss selbst drückte sich sparsam und verschwommen aus, weil er der Überzeugung war, daß einige Wahrheiten auch zu seiner Zeit gefährlich sein konnten. Die Vorsicht gebot ihm, »seine Absicht so [zu] verschleiern, daß man nur noch schwer verstanden werden kann«.[64] Vermutlich glaubte er, mit seiner schwer verständlichen Sprache seine Gemeinschaft zu schützen. Aber er schützte auch sich selbst. Er mußte mit seinen Lesern schonend umgehen. Wie konnte sich dann irgend jemand darüber beklagen, daß er keine Argumente für seine Ideen anführte? Aber ausweichendes Verhalten kann sich rächen: Die scharfen Meinungsverschiedenheiten bzw. der Streit um seine Nachfolge, der unter seinen Erben ausgebrochen und Eingeweihten unter der Bezeichnung »die Krise des geteilten Strauss« geläufig ist, liefern ausreichend Anschauungsmaterial dafür, daß zumindest in einigen Fragen niemand jemals der Wahrheit nahekommen wird.

Strauss unterschätzte möglicherweise den unwiderruflichen Schaden, den er der Philosophie durch sein Versteckspiel zufügte.[65] Theorien werden sehr oft durch öffentliche Diskussionen verfeinert und gestärkt. (Weil Strauss die Wissenschaft mit dem Versuch gleichsetzte, die Natur zu besiegen, vernachlässigte er die Bedeutung dieses erkenntnistheoretischen Prinzips.) Umgekehrt gilt, daß doppelzüngige und isolierte Eliten nicht mehr sehr scharf nachdenken. Wenn die Philosophen ihre Gedanken verhüllen und verheimlichen, bringen sie sich um jene Anregung, die von Kritik, Einwänden, Vorschlägen, Gegenargumenten, beunruhigenden Informationen und geistvollen Erwiderungen ausgeht. Sie sind nicht mehr öffentlich gezwungen, sich unmißverständlich auszudrücken. Strauss ging sehr leichtfertig darüber hinweg, daß das Recht auf Enthüllung und ein freier Informationsaustausch auch sehr inspirierend wirken können. Denn gelegentlich kommt es vor, daß selbst Leser mit »geringen Fähigkeiten« einen bedeutenden Denker korrigieren können. Die Natur mag noch so hierarchisch strukturiert sein: Die Katze schaut doch den Kaiser an. Wenn der antike Rationalismus demokratischen Tatsachen wie diesen nicht ins Auge blicken konnte, dann war er sogar noch weniger authentisch als sein moderner Zwillingsbruder.

Strauss war eine exotische Pflanze, die aus Mitteleuropa in die Ebenen des amerikanischen mittleren Westen verpflanzt wurde. Es verwundert nicht, daß er auffiel. Gewiß, sein Temperament und seine Originalität können gelegentlich eigenartig erscheinen, aber selbst diejenigen, die seinen ausweichenden Stil nicht gut ertragen, können dennoch sein scharfsinniges und originelles Denken schätzen. Unter den Kritikern des Liberalismus stellt Strauss eine Klasse für sich dar.[66] Die umfassende zynische Haltung, die er zur Religion und insbesondere zum Christentum einnahm, unterscheidet ihn von de Maistre. Seine Fixierung auf das Thema der Ungleichheit distanziert ihn von Schmitt, und seine philosophische Verachtung für Gruppenbindungen trennt ihn deutlich von kommunitaristischen Antiliberalen wie MacIntyre. Strauss ist ein Denker *sui generis*. Man kann einwenden, er sei eigentlich nicht Philosoph gewesen, und das mag seine Berechtigung haben. Seine Schriften mit ihren fragwürdigen Verallgemeinerungen, analytischen Mängeln und ihrer mangelnden gedanklichen Klarheit werden einige Leser immer wieder verärgern. Ungeachtet dessen wird aber Strauss weiterhin jene Bewunderer finden, die er selbst innig ermutigte und noch heute verdient.

Kapitel 4
ALASDAIR MACINTYRE: DER ANTILIBERALE KATECHISMUS

»La raison humaine ne produit que des disputes.«
Joseph de Maistre

Die Antiliberalen, die dem Universalismus der Aufklärung feindlich gesonnen sind, lassen sich in »Hardliner« und »Softliner« einteilen, in »vehemente« oder erbitterte und eher »sanfte« oder gemäßigte Vertreter ihrer Gattung. Die Antiliberalen der ersten Kategorie verdammen den Liberalismus von einem grundsätzlich nichtliberalen Standpunkt aus und sind auch bereit, die schockierenden politischen Konsequenzen zu ziehen. Die gemäßigteren Antiliberalen der zweiten Kategorie verleumden den Liberalismus zwar verbal, zeigen in der Praxis aber eine erstaunliche Sympathie für den liberalen Rechtsschutz und die liberalen Freiheiten. Ich wende mich nun im folgenden vom strikteren Antiliberalismus ab und einer seiner gemäßigten Varianten zu.

Aus einigem Abstand betrachtet mag Alasdair MacIntyres Einstellung zunächst derjenigen Carl Schmitts eng verwandt scheinen. Wie dieser denkt er, es gebe nichts Wichtigeres als Gruppenloyalität und Gemeinschaftsleben. Im Unterschied zu Schmitt aber spricht MacIntyre nicht von Konflikten zwischen rivalisierenden Gruppen und setzt das Bedürfnis nach Gemeinschaft niemals mit konformistischer Intoleranz gleich. Er wirft seinen liberalen Gegnern auch nicht vor, sie seien feige und kapitulierten. Er macht dem Liberalismus an keiner Stelle seines Werkes den Vorwurf, ein Land militärisch zu schwächen. Als ein gemäßigter Vertreter des Antiliberalismus macht er die Feindschaft zwischen verschiedenen Gemeinschaften nicht zu seinem zentralen Thema.

Ließe sich MacIntyre nicht vielleicht treffend als Straussianer der Linken beschreiben? Denn er stellt die Blindheit der »liberalen Moderne« in einer Art und Weise dar, die derjenigen von Strauss beunruhigend ähnlich ist. Der Liberalismus, so erklärt er, habe die Kunst der geheimen oder selektiven Verständigung unterdrückt: »Die Vorstellung, man müsse moralisch oder theologisch gesehen eine bestimmte Art von Mensch sein, um ein bestimmtes Buch richtig lesen zu können – möglicherweise noch verbunden mit der Vorstellung, daß das Buch einem nicht zugänglich sein sollte, wenn man nicht diese Art von Mensch ist –, verträgt sich nicht mit der Grundannahme der liberalen Moderne, daß jeder vernünftige Erwachsene frei und in der Lage sein sollte, jedes Buch zu lesen.«[1]

Aber trotz dieser und anderer Parallelen ist es doch etwas gezwungen, eine Verbindung zwischen MacIntyre und Strauss herzustellen. Strauss war, um nur ein Beispiel zu nennen, nicht von christlicher Frömmigkeit erfüllt und hätte daher niemals wie MacIntyre behauptet, man solle auf »die Bibel und Augustinus zurückgreifen, um die Grenzen von Aristoteles und Platon zu überschreiten«.[2] Sicherlich bevorzugte Strauss Bindungen an die Gemeinschaft und einen traditionellen Lebensstil, aber nur für die unbedarfte Masse, nicht für die klugen Philosophen. Der liberale Egalitarismus war seiner Ansicht nach Ausdruck derselben Herdenmoral, die das Christentum in der Welt verbreitet hatte. Abgesehen von einigen unvorsichtigen Äußerungen teilt MacIntyre diese militant antiegalitäre Perspektive nicht. Obwohl er im Laufe der Jahre mit den verschiedensten theoretischen Positionen geliebäugelt hat, ist er niemals in Nietzsches Bann geraten. Er hat sich im wesentlichen vom Christentum zum Marxismus und wieder zurück bewegt. Heute läßt er sich wohl am besten als Neo-Aristoteliker beschreiben oder als neoklerikaler Kritiker der »modernen liberalen Gesellschaft«. *Der Verlust der Tugend*, sein vielgerühmtes Buch von 1981, vertritt weitgehend einen kommunitaristischen Standpunkt. Es ist ein schwungvolles, kämpferisches Buch, das sich um Klarheit bemüht, von beneidenswerter Gelehrsamkeit ist und vor scharf formulierten Thesen strotzt, die sich der Erinnerung einprägen. Dieses Werk präsentiert eine Fülle historischen Materials auf ebenso neue wie interessante Art.

Allerdings ist der *Verlust der Tugend* für jemanden, der sich mit der antiliberalen Tradition auseinandersetzt, eher repräsentativ als originell. Das Buch gleicht einem Lagerraum, der bis an die Decke gefüllt ist mit altbekannten Einstellungen, Vorwürfen und Argumenten. Es ist geradezu die Summe des antiliberalen Denkens der Nachkriegszeit und verlangt danach, in diesem Lichte betrachtet zu werden. Wie viele andere zeitgenössische Werke trägt es erneut Argumente von vorhergegangenen »strikten« Antiliberalen vor, sieht dabei aber von Lobeshymnen auf den Krieg, auf politische Skrupellosigkeit, natürliche Ungleichheit und übermenschliche Härte ab.

MacIntyre beginnt sein Werk mit einer Schilderung der Geschichte der westlichen Zivilisation als eines unaufhörlichen Prozesses der Verkümmerung und des Verfalls. Die Gesellschaften der Vergangenheit, so behauptet er, seien ordentlich organisiert und gesund gewesen, während unsere Gesellschaften unordentlich und krank seien. Die Geschichte wiederholt den Sündenfall – einstmals herrschte ein wohlgeordneter Zustand, heute ist es schlecht um uns bestellt. Die Kultur vergleicht er mit einer Vase, die einstmals heil und heute zerbrochen ist. MacIntyre verleiht seiner Unzufriedenheit mit der Gegenwart in traditioneller Weise Ausdruck, indem er die Vergangenheit fiktionalisiert: Das antike Griechenland war uns weit überlegen.[3] Verglichen mit der »verlorenen Moral der Vergangenheit« ist unsere heutige Situation eine »Katastrophe« und »ein moralisches Verhängnis«. Aufgrund einer einschneidenden kulturellen Katastrophe befindet sich »die Moral heute in einem Zustand schwerer Unordnung«.[4] Die Menschen, die einstmals fest in harmonische Gemeinschaften eingebunden waren, sind heute wurzellos. Lebenswichtige soziale Beziehungen sind durch einen unfruchtbaren Individualismus ausgedörrt worden. Eine herzliche, solidarische und emotional befriedigende Gemeinschaftsordnung hat einer kalten, egoistischen und spirituell verkümmerten Ordnung Platz gemacht. Der westliche Rationalismus hat die sozialen Fähigkeiten der Seelen vor dem Sündenfall ernsthaft beschädigt. Großzügigkeit, Freundschaft und Freude sind so gut wie verschwunden, Geiz und Unglück weit verbreitet. Ein idyllischer Konsens in allen moralischen Fragen wurde durch einen gräßlichen endlosen Disput ersetzt. Die dichten Formen der sozialen Identität in der vorindustriellen Gesellschaft sind dünneren und universalistischeren Formen gewichen. Das Ergebnis all dessen ist, daß die Menschen nicht mehr wissen, wie sie leben und was sie tun sollen. »Die Moderne« hat, schenkt man den Lehrsätzen dieser »Verfallsgeschichte« in ihrer reinsten Form Glauben, wenn überhaupt, dann nur sehr wenige versöhnliche Züge.

Trotz seiner Gelehrsamkeit und seines umfassenden Wissen scheint MacIntyre niemals die Geschichte der antiliberalen Ideologie selbst bedacht zu haben. In dieser und beinahe jeder anderen Hinsicht ist er ein typischer Antiliberaler. Er gibt sich den Anschein, als kämpfe er ganz allein gegen den moralischen Verfall an. Um sich gegen die »liberale Moderne« zu stellen, bekennt er, »habe ich mich Schritt für Schritt von fast allen entfernt, die meine Argumente stützen könnten«. Aber er ist nicht ganz und gar der Ikonoklast, der er vorgibt zu sein. Seine Diagnose unseres düsteren kulturellen Dilemmas kulminiert beispielsweise in der allzu bekannten Aufforderung, wir sollten ihm auf dem Pfade der spirituellen Erneuerung folgen. Wie die meisten anderen antiliberalen Kommunitaristen scheint auch er sich niemals Gedanken darüber gemacht zu haben, welche Nachteile die »Gemeinschaft« aufweisen könnte, die er gründen möchte. Er behauptet außerdem, einer der »ganz Wenigen« zu sein, die die moderne Krise in ihrer ganzen Breite und Tiefe verstanden haben. Die anderen könnten unsere moralische Misere nicht klar sehen, weil sie sich von ihr hätten blenden lassen. Bemerkenswerterweise behauptet er, wenn seine Theorie richtig sei, »muß sie implausibel erscheinen«.[5] Einwände gegen sein Buch sind daher eine notwendige, wenn auch nicht hinreichende Bedingung für dessen Gültigkeit. Dieser Argumentationsstil erlaubt MacIntyre, Diskussionen abrupt, wenn auch etwas unhöflich, »zu beenden«. Statt mit seinen Gegnern zu argumentieren und ihre Einwände anzuhören, kann er diese von vornherein als Teil des Problems, das er zu lösen sich vorgenommen hat, verwerfen.

MacIntyres Vorrat an bekannten Argumenten, Schlagworten und Haltungen ist beträchtlich. Er behandelt die »Moderne« und den »Liberalismus« als wären sie Synonyme, wobei er die starken illiberalen Strömungen der modernen Kultur einfach übergeht. Er schreibt unkritisch über »die soziale Welt«, als sei sie ein unschuldiger Ort, an dem sich niemals irgendwelche Schandtaten ereigneten. Er kontrastiert die edle Gemeinschaft mit einem minderwertigen Individualismus, als wären Gruppenloyalitäten und kollektive Leidenschaften niemals moralisch ambivalent und würden niemals Konflikte hervorbringen. Moderne liberale Gesellschaften, so wird uns mitgeteilt, verherrlichen instrumentelle Beziehungen zwischen Menschen, so als sei die Abschaffung der Leibeigenschaft nicht weiter erwähnenswert. MacIntyre stellt zwei einander widersprechende Thesen auf: Die liberale politische Theorie, so lautet die erste These, beschreibt unsere atomistische, gemeinschaftslose Gesellschaft angemessen; andererseits, so die zweite These, verstehen allein die Aristoteliker, daß unsere Gesellschaft ihrem Wesen nach keineswegs atomistisch ist. Er gibt sich ungezügelt einer messianischen Hermeneutik hin und deutet an, seine Kritik der intellektuellen Fehlschlüsse werde eine umfassende gesellschaftliche Umformung einleiten. (Auf diese Weise kann der Ideengeschichtler zugleich eine Kassandra und ein Prophet der Hoffnung sein.) Schließlich akzeptiert MacIntyre wie viele andere Antiliberale »wesentliche Punkte der Kritik des Marxismus am Liberalismus«. So verwirft er etwa »wirtschaftliche Selbstsucht«, bedauert »die moralische Verarmung des fortgeschrittenen Kapitalismus«, bringt eine Sehnsucht nach »einer Vergangenheit vor dem Individualismus und der Macht der Märkte« zum Ausdruck, kritisiert das »unpersönliche Kapital« und die »institutionalisierte Habgier« und beklagt »die Erhebung der Werte des Marktes in eine zentrale soziale Stellung«.

Aber, so beeilt er sich hinzuzufügen, der Marxismus liegt selbst hoffnungslos falsch. Sein wesentlicher intellektueller Mangel besteht in seiner verborgenen Ähnlichkeit mit dem liberalen Individualismus.[6]

Noch eine Diagnose des Liberalismus

Wie aber beschreibt MacIntyre den Liberalismus, den er so fürchtet und verachtet? Er wirft ihm nicht wie de Maistre, Schmitt und Strauss vor, er ignoriere die bitteren und unerträglichen Realitäten des Lebens. Als der postfaschistische Antiliberale, der er ist, spielt er nicht auf unseren blutdurchtränkten Planeten an, darauf, daß mörderische Auseinandersetzungen unvermeidlich seien oder daß Sentimentalität durch ein unerbittlich nüchternes Denken und Illusionslosigkeit ersetzt werden müsse. Er ist ein »sanfter« Antiliberaler, und das Kennzeichen seiner Einstellung ist seine Sympathie für jene bessere Welt, die der Liberalismus angeblich unterdrückt hat. Der Liberalismus hat MacIntyre zufolge nicht das Häßliche, sondern die Schönheit nicht verstanden, nicht die brutalen, sondern die attraktiven Wahrheiten. Ihm liegt eine verderbliche Unwissenheit zugrunde.

Die Liberalen haben zunächst einmal keine Vorstellung von der Gemeinschaft, die soziale Welt betrachten sie als eine Plattform, auf der nackte Egoismen miteinander streiten und schachern. Sie »behandeln die Gesellschaft als nichts weiter als eine Arena, in der Individuen nur nach dem suchen und sich nur das zu sichern trachten, was für sie nützlich oder angenehm ist«. Sie haben keinen Begriff von einem Gemeingut, das »über und unabhängig von jeder Summierung individueller Interessen« ist. Das Vaterland haben sie auf ein Einkaufszentrum reduziert. Nicht mehr das Kollektiv ist es, das die Individuen benutzt, wie es angemessen wäre, sondern heute benutzen die Individuen das Kollektiv, und das ist unangemessen.[7] Die Liberalen denken schockierenderweise, daß »eine Gesellschaft [...] aus Individuen mit jeweils eigenen Interessen zusammengesetzt [ist], die dann zusammenkommen und gemeinsame Lebensregeln entwerfen müssen«. Die Gesellschaft beruht auf einem »freiwilligen Akt zumindest potentiell rationaler Individuen mit vorgängigen Interessen«. Und zwar derart, schreiben die Liberalen, »als hätte uns ein Schiffsunglück mit einer Gruppe anderer Individuen auf eine unbewohnte Insel verschlagen, von denen jeder für mich und auch alle anderen ein Fremder ist«.[8] Vor allem ihr grober Individualismus ist für die bittere Einsamkeit des »modernen Menschen« verantwortlich.

Unehrenhafter Zweck des Gesellschaftsvertrags sei es, individuelle Rechte zu schützen und individuelle Interessen zu befördern. Die Liberalen, so lautet MacIntyres Vorwurf, betrachten die Vorstellung, daß »jeder Mensch von Natur aus danach strebt, seine eigenen Wünsche zu befriedigen«, nicht schon an sich als schädlich und verschmähen daher »Gemeinschaften, in denen Menschen gemeinsam das menschliche Wohl verfolgen«. Der »moderne liberale Staat« beschränkt sich demnach darauf, »eine Plattform zur Verfügung zu stellen, auf der jedes Individuum sein privates Wohl sucht«. Als Neo-Aristoteliker befindet sich MacIntyre in der besten Position, den moralischen Ruin dieser egoistischen, antisozialen und unorganischen Haltung zu erkennen: »Vom aristotelischen Standpunkt betrachtet, kann eine liberale politische Gesellschaft von heute tatsächlich nur als Ansammlung von Bürgern von nirgendwo erscheinen, die sich zu ihrem Schutz zusammengetan haben.«[9] Er erwartet von entwurzelten Kosmopoliten und Komplott schmiedenden Auswanderern selbstredend nicht, daß sie ihn auf seiner Suche nach einer wirklichen Gemeinschaft begleiten.

Zersetzende Zweifel

Dieser Aufschrei gegen die liberale Theorie und Gesellschaft enthält nichts Neues, und die gleiche Übernahme antiliberaler Standardthemen ist auch an MacIntyres Vorwürfen gegen den liberalen Skeptizismus abzulesen. So erinnert sein Mißfallen an »endlosen Diskussionen« etwa an Schmitts ironische Bemerkungen über »das ewige Gespräch«. Die Hauptpfeiler der liberalen Ideologie, so pflichtet MacIntyre ihm bei, sind Streitigkeiten und Zweifel. Die liberalen Gesellschaften sind die ersten Gesellschaften im Verlaufe der Menschheitsgeschichte, die das öffentliche Infragestellen überkommener Dogmen und Vorurteile nicht nur erlauben, sondern sogar fördern. Niemals zuvor sei öffentlicher Widerspruch offiziell als produktiv verehrt worden. Wenn MacIntyre darüber klagt, daß »die Moral nicht mehr das ist, was sie einmal war«, meint er daher, daß die moralischen Fragen nun endlosen Anfechtungen offenstehen und unterliegen. Die totale Freiheit aller Bürger, jede erdenkliche Lehre zu kritisieren und anzufechten, hat einen erschreckenden Mangel an Gewißheit zur Folge und natürlich jenen unglückseligen »moralischen Pluralismus« der liberalen Gesellschaften, den MacIntyre prophezeiend »einen Pluralismus« nennt, »der droht, uns alle zu überrollen«.[10] So habe der Papst nicht mehr die geistliche Autorität, die man brauche, um eine monoethische Kultur durch Erlaß wieder zu etablieren. Keine Kirche kann allen Gesellschaftsmitgliedern eine einzige obligatorische Antwort auf moralische Fragen aufzwingen. Daher können auch unerträgliche moralische Debatte kein Ende finden.

Seine Sehnsucht nach Einmütigkeit bringt MacIntyre unverstellt zum Ausdruck, aber er ist bei weitem nicht immer so offen zu seinen Lesern. Er beginnt den *Verlust der Tugend* mit einer Klage darüber, daß »es in unserer Kultur keinen vernünftigen Weg zu geben scheint, eine moralische Übereinstimmung zu erzielen«. Wir könnten heute keine »rationale Rechtfertigung der Moral« mehr erreichen. In diese Aussage geht ganz klar die Prämisse ein, daß es in anderen Kulturen und zu anderen Zeiten rationale Wege gab, moralische Argumente abzusichern. Aber hat tatsächlich jemals die »Vernunft« geherrscht? Sind Übereinstimmungen jemals auf vernünftige Weise zustandegekommen? MacIntyre führt mehrere Beispiele für einen vormodernen Moralkonsens an, fördert aber keinen einzigen zutage, der auf irgend etwas anderem beruht hätte als auf Sitte, Gewohnheit oder unangreifbarer Autorität. Aus den Beispielen, die er anführt, könnten wir weit eher – wie de Maistre, Schmitt und Strauss – die Schlußfolgerung ziehen, daß kein normativer Konsens jemals aufgrund rationaler Argumente erreicht wurde.[11] Wenn wir seine Beispiele näher betrachten, dann könnten wir uns sogar versucht fühlen, folgende Hypothese aufzustellen: MacIntyre glaubt gar nicht wirklich, daß moralische Überzeugungen in vormodernen Gesellschaften rational gerechtfertigt waren, während sie in den modernen Gesellschaften rational ungerechtfertigt sind. Er glaubt viel eher, daß vormoderne Gesellschaften moralisch gesund waren, weil sich bei ihnen die Frage nach der Rechtfertigung moralischer Überzeugungen erst gar nicht stellte. Die traditionellen Gesellschaften waren stabil und robust, weil sie keine rationalen Rechtfertigungen brauchten. Moderne Gesellschaften hingegen sind instabil und kränkelnd, weil sie die menschliche Fähigkeit zu rationaler Begründung überschätzen. Sie verlangen, die Vernunft solle auf Fragen (»Wie sollen wir leben?«, »Was sollen wir tun?«) eine Antwort geben, auf die man niemals eine einheitliche Antwort finden wird, es sei denn, Autorität oder Tradition beherrschten unser Denken mit äußerster Strenge. Das Projekt der Aufklärung sei zum Scheitern verurteilt, weil es keine rationale Rechtfertigung für moralischen Konsens geben kann.

Dies ist zugegebenermaßen eine etwas unorthodoxe Interpretation von *Der Verlust der Tugend*, gegen die MacIntyre selbst unzweifelhaft sofort Protest erheben würde.[12] Sie läßt ihn eher wie einen Freimaurer oder einen Straussianer klingen und nicht wie den Thomisten, der er zu sein beansprucht. Er ist, das muß man einräumen, kein sonderlich widerspruchsfreier Autor. Aber die soeben skizzierte Interpretation erhellt einige wichtige, sonst nicht erklärbare Züge seines Buches, auch wenn sie MacIntyre zynischer klingen läßt, als er letztlich selbst zu sein wagt bzw. ist. Denn, um nur ein Beispiel zu nennen, wenn MacIntyre auch den Verlust der Gemeinschaft beklagt, so ist er doch vom Zusammenbruch der Autorität und der Religion kaum weniger abgestoßen – nicht weniger jedenfalls als Schmitt oder Strauss.

Kapitel 4

Die Autorität

Der Liberalismus ist der Autorität genauso feindlich gesonnen wie der Gemeinschaft. Um die Wahrheit zu sagen: Die liberale Gesellschaft zielt nachgerade darauf, bereits die Vorstellung von Autorität verächtlich zu machen. Die Sehnsucht nach einer autoritären Lösung für moralische Konflikte ist ein an Schmitt gemahnender Zug in MacIntyres Antiliberalismus. Er benutzt die Begriffe »Autorität« und »autoritativ« fortwährend mit ehrfürchtigem Unterton. Wenn er seine Leser vom moralischen Wert dessen zu überzeugen versucht, was er »Praxis« nennt, betont er beispielsweise die Notwendigkeit von Unterordnung: »Eine Praxis aufzunehmen bedeutet, die *Autorität* dieser Maßstäbe und die an ihnen gemessene Unzulänglichkeit meiner eigenen Leistung anzuerkennen.« Er definiert Praxis sogar als »gemeinsame Tätigkeiten, in denen anfänglich *folgsam* wie ein Lehrling gelernt werden muß«. Aus dieser autoritätsfreundlichen und gehorsamsfreudigen Perspektive betrachtet, erscheinen liberale Gesellschaften als durch und durch makelhaft. Ihnen fehlen »Regelungen für individuelles Verhalten«. MacIntyres anarchistisch klingende Diatriben gegen die Bürokratie sollten uns an dieser Stelle nicht weiter ablenken. Er ist ein Gegner der Anarchie, weil sie ein Anzeichen des Verfalls geistiger Disziplin und Ordnung sei. Er schreibt der Autorität, endgültigen Aussagen und Machtbefugnissen eher eine psychologische als eine soziale Funktion zu. Seiner Ansicht nach können autoritative Normen ein Individuum von jener Last befreien, die mit kurzlebigen und wechselnden Vorlieben einhergeht. Wer sich von endgültigen Normen beherrschen lasse, erkenne dankbar: »Wie ich mich in irgendeinem bestimmten Augenblick fühle, ist unerheblich für die Frage, wie ich leben muß.« Vor allem kann Autorität den Menschen »die Gewißheit geben, die das Fehlen einer Wahl hervorbringt«. Darum vor allem geht es ihm. Autorität liefert dem einzelnen einen sicheren Maßstab, kann ihn vor seelischem Chaos und der Angst bewahren, die schwierige Entscheidungen mit sich bringen. »Wir sind uns auf beinahe unerträgliche Weise der miteinander konkurrierenden moralischen Alternativen bewußt.«[13] Die Vernunft kann den Überfluß an Möglichkeiten nicht beschränken; nur die Autorität kann die psychische Belastung der Menschen beheben.

Nach MacIntyre verbreitet die Aufklärung überall Dunkelheit. Ihre Angriffe auf den Aberglauben und die Hierarchie hätten die Fundamente der menschlichen Zivilisation zum Einsturz gebracht. Die Denker der Aufklärung hätten entweder aus Naivität oder aus Bösartigkeit »Verlust« als »Befreiung« mißverstanden. Das fundamentale Problem der modernen liberalen Gesellschaften sei die Abwesenheit von Gläubigkeit und Unterwerfung. Die Philosophen der Aufklärung betrachteten die Aushöhlung der Frömmigkeit als moralischen Fortschritt, obwohl sie tatsächlich – so MacIntyre – ein Symptom moralischen Verfalls war. Intellektuelle Freiheit garantiert, daß »alles kritisiert werden darf«. Das mag zwar zunächst sehr verheißungsvoll klingen, ist aber zutiefst zerstörerisch, denn es ist beängstigend, in einer Gesellschaft zu leben, in der nichts mehr heilig ist: »Das im eigentlichen Sinn moderne Selbst [...] kennt keine Grenzen für das, worüber es urteilen könnte.« Dieses Fehlen unverrückbarer Grenzen hat weitreichendere Folgen als bloß moralische Desorientierung, es führt zu einer universellen *Anomie.* Die Menschen sind auf einen Fixpunkt in einer sich stets wandelnden Welt angewiesen, sie benötigen feste Maßstäbe, ein übermächtiges Prinzip, das gänzlich unanfechtbar ist und mit dem man ärgerliche Debatten beenden kann. Die liberale Gesellschaft allerdings befriedigt dieses den Menschen angeborene Verlangen nach undiskutierbaren Aussagen nicht. Die Menschen verlangen danach, vor dem Nichthinterfragbaren in die Knie zu gehen, wie Dostojewskis Großinquisitor sagt. Aber der Liberalismus, der sich dem Zweifel verschrieben hat, wird dem menschlichen Denken keine Ruhe lassen. Die schlimmste Anklage, die MacIntyre gegen die zeitgenössischen Gesellschaften vorzubringen hat, lautet: »Wir besitzen keine unanfechtbaren Kriterien.« Er sucht nach Unanfechtbarkeit. Seine Sehnsucht nach einer Gemeinschaft ist seinem Bedürfnis nach »letzten Kriterien« bzw. unerschütterlichen Normen nachgeordnet und von diesem erst abgeleitet. Diese Sehnsucht ist es auch, die seinen gewissermaßen obskuren Versuch erklärt, die aristotelische Idee eines menschlichen *Telos* wiederzuerwecken. Ein *Telos* ist ein *non plus ultra*, ein Endpunkt statt eines Durchgangs, ein Zustand der Aktionslosigkeit oder Ruhe, in dem jede Bewegung aufgehoben ist: »Wir streben eher nach Ruhe als danach, von Ziel zu Ziel, von Wunsch zu Wunsch zu eilen.«[14] Anders ausgedrückt ist ein *Telos* ein Maßstab der Beurteilung, der selbst nicht mehr begründet werden kann. Sobald er aufgestellt wird, kann er nicht mehr angefochten werden. Er »beendet« Begründungsprozesse in einem konkreten und empirischen Sinn.

Religion

Gelegentlich scheint es, als hätte MacIntyres Sehnsucht nach einer höheren Autorität, die alle Streitigkeiten bereinigen und alle Zweifel besänftigen kann, religiöse Wurzeln. Aber der Aufbau und der Stil von *Der Verlust der Tugend* erschweren eine Gewichtung von theologischen und nichttheologischen Überlegungen in seiner Argumentation. Wir werden später noch sehen, daß MacIntyre in seinen jüngeren Werken seinem Theismus direkteren Ausdruck verleiht. Hier erklärt er noch wiederholt, daß nicht Jesus, sondern Aristoteles »der

Protagonist ist, gegen den ich die Stimmen der liberalen Moderne ausgespielt habe«. Die Krise der Moderne habe in der Epoche von der Renaissance bis zur Aufklärung begonnen, als »die Welt der Neuzeit schließlich systematisch die klassische Sicht der menschlichen Natur verwarf«. Der Liberalismus zerstörte also nicht das biblische, sondern das klassische Menschenbild. Das zumindest sagt MacIntyre, wenn es auch nicht genau das ist, was er meint. Denn seine nicht eben überzeugende These, daß die Reformation im 16. Jahrhundert einen radikaleren Bruch mit der Vergangenheit darstelle als der Bruch zwischen der heidnischen Antike und dem christlichen Mittelalter[15], trägt alle Züge eines argumentativen Winkelzugs. Denn sie ist ganz offensichtlich falsch, und MacIntyre glaubt selbst nicht daran.

An verschiedenen zentralen Stellen seines Buches enthüllt MacIntyre, daß er letztlich eher der biblischen Theologie als der aristotelischen Teleologie verpflichtet ist. Unter anderem verrät er dies durch seine wiederholte Denunzierung der »säkularen Vernunft«. Obwohl er wortreich den modernen Atomismus und den Verfall des aristokratischen Ehrenkodex beklagt, betrachtet er doch letztlich die Säkularisierung als das fundamentale Vergehen der Moderne.[16] Der Liberalismus stellt in jedem Fall einen Abfall vom Glauben dar, er zerstörte die Kraft, die einst »dem moralischen Denken einen gemeinsamen Hintergrund und eine Grundlage gab«, nämlich die Religion. Die Liberalen feiern die individuelle Autonomie und leugnen auf diese Weise die Abhängigkeit des Menschen von Gott. Kant behauptete, daß moralische Gebote unabhängig von göttlichen Befehlen bindend seien. Andere Liberale, so MacIntyre, wiederholen diesen Fehler. Die »Säkularisierung der Moral durch die Aufklärung« war zum Scheitern verurteilt, was man auch von »dem Vorhaben der Aufklärung« behaupten kann, »ein neues rationales, weltliches Fundament für die Moral zu finden«, oder von ihrem Versuch,

»eine alternative rationale, weltliche Darstellung des Wesens und Status der Moral vorzulegen«. Die Aufklärung habe töricht und respektlos gehandelt, als sie »den Status moralischer Urteile als angebliche Verlautbarungen des göttlichen Rechts in Frage gestellt« habe.[17] Dieses Vorgehen hatte fatale Folgen, weil die Moral immer auf das Sakrale angewiesen war und es auch bleiben muß. Das Fortbestehen eines moralischen Verhaltens in einer posttheologischen Welt beweist nur, daß die Menschen sich parasitär von den Kadavern der Vergangenheit ernähren können; es ist kein Beweis dafür, daß die Moral ohne Religion gerechtfertigt oder auf Dauer erhalten werden kann.

Wenn moralische Normen allein durch Aristoteles' teleologische Darstellung der menschlichen Natur begründet werden könnten, dann wäre der Prestigeverlust der Religion nicht zugleich fatal für die Moral. Aber die Säkularisierung hatte MacIntyre zufolge fatale Folgen für die Moral, und zwar, weil es nur eine einzige zwingende Begründung für die Moral gibt. Er geht nämlich implizit davon aus, daß Normen nur dann gültig sind, wenn sie Gottes Gebote sind. Warum sollte man ein Versprechen halten oder Schulden zurückzahlen, wenn dies nicht von einem Gott befohlen wird? Die bedauerliche Unterscheidung zwischen Tatsachen und Werten kann theologisch mit Sicherheit überwunden werden. Vom Standpunkt eines Gläubigen führt ein »ist« zwangsläufig zu einem »soll«. Gottes Gebote sind *ex hypothesi* moralisch verpflichtend. Es wäre jedenfalls nicht rational, Gebote und Verbote des Allmächtigen zu mißachten.[18]

In den religiösen Gesellschaften der Vergangenheit wurden die »Regeln der Moral als Ausdruck eines letztlich göttlichen Gesetzes« verstanden. Schon diese Tatsache allein erklärt den unermeßlichen begrifflichen und praktischen Schaden, den die Säkularisierung verursacht hat. Wie de Maistre und Schmitt – aber mit größerer Frömmigkeit als der letztere –

fühlt sich MacIntyre von der rückhaltlosen Kritik an der Religion in der frühen Neuzeit abgestoßen. Der aufklärerische Angriff auf den Glauben war dafür verantwortlich, daß »die Sprache und Gewohnheiten der Moral in eine heillose Unordnung« geraten sind.[19] Mit der Herstellung dieser Kausalbeziehung »entfernt« sich MacIntyre keineswegs »von fast allen«, die seine »Argumente stützen könnten«, denn wir haben gerade eben zwei seiner Gesinnungsgenossen, de Maistre und Schmitt, heranziehen können.

Ein normativer Konsens ist seiner Ansicht nach ohne den gemeinsamen Glauben an einen göttlichen Gesetzgeber unmöglich. Schon der allgemeine Atheismus reicht als Erklärung dafür aus, warum »Übereinstimmung über die Regeln etwas ist, was unsere individuelle Kultur nicht sichern kann«. Allerdings sind durch den allgemeinen Zusammenbruch des Glaubens noch nicht restlos alle religiösen Denkgewohnheiten und Verhaltensweisen zerstört worden. Um unsere Handlungen und Erwartungen zu rechtfertigen, sind wir im Gefolge der Säkularisierung auf ein »Bündel fragmentarischer Reste« aus vergangener Zeit angewiesen. Wenn man den *Verlust der Tugend* eher theologisch als kommunitaristisch interpretieren wollte, würde man folgende Bemerkung herausstellen: »daß moralische Urteile sprachliche Überreste der praktischen Anwendung des klassischen Theismus sind, die den durch diese praktische Anwendung gebildeten Kontext verloren haben«. Aus reiner Trägheit geben wir vor, normative Fragmente, die wir übernommen haben, seien »verpflichtend«. Aber wir können diesen anachronistischen Glauben und das Verhalten, das wir aus ihm ableiten, gar nicht begründen. Tatsächlich ist »der deontologische Charakter moralischer Urteile der Schatten der Konzeption des göttlichen Rechts [...], das der Metaphysik der Moderne ziemlich fremd ist«.[20] Wie alle anderen Geister wird auch dieser sich im Lichte der säkularisierten Vernunft auflösen.

Das sind durchaus gewaltige Verlautbarungen. Aus ihnen geht eindeutig hervor, daß *das* kennzeichnende Merkmal der modernen Gesellschaft nicht die Atomisierung des Individuums, sondern die Irreligiosität ist. MacIntyres Idealisierung von Aristoteles, der Gemeinschaft und von sozialen Rollen muß daher weniger wichtig sein, als es zunächst den Anschein hat. Interessanterweise sind alle Beispiele, die MacIntyre für eine moralische Gemeinschaft anführt, die an den Rändern der liberalen Gesellschaft überdauert habe, aus dem religiösen Bereich gewählt: die schwarzen und weißen protestantischen Gemeinden im Süden der Vereinigten Staaten, orthodoxe Juden, die griechisch-orthodoxe Gemeinde und die irischen Katholiken. Wenn er daher behauptet, daß moralische Regeln einst »in einen Kontext eingebettet waren, der sie verstandesmäßig faßbar« machte, mögen sich seine Leser fragen, was er damit meint.[21] Denkt er an die griechische Polis oder an das mittelalterliche System des Lehnswesen, oder hat er einen bedingungslosen Glauben an den biblischen Gott im Sinne?

Naturwissenschaft

Der *Verlust der Tugend* beginnt mit der Schreckensvision einer Gesellschaft, in der alle Naturwissenschaftler gelyncht werden. Der Parabel von der Gewalt folgt gleich darauf die Vermutung, daß die wissenschaftliche Revolution der Neuzeit selbst das Ergebnis einer analogen »politischen Bewegung des Nicht-Wissens« ist, die sich zum Ziel gesetzt habe, wissende, aber wehrlose religiöse Traditionen zu vernichten. MacIntyre legt auch an anderen Stellen in de Maistrescher Manier nahe, daß die moderne Naturwissenschaft zutiefst amoralisch sei und die Wissenschaftler sich eines fürchterlichen Verbrechens schuldig gemacht hätten. Warum denkt er das? Auch dabei könnte verletzter Stolz eine Rolle spielen, denn die Naturwissenschaftler genießen heute jenes Sozialprestige, das früher den Theologen und Philosophen zukam, zu denen MacIntyre zählt. Natürlich beschäftigt ihn auch die Art und Weise, in der die Naturwissenschaft instrumentelle Einstellungen fördert. Der springende Punkt seines unklaren Angriffs auf die Bürokratie beispielsweise scheint darin zu bestehen, daß die Bürokraten die Gewohnheit zynischer Manipulation von den Naturwissenschaftlern übernommen hätten. Aber auch das ist nur ein Nebenschauplatz, denn MacIntyre stört vor allem die prominente Rolle, die die Naturwissenschaft bei der Zerstörung des Theismus eingenommen hat, bei der Zertrümmerung jener theologischen Weltbilder, von denen, wie er behauptet, die Moral abhängt. Auch diesem Argument sind wir bereits früher begegnet. Die gesellschaftliche Ordnung habe einst fest auf dem Fundament der Religion geruht, heute hingegen lebten wir in einer »auf der Physik beruhenden Gesellschaft«, und moralisch betrachtet sei die Physik eine Leere.[22] Die Naturwissenschaft gibt uns keinen Aufschluß darüber, wie wir leben sollten. Der Apfel der Erkenntnis ist eine vergiftete Frucht. Eine Gesellschaft, die die Naturwissenschaften anbetet, ist eine wurzellose Gesellschaft.

MacIntyre klingt wie Strauss und andere Neo-Heideggerianer, wenn er der Naturwissenschaft prometheischen Ehrgeiz vorwirft. Die Wissenschaft ficht die Existenz von Schicksal oder Glück an, indem sie angeblich vorschlägt, die Menschheit könne an die Stelle Gottes treten. Vor allem die Sozialwissenschaften bestritten die »Beständigkeit von Fortuna«. (Das klingt original nach Strauss.) Es sei sehr naiv von den »Denkern der Aufklärung gewesen« so zu schreiben, »als könnten Verwundbarkeit und Zerbrechlichkeit in irgendeiner fortschrittlichen Zukunft besiegt werden«.[23] Aber genau das habe die wissenschaftliche Revolution mit ihrem ungezügelten Versprechen, daß der Mensch letztlich die Natur beherrschen und die Welt den menschlichen Plänen untertan machen könne, ihnen eingflüstert.

Funktionale Begriffe

Die Wissenschaft, die die Religion zerstört und die Anarchie über uns gebracht hat, wird unser Los nicht verbessern, so lautet MacIntyres Botschaft. Erst die Erschaffung oder die Wiedererweckung der »Gemeinschaft« kann das leisten. Das Hauptargument für die Gemeinschaft wirft mehr Licht auf den Grundkonflikt in MacIntyres Denken: die Spannung zwischen dem Theisten und dem Kommunitaristen MacIntyre. Wenn er auch die Kluft zwischen »Sein« und »Sollen« überbrücken kann, indem er sich auf göttliche Gebote beruft, fühlt er sich mit dieser Lösung doch nicht ganz wohl. Einer säkularisierten Leserschaft gegenüber zieht er es doch vor, eine ganz andere Art von Begründung hervorzuheben, nämlich »eine schlüssige Beweisführung, die von einer faktischen Prämisse ausgehend zu einer wertenden Schlußfolgerung kommt«. Diese zweite Argumentation, die auf von MacIntyre »funktional« genannten Vorstellungen gründet, ist nicht theologisch, sondern kommunitaristisch.

Um diese grundlegenden Vorstellungen zu erklären, greift er zu dem Beispiel einer »guten Uhr«. Wenn wir funktionale Begriffe dieser Art benutzen, so sagt er, beschäftigen wir uns zugleich mit einer Beschreibung und einer Bewertung. So heißt beispielsweise die Aussage, eine Uhr passe nicht in meine Tasche, zugleich, daß sie in einem objektiven Sinne »schlecht« sei. Es besteht keine Kluft zwischen dem »Sein« und dem »Sollen«. Mit einem Werturteil charakterisiert man ganz einfach bestimmte Aspekte der Welt. Eine deskriptiv-wertende Aussage dieser Art ist nicht lediglich ein Ausdruck persönlicher Präferenzen oder Haltungen. Denn sie kann wahr oder falsch sein: »Eine Uhr gut zu nennen bedeutet zu sagen, daß es die Art von Uhr ist, die jemand wählen würde, der gern eine Uhr hätte, um die genaue Zeit zu haben, und nicht, um vielleicht mit ihr nach der Katze zu werfen.«[24] Dieses Beispiel, so behauptet MacIntyre, entlarvt das Scheitern von emotivistischen und dezisionistischen Theorien der Ethik.

Allerdings ist dieser geschickte Gedankengang recht problematisch, denn MacIntyres Uhr ist nur in einem funktionellen Sinne »gut«. Ob eine derartige Uhr gut oder schlecht ist, wird mit einer Zweck-Mittel-Rationalität entschieden, bei der kein Urteil darüber stattzufinden hat, ob der Zweck wertvoll oder wertlos ist. Wahrscheinlich ist aber das Messen der genauen Zeit wertvoll, insofern es ein nützliches Mittel zu einem weiteren, noch unbegründeten Zweck ist. Daher leisten die »funktionalen Vorstellungen« nicht das, was MacIntyre behauptet. Sie beweisen eben nicht, daß die Moral selbst rational in einem substantiellen, statt in bloß funktionellem Sinne sein kann. Die offensichtliche Schwäche seines Arguments läßt vermuten, daß er nicht in der Lage gewesen wäre, seine Verachtung für die Sein/Sollen-Unterscheidung aufrechtzuerhalten, wenn er nicht noch einen theologischen Trumpf in der Hand hielte. Dennoch *weigert* er sich, zumindest in *Der Verlust der Tugend*, sich einfach zurückzulehnen und sich allein auf den offenbarten Willen des biblischen Gottes zu stützen.

Kapitel 4

Soziale Rollen

Das Bedürfnis nach einer brauchbaren Vergangenheit ist durchaus verständlich, aber die Absichten hinter nostalgischen Gefühlen sind verschieden. Das Beispiel mit der Uhr hilft zu erklären, was MacIntyre in seiner erdachten vormodernen Gemeinschaft sucht. Er projiziert alle moralische Gewißheit, Einmütigkeit und Sicherheit, die er in seiner eigenen sozialen Welt vermißt, in die archaischen Gesellschaften. Am meisten bewundert er an den traditionellen Gesellschaftsordnungen die totale Abwesenheit von Zweifel: »Die Helden der *Ilias* finden es nicht schwierig zu wissen, was sie einander schuldig sind.« Sie fühlen nicht die geringste Unsicherheit darüber, »was die soziale Rolle, die jedes Individuum einnimmt, von ihnen verlangt«. An dieser Stelle erwähnt er die Pflichten und Schuldigkeiten, die mit dem Moralkodex der archaischen Blutrache einhergehen.[25] Zweifeln und Zögern kennt man in einer Gesellschaft nicht, in der ein Individuum nur die ganz offenkundigen Pflichten zu erfüllen hat, die mit seiner sozialen Stellung verbunden sind. In einer guten Gesellschaft hat »jeder einzelne eine bestimmte Rolle und Stellung innerhalb eines genau definierten und festumrissenen Systems von Rollen und Stellungen«. MacIntyre betont die Heteronomität der primären Sozialisation: »Wir kommen mit einem oder mehreren zugeschriebenen Charakteren in die bestehende menschliche Gesellschaft – Rollen, in die wir hineingezwungen worden sind –, und wir haben zu lernen, was sie sind, damit wir verstehen können, wie andere auf uns reagieren und wie unsere Reaktionen auf sie erklärt werden können.« Pflichten werden jedem einzelnen also von außen auferlegt, und weil diese Pflichten nicht selbständig gewählt werden, können moralische Vorschriften nicht vernünftigerweise an subjektive Vorlieben angeglichen werden. Pflichten werden also durch den sozialen Kontext spezifiziert und können vom einzelnen nicht in Frage gestellt werden. Das heißt also, »daß es eine Ordnung gibt, die von uns das Verfolgen bestimmter Ziele verlangt, eine Ordnung, zu der eine Beziehung besteht, die unseren Urteilen die Fähigkeit zu Wahrheit oder Unwahrheit verleiht.«[26]

Das ist eine große Erleichterung, denn in einer derartigen Gesellschaft »weiß ein Mensch, wer er ist, wenn er seine Rolle in diesen Strukturen kennt; und wenn er das weiß, weiß er auch, wozu er verpflichtet ist und wozu der Inhaber jeder anderen Rolle und Stellung ihm gegenüber verpflichtet ist.« Moralisches Wissen besteht demnach aus einer Kenntnis der Rollen, dem Wissen also von meiner Stellung und ihren Pflichten. Anders als die Bürger der modernen liberalen Gesellschaften haben daher die Mitglieder der vorliberalen Gesellschaften keine Probleme, die Frage zu beantworten: »Wie soll ich leben? Was soll ich tun?« »Und solche Fragen sind auch nicht schwer zu beantworten, außer in Ausnahmefällen. Denn die bestehenden Regeln, die den Menschen ihren Platz in der sozialen Ordnung zuweisen und damit ihre Identität, schreiben auch vor, was sie schuldig sind und was man ihnen schuldig ist und wie sie zu behandeln und anzusehen sind, wenn sie scheitern, und wie sie andere behandeln und ansehen sollen, wenn diese anderen scheitern.« In vormodernen, traditionellen Gesellschaften gab es keine Trennung zwischen Tatsachen und Werten.[27] Moralische Fragen beantworteten sich von ganz alleine. Seine Pflicht zu kennen hieß, eine Tatsache zu kennen, die nicht zu übersehen war, zu wissen, was die anderen tatsächlich von einem erwarteten.

Ein Fehler in der Argumentation

Konformistische Reaktionen und unbedingtes Befolgen von Befehlen und Sitten scheinen nicht gänzlich rational zu sein. Dennoch behauptet MacIntyre, daß in der traditionellen Gesellschaftsordnung moralisches Verhalten das Ergebnis der Vernunft gewesen sei. Wie aber schon ein kurzer Blick auf das Beispiel mit der Uhr zeigt, benutzt er »vernünftig« immer noch in einem sehr begrenzten bzw. instrumentellen Sinn. Moralische Vorschriften bringen den einzelnen lediglich dazu, seine Rolle zu erfüllen, das heißt sich so zu benehmen, wie es für das Überleben seiner Gemeinschaft und die Verwirklichung gemeinsamer Ziele am nützlichsten ist. Das »gute« Individuum ist ein Individuum, das seiner Gruppe dient – genauso wie eine »gute« Uhr eine Uhr ist, die die Zeit fehlerfrei angibt. Eine »schlechte« Handlung andererseits ist eine Handlung, die der Verwirklichung eines gemeinsamen Zieles im Wege steht. MacIntyre definiert die »Vortrefflichkeit« eines Individuums in radikal anti-individualistischer Weise als »jene Geistes- und Charaktereigenschaften, die zur Verwirklichung ihres gemeinsamen Gutes oder der Güter beitrügen«.[28] In diesem Sinne werden der Wert der Erhaltung einer gegebenen Gesellschaftsordnung wie der der Zeitmessung einfach vorausgesetzt. Daß die Verwirklichung gemeinschaftlicher Ziele in einem nichtinstrumentellen Sinn »gut« ist, wird einfach aus den Quellen übernommen. Daß man gesellschaftliche Erwartungen wertschätzen sollte, ist eine Glaubensangelegenheit.

Teleologisches Denken ist nur in spezifischen Umständen überzeugend. Von einer Uhr kann man nur *in einem gegebenen Kontext, in dem ihre Aufgaben von außen her bestimmt sind*, sagen, daß sie einen Zweck oder eine Funktion hat. Wenn von außen her Ziele gesetzt sind, dann ist es relativ vernünftig, wertende Ausdrücke wie »gut« oder »schlecht« zu benutzen, um diejenigen Eigenschaften einer Sache zu bezeichnen, die die Verwirklichung dieses Zieles fördern oder behindern. MacIntyre schreibt dann am überzeugendsten über menschliche Tugenden und Laster, wenn er in dieser Weise über sie schreibt. So stattet etwa die Zugehörigkeit zu einer vormodernen sozialen Gruppe den einzelnen mit einem zuverlässigen moralischen Kompaß aus: »Ich gehöre zu dieser Sippe, jenem Stamm, dieser Nation. Was also gut für mich ist, muß gut für jemanden sein, der diese Rollen innehat. Als solcher erbe ich aus der Vergangenheit meiner Familie, meiner Stadt, meines Stammes, meiner Nation eine Vielzahl von Schulden, Erbschaften, berechtigten Erwartungen und Verpflichtungen. Sie konstituieren das Gegebene meines Lebens, meinen moralischen Ausgangspunkt.« Verpflichtungen werden also durch den sozialen Kontext, in den der einzelne unfreiwillig sozialisiert wird, genauer bestimmt. MacIntyre verallgemeinert diese Vorstellung von kontextuell ausgeformten Verpflichtungen bzw. Zielen in seiner Vorstellung einer »Praxis«. An dieser Stelle brauchen wir nicht weiter auf diese Facette seiner Theorie einzugehen. Es genügt zu bemerken, daß er eine menschliche Tugend definiert, indem er auf die Aufgaben Bezug nimmt, die dem einzelnen durch sein soziales Umfeld extern zugeschrieben werden: »Eine Tugend ist eine erworbene menschliche Fähigkeit, deren Besitz und Ausübung uns im allgemeinen in die Lage versetzt, die Güter zu erreichen, die einer Praxis inhärent sind [...]«[29]

An dieser Stelle kommt MacIntyre plötzlich von seinem Gedankengang ab. Ohne ein Wort der Erklärung versucht er aus seinem teleologischen Ansatz der moralischen Wertung alle Bezüge auf Kontexte, die die Zwecke näher bestimmen, zu löschen. Er geht von Menschen, die soziale Rollen innehaben, über zum Menschen an sich. Er wendet sich also von einer kontextuellen und einleuchtenden Form der Teleologie ab und einer akontextuellen und nicht einleuchtenden Form der Teleologie zu. Er hört auf, von extern gesetzten Zielen wie Zeitmessung und der dem einzelnen abverlangten Rollenerfüllung zu sprechen und beginnt statt dessen, über die *Realisierung von Wesensmäßigem* zu spekulieren. Er hätte niemals gewagt zu behaupten, eine »gute« Uhr sei eine Uhr, die das Wesen des Uhrseins bis zu seinem höchsten Grad verwirkliche. Das wäre seinen Lesern sicherlich nicht als eine »schlüssige Beweisführung« erschienen, »die von einer faktischen Prämisse ausgehend zu einer wertenden Schlußfolgerung gelangt«. Aber sobald er über den Menschen spricht, verlangt er uns ab, genau dieser Art von Argumentation zu folgen.

MacIntyre fragt sich nie, ob, abgesehen von jeder Funktion, die er von ihr erwarten mag, eine Uhr gut ist. Aber genau so lautet die Frage, die er in bezug auf den Menschen stellt. Was ist »der eigentliche Zweck des Menschen«? Was ist »ein guter Mensch«, abgesehen von jedem sozialen Kontext, der ihm die Verpflichtungen auferlegt, die er zu erfüllen hat? In einem Absatz definiert er sogar »Tugend« neu. Statt ein Zug zu sein, der dem Individuum ermöglicht, seiner sozialen Gruppe von Nutzen zu sein oder seine soziale Funktion zu erfüllen, taucht an dieser Stelle Tugend unerwarteterweise als Eigenschaft auf, die für das menschliche Gedeihen im Abstrakten notwendig ist.[30]

MacIntyre, so scheint es zunächst, schlägt diese neue Richtung ein, weil er ein treuer Aristoteliker ist: »In der Darstellung Aristoteles' haften die Tugenden nicht dem Menschen als Inhaber einer sozialen Rolle an, sondern dem Menschen an sich.«[31] Es ist ganz zweifellos schwierig, seinem Versuch zu folgen, das menschliche *Telos* unabhängig von jedem sozialen Kontext zu bestimmen. Diese Schwierigkeit resultiert hauptsächlich aus seiner unstimmigen Darstellung des Menschen außerhalb der Zusammenhänge, in die er eingebunden ist. An einer Stelle etwa lobt er Aristoteles' Trennung des

»Menschen an sich« von seinen sozialen Rollen, an einer anderen Stelle wieder spottet er darüber, daß der Liberalismus genau dasselbe tue. Dieser Widerspruch erregt unsere Aufmerksamkeit. Der Liberalismus hat demnach die Moral auf dieselbe Weise zerstört, wie Aristoteles sie gerettet hat, indem er nämlich versuchte, die Menschen außerhalb ihrer sozialen Rollen zu begreifen: »Nur wenn man sich den Menschen als Individuum vor und getrennt von allen Rollen denkt, hört der Begriff ›Mensch‹ auf, ein funktionaler Begriff zu sein.«[32] Der Versuch, an dieser Stelle eine zugrundeliegende Kohärenz auszumachen, lohnt kaum. Denn das Hauptargument, das in *Der Verlust der Tugend* vorgebracht wird, setzt entgegen allem, was MacIntyre explizit behauptet, voraus, daß auch Aristoteles mit seiner Behauptung im Unrecht ist, daß »die Tugenden nicht dem Menschen als Inhaber einer sozialen Rolle anhaften, sondern dem Menschen an sich«. Der Mensch ist ein geselliges Lebewesen. Sowohl in gesunden Gesellschaften als auch in gesunden Theorien wird »der einzelne [...] durch einige seiner Rollen bestimmt und identifiziert, Rollen, die den einzelnen an die Gemeinschaft binden, in denen spezifisch menschliche Güter ausschließlich erlangt werden können«.[33] Daher also bedeutet die Dekontextualisierung der Menschlichkeit, ob sie von Aristoteles oder Locke vorgenommen wird, immer auch schon das Ende der Moral als solcher.

Oder etwa nicht? Der Kern von MacIntyres Argumentation besteht in seinem Angriff auf eben diese dekontextualisierenden Tendenzen des Liberalismus. Aber dennoch trägt er selbst in vielen Abschnitten und zum Leidwesen seiner Leser seine eigene Form einer dekontextualisierenden Teleologie vor. Eine Uhr kann gut oder schlecht sein, selbst wenn niemand da ist, der die Uhrzeit wissen möchte. Es überrascht nicht, daß dieser Versuch, das menschliche *Telos* unabhängig von existierenden gesellschaftlichen Institutionen und konkreten gesellschaftlichen Anforderungen zu bestimmen, enttäuschend endet. MacIntyre behauptet allen Ernstes, daß »das gute Leben für den Menschen das Leben ist, das in der Suche nach dem guten Leben für den Menschen verbracht wird«.[34]

Wie gerät er in eine derart peinliche Situation? Wenn die Moral immer kontextuell ist, wie kann sie zugleich akontextuell sein? Wenn es tatsächlich das schlimmste intellektuelle Vergehen ist, die Menschen unabhängig von ihren überkommenen sozialen Rollen begreifen zu wollen, warum begeht MacIntyre diesen Fehler dann selbst? Auch dafür sind halbversteckte theologische Überzeugungen verantwortlich. Denn einerseits ist MacIntyre der Überzeugung, der Mensch sei – ganz abgesehen von allen gesellschaftlichen Zusammenhängen – »gut«, wenn er der rettenden Gottesschau folge. Das Christentum also, zumindest aber eine bestimmte Form des Christentums, und nicht das letzte Buch der *Nikomachischen Ethik* bringen ihn dazu, eine Dimension des Menschen zu betonen, die allen sozialen Einflüssen enthoben ist. Andererseits trägt er sehr stolz seine »Entdeckung« vor, daß der einzelne gesellschaftlich konstituiert sei. Aus dieser Prämisse leitet er dann die These ab, daß es niemals moralisch gerechtfertigt sein kann, den einzelnen als Individuum statt als Mitglied einer ihm zugeschriebenen Gruppe zu behandeln. Sein Antiindividualismus ist gelegentlich derart radikal, daß er an einer Stelle sogar das Konzept der Kollektivschuld verteidigt.[35] Es scheint also zwei MacIntyres zu geben: Der eine behauptet, moralische Verpflichtungen ergäben sich aus konkreten sozialen Zusammenhängen und Traditionen; der andere glaubt, sie seien der menschlichen Seele unmittelbar von Gott vorgeschrieben. Diese grundlegende Spannung beeinträchtigt und verzerrt sein Denken.

Weitere Widersprüche

Der Verlust der Tugend ist eine Fundgrube für kleine und große Widersprüche. So spricht MacIntyre beispielsweise mit Verachtung über die bürokratischen Autoritäten, aber scheint von der mittelalterlichen Kirche, die ja selbst nichts anderes war, begeistert zu sein. Er kritisiert die Unterscheidung von Rolle und Person, als sei sie eine neuzeitliche Erfindung, obwohl er weiß, daß sich die Kirche im Mittelalter darauf berief, wenn sie von ihrem Recht Gebrauch machte, Könige abzusetzen, und obwohl er der augustinischen Lehre anhängt, daß ein sündiger Priester dennoch berechtigt ist, die Sakramente auszuüben. Er prangert den modernen Typus des »Therapeuten« an und präsentiert sich doch der gesammten Gesellschaft als selbsternannter Therapeut. Er behauptet, die bürokratischen Manager seien völlig machtlos, und zugleich, sie hätten enorme Macht inne. Er verhöhnt die Bürokraten und Therapeuten, weil sie moralische Zwecke als »gegeben« behandelten. Zugleich rät er, Gottes Geboten zu folgen, bewundert die Helden Homers für ihr passives Sich-Einfügen in die Verpflichtungen, die ihre soziale Stellung ihnen auferlegte, sehnt sich nach einer »Ordnung, die von uns das Verfolgen bestimmter Ziele verlangt« und beklagt gar, »daß das eigentlich moderne Selbst, das emotivistische Selbst, mit dem Gewinn der Souveränität in seinem eigenen Reich seine traditionellen Grenzen verlor, die durch die soziale Identität und die Sichtweise des einem bestimmten und *gegebenen* Ziel zugeordneten menschlichen Lebens gezogen worden waren«.[36]

Entsprechend greift MacIntyre die Autonomie des Individuums an, indem er sich auf den Gottesglauben und die Verehrung überkommener gesellschaftlicher Traditionen beruft, verteidigt aber zugleich die »rationale Autonomie« gegen die Gefahr, die von einer mechanistischen Wissenschaft ausgeht. Er idealisiert »Erzählungen« (die mit fiktiven Inhalten verbunden sind) und verachtet »Fiktionen« (die als Erzählungen aufgebaut sind). Er setzt den Individualismus mit dem von ihm verachteten Liberalismus gleich, verteidigt aber dann die Idee des individuellen moralischen Verdienstes gegen Nozick und Rawls. Er schreibt verächtlich über Liberale, die »die moralische Einheit des Aristotelismus aufgegeben« haben, lobt aber Sokrates für seine Leugnung einer derartigen Einheit. Obwohl er behauptet, *Antigone* zu bewundern, schreibt er dennoch, derjenige, der sich vorstellen könne, daß die Bindung zu seinen Freunden und die zu seinem Vaterland in Konflikt miteinander gerieten, habe kein Vaterland, er sei »ein Bürger von nirgendwo«. Obwohl er instrumentelle zwischenmenschliche Beziehungen beklagt, klingt er doch manchmal so, als ob der einzelne das willfährige Werkzeug seiner gesellschaftlichen Gruppe sein sollte. Er drückt seine Bewunderung für die Jakobiner aus, die den »ewigen Junggesellen als Feind der Tugend« betrachteten – und lobt nur zwei Seiten weiter Jane Austen für ihren unterkühlten Haß auf die Haltung der Gesellschaft gegenüber unverheirateten Frauen. Er argumentiert, der Leitsatz »Andere Zeiten, andere Sitten«, »die Vielfalt und Verschiedenartigkeit der moralischen Überzeugungen, Bräuche und Begriffe«, unterminiere die Selbstzufriedenheit der westlichen Zivilisation.[37] Aber andererseits behauptet er mit Allan Bloom, daß eine derartige Offenheit gleichbedeutend mit moralischem Relativismus sei – also mit der verhaßtesten Begleiterscheinung des Liberalismus. Er verkündet, es gebe in der Moderne keine moralische Einigkeit, um nur wenig später eine Kehrtwendung zu machen und seine Zeitgenossen anzugreifen, weil sie sich darin *einig* seien, daß Freiheit und Gleichheit höhere Werte als Solidarität und Hierarchie sind. Seine Pose als einsamer Gegner einer nicht hinterfragbaren liberalen Orthodoxie paßt natürlich schlecht zu seiner Klage über die immerwährende Streitkultur in der Moderne.

Es lohnt noch, auf einen weiteren offenkundigen Widerspruch einzugehen. Einerseits, so MacIntyre, ist der Aristotelismus fest in den sozialen Kontext eingebunden, den die griechische Polis bietet. Andererseits können wir uns heute retten, wenn wir – die wir niemals eine griechische Polis in Augenschein nehmen werden – dem Aristotelismus folgen. Es ist interessant zu beobachten, wie MacIntyre diesen gefährlichen Übergang von einem soziologischen Relativismus zu einem moralischen Absolutismus vollzieht. Er behauptet zunächst, daß Aristoteles der Philosoph der Antike und Nietzsche der Philosoph der Moderne sei, um kurz danach die Ansicht zu vertreten, daß auch Aristoteles ein Philosoph der Moderne sei. Wie kann MacIntyre beides zugleich behaupten? Wie kann er so schnell und nebenbei von der Ansicht, Aristoteles liefere die zutreffende Darstellung einer Gesellschaft, die unserer vollständig unähnlich sei, zu der Meinung übergehen, er liefere auch eine zutreffende Darstellung unserer eigenen Gesellschaft?

Diesen Gedankensprung zu verstehen bedeutet zugleich, zu verstehen, wie MacIntyre in tiefster Verzweiflung noch Hoffnung hegen kann. Der unausgesprochene Pessimismus in *Der Verlust der Tugend* ist ganz offenkundig.[38] Das Buch geht davon aus, daß wir moralische Einmütigkeit brauchen und wollen, sie aber niemals erlangen können. Leider kann »unsere Gesellschaft nicht darauf hoffen, moralische Übereinstimmung zu erzielen« und »moderne Politik kann keine Sache mit wirklichem moralischen Konsens sein«. Vorausgegangene Versuche in der Moderne, die antike Tugend wiederzubeleben, endeten katastrophal: »Die Jakobinerklubs und ihr Niedergang lehren uns, daß man nicht darauf hoffen kann, die Moral mit Gültigkeit für eine ganze Nation wiederzuentdecken.« Noch direkter: »Wir befinden uns alle bereits in einem so verhängnisvollen Zustand, daß es keine Allheilmittel dagegen mehr gibt.«

Allerdings dringt ein Lichtschimmer durch diese alles beherrschende Dunkelheit. Denn die derzeitige Krise läßt genügend Raum für Heilmittel mit begrenzter Wirkung, zu denen das zählt, was MacIntyre in dem berühmt gewordenen Höhepunkt des Buches vorschlägt: »Was in diesem Stadium zählt, ist die Schaffung lokaler Formen von Gemeinschaft, in denen die Zivilisation und das intellektuelle und moralische Leben über das neue finstere Zeitalter hinaus aufrechterhalten werden können, das bereits über uns gekommen ist.«[39] In dieser schweren Zeit, in der die alten Werthierarchien zusammengebrochen sind, müssen sich die wohlgesinnten Männer zusammentun und sich auf die Hügel zurückziehen. Früher haben die Unzufriedenen versucht, die Gesellschaft zu ändern, heute sollen sie die Stadt verlassen.

Allerdings sollte man diese ins Auge fallende Verlautbarung nicht überbewerten. Die Aufforderung, einer »Kommune für Aussteiger« beizutreten, ist noch nicht alles, was MacIntyre zu bieten hat.[40] Denn sein Argument für einen erneuerten Aristotelismus unterstützt keineswegs die Schaffung von zurückgezogenen Subkulturen. Er fragt statt dessen: »Wie kann der Aristotelismus dann als moralische Gegenwart in einer Welt formuliert werden, in der es keine Stadtstaaten gibt?«[41] Die Antwort darauf hat nichts mit begrenzten Lösungen zu tun, wie kommunitaristische Oasen in der liberalen Wüste es wären. MacIntyre möchte uns lehren, die *latente Gemeinschaft* wahrzunehmen, die wir bereits besitzen, ohne es zu wissen. Wir können unsere verborgene Gemeinschaftsnatur erkennen, so schlägt er unerschrocken vor, indem wir uns selbst einfach vom aristotelischen Standpunkt aus betrachten.

Man beachte den vorsichtigen Ton, in dem MacIntyre diese These formuliert: »Die moderne Gesellschaft ist häufig, zumindest an der Oberfläche, nichts als eine Ansammlung Fremder, von denen jeder unter minimalen Einschränkungen den eigenen Interessen nachjagt.« Die moderne Gesellschaft ist also doch nicht zutiefst atomistisch, sondern nur an ihrer Oberfläche. Unter der fragmentarischen Oberfläche hat sich ein gemeinsames Verständnis erhalten. Um uns von unserer modernen Misere zu befreien, muß MacIntyre nicht mehr tun, als die verstellenden Schichten liberaler Ideologie abzuschälen, die unser latent kommunitaristisches Selbst umhüllen. Der Aristotelismus wälzt die sozialen Institutionen nicht um, er stellt nur »die Verständlichkeit und Rationalität unserer moralischen und sozialen Haltungen und Verpflichtungen wieder her«.[42] Das scheint eine vergleichsweise schmerzlose Prozedur zu sein. Selten oder vielleicht niemals zuvor ist eine umwälzende Politik derart gütig gewesen. MacIntyre möchte sich unsere »moralischen und sozialen Haltungen und Verpflichtungen« vornehmen und ihnen »eine neue Verständlichkeit und Rationalität« geben. Damit wir dazu in der Lage sind, will er uns eine neue Sprache liefern, denn um die Gesellschaft neu zu schaffen, müssen wir sie nur neu beschreiben. So kann ein Philosoph die Welt revolutionieren. Indem er die Fehlschlüsse des liberalen Denkens widerlegt – daß der einzelne unabhängig von der Gesellschaft existiert usw. –, wird MacIntyre uns vor uns selbst retten.

Doppelmoral

In unserer augenblicklichen und daher degenerierten Sprache der Moral macht MacIntyre »eine unheitliche Mischung ungeordneter Bruchstücke« aus bzw. »schlecht zusammenpassende begriffliche Bruchstücke aus verschiedenen Abschnitten unserer Vergangenheit«. Diese Bemerkung fußt auf der wenig überzeugenden Ansicht, daß diese moralische Kakophonie nur für die moderne Welt charakteristisch sei. Seinem gesamten Argumentationszusammenhang liegt folgendes Bild zugrunde: Die Vase war einstmals heil, ist aber heute zerbrochen. Doch dieses Bild ist irreführend, denn vom archäologischen Standpunkt aus war die Vase schon immer in Scherben. MacIntyre bemerkt kritisch, »daß die moderne moralische Äußerung und Praxis nur als eine Reihe bruchstückhafter Überreste einer älteren Vergangenheit verstanden werden können«.[43] Aber Ähnliches ließe sich über alle Gesellschaften sagen, von denen wir wissen.

Beinahe alles, was wir täglich sagen, reicht in seinem Ursprung bis in eine schattenhafte Epoche, von der wir nur wenig wissen. Unsere Wörter klingen an nur halb verstandene Anspielungen und Konnotationen an. *Das ist schon immer so gewesen* – dies ist das palimpsistische Wesen jeder bekannten menschlichen Kultur. Gleichgültig, wie weit wir in den Dunst der Vergangenheit zurückblicken, wir werden immer Gesellschaften finden, die mit nur halbverstandenen, versteinerten Wissensresten aus noch weiter zurückliegender Vergangenheit überhäuft sind. Die Menschen haben sich immer schon mit gesellschaftlichen Codes behelfen müssen, deren Geschichte und vollständige Bedeutung ihnen verborgen blieben. Niemand hat jemals in einer völlig durchsichtigen und verständlichen Kultur gelebt. Das hartnäckige Fortwähren einer halb vergessenen Vergangenheit ist ein universeller Aspekt der menschlichen Zivilisation. Diese Tatsache wenigstens kann nicht überzeugend in eine Kritik der Moderne umgedeutet werden oder in eine Entschuldigung dafür, daß man den Liberalismus verachtet. (Man könnte ganz im Gegenteil behaupten, daß es den modernen Gesellschaften viel besser als den traditionellen Gesellschaften gelingt, die Geister der Vergangenheit zu bannen.)

MacIntyre kann nur deshalb die Geschichte der westlichen Welt als einen Prozeß des Niedergangs darstellen, weil er in typisch antiliberaler Manier mit zweierlei Maß mißt.[44] Ungeachtet all seiner Behauptungen liefern die modernen Rollen und sozialen Erwartungen für den einzelnen heute genausoviel praktische Orientierung wie ihre archaischen Äquivalente in früheren Zeiten. Wie uns schon Platons Charakterisierung des Thrasymachos in Erinnerung ruft, ist der Mißbrauch einer Sprache der Moral als Mittel, unmoralische Zwecke zu verbergen, ganz und gar nicht auf die Moderne beschränkt. Die moralischen Konflikte, die Max Weber schildert, sind keineswegs »subjektiver« als die von Sokrates beschriebenen.[45] Wenn MacIntyre den Menschen um sich herum zugehört hätte, dann wüßte er, daß »der Mensch« heute so sehr ein »geschichtenerzählendes Tier« ist wie seit jeher. Das liberale Interesse an Gesetzen hat niemals einen Ausverkauf der Tugend bedeutet. Und der Begriff der »Freundschaft« ist der modernen Welt keineswegs »fremd«.[46] Abgesehen davon gibt es einen Kern an moralischer Übereinstimmung in den modernen liberalen Gesellschaften. Nicht einmal der extremste Reaktionär würde heute auch nur im Traum daran denken, die Sklaverei wieder einzuführen, während selbst der aufgeklärteste Philosoph Athens offensichtlich nicht einmal im Traum daran gedacht hätte, sie abzuschaffen. Das Tabu der Versklavung von Menschen, das wahrscheinlich in Europa um 1700 entstand, ist eine moralische Prämisse, die von allen Mitgliedern der zeitgenössischen liberalen Gesellschaften geteilt wird. Dieses Verbot ist genau die Art von Norm, von der MacIntyre behauptet, sie könne heute nicht mehr existieren. Zwar erwähnt MacIntyre ganz nebenbei »Aristoteles' unhaltbares Eintreten für die Sklaverei«, aber als unnachgiebiger Gegner der »Moral der Moderne« hält er sich nicht allzulange bei diesem Thema auf.[47]

Kapitel 4

Moralische Konflikte in der vormodernen Welt

Auch die Vergangenheit ist reich an »endlosen« und »unlösbaren« moralischen Kontroversen. Aber MacIntyre »versucht nie, die Anzahl an Meinungsverschiedenheiten über die Moral in unserer Kultur mit der Anzahl solcher Meinungsverschiedenheiten in der Vergangenheit zu vergleichen«, wie ihm ein Kritiker vorwirft.[48] Und gerade dieser Verzicht auf eine vergleichende Analyse schwächt seine Argumentation beträchtlich. Er hat gute Gründe, diesem Aspekt nicht weiter nachzugehen. Die besten Kapitel von *Der Verlust der Tugend* sind tatsächlich jene, die ausführlich von vormodernen moralischen Konflikte handeln, was einer der verblüffendsten, um nicht zu sagen, komischsten Züge dieses Werkes ist. Denn MacIntyres Ausgangsthese lautet ja, daß moderne moralische Konflikte einen gefährlichen Verfall im Vergleich zu einer vorausgegangenen moralischen Harmonie darstellen. Daher überrascht er seine Leser, wenn er sie plötzlich über »den allgemeinen Zustand der Inkohärenz im Umgang mit der wertenden Sprache in der Kultur Athens« informiert. Ist es möglich, daß sich auch die Moral Athens in einem Zustand »heilloser Unordnung« befand? Vielleicht befällt »heillose Unordnung« alle Gesellschaften, seien sie nun vergangen oder modern. Wenn das zuträfe, dann kann die westliche Geschichte nicht als ein moralischer Niedergang dargestellt werden, und MacIntyre widerspräche sich selbst. Er sagt zunächst, die Uneinigkeit über moralische Normen sei spezifisch neuzeitlich und fügt dann gleichsam in Klammern hinzu, daß sie auch in der Antike und im Mittelalter verbreitet war. Das ist mehr als bloß ein unbedeutendes Zurückweichen in der Schlacht, es kommt einer bedingungslosen Kapitulation oder einem vollständigen Rückzug gleich. Als wolle er masochistisch seine eigene Widerlegung noch betonen, kehrt MacIntyre immer wieder zu der moralischen Kakophonie der griechischen Antike zurück und behauptet, daß »der moralische Wortschatz und die Ansichten der Griechen doch um einiges inkohärenter sind, als wir ohne weiteres erkennen«. An verschiedenen wichtigen Stellen wird Sophokles statt Aristoteles zum Helden des Buches, und zwar genau deswegen, weil der Autor der *Antigone* im Unterschied zum Autor der *Nikomachischen Ethik* erkannte, daß es dauerhafte moralische Konflikte gibt.[49]

MacIntyres überraschendes Interesse an der moralischen Unordnung und Uneinigkeit in der Antike wird dann noch von einem Kapitel über das Mittelalter ergänzt, in dem er sich beinahe ausschließlich auf »die Heterogenität des mittelalterlichen Denkens« konzentriert. Er beschreibt das mittelalterliche Europa als eine Kultur, »in der das menschliche Leben Gefahr lief, im Konflikt zu vieler Ideale, zu vieler Lebensweisen zerrissen zu werden«. Die einheitliche und monolithische christliche Kultur sei ein Mythos, so erklärt er uns. »Die Kultur des Mittelalters war ein empfindliches und komplexes Gleichgewicht einer Vielzahl ungleicher und widersprüchlicher Elemente.« Mit besonderem Scharfsinn konzentriert sich MacIntyre auf die tiefe moralische Unstimmigkeit zwischen dem Christentum, dem Feudalismus und den überlebenden Fragmenten graeco-romanischer Kultur. Insbesondere interessiert er sich dabei für die »Spannung zwischen der Bibel und Aristoteles«, die über das gesamte Mittelalter hindurch anhielt. Natürlich war ein Konflikt zwischen diesen beiden Sichtweisen unvermeidlich, denn zunächst einmal hätte »Aristoteles Jesus Christus ganz bestimmt nicht bewundert«. Jesus lehrte, wir sollten die Sünder lieben, während Aristoteles behauptet, ein guter Mann könne nicht mit einem schlechten Mann befreundet sein. Das Christentum ruft dazu auf, den Schuldigen zu vergeben; die heidnischen Philosophen lehren im allgemeinen, diejenigen, die das kollektive Ziel behindern, sollten bestraft werden. *Hamartia* ist nicht gleichbedeutend mit »Sünde«, und das klassische Griechisch kennt auch keine Entsprechungen für die Begriffe »Reue« und »Nächstenliebe«. Aristoteles spricht an keiner Stelle von Geduld, hätte die Nächstenliebe nicht für eine Tugend gehalten und bezeichnete die Demut gar als Sünde. Die Geschichte vom gekreuzigten Verbrecher hätte ihn sprachlos gemacht. Aus griechischer Sichtweise kann ein einzelner durch Zufall (Häßlichkeit, Kinderlosigkeit, Priamos' Unglück) vom allgemeinen Guten ausgeschlossen werden, für einen Christen hingegen kann kein Unglück einen Menschen aus dem menschlichen Guten ausschließen, es sei denn, er entschließe sich bewußt zum Bösen. Ebenso »hat die Vorstellung der schließlichen Sühne eines fast vollständig sündigen Lebens im System des Aristoteles keinen Platz.« Man könnte weitere Beispiele nennen. Die mittelalterliche Kultur war ein unstimmiges Mischmasch aus ritterlich-feudalen, aristotelischen und christlichen Idealen. Wenn man die radikale Disharmonie zwischen der griechischen und der biblischen Sichtweise bedenkt, ist es nicht überraschend, daß »mittelalterliche Gesellschaften im allgemeinen Gesellschaften waren, in denen Konflikte, Gesetzlosigkeit und eine bunte Vielfalt herrschten«.[50]

Diese Analyse ist bestechend und zutreffend; nicht weniger allerdings verblüfft sie auch, fährt MacIntyre doch fort, darüber zu klagen, daß die Harmonie der Vergangenheit und der »Rahmen der mittelalterlichen Übereinstimmung« verlorengegangen seien.[51] Wenn es so viele Konflikte im vormodernen Europa gab, warum spricht er dann von einem schwerwiegenden kulturellen Verlust? Wenn die Vase bereits zerbrochen war, warum wirft er dann dem Liberalismus vor, er habe sie erst zertrümmert, er habe eine wunderbare Tradition moralischer Übereinstimmung zerstört? Wenn sowohl die Antike als auch das Mittelalter Mischkulturen waren, überreich an Dissonanzen über die Moral, was ist dann so einzigartig an der modernen Welt? MacIntyre beantwortet diese Fragen nicht nur nicht, er formuliert sie nicht einmal klar und deutlich.

Rationalität und Tradition

Obwohl er nicht gerade ein Held der Widerspruchsfreiheit ist, bleibt MacIntyre bewundernswert unbeirrt. Sein missionarischer Eifer läßt auch in seinen Schriften *Whose Justice? Which Rationality*? (1988) und *Three Versions of Moral Enquiry* (1990) nicht nach, in denen er seiner apostolischen Warnung gegen die liberale Häresie weiterhin nachgeht. Alle Themen, die in *Der Verlust der Tugend* bereits angeklungen sind, tauchen hier wieder auf. Er beginnt mit der Feststellung, daß die moralischen Debatten der Moderne unlösbar seien, und setzt dann zu einer Erklärung und Lösung dieses Problems an, indem er »eine Darstellung dessen, was Rationalität ist« liefert. Anfangs argumentiert er, es gebe »keine Rationalität an sich« und daher müsse moralisches Denken mit überkommenen Begriffen und Normen belebt werden.[52] Nur »als Mitglieder« einer Gruppe könnten wir moralisch denken und nur, indem wir uns auf Wertüberzeugungen beriefen, die in einer gemeinsamen Kultur beglaubigt würden, könnten wir unsere Handlungen rechtfertigen. Ein Fisch kann nicht schwimmen, wenn man ihn aus dem Wasser nimmt, und ein moralisch Handelnder kann nicht rational sein, wenn man ihn aus seiner Tradition löst. Das klingt nach kulturellem Relativismus, aber Relativismus ist ganz und gar nicht das, was MacIntyre im Sinne hat.

Wie gewöhnlich verficht er diesen theoretischen Standpunkt, indem er eine beachtliche Bandbreite an Texten aus der Antike, dem Mittelalter und der Neuzeit kommentiert. Er teilt uns zwar mit, daß wir die Moralphilosophen historisch, in ihren ursprünglichen Zusammenhängen verstehen sollten. Aber auch hier schreibt er eher polemisch als historisch. »Der Liberalismus« bleibt sein Hauptangriffsziel, obwohl er ihn diesmal weniger oft beim Namen nennt. Die »gesellschaftliche Ordnung des modernen Individualismus« wird weiterhin mit moralischem »Niedergang« in Verbindung gebracht, und das »Gespenst« der Aufklärung muß immer noch ausgetrieben werden. Es überrascht nicht weiter, daß er sich über Kants Versuch, »eine Moral für traditionslose Individuen« zu schaffen, vernichtend äußert.[53] Die Liberalen, so behauptet er, hassen die Tradition und sind sich zugleich nicht einmal der Tatsache bewußt, daß sie existiert. Sie erheben Unbehaustheit und Entfremdung zu moralischen Idealen. (Rawls macht sich ihm zufolge einer Sünde schuldig, weil er annimmt, daß die »ideale Rationalität« das ist, wozu ein »außerhalb der Gesellschaft stehendes Individuum gelangen würde«, und daß sich Gerechtigkeit auf Merkmale zurückführen lasse, die Menschen unabhängig von ihrer Zugehörigkeit zu bestimmten Gemeinschaften haben.)

Daher sind wir auch nicht verwundert, wenn wir erfahren, daß die griechische Polis ein geeigneter Ort für die rationale Begründung von Zielen war, während »die Moderne des 20. Jahrhunderts«, von Zweifeln zerfressen und demoralisiert, das nicht mehr ist. In unserer Gesellschaft hat »nichtrationale Überredung rationale Argumente ersetzt«.[54] Unnötig zu sagen, daß er an keiner Stelle Beweise dafür anführt, daß rationale Argumente eine bedeutende Rolle in vorliberalen Gesellschaften spielten. *Whose Justice? Which Rationality?* handelt weniger von Rationalität und Gerechtigkeit als vom Untergang des westlichen Denkens, eines Denkens, das deshalb angeblich so verengt ist, weil es sich so weit öffnet. Obwohl er über die therapeutische Kultur der »Moderne« spottet, stellt sich MacIntyre wiederum als Prototyp eines Therapeuten dar, der anbietet, unsere moralischen Leiden zu heilen, indem er über die Tradition spekuliert.

Aber was ist diese Tradition? Diese elementare Frage beantwortet er weniger zufriedenstellend als man das erwarten könnte. MacIntyre bringt Traditionen, ohne sonderlich systematisch zu sein, mit Gesellschaften, Gruppen, Kulturen, Sprachen, Wissenschaften und Glaubensgemeinschaften in Verbindung – ganz abgesehen davon, daß er sie außerdem auch noch bestimmten Lebensstilen zurechnet, zu denen Kleidung und Eßmanieren gehören, sowie bestimmten Forschungsrichtungen. In seiner Diskussion geht er davon aus, daß manche Traditionen durch eine naive Selbstevidenz charakterisiert sind, also keine Fragen gestellt und keine Alternativen bedacht werden, während andere sich durch ein geschärftes Selbstbewußtsein und einen anhaltenden Kampf mit inneren und äußeren Kritikern auszeichnen. Aber wir erfahren nichts Aufschlußreiches über diese verschiedenen Arten von Tradition. Im allgemeinen, wenn auch nicht durchgängig, scheint MacIntyre einem intellektuellen Ansatz zuzuneigen: »Eine Tradition ist ein über lange Zeit gültiges Argument.«[55]

Auf den letzten Seiten von *Whose Justice? Which Rationality?* setzt MacIntyre den Präliminarien schließlich ein Ende: Er kündigt an, sein nächstes Buch als Sprecher einer der Traditionen zu verfassen, die er soeben beschrieben hat. Und *Three Versions of Moral Enquiry* ist dann auch tatsächlich etwas deutlicher in bezug auf den Standpunkt des Autors, d.h. hier wird endlich offenkundig, auf wessen Seite er eigentlich kämpft. Aber bereits das erste Buch ist unverhohlen parteiisch, denn seine Argumentation ist um die streitbare Annahme herum aufgebaut, daß insbesondere *eine* Tradition alle ihre Hauptgegner besiegen könne. In *Der Verlust der Tugend* hatte MacIntyre noch bemerkt, Thomas von Aquin sei »in der Geschichte, die ich gerade schreibe, überraschenderweise eine Randfigur«.[56] In seinen beiden folgenden Werken gibt er den Lesern, was sie erwarten. Er greift »die kulturelle und politische Hegemonie des Liberalismus« im Namen des Thomas von Aquin an. Die Tradition, der MacIntyre selbst zugehört, hat also nunmehr, obwohl »sie sich noch im Entstehungsprozeß befindet«, einen autoritativen Fürsprecher.

MacIntyres parteiisches Denken leuchtet in einer spitzen Nebenbemerkung über die *New York Times* auf, die er »dieses Gemeindeblättchen der wohlbetuchten und sich selbst beweihräuchernden liberalen Aufklärung« nennt. (Soweit ich das beurteilen kann, ist es das einzige Mal, daß er das Wort »Gemeinde« in einer derogativen Bedeutung verwendet.) Die Leser der *Times* scheinen ihm »genauso sehr eine Gemeinde des vorrationalen Glaubens« zu sein wie »die Gemeinden des evangelischen Fundamentalismus«. Mehr noch, sie seien sogar noch weniger rational als die letzteren: Im Unterschied zu denjenigen, die sich in Christus wiedergeboren glauben, »erkennen« die Angehörigen des Ostküsten-Establishments »sich nicht einmal als das, was sie sind«. MacIntyre schreibt verständnisvoll und in unverhohlener Übertreibung über den protestantischen Fundamentalismus, weil der Feind seines Feindes sein Freund ist. Er wirft der liberalen Gesellschaft vor, sie gebe vor, tolerant zu sein, aber »räume anderen nur wenig Platz ein [...], den Liberalismus in Frage zu stellen«.[57] (Dieser Vorwurf kommt aus dem Munde eines Mannes, der eine gute Stelle innehat und durchaus frei ist, seine Sache zu verfechten; das macht ihn nicht eben überzeugender. Aber man sollte nicht unterschätzen, wie attraktiv das Argument psychologisch gesehen ist; wenn es wirklich keinen Raum für Kritik gibt, dann muß das plötzliche Auftauchen eines Kritikers wie ein Wunder erscheinen.)

MacIntyre bestreitet gelegentlich, daß es neutrale, von Traditionen unabhängige Wertmaßstäbe gibt, die uns ermöglichen, unter verschiedenen Traditionen zu wählen. Wenn wir allerdings darauf achten, wie er seine wohlklingenden Reden in die Praxis umsetzt, beginnen wir zu zweifeln. Denn implizit und verschleiert unterscheidet er selbst zwischen guten und schlechten Traditionen, aus Gründen, die außer- oder vielmehr überhalb der Traditionen liegen. Eine gute Tradition fördert ihm zufolge – gleichgültig, welchen Inhalts sie ist – ein Gefühl der Gewißheit, setzt endlosen Debatten ein Ende, bestärkt die soziale Solidarität und verleiht dem Leben »Einheit«. Eine schlechte Tradition – gleichgültig, welchen Inhalts – ist eine Tradition mit immanenten Widersprüchen, die irrational in dem Sinne ist, daß sie sich selbst widerspricht. Der Liberalismus widerlegt sich in diesem Sinne selbst, denn er strebt nach einem umfassenden Kosmopolitismus und endet in Engstirnigkeit und Beschränktheit. Außerdem gehen die Liberalen, so MacIntyre, von der durch die Erfahrung widerlegten Annahme aus, Vorlieben ergäben sich von Natur aus, statt gesellschaftlich geprägt und geformt zu sein.

Die Polis

Als rückwärtsgewandter Kulturkritiker setzt MacIntyre immer wieder auf die griechische Polis als Instrument, das den Menschen von heute züchtigen soll. Er geht dabei nicht so weit wie Strauss. Er beruft sich – zumindest zunächst – nicht wie dieser auf die athenische Philosophie im Unterschied zu den gewöhnlichen Überzeugungen der Durchschnittsathener. Anfangs beruft er sich auf das griechische Gemeinschaftsleben selbst; die Antike zu untersuchen hieße, zu erkennen, wie sehr wir Heutigen sozial degeneriert seien. Entsprechend gemäßigt schildert er dann auch den antiken Sklavenstaat. Die ersten Kapitel von *Whose Justice? Which Rationality*? lesen sich wie eine Mixtur aus Aristoteles und einem Reiseprospekt: »Die Polis ist eine menschliche Gemeinschaft, die durch die Erreichung ihres Ziels *[Telos]* vervollkommnet und vollendet wird.«[58] Die Polis zielt »auf das Gute und Beste an sich«. Jeder Bürger strebe nach Vortrefflichkeit und beschäftige sich mit »einer Tätigkeit, für die seine Seele vollkommen geeignet« sei, und die Stadt verbinde all diese Anstrengungen zu einem harmonischen Ganzen. Wieder weist er darauf hin, daß Freundschaften nicht auf einer so flüchtigen Gefühlsregung wie gegenseitiger Sympathie oder dem Interesse an der Persönlichkeit eines anderen Menschen beruhen, sondern »jeder an dem anderen primär insofern interessiert [ist], als sie beide eine Beziehung zum Guten haben«. Und die Bürger hätten sich vergleichsweise wenig mit Handel, einem Kosten-Nutzen-Denken, instrumentellem Denken und Interessenkonflikten auseinanderzusetzen, weil sie alle gemeinsame Auffassungen und gemeinsame Ziele besäßen.

Ganz anders als die modernen Gesellschaften bot die Polis einen »Ort der Rationalität«. Sie war ein Forum, in dem die Bürger sich mühelos bewegen konnten. Sie ermöglichte ein »Nachdenken« über moralische Fragen, weil sie anscheinend ihre Mitglieder in ein festes Wertesystem und in ein eng gewobenes Netz von sozialen Rollen einband – ein Argument, das MacIntyre einfach aus *Der Verlust der Tugend* übernimmt. Eine Moral, die sich »auf meine Stellung und ihre Pflichten« berief, lieferte jedem Bürger zu jeder Zeit ganz unmißverständliche Vorschriften. So erklärt sich, wie Rationalität durch Zugehörigkeit »geschaffen« werden kann: »Als jemand, der sich selbst mit seiner sozialen Rolle identifiziert«, tut jeder, »was seine jeweilige Rolle von ihm oder ihr verlangt.« In einer solchen Gesellschaft »kann es zu jedem gegebenen Zeitpunkt immer nur eine richtige Handlung geben.«[59] Rationalität bedeutet daher – Gott sei's gelobt – die Abwesenheit von Entscheidungen.

Das »höchste Gut« des Bürgers ist in das Gefüge seiner Handlungen hineinverwoben, es liegt nicht in der Natur des Menschen an sich. Die Güter sind also handlungsspezifisch. Die Polis als ein alles überwölbendes System von Handlungen gewährleistet, daß die »Güter nach ihrem Wert gestaffelt« und den Bürgern entsprechende Pflichten zugewiesen werden. Dagegen sind alle nicht zur Gesellschaft Gehörenden moralisch ungebunden. MacIntyre argumentiert wiederum, daß der einzelne das Gute, das der Grund seiner Handlungen ist, nur dann verstehen kann, wenn er eine spezifische Rolle innerhalb eines geordneten Handlungszusammenhanges einnimmt. Nicht-Bürger können dieses Gut nicht verstehen, ähnlich wie jemand, der nicht Wissenschaftler ist, heutzutage die Diskussionen in der Teilchenphysik nicht verstehen kann. MacIntyre erläutert das anhand eines Beispiels: »Ein Hockeyspieler oder eine Hockeyspielerin hat in den letzten Sekunden eines entscheidenden Spiels die Gelegenheit, einem anderen Mitglied des Teams zuzuspielen, das besser steht, um ein Tor zu schießen. Er oder sie muß notwendigerweise, so könnten wir sagen, diesem Mitglied den Ball zuspielen, wenn er oder sie die Situation korrekt wahrgenommen und beurteilt hat.« Das angemessene Verhalten leuchtet also jemandem, der in eine gesellschaftliche Praxis eingebunden ist, »notwendig und unmittelbar« ein – mit der unwiderstehlichen Kraft einer religiösen Offenbarung. MacIntyre empfiehlt diese säkulare Übereinkunft, wie nur ein religiöser Mensch es tun kann: »Daß es keine praktische Rationalität außerhalb der Polis geben kann, ist die aristotelische Entsprechung zu *extra ecclesiam nulla salus*.«[60]

MacIntyre entdeckt in der Polis also erneut die Erlösung, besonders die Erlösung von Zweifeln und Zaudern. Das Individuum in der Moderne »hat zu viele Halbüberzeugungen und zu wenige feste und konsequente Überzeugungen.«[61] Der einzelne denkt sorgfältig darüber nach, was er am besten tun sollte, nur um dann im letzten Moment noch einmal seine Meinung zu ändern. In einer gut organisierten Tradition kann es solch ein flüchtiges und wechselhaftes Verhalten nicht geben. Sie liefert eine Alternative zum Skeptizismus und beruhigt die Zweifel. Durch die Sprache, die er lernt, wird der Mensch auf unhinterfragbare Glaubensüberzeugungen über Tugenden und Laster »festgelegt«. (Daß die Sprache auch stets die Möglichkeit bereithält, »Nein« bzw. »Ich finde nicht« oder »Ich weiß nicht genau« zu sagen, ist ein verwirrender Gedanke, dem MacIntyre sich nicht stellen mag.) Soziale Rollen rücken desorientierende Alternativen aus unserem Blickfeld: Die »Schweineherde« gibt dem »Herrn«, was er verlangt, ohne Fragen zu stellen. Zunächst befreit die Erziehung zur Tugend den einzelnen von seinem Ringen um Entscheidungen, und die unfreiwillige Disziplin wandelt rohe Leidenschaften in Tugend und »das richtige Begehren« um. Später, so geht das Gedankenmodell, kann der tugendhafte Bürger automatisch handeln; das Böse wird ihn nicht einmal mehr in Versuchung führen, und spontan wird er immer das Gute wählen.

Eine überraschende Kehrtwendung

Eine spezifische Handlung kann in der Tradition, innerhalb derer sie stattfindet, gutgeheißen werden. Aber wie rechtfertigen wir die Tradition insgesamt? Würde MacIntyre etwa die Witwenverbrennung nur deshalb für gerechtfertigt halten, weil sie in einer bestimmten Kultur traditionell ist? Dieses Dilemma tauchte schon in der fehlerhaften Definition von Tugend in *Der Verlust der Tugend* auf, ohne dort gelöst zu werden. MacIntyre definierte Tugend dort als eine Eigenschaft, die es dem einzelnen ermöglicht, seine soziale Rolle zu erfüllen. Was aber, wenn die Rolle schlecht ist? Sollen wir etwa solche Eigenschaften »Tugenden« nennen, die es einem Mafia-Killer ermöglichen, sich so zu benehmen, wie man es von ihm erwartet? Gewiß ist es möglich, »gut« und »böse« zu definieren, indem wir auf die jeweils gesellschaftlich vorgegebenen Ziele und Rollen Bezug nehmen. Aber wenn wir moralische Urteile ausschließlich in dieser Weise verstehen, dann verstellen wir uns die Möglichkeit, nach der »Gutheit« bzw. »Schlechtheit« der vorgegebenen Rollen und der damit verbundenen Erwartungen zu fragen. Mit der »instrumentellen Vernunft« können wir erkennen, welche Handlungen die Funktion erfüllen, die uns durch den sozialen Kontext auferlegt ist, aber sie ist nutzlos, wenn wir die Frage beantworten wollen, ob der gesellschaftliche Kontext selbst moralisch gut ist.

In *Der Verlust der Tugend* räumt MacIntyre während der Diskussion der archaischen Gesellschaften ein: »Jede Wahl entsteht innerhalb des Systems; das System selbst kann deshalb nicht gewählt werden.« Als selbsternannter Fürsprecher einer höheren »Vernunft« kann er sich mit dieser Einschränkung nicht abfinden. Da er nicht erwarten kann, daß die Menschen auch jedes schlechte Merkmal ihrer sozialen Identität akzeptieren, ist er gezwungen zu behaupten, daß in einer idealen Gesellschaft die gemeinschaftlichen Wertmaßstäbe selbst der Bewertung unterzogen werden. Und es ergibt sich, daß ein Athener seinen homerischen Vorfahren genau darin überlegen ist; er hat »Maßstäbe, anhand derer er das Leben seiner eigenen Gemeinschaft in Frage stellen [...] kann.«[62] Allerdings müssen diese Maßstäbe aus einer überlieferten Tradition stammen, nicht aus »der Rationalität an sich«.

MacIntyre kehrt zu diesem Problem und seiner unbefriedigenden Lösung in *Whose Justice? Which Rationality?* zurück. Was ist so vernünftig daran, einem sozial gegebenen Ziel zu folgen? Warum spielen wir überhaupt Hockey? Um diese

Fragen zu beantworten und den Leser aus dem Gleichgewicht zu bringen, begibt sich MacIntyre wieder auf die antikontextuelle Suche nach »einem grundlegenden Maßstab, der außerhalb aller etablierten Praktiken steht« bzw. nach »Prinzipien mit einer von der gesellschaftlichen Ordnung unabhängigen Autorität«. Diese überraschende Kehrtwendung ist ein wiederkehrendes Merkmal des »gemäßigten« Antiliberalismus. Nachdem MacIntyre den Leser mit Phantasiegespinsten über eine alle Zweifel besänftigende Tradition beruhigt hat, schlägt er plötzlich eine ganz andere Gangart ein und geht über zu einem Generalangriff auf »bereits bekannte Werte« sowie auf »de-facto-Maßstäbe, die von bestimmten Gruppen aufrechterhalten werden«. Hatte er zunächst die Entwurzelung kritisiert, so weist er nun auch noch die Verwurzelung zurück. Plötzlich stellt er Auflehnung über den Gehorsam und zieht die Außenseiter den Dazugehörenden vor. Nicht nur kann ein Fisch auch außerhalb des Wassers überleben, er muß sich sogar in die Luft erheben, um atmen zu können. Sokrates und Platon waren als pflichtvergessene Bürger in ihrer Kultur nicht so fest verankert. So konnten sie erfolgreich »die Überzeugungen der gewöhnlichen Athener über die Polis in Frage stellen«.[63] An dieser Stelle beginnt MacIntyre tatsächlich, wie Strauss zu klingen.

Die Philosophen sind für den Zauber der Tradition unempfänglich. Sie glauben, daß ein Schluß, von dem, was ist, auf das, was sein soll, keine besondere Beweiskraft besitzt. Unabhängige Denker urteilen nicht nach altem Brauch, sondern der Vernunft entsprechend.[64] Nur begabte Rhetoriker, nicht wahre Philosophen, berufen sich auf die Werte der Gemeinschaft. Der Philosoph will wissen, »was das Gute oder das Beste an sich ist, ohne irgendwelche Einschränkungen«, unabhängig von dem Kontext einer gegebenen Praxis oder Kultur. Er muß »nicht nur einen Irrtum von diesem oder jenem Standpunkt aus, sondern Irrtum an sich« vermeiden.[65]

Da er sich nun einmal vom kulturellen Relativismus abgewendet hat, beschreibt MacIntyre die Rollenzuweisung als ein Problem, nicht als eine Lösung: »In der bestmöglichen Polis würde die Teilhabe von Frauen und Handwerkern eine Umstrukturierung ihrer beruflichen und sozialen Rollen erfordern, die Aristoteles sich nicht hätte vorstellen können.« Kulturell eingebettete Formen der Rationalität reichen nicht aus, man muß stets auch immer die Vermutung hegen, daß »die eigenen Begriffs- und Überzeugungssysteme irgendwie *als Ganzes* falsch sein könnten«. Eine gesamte Gesellschaft kann zu Recht verurteilt werden, wenn sie gegen traditionsunabhängige Tabus verstößt. Das alles klingt gut, mehr noch, es klingt sogar liberal. Die Sklaverei ist nicht deswegen schon moralisch gerechtfertigt, weil die Herren und die Sklaven sich daran gewöhnt haben. Aber leider sprengt MacIntyres Angriff auf überkommene Normen zugleich sein gesamtes Vorhaben. Er zerstört die Vorstellung, Tugend bedeute, eine vorgegebene soziale Rolle zu erfüllen. Wenn die Maßstäbe der Gemeinschaft nicht mehr sakrosankt und unangreifbar sind, dann werden sie auch nicht mehr den Dienst erfüllen, den er von ihnen erwartet. Eine offene Tradition, in der »es keine endgültige Sicherheit geben kann und darf«, wird auch keine »endlosen Debatten« mehr beenden können.[66] Die Praxis, in die wir eingebunden sind, wird dann weder Uneinigkeiten beschwichtigen noch Zweifel besänftigen können.

Traditionen in Bewegung

Ernest Gellner scherzte einmal über MacIntyres Fähigkeit, »auf eine improvisierte Rednertribüne zu steigen und wie ein Bischof zu klingen«.[67] Zwischen der Kirche und der Linken hin- und hergerissen, kann MacIntyre sich niemals entscheiden, was er rühmen soll: Ehrfurcht oder Aufsässigkeit, Gehorsam oder Rebellion. Um die Spannung – die er aber recht gelassen erträgt – zu lösen, versteigt er sich gelegentlich zu atemberaubenden Widersprüchen, kritisiert den kritischen Verstand in einigen Kapiteln, um ihn in anderen zu verherrlichen. Er feiert zunächst Traditionen, die den Zweifel zu beschwichtigen verstehen, und preist dann die Unterwanderung der Tradition durch den sokratischen Zweifel. Doch sucht er auch einen Mittelweg, eine »dritte Alternative«. An einigen zentralen Stellen kommt er zu einem neuen Begriff der Tradition als einer nicht abgeschlossenen Suche nach »dem Guten«. Nach diesem Modell ist Sokrates' Nachweis, daß die Werte der Gemeinschaft erledigt und widersprüchlich sind, keine Aushöhlung der Tradition, sondern ein Beispiel für »eine Tradition, die sich in guter Ordnung befindet«, d. h. einer Tradition *en route*, einer Tradition, die in einem niemals abgeschlossenen Prozeß der Selbstkorrektur und der Selbstverbesserung begriffen ist. Anders als ein Hockeyspiel bezieht sich »eine Tradition der rationalen Forschung« auf etwas außerhalb ihrer selbst, erhebt bestimmte Geltungsansprüche und ist in der Lage, intellektuelle Fortschritte zu machen. Weil sie ein Lernprozeß ist, verlangt eine derartige Tradition ihren Mitgliedern eine gewisse kritische Distanz ab. Die Mitglieder müssen danach trachten, »die Dinge zu verstehen, wie sie absolut und nicht von einem gewissen Standpunkt aus betrachtet sind«. Aber diese Suche vollführen sie *innerhalb* eines bestimmten Rahmens bzw. einer bestimmten Tradition. Sie können ihr Ziel daher nie erreichen, aber schon allein die Bemühung, die ihnen zwingend von ihren sozialen Rollen vorgeschrieben ist, gibt ihnen »einen Grund, die soziale Ordnung, in der sie leben, anzufechten«.[68]

Aber wie können wir nach MacIntyre eine sich selbst verbessernde von einer selbstzufriedenen Tradition unterscheiden? Wenn wir uns nicht außerhalb unserer eigenen

Kategorien und unserer Kultur bewegen können, wenn wir unsere Vorstellungen nicht mit einer uninterpretierten Wirklichkeit vergleichen können, wie können wir dann Fortschritt überhaupt erkennen, wenn wir ihn sehen? Wie können wir ohne »vortheoretische Daten« sicher sein, daß unser Denken mit der Welt übereinstimmt? Wie wissen wir, ob eine Untersuchung überhaupt rational durchgeführt wird? Und wie kann man eine Forschungstradition im Vergleich zu einer anderen als überlegen bezeichnen?

Wenn Traditionen, so schreibt MacIntyre, »fensterlos« bzw. autistisch sind, dann kann man ihnen Irrationalität vorwerfen, d.h. den Vorwurf machen, sie siebten die Tatsachen, aus denen sie ihre Schlüsse zögen, bereits vorher aus. Eine rationale Tradition hingegen besitzt nachlässige Grenzposten und erlaubt verunsichernde Begegnungen mit fremden Traditionen, konkurrierenden Theorien und verwirrenden Situationen. Obwohl MacIntyres Schriften nichts Gutes über liberale Institutionen oder Ideen zu sagen wissen, ist er doch ein »sanfter« oder gemäßigter Antiliberaler. Daher wendet er sich schließlich der Falsifikationstheorie Poppers zu, die dieser von Milton und Mill übernommen hat. Ohne auch nur einen einzigen liberalen Theoretiker zu nennen, argumentiert MacIntyre, daß »die bestgegründeten Überzeugungen [...] keine andere Sicherheit [haben], auf die sie sich stützen könnten, als die beständige Einladung an die ganze Welt, sie als unbegründet zu erweisen«.[69]

Der Relativismus ist falsch, weil eine Forschungstradition mit einer anderen aufs schärfste kollidieren kann. In diesem Prozeß werden sich einige Traditionen sogar nach ihren eigenen Maßstäben als überwunden beurteilen. MacIntyres eigene Tradition gedeiht erst durch solche Begegnungen: Der Thomismus ist eine unvergleichliche Tradition. Er verbessert sich ständig selbst, ist einzigartig dynamisch und besitzt mannigfaltige »Ressourcen für seine eigene Verbreitung, Korrektur und Verteidigung«.[70] Wenn er sich mit einem konkurrierenden Modell auseinandersetzen muß, versteht der Thomismus es, »die Schranken und Fehler dieser konkurrierenden Tradition nach den ihr eigenen Maßstäben zu erkennen und zu benennen«. Verglichen mit allen anderen Traditionen ist daher der Thomismus »zweifellos überlegen«.[71] Als Thomist kann sich MacIntyre auf eine unerschütterliche Tradition stützen, ohne von einem kulturrelativistischen Standpunkt geblendet zu sein – zumindest behauptet er das.

Der Thomismus ist eine Supertradition, lautet das Kernstück von MacIntyres Argumentation. Er ermöglicht es ihm, so glaubt er, Sitte und Vernunft zu versöhnen, Autorität und Vernunft zu verbinden. Mit Hilfe des Thomismus kann er zugleich Kulturrelativist und moralischer Absolutist sein. Einerseits kann er die Aufklärung für ihr gebieterisches Auftreten verdammen, für ihre Weigerung, die Existenz und Dauer von verschiedenen Traditionen und Standpunkten zu akzeptieren. Andererseits kann er sich dem unaufhaltsamen Imperialismus der thomistischen Lehre verschreiben, die all ihre Rivalen in der Vergangenheit besiegt hat und dies auch in Zukunft tun wird. Man muß allerdings sagen, daß seine Darstellung des Thomismus etwas konfus ist. Ein Problem besteht in seiner Auffassung, Thomas von Aquins Schriften seien zugleich zweierlei, nämlich »im wesentlichen unvollständig« und »endgültig«.[72] Aquin ist die höchste Autorität, an die wir uns immer wenden müssen; aber anscheinend hat er seine besten Gedanken noch nicht gedacht. Doch es ist klar, worauf MacIntyre hinauswill: Er möchte alle Vorteile einer Kultur des sozialen Rückhalts genießen, ohne die Nachteile einer engstirnigen Kultur in Kauf nehmen zu müssen. Er möchte, daß alle Zweifel begraben *und* alle Dogmen hinterfragt werden. Sein Ideal wäre noch reizvoller, wenn wir es verstehen könnten.

Konflikt und Hierarchie

MacIntyres ungeklärter Wechsel von geschlossenen zu offenen Traditionen – von der Polis als Tummelplatz zum Thomismus als der Suche nach einer letzten Wahrheit – macht es schwierig, seiner Argumentation zu folgen. Die Sache wird noch komplizierter, weil er ein drittes Modell einführt, mit dem wir ebenfalls schon vertraut sind: Traditionen, die von einem tiefen Konflikt zerrissen sind. Die grundlegende Kluft in der antiken Polis verlief nicht, wie die Historiker glauben, zwischen den Reichen und den Armen, der Sippe und der Gemeinschaft oder dem Zentrum und der Peripherie, so behauptet MacIntyre. Vielmehr gab es einen Konflikt zwischen »zwei Formen der praktischen Vernunft«. Die Bürger waren in zwei Gruppen polarisiert, die grob der philosophischen Unterscheidung zwischen Vernunft und Verstand entsprechen. Einige verfolgten vernünftige Ziele wie Vervollkommnung, Tugend und die höchsten Ziele der Menschheit; andere setzten sich kurzsichtige Ziele wie Effektivität, Nützlichkeit und suchten die entsprechenden Mittel. Die teleologisch orientierte Gruppe brachte Gerechtigkeit mit der Vervollkommnung der Seele und der Gesellschaft in Verbindung und definierte sie als das, »was der Vortrefflichkeit gebührt«. Die instrumentell ausgerichtete Gruppe betrachtete Gerechtigkeit lediglich als dasjenige, »was die Wechselseitigkeit einer effektiven Zusammenarbeit erfordert«.[73]

Aber die Dichotomie zwischen Vortrefflichkeit und Effektivität oder Nützlichkeit, die der Moralphilosoph aufstellt, ist soziologisch und psychologisch nichtssagend. Sie bietet keinen nützlichen Rahmen für das Verständnis der antiken Geschichte. So macht sie MacIntyre etwa gegen solche Motive wie Neid und Rache blind, die nicht auf Logik und Folgerichtigkeit beruhen und von guten Kennern der griechischen Polis wie beispielsweise Thukydides betont werden. MacIntyre sieht nicht, daß das Prinzip der Gerechtigkeit als »dasjenige, was einem gebührt«, zu Aufständen führte, da verschiedene Städte unvereinbare Ansprüche auf etwas erhoben, was ihnen ihrer Ansicht nach gebührte. Die Dichotomie verleitet ihn zu der unrichtigen Behauptung, daß Gerechtigkeit im Sinne der Wiedergutmachung von Unrecht nichts mit den Beziehungen zwischen verschiedenen Städten zu tun hatte. Sie erlaubt ihm überdies zu ignorieren, daß die Religion ursächlich für das Ergebnis des Peleponnesischen Krieges war. Überdies kann er so die instrumentellen Beziehungen innerhalb der Polis beschönigen und eine Stadt als Modell empfehlen, in der Menschen mit angeblich niederen Zielen als Fußabtreter für diejenigen dienten, die nach Höherem strebten.

Zwei MacIntyres

MacIntyre lobt die Antike für ihre Ambitionen und kritisiert die Moderne wegen ihrer Probleme. Er geht nur flüchtig auf die instrumentellen Beziehungen innerhalb der Polis – beispielsweise die Sklaverei – ein und strapaziert die instrumentellen Beziehungen in den modernen Gesellschaften – etwa Handelsbeziehungen –, die er schlimmer darstellt, als sie eigentlich sind. Empört verkündet er, daß »Rang, Eigentum und Stolz« die englische Gesellschaft des 18. Jahrhunderts formte, und übersieht die Rolle, die diese Kräfte im antiken Athen spielten. Er zeigt eine rührende Vorliebe für Platons pädagogische Elite, die die Jugend manipulieren sollte, greift aber die liberalen Gesellschaften an, weil »die Bandbreite der möglichen Alternativen von einer Elite kontrolliert wird«.[74] Er empfiehlt den Thomismus als »eine grundsätzlich unabgeschlossene Debatte«, während er sich höhnisch über die »Ergebnislosigkeit« des Liberalismus äußert. Ohne eine Miene zu verziehen, erklärt er, daß »alle Kulturen natürlich ethnozentrisch« sind, nimmt jedoch offensichtlich die Kultur der Kirche davon aus.[75] Die sexistischen Bemerkungen Thomas von Aquins sieht er diesem nach, weil er es nicht besser hat wissen können, wenn man berücksichtigt, in welcher Gesellschaft er lebte. Wenn aber Hume einen Standpunkt einnimmt, der zu wünschen übrig läßt, dann wird er der Kollaboration bezichtigt. Theoretisch vertritt MacIntyre einen kontextuellen geistesgeschichtlichen Ansatz, aber praktisch schwankt er zwischen einem akontextuellen Ansatz und einem reduktionistischen hin und her. An einer Stelle unterscheidet er sogar Philosophen, die strikt denken, von solchen, die den Interessen der Mächtigen dienen. In seiner überaus gewissenhaften Diskussion des Aquinschen Denkens erwähnt er die Geschichte des 13. Jahrhunderts mit keinem Wort. Hingegen verleumdet er Hume als Verräter Schottlands und als einen charakterlosen Lakaien der herrschenden englischen Klasse seiner Zeit.[76]

Aber alle bisher genannten Ungereimtheiten erscheinen im Vergleich zu dem Hauptwiderspruch, der MacIntyres gesamtem Vorgehen zugrunde liegt, noch trivial. Denn wir haben es mit zwei ganz verschiedenen MacIntyres zu tun, und sie verstehen sich nicht immer gut. Der eine ist Aristoteliker, der andere Anhänger von Augustinus. (MacIntyre behauptet – nicht ganz überzeugend –, sein Thomismus ermögliche es ihm, diese beiden Standpunkte miteinander zu »verschmelzen«.) Der eine definiert den Menschen ausschließlich gesellschaftlich, der andere verteidigt die christliche Vorstellung von der Unsterblichkeit der Seele.[77] Der eine kritisiert die Liberalen (zu Unrecht) wegen ihres Mythos von einem vorgesellschaftlichen Individuum, der andere glaubt an die Erbsünde als ein Wesensmerkmal, das den Menschen »unabhängig von und vor jeder besonderen gesellschaftlichen und politischen Ordnung« auszeichnet. Über die kosmopolitischen Ambitionen der Aufklärung verlautbart der erste MacIntyre: »Je größer das Publikum ist, an das wir uns wenden, desto weniger werden wir dem einzelnen zu sagen haben.« Der zweite MacIntyre jedoch weigert sich, diesen Sarkasmus auch auf Jesus anzuwenden. Gelegentlich bemißt MacIntyre den Wert eines Menschen nach dem Beitrag, den er für seine Gruppe erbringt. Dann wieder lobt er Augustinus' Ratschlag, traditionelle soziale Rollen, etwa die Vater- oder Sohnesrolle, abzulegen und sich aus der römischen Gesellschaft zu lösen. Der traditionsliebende MacIntyre erhebt die Unterscheidung zwischen Mitglied und Nicht-Mitglied zum Mittelpunkt seiner Moraltheorie, während der die Tradition zurückweisende MacIntyre die *Caritas* lobt, weil sie eine gesunde Gleichgültigkeit gegenüber der Gruppenzugehörigkeit herbeiführe. Der erste fordert einen dazu auf, die eigene lokale Tradition in ihrer Reichhaltigkeit zu bewundern, während der zweite versichert, daß sie überhaupt keine Bedeutung mehr hat, wenn wir unserem Schöpfer von Angesicht zu Angesicht gegenüberstehen.[78]

Während MacIntyre sich ernsthaft nach moralischer Harmonie sehnt, entfaltet er in seinem eigenen Denken die wesentlichen Disharmonien der westlichen Zivilisation und sieht sich hilflos zwischen unvereinbaren Traditionen hin und hergerissen. Die westliche Kultur, so erklärt er, war beinahe zwei Jahrtausende lang von einer scharfen Spannung zwischen heidnischen und christlich-religiösen Idealen gekennzeichnet, etwa von dem Konflikt zwischen einer Heldenethik und der biblischen Ethik. Diese Beobachtung ist nicht ganz unpersönlich, denn MacIntyre macht sein eigenes Denken zu einem Schlachtfeld, auf dem dieser Krieg endlos ausgefochten werden kann. Er bekennt sich unbedingt sowohl zur lokalen Tradition als auch zur ewigen Wahrheit, sowohl zur heidnischen Vortrefflichkeit als auch zur Vergebung der Sünden, sowohl zu einem ethnischen Chauvinismus als auch zur christlichen Vorstellung einer universalen Mission. Seine Janusköpfigkeit bleibt das tiefste Geheimnis seines Denkens. Gewiß, diese hartnäckige Doppelzüngigkeit macht sein Werk spannend, aber philosophisch gesehen widerspricht er sich ganz einfach.

Kein Wunder also, daß er so ausführlich über unlösbare moralische Konflikte theoretisiert. Sein gleichzeitiges Eintreten für vorchristliche und christliche Ideale, für kulturelle Grenzen und die Überschreitung dieser Grenzen erklärt, warum er »den tragischen Konflikt für die wesentliche Bedingtheit des Menschen« hält. Und sie erklärt auch die Leidenschaft, mit der er den »Konflikt des Guten mit dem Guten« sowie »die tragische Konfrontation des Guten mit dem Guten« diskutiert. Er führt sogar seine eigene intensive Erfahrung normativer Dissonanz als Beweis dafür an, daß der moralische Konflikt eine unabänderliche Tatsache ist: »Verschiedene Tugenden stellen offenbar rivalisierende und unvereinbare Ansprüche an uns. Aber unsere Situation ist insofern tragisch, als wir die Autorität beider Ansprüche anerkennen müssen. Es *gibt* eine objektive moralische Ordnung.«[79] Eine distanziertere Betrachtung des verbliebenen Konflikts zwischen heroischen und biblischen Idealen könnte dazu führen, ihn weniger als einen kosmischen denn vielmehr als einen psychologischen oder persönlichen erscheinen zu lassen. Diese Betrachtungsweise würde auch dazu führen, MacIntyres dringliche Forderung nach moralischer Harmonie als den schmerzerfüllten Ruf nach etwas erscheinen zu lassen, das er persönlich niemals erreichen kann.

MacIntyre schreibt mit bewundernswerter Lebendigkeit, besonders in *Der Verlust der Tugend*, seinem besten Buch. Er ringt mit bedeutenden Fragen und nimmt Risiken auf sich. Dennoch überzeugt seine Bilderbuchnostalgie nicht. Sein Projekt eines moralischen Konsenses kann er nicht verwirklichen. Sein mustergültiger Gegensatz zwischen einer gesunden Vergangenheit und einer kranken Gegenwart ist nicht plausibel, und sein plattes Portrait des Liberalismus ist beinahe zur Gänze unzutreffend. Er unterscheidet sich nicht durch sein Verlangen nach unbedingter Autorität und einer trostspendenden Gemeinschaft, denn diese Sehnsucht teilt er mit vielen anderen Antiliberalen. MacIntyre zeichnet sich vielmehr durch die Fähigkeit aus, seine Zweifel anhand sich wechselseitig ausschließender Methoden stillzustellen. Seine Neigung zu moralischer Polygamie erklärt, warum seine Schriften, die scheinbar von Angst und Abscheu inspiriert sind, von Selbstzufriedenheit widerhallen. Obwohl er vom Marxismus schon lange desillusioniert ist, fühlt er sich noch immer bei griechischen oder christlichen Idealen »heimisch«, beim Absolutismus oder beim Relativismus, in der einen oder anderen Tradition – überall heißt das, nur nicht beim Liberalismus. Wen diese Wendigkeit – vor allem bei einem derart inständigen Gegner des »modernen Pluralismus« – verblüfft, der unterschätzt das Bedürfnis der Antiliberalen nach Glauben und Zugehörigkeit.

Kapitel 5
ANTI-PROMETHEUS: DER FALL CHRISTOPHER LASCH

»Ah! que les sciences naturelles ont côuté cher à l'homme!«
Joseph de Maistre

Mißtrauen gegenüber Wissenschaft und Technologie ist ein wichtiges Kennzeichen des nichtmarxistischen Antiliberalismus. In den vorangegangenen Kapiteln fand es wiederholt Erwähnung, wurde jedoch nie ausführlich behandelt. Betrachten wir noch einmal Carl Schmitt: Wie Strauss und viele andere setzte Carl Schmitt den Liberalismus mit einem wachsenden materiellen Lebensstandard gleich, mit einer »Geistesverfassung, die in Produktion und Konsum die zentralen Kategorien menschlichen Daseins findet«. Eine derartige, ökonomisch orientierte Auffassung erfordere zwangsläufig eine unkritische Einstellung gegenüber der Wissenschaft. Um die Menschheit derart krass zu verderben, mußten die Liberalen »eine Religion der technischen Wunder, menschlicher Leistungen und der Naturbeherrschung« schaffen, denn der Konsumismus ist ohne wissenschaftliche Revolution undenkbar. Die »Religion des technischen Fortschritts«, die sich aus dieser Revolution ergibt, war und ist naiv, aber sie übt eine nahezu ungebrochene Macht über das zeitgenössische Denken aus: »So erscheint das 20. Jahrhundert bei seinem Beginn als das Zeitalter nicht nur der Technik, sondern auch eines religiösen Glaubens an die Technik.«[1] Mit dem Sieg der Säkularisierung über die traditionellen Religionen geht die Anbetung der Wissenschaften einher. Es lohnt sich, den Aberglauben näher zu untersuchen, der von den skeptischen Liberalen Besitz ergriffen und ihre kindische Leichtgläubigkeit zum Vorschein gebracht hat.

Schmitt behauptet, die Liberalen glaubten unbedingt an die magische Kraft der Wissenschaft, die ihr Leben erleichtere und verlängere. Seine ironische Zusammenfassung des liberalen Traums lautet:

»Der unheimliche Zauberer schafft die Welt um, verändert das Antlitz der Erde und macht die Natur sich untertan. Sie dient ihm; wofür ist gleichgültig, für irgendeine Befriedigung künstlicher Bedürfnisse, für Behagen und Komfort. Die Menschen, die sich von ihm täuschen lassen, sehen nur den fabelhaften Effekt; die Natur scheint überwunden, das Zeitalter der Sekurität bricht an; für alles ist gesorgt, eine kluge Voraussicht und Planmäßigkeit ersetzt die Vorsehung; die Vorsehung ›macht‹ er, wie irgendeine Institution.«

Der ökonomische Rationalismus sei eine Entartung der Vernunft. In liberalen Wirtschaftssystemen heiße »[...] ein der Befriedigung beliebiger materieller Bedürfnisse dienender Produktionsmechanismus ›rational‹ [...], ohne daß nach der allein wesentlichen Rationalität des Zweckes gefragt wird, dem der höchst rationale Mechanismus zur Verfügung steht.« Ein Zweck-Mittel-Rationalismus ist an die Stelle eines moralischen Nachdenkens über die Ziele des Lebens getreten. Das hat vorhersehbare katastrophale Folgen: »Die moderne Technik macht sich einfach zum Diener irgendwelcher Bedürfnisse. In der modernen Wirtschaft entspricht einer aufs äußerste rationalisierten Produktion ein völlig irrationaler Konsum. Ein wunderbarer rationeller Mechanismus dient irgend einer Nachfrage, immer mit demselben Ernst und derselben Präzision, mag die Nachfrage seidene Blusen oder giftige Gase oder irgend etwas anderes betreffen.«[2] Die wissenschaftliche Rationalität bedeutet, daß die Menschen die Welt nur kennenlernen möchten, um sie zu beherrschen. Sie wenden sich der Natur nur zu, um ihre Bedürfnisse zu befriedigen. Allerdings sind diese Bedürfnisse niedrig, wechselhaft und widersprüchlich. Vom Prestige der Wissenschaft überwältigt, haben wir die Fähigkeit verloren, rational zu entscheiden, welche Ziele wir verfolgen wollen. Die Toleranz des Liberalismus ist die politische Verkörperung der moralischen Desorientiertheit der modernen Wissenschaften und die Amoralität das Ergebnis eines geistlosen und verderbten Ehrgeizes.

So dachte Schmitt – und Strauss pflichtete ihm bei. In ihrem vernichtenden Urteil über die moderne Wissenschaft und Technologie konnten sie sich u. a. auf die europäische Romantik – angefangen bei Rousseaus Abhandlung über die Frage »Hat die Wiederherstellung der Wissenschaften und der Künste zur Verfeinerung der Sitten beigetragen?«, eingereicht 1750 bei der Akademie in Dijon – stützen. Im frühen 20. Jahrhundert war kein Autor in dieser Hinsicht einflußreicher als Heidegger, der bedeutendste Denker der Gegenaufklärung. Auch Heidegger behauptet, daß die Entwicklung der modernen Technik der Beweis dafür sei, daß die Menschheit »sich verirrt« habe. Die Menschen seien nicht schon seit jeher von dem unwiderstehlichen Bedürfnis getrieben gewesen, die Natur zu beherrschen und sie dem menschlichen Willen zu unterwerfen. Früher hätten sie z. B. Windmühlen gebaut, die sich mit der Luft bewegt hätten. Aber dann wurde die Menschheit wesentlich aggressiver: »Das in der modernen Technik waltende Entbergen ist ein Herausfordern« – ganz anders als die wenigen verbliebenen und veralteten Windmühlen –, »das an die Natur das Ansinnen stellt, Energie zu liefern, die als solche herausgefördert und gespeichert werden kann.« Die Industrialisierung des 19. Jahrhunderts mag zwar rein zeitlich nach der wissenschaftlichen Revolution des 17. Jahrhunderts aufgetreten sein, aber der Kalender täuscht. Denn es war das technologische Denken, die anmaßende Sehnsucht, die Natur zu beherrschen und sie nach menschlichem Willen zu formen, die die mathematische Naturwissenschaft und die anderen modernen Wissenschaften gebar. Wie sonst ließe sich erklären, daß die Wissenschaft die

Natur zu einem Warenlager an Energie degradiert, das von den Menschen leergepumpt werden kann? Eines von Heideggers Beispielen soll diese These illustrieren: Im Zuge des technischen Denkens kann ein Forstwart, der allem Anschein nach dieselben Waldwege begeht wie sein Großvater, den Wald nur als eine Quelle des Profits für die Holzindustrie betrachten; er ist »in die Bestellbarkeit von Zellulosen bestellt«. (Die Holzindustrie wiederum macht aus den Bäumen Papier für Illustrierte, die ihrerseits von einem gedankenlosen Publikum verschlungen werden.) Als Liebhaber der deutschen romantischen Literatur fühlt sich Heidegger besonders von einem elektrischen Wasserkraftwerk am Rhein betroffen, das er als »das Ungeheuere« tituliert. Wogegen er sich natürlich wendet, ist, daß »der Rheinstrom als etwas Bestellbares« erscheint.[3]

Wie wichtig ist die antitechnische Einstellung für Antiliberale? Welche Rolle spielt die wissenschaftsfeindliche Einstellung bei den Angriffen auf individuelle Rechte, auf den politischen Pluralismus und eine konstitutionelle Regierung? Antworten darauf nur bei einer so komplexen und originären Gestalt wie Heidegger zu suchen hieße, sich auf zu viele Holzwege zu begeben. Betrachten wir statt dessen einen vergleichsweise schlichten und zur Nachahmung neigenden Denker wie Christopher Lasch. Er ist ein bekannter amerikanischer Autor, der in einem klaren und unterhaltsamen Stil schreibt und keine großen philosophischen Ambitionen hegt. Das macht ihn zu einem geeigneten Objekt für mein augenblickliches, relativ eng gefaßtes Vorhaben. Ein kurzer Blick auf seine Fortschrittskritik kann klären helfen, wie sich die Ablehnung von Wissenschaft und Technik problemlos in eine allgemeine Kritik liberaler Institutionen und Ideale einfügt.

Anklage gegen den Fortschritt

Lasch beruft sich auf MacIntyre als geistige Autorität, und seine jüngsten Positionen ähneln dann auch jenen, die in *Der Verlust der Tugend* vertreten wurden. In seinen älteren Schriften, *Das Zeitalter des Narzißmus* (1979, dt.1986) und *The Minimal Self* (1984), wirft Lasch einen kritischen Blick auf Amerikas Befindlichkeit und verfaßt einen beinahe grausam zu nennenden sozialpathologischen Bericht über seine Zeitgenossen. In *The True and Only Heaven*, dem Werk, auf das ich mich hier konzentrieren werde, stimmt er einen ähnlich groben Ton an. Wie gewohnt grübelt er verdrießlich über »unsere sich verfinsternden Aussichten«. Er schreibt, daß »unsere Gesellschaft einen falschen Weg eingeschlagen hat« und daß wir in »moralische und kulturelle Unordnung« geraten seien. Seiner Ansicht nach »scheint sich das soziale Gefüge aufzulösen«, und wo er auch hinblickt, sieht er »geistige Baufälligkeit« , »moralisches Chaos«, »spirituelle Apathie« und »den Verlust eines moralischen Sinns«.[4] In der Tat entmutigende Beobachtungen, von denen aber noch nicht feststeht, ob sie zutreffend und vernünftig sind, und was aus ihnen folgt.

In seine Darstellung der zeitgenössischen Katastrophe flicht Lasch eine Reihe interessanter Kommentare über hauptsächlich amerikanische Autoren, von Jonathan Edwards bis zu Barbara Ehrenreich, ein. Er interessiert sich weniger für diese Denker an sich als vielmehr für die Möglichkeit, die sie ihm bieten, seine eigene Diagnose des liberalen Zeitalters zu entwickeln. Die Leichtigkeit, mit der er es versteht, Geistesgeschichte und sozialpolitische Debatten zu verbinden, ist wahrhaft beeindruckend. Da er manchmal dazu neigt, seine eigene Argumentation der des besprochenen Autors anzugleichen, macht er sich nicht immer klar verständlich; seine Abneigungen jedoch sind zu intensiv, als daß sie einem entgehen könnten. Sein Unmut trifft vor allem den Fortschritt in seiner mythischen wie seiner realen Form. Auch Lasch denkt, daß das liberale Denken sich durch einen ungebrochenen Zukunftsoptimismus auszeichnet. Zu den ärgerlichsten Zügen der »progressiven« Gesellschaft gehören ihm zufolge sexuelle Freizügigkeit, moralischer Relativismus, die Mißachtung von Autorität, eine Ethik des Genusses, tolerantes Denken, Irreligiosität, die Auflösung der Familie, der Verfall der traditionellen Gemeinschaften, Drogenabhängigkeit, eine zunehmende Verantwortungsscheu und der »allgemeine Sittenverfall«.[5] Diese Aufzählung klingt vertraut. Und all diese Mangelerscheinungen hätten sich vermeiden lassen, so erklärt Lasch, wenn die Liberalen nicht ein so absurd optimistisches Bild des Menschen hätten.

Was Lasch an seinen Zeitgenossen überdies stört, ist deren Rastlosigkeit, die Ungeduld, mit der sie allen, selbst den geringsten Beschränkungen der menschlichen Freiheit begegnen. Niemand kann mehr eine Mauer sehen, ohne sie schon übersteigen, keine Grenze, ohne sie überwinden zu wollen. Seiner Litanei der allgemeinen Beschwerden fügt er noch eine Liste mit einigen Einzelheiten an: Dazu gehört z. B. der Angriff aufs Fernsehen, demzufolge das Hauptinstrument der Verbreitung der Gegenwartskultur »die Fähigkeit zerstört, Respekt zu empfinden«.[6] Solche Generalangriffe auf die Moderne klingen erheblich nach Allan Bloom und anderen Schülern von Leo Strauss. Es nimmt daher nicht weiter wunder, daß Lasch sich ohne weiteres als Kulturkonservativer im linken Schafspelz entlarven läßt.

Allerdings ist Lasch bemüht, sich von seinen konservativen Doppelgängern zu unterscheiden. Das geschieht in aufmerksamkeitsheischenden Textpassagen, in denen er die kapitalistischen Wurzeln der meisten modernen Übel freilegt. Die amerikanische Rechte, so behauptet er, übersieht für gewöhnlich die alles zersetzende Kraft einer freien Marktwirtschaft: »Der Kapitalismus, der zunehmend auf den Konsumismus setzt, fördert eine hedonistische Ethik.« Daher schwächt der Kapitalismus die Persönlichkeit, unterminiert die Leistungsethik und zerstört gemeinschaftliche Bindungen. Vor Babylon sind nicht nur die Linken zurückgeschreckt, auch Schmitt und Strauss haben ähnliche Thesen vertreten. Lasch bewegt sich auf erprobtem Boden, wenn er den Kapitalismus sogar für die sich ausbreitende Nachfrage nach Drogen verantwortlich macht: »Das Bedürfnis nach Drogen, d. h. nach Stoffen, die Langeweile leichter erträglich machen und das gesellschaftlich erzeugte Verlangen nach Abwechslung und Abenteuer befriedigen, ergibt sich von ganz alleine aus dem Wesen einer konsumorientierten Wirtschaftsordnung.«[7] Nicht nur Jugendliche neigen ganz selbstverständlich zu suchterregenden Substanzen, weil sie von einer Werbung bombardiert werden, die darauf abzielt, ihre Sinne zu stimulieren. Als Kausalkette läßt diese Darstellung zu wünschen übrig – man sähe gern Beweise –, aber sie illustriert Laschs Vorliebe für aufsehenerregende, spekulative soziologische Verallgemeinerungen, die auf vagen Ahnungen basieren.

Entfesselte Bedürfnisse

Verantwortlich für die gegenwärtige Krise sind nach Lasch vor allem das ökonomische Wachstum und die Naturwissenschaften. Wir haben unsere Gesellschaft an den Rand des Untergangs gebracht, weil wir das minderwertige Ziel verfolgen, unbegrenzten Überfluß und »Wohlstand für alle« zu erreichen. Die Anhänger von Adam Smith und Karl Marx stritten zwar heftig über die Methoden, aber über das Ziel der Menschheit waren sie sich einig: eine kosmopolitische Gesellschaft, in der man sich beliebig der Technik bedient, um die Bedürfnisse der Menschen zu befriedigen. Die Liberalen wie die Sozialisten behaupten, daß die Armut abgeschafft und die »Herrschaft des Mangels« überwunden werden könne.[8] Lasch hingegen erwartet nicht, daß sich die materiellen Lebensumstände der meisten Menschen verbessern werden, ja, er wünscht das nicht einmal. Wie andere Kritiker der Industrialisierung und der wirtschaftlichen Expansion lehnt er das Ideal einer universellen und prosperierenden Weltordnung entschieden ab.

Daher sieht er sich selbst außerhalb der konventionellen Einteilung des politischen Spektrums angesiedelt: Er ist weder ein Rechter noch ein Linker, weder Kommunist noch Kapitalist. Er spricht im Namen einer dritten Kraft, ohne weiter über seine Vorgänger bei diesem Unterfangen nachzudenken. Weder die progressiven Vertreter des Wohlfahrtsstaates noch die konservativen Verteidiger des freien Marktes verstehen, daß die Ressourcen der Erde begrenzt sind, höchstens die Grünen bedenken das. Aber die Erde stöhnt schon unter den Attacken des »Fortschritts«. Wie töricht der moderne Versuch ist, Wohlstand für alle herzustellen, beweisen schon »die umweltbedingten Grenzen des ökonomischen Wachstums«.[9] Wenn wir weiterhin den westlichen Lebensstil auf die übrige Menschheit übertragen wollen, dann wird die Natur buchstäblich unter unseren Füßen zusammenbrechen und nachgeben. Laschs ökologische Panikmache, das sollte nicht unerwähnt bleiben, wird von ihm an keiner Stelle überzeugend begründet. Jedenfalls scheint sie ohnehin eine eher ornamentale denn fundamentale Funktion zu erfüllen: Lasch betrachtet die Umweltzerstörung im wesentlichen als Bestätigung einer Schlußfolgerung, die er bereits auf einer anderen und eher philosophischen Ebene gezogen hatte, nämlich daß der Kommerzialismus und die modernen Wissenschaften schwerwiegende Irrtümer seien.

Beinahe scheint es ihn zu beruhigen, daß die Natur beginnt, die Menschen dafür zu bestrafen, daß sie materielles

Wachstum anstreben.[10] Denn er, Lasch, war schon immer dagegen, daß die Menschheit nach »Fortschritt« strebt. Obendrein betrifft sein Haupteinwand gegen ökonomisches Wachstum und technische Innovation nicht deren Wirkungen auf die Umwelt, sondern auf die menschliche Seele. Denn diese Fortschritte prägen den Menschen Habsucht, eine Sucht nach Abwechslung und eine instrumentelle Einstellung ihren Mitmenschen gegenüber ein. Die »Bequemlichkeitsliebe«, die in den fortgeschrittenen Wirtschaftsordnungen herrscht, unterhöhlt Männlichkeit, Tapferkeit, Begeisterung, Treue, Askese, die Fähigkeit, Leiden zu ertragen, Verantwortungsgefühl, Opferbereitschaft, moralische Disziplin und die Fähigkeit zur Frömmigkeit. Der Fortschritt fördert »Hedonismus und Selbstgefälligkeit« und macht daher die Menschen unfähig, »ein tragisches Verständnis des Lebens« zu entwickeln.[11] Am erschreckendsten gar ist die Tatsache, daß das Zeitalter des Überflusses unser tiefes Verlangen nach einem Altar, auf dem wir unser Leben opfern könnten, enttäuscht.

Warum hat sich die Menschheit auf diesen selbstmörderischen Weg in den Fortschritt begeben? Wie andere Feinde der technischen und ökonomischen Modernisierung führt Lasch die moderne Krise auf einen philosophischen Fehltritt zurück, genauer, auf zwei theoretische Fehler, die zu Beginn der Neuzeit begangen worden seien. Der erste Fauxpas war die Entfesselung der Bedürfnisse. In früheren Epochen wurden die menschlichen Bedürfnisse zu Recht als eine Quelle ständiger Enttäuschung betrachtet. Bedürfnisse können niemals wirklich gestillt werden; die Menschen werden immer nach mehr verlangen. Glück, das als Übereinstimmung von Fähigkeiten und Bedürfnissen definiert ist, kann nur durch eine asketische Disziplin erlangt werden, die die Bedürfnisse auf ein Minimum reduziert. In der Neuzeit allerdings, so Lasch, wurde diese traditionelle Enthaltsamkeit hemmungslos beiseite geschoben, vor allem von Adam Smith. Statt den

Versuch einer Begrenzung der menschlichen Bedürfnisse zu unternehmen, feierte Smith ihre unbegrenzte Vermehrung. Das Glück konnte, solange die technischen und ökonomischen Möglichkeiten Schritt hielten, weiterhin gewährleistet werden, obwohl die Bedürfnisse sich atemberaubend vermehrten.[12]

Die positive Beurteilung der immer weiter wachsenden Bedürfnisse im 18. Jahrhundert ist einzigartig im Verlauf der Menschheitsgeschichte. Sie lieferte die psychologische Grundlage für das Entstehen von Überflußgesellschaften im neuzeitlichen Europa und für eine neue Fortschrittsideologie. Die Enthemmung der menschlichen Sehnsüchte und Bedürfnisse befreite die Menschheit aus einem jahrhundertealten Muster. Wirtschaftsordnungen, die sich bisher am Existenzminimum gehalten und von einer Hungersnot zur anderen durchgekämpft hatten, wurden nun durch Wirtschaftsordnungen ersetzt, in denen Reichtum und Wachstum herrschten. Was gestern noch ein Luxus war, wurde jetzt zu einem selbstverständlichen Bedürfnis. Die Herrschaft des Lustprinzips begann. Das »Niedere« triumphierte über das »Hohe«, wie Strauss sich ausgedrückt hätte. Überdies schien die Geschichte nicht mehr von unvermeidlichen Zyklen des Aufstiegs und Falls bestimmt; die Menschheit begann, kurzsichtig in eine einzige Richtung zu streben.

Die Wissenschaft

Die Diskussion des wissenschaftlichen Aufstiegs führt uns zu unserem Hauptthema: dem Anti-Prometheus. Der »Fortschritt« wurde durch den Kapitalismus vorangetrieben, aber hinter der Entfesselung der Bedürfnisse lauerte schon der zweite umwälzende Fehler der Moderne: die Naturwissenschaft. Die hemmungslose Neugier der Menschen, die die Natur verstehen wollten, erwies sich als gesellschaftszersetzend. Ohne die mephistophelische Wissenschaft wäre die moderne Wirtschaft niemals in der Lage gewesen, die Flut der menschlichen Bedürfnisse zu befriedigen. Nur die Technik macht die moderne Hoffnung verständlich, man werde die Armut schon besiegen können. Die Wissenschaft verhieß »das Versprechen eines universellen Reichtums«, wenn sie es auch nicht völlig einlösen konnte. Aber die Versuchung war zu groß. Die europäischen Philosophen der Neuzeit, die die Wissenschaft bejahten – übrigens ein unverzeihlicher Fehler, wie Lasch findet –, waren der »verführerischen Aussicht« erlegen, »daß der Mensch die Natur besiegen könne«.[13] Nicht zufrieden mit den Fortschritten im Bereich der Kriegsführung, der Landwirtschaft, der Mobilität zu Land und See und der Medizin, hatten sie sich zu der Erwartung hinreißen lassen, daß die Technik möglicherweise *alle* Einschränkungen der menschlichen Freiheit aufheben könnte.

Auch darin hat Lasch ganz ähnliche Ansichten wie Heidegger, Schmitt, Strauss und die verzweifelteren Vertreter der Frankfurter Schule. Er glaubt, daß die Aufklärung »das gefährliche Hirngespinst gebar, die Menschen könnten die Natur und die Natur des Menschen umformen«. Er betrachtet die Wissenschaft als Ausdruck der Ungläubigkeit, der Hybris. Die Wissenschaft ist eine Rebellion gegen natürliche Grenzen, sie verleugnet »unsere Abhängigkeit von höheren Mächten«. Sie verkörpert den blasphemischen Versuch der Menschen, Gott zu spielen, und sie fördert die Illusion der menschlichen Autarkie: »In der modernen Welt findet diese Illusion gewöhnlich ihren Ausdruck in den Maschinen, mit denen die Menschheit versucht, sich selbst von ihrer Plackerei, d.h. von den unausweichlichen Beschränkungen der menschlichen Existenz, zu befreien.« Die Wissenschaft zerstört unsere »Ehrfurcht« vor dem Kosmos, indem sie den

Menschen zum stolzen Herrscher über die Natur erhebt, der sie auch besitzt. Sie lehrt uns, »die Welt nur als etwas zu betrachten, das dazu da ist, die menschlichen Bedürfnisse zu befriedigen«.[14] Die Wissenschaft reduziert die gesamte Erde auf ein Werkzeug dieser Masse von Erdenwürmern, der Menschen. Auf den Größenwahn eines Francis Bacon wird unausweichlich die Strafe folgen (vermutlich durch das Ozonloch).

Lasch teilt uns in einem wahrscheinlich von Carlyle übernommenen, aber auch an Heidegger erinnernden Stil mit, daß die Technik zutiefst entfremdend ist. Sie errichtet Grenzen zwischen uns und der Umwelt: So sorgen etwa in der Moderne »Entlüftungsanlagen und Zentralheizung« dafür, daß die Angehörigen der gehobenen Schichten vor den Elementen geschützt sind, aber sie »berauben sie auch der lebhaften Kenntnis der Natur, die nur denjenigen vergönnt ist, die sich auch ihren härteren Launen aussetzen«.[15] (Man kann nicht umhin, sich zu fragen, ob Lasch seine Predigten wohl in Taten umsetzt. Schreibt er im Winter vielleicht bei Minustemperaturen?) Zwar zitiert Lasch Heideggers Technikkritik an keiner Stelle, aber er zeigt möglicherweise, wie sehr er einer popularisierten Form von dessen Denken verpflichtet ist, wenn er uns mitteilt, die richtige Einstellung zur Natur sei nicht Beherrschung oder Manipulation, sondern »dankbare Ergebung«, eine Art gläubiger Hingabe.

Das Ende der Zurückhaltung

Um seiner Wissenschaftskritik eine politische Spitze zu geben, beschreibt Lasch »die Vorstellung von Männern und Frauen, die von allen äußeren Beschränkungen befreit sind«, nicht nur als »den Kern des Fortschrittsglaubens«, sondern auch als »den wesentlichen Inhalt des Liberalismus«. Das ist die Verbindung, nach der wir gesucht haben. Die Wissenschaft und der Liberalismus sind zwei Seiten ein und derselben Medaille. Lasch lobt zwar gelegentlich die politische Tradition des Liberalismus, jedoch nur widerwillig. Meistens betrachtet er die liberale Politik als ein fragwürdiges Zubehör der wissenschaftlichen Neugier, der technischen Innovation und des ökonomischen Wachstums. Mit »einem übermäßigen Vertrauen in die Vernunft« ausgestattet, strebten die Liberalen danach, die Menschheit mit Hilfe der Wissenschaft von ihren Plagen und von allen Widrigkeiten zu erlösen. Als militante Rationalisten und Rationalisierer verträten sie den Atheismus, förderten Mißtrauen gegenüber Autoritäten, moralischen Relativismus, übermäßige Toleranz, Verachtung der Tradition, Antipatriarchalismus und eine kosmopolitische Weltsicht. Sie kämpften für die Rechte der Schwulen und der Frauen, für eine antiautoritäre Kindererziehung und eine »flexible« Einstellung zu den Geschlechterrollen.[16] Sie favorisierten Bildungschancen und soziale Mobilität; sie spotteten über den Patriotismus und zeigten eine »humanitäre Angst vor Gewalt«.[17] (Dieser an Maistre gemahnende Satz ist, man mag es kaum glauben, als Kritik gemeint.) In jedem Ruf nach »Recht und Ordnung« sahen sie bereits ein Anzeichen jenes faschistischen Denkens, vor dem sie sich in übertriebener Weise fürchten.

Die Liberalen, so Lasch, nehmen überdies das Recht für sich in Anspruch, ungeborenes Leben zu töten und betrachten die Mutterschaft als eine unwürdige Tätigkeit. Sein Entsetzen über »die feministische Verurteilung der Mutterschaft« liefert ein geeignetes Beispiel für die Art und Weise, in der Lasch seinen kritischen Anmerkungen zur Technik einen politischen Anstrich verleiht. Die Befürworter der Abtreibung, so erklärt er, sind die letzten Erben des modernen Fortschrittsglaubens: »Ihre Forderung, daß Frauen ›über ihren eigenen Körper entscheiden können sollten‹ bezeugt ihren Unwillen gegenüber biologischen Schranken jeder Art sowie ihre Überzeugung, daß die moderne Technik die Menschheit von diesen Beschränkungen erlöst und es ihr zum ersten Mal möglich gemacht hat, ein besseres Leben für die gesamte menschliche Gattung zu schaffen.« Seine Darstellung der Motive von Abtreibungsbefürwortern ist verblüffend: Paare, die beispielsweise herausfinden, daß ihr ungeborenes Kind erhebliche Schädigungen des Gehirns aufweist, fordern Lasch zufolge deswegen das Recht auf Abtreibung, weil sie die Geburt von Kindern verhindern wollen, die im bürgerlichen Wettrennen nach »Erfolg« nicht bestehen könnten.[18]

Aber es geht Lasch nicht primär um das ungeborene Leben, denn was ihn an den Kampagnen zur Legalisierung der Abtreibung am meisten stört, ist nicht die Mißachtung des ungeborenen Lebens, sondern eher die Mißachtung des Willens der Natur. Der Versuch, die Schwangerschaft zu einer freiwilligen Entscheidung zu machen, ist nur ein weiterer Ausdruck der modernen Hybris. Diese unausgesprochene Grundannahme erklärt auch, warum Lasch seine Kritik an der Abtreibung bruchlos in eine Kritik an der »Verhütungsmentalität« übergehen lassen kann. Kondome stellen ihm zufolge nur ein weiteres Beispiel für die von Liberalen hemmungslos bewunderten technischen Eingriffe in natürliche Prozesse dar: »Der Einwand, Sexualität und Fortpflanzung könnten nicht voneinander getrennt werden, ohne das Geheimnis zu zerstören, das beide umgibt, erscheint Liberalen als die schlimmste Form theologischer Unaufgeklärtheit.« Lasch selbst, das sollte betont werden, fordert die Befolgung des Willens der Natur von einem rein säkularen, nicht von einem katholischen Standpunkt aus. Eine Grenze ist eine Grenze, und wer eine Grenze überschreitet, macht auch vor allen anderen nicht halt, so lautet sein Gedanke. In einer bestürzenden Textpassage stellt er die Behauptung auf, wer für die Geburtenkontrolle eintrete, sei nur einen Schritt entfernt von »weitreichenden Programmen der eugenischen Technologie«.[19]

Ethnische Zusammengehörigkeit

Nach Strauss ist »die Wissenschaft [...] wesentlich kosmopolitisch« oder »universal«. Es geht ihr um Ergebnisse, nicht um Stammbäume, und daher unterminiert die Naturwissenschaft überkommene gesellschaftliche Stellungen und Traditionen. Vor allem aber »schwächt [sie] notwendigerweise die Macht der nationalen ›Philosophien‹ und damit auch die Bindung der Bürger an die besondere Lebensweise oder die Sitten ihrer Gemeinschaft.«[20] Im Krieg des wissenschaftlichen Rationalismus gegen die überkommenen Lebensweisen ergreift Lasch deutlich Partei für die ethnische Gemeinschaft und gegen die Wissenschaft. Er folgt darin MacIntyre, ohne jedoch die traditionellen Werte *philosophisch* gegen den Rationalismus der Neuzeit zu verteidigen. Statt die vormodernen Ideale theoretisch zu verteidigen, spricht er im Namen einer vernachlässigten, verachteten und gedemütigten sozialen Schicht. Seine Ideen gehen nicht einfach mit ihm durch, sondern sie haben gesellschaftliche Wurzeln. Er ist der selbsternannte Fürsprecher für »*den ethnischen Arbeiter*«, d. h. für die weiße Arbeiterklasse. Sicherlich einer der merkwürdigsten Aspekte dieses Buches ist die Tatsache, daß Lasch hofft, sich für seinen Angriff auf die herrschende Ideologie den schwelenden Unmut der unteren weißen Mittelschicht zunutze machen zu können.[21]

Er erläutert, daß ehemals selbständige Kleingewerbler der herrschenden Fortschrittsmythologie nicht anhingen, denn sie vor allem wären es gewesen, die den wirtschaftlichen

Veränderungen zum Opfer fielen. Im Unterschied zu den meisten anderen Menschen finden sich die »ethnischen Arbeiter« mit »Grenzen« ab. Sie sind gegen die moderne Rastlosigkeit immun; sie verspüren nicht den unwiderstehlichen Drang, den nächsten Horizont zu überspringen, haben keinen Ehrgeiz. Gleichgültig gegen den Karriere- und Leistungskult wollen sie nicht mehr, als ihren Lebensstil erhalten. Im 19. Jahrhundert hätten sie »manchmal sogar ihre Kinder dem leidenschaftlichen Wunsch geopfert, Hausbesitzer zu werden, indem sie sie zwangen, arbeiten zu gehen, statt die Schule zu besuchen«.[22] Lasch, der selbst (Hochschul-) Lehrer ist, gibt zu verstehen, daß dieses Verhalten keineswegs so »irrational« sei, wie die Liberalen vermuteten. Was manch einer als Phantasielosigkeit beklagen würde, betrachtet er als ein Zeichen psychischer Gesundheit. Das Kleinbürgertum, das er uns zu bewundern auffordert, ist jedenfalls in der lokalen Gemeinschaft festverwurzelt, moralisch konservativ, familienorientiert und bringt dem Handwerk Respekt entgegen. Seine Angehörigen sind ihren ethnischen Brüdern gegenüber unverbrüchlich loyal. Sie wollen nichts anderes, als wieder selbständig zu sein, genau das aber macht ihnen ein übertriebener Kapitalismus unmöglich.

Gewiß hat die untere Mittelschicht auch ihre dunkleren Seiten. Lasch erwähnt Kleingeistigkeit, Unterwürfigkeit, Neid, Ressentiments, Engstirnigkeit, Rassismus, die Bevorzugung von Einheimischen gegenüber Einwanderern und den Anti-Intellektualismus. Aber im Unterschied zu allen anderen sozialen Schichten könne man sich bei ihr darauf verlassen, daß sie ihre destruktiven Impulse unter Kontrolle hält (allerdings könnte man auf Bensonhurst und Howard Beach verweisen).* Den »ethnischen Arbeitern« stehen die liberalen

* A. d. Ü.: Gegenden in Brooklyn, die in den achtziger Jahren für rassistische Überfälle bekannt wurden.

Intellektuellen diametral gegenüber. Sie sind der ärgste politische Feind der unteren Mittelschicht, vollständig unfähig, Grenzen zu akzeptieren oder ihre bösartigen Triebe zu unterdrücken. Die eine Schicht ist also edel, die andere niederträchtig.

Lasch erklärt den Unterschied anhand eines verblüffenden Beispiels: »Die Liberalen sahen in den Graffitis an den U-Bahn-Waggons eine lebendige und neue Art der Volkskunst, während die ›ethnischen Arbeiter‹ sie als Teil der Krise der Zivilisation betrachteten.«[23] Aber die Liberalen romantisieren nicht nur die Verschmutzung öffentlichen Eigentums, sie verhöhnen auch noch die Religion und die Familie. Sie leben in Vororten, fahren schicke Autos aus dem Ausland, besuchen Museen und Konzerte, fliegen um die Welt und essen in luxuriösen Restaurants. Sie bemühen sich um Selbstverwirklichung und ihr eigenes Fortkommen. Dies alles erklärt, warum sie das Kleinbürgertum nicht verstehen können. Sie schauen verächtlich auf die Solidarität unter den »Weißen« herab und halten sie für den Ausdruck eines atavistischen Impulses, der im Sonnenlicht der Vernunft verblassen wird.

Allerdings haben sie für diese unerträgliche Arroganz bereits einen hohen Preis zahlen müssen. Denn schon ihre Sprache ist verkommen: Sie sprechen ein »akademisches Englisch«, das mit der gemeinen Sprache kaum noch Ähnlichkeiten hat. Sie können regionale Dialekte sowie die »derbe Mundart«, die für die »ethnischen Arbeiter« charakteristisch ist, kaum noch verstehen.[24] (Das ist übrigens MacIntyre in Reinform.) Kurz, der typische Liberale ist ein entwurzelter Kosmopolit – dieses alte Schimpfwort hält Lasch für angemessen und hofft unbegreiflicherweise, er könne es von seiner angeblich zufälligen Verknüpfung mit dem faschistischen und stalinistischen Antisemitismus trennen.

Lasch wendet sich entschieden gegen die Annahme, das Ressentiment der unteren weißen Mittelschicht gegen den Liberalismus habe rassistische Wurzeln. Willie Horton* war *nicht* die Spitze eines Eisbergs, behauptet er. Lasch stützt sich in seiner Argumentation vorrangig auf die Kampagnen für die Busbeförderung (busing) von Schulkindern in andere Stadtteile, um ein ethnisches Gleichgewicht zu erzielen. Völlig zu Recht bezeichnet er dieses Thema als brisant, umstritten und geeignet, die progressiven Amerikaner politisch treffen zu können. Er wiederholt die bereits allzu bekannten Argumente und bedauert, daß »die Limousinen-Liberalen der Vororte von den Städten erwarten, sie sollten die Bürde der Aufhebung der Rassentrennung alleine tragen.« Die weiße Arbeiterklasse hält die liberale Politik des »busing« nicht nur für arrogant, sondern auch für eine unerträgliche Einmischung in ihre ethnischen Enklaven, für einen Versuch, ihre Gemeinden zu zerstören. Tatsache sei, »daß die Nachteile des ›busing‹ bekanntlich die ethnisch weißen Bezirke in den Innenstädten zu tragen hatten, nicht die Liberalen in den Vororten, in deren Schulen so gut wie keine Schwarzen saßen, oder die wohlhabenden Prediger von ›Mitgefühl‹, deren eigene Kinder Privatschulen besuchten.«[25] Die Liberalen, so lautet die Botschaft, sind Heuchler, Wohltäter auf Kosten von anderer Leute Loyalität und auf dem Rücken von anderer Leute Kinder.

Mit ihren Schandtaten stehen sie nicht allein. Auch Martin Luther King Jr. machte sich einer »unüberlegten Kampagne für eine freie Wohnungspolitik in Chicago« schuldig. King

* A. d. Ü.: Während eines Hafturlaubes im Jahre 1988 vergewaltigte der wegen Mordes verurteilte Schwarze Willie Horton eine Weiße. Die Tat geschah im US-Bundesstaat Massachusetts, der damals von dem demokratischen Gouverneur Michael Dukakis regiert wurde. Da Dukakis zugleich Präsidentschaftskandidat der Demokraten war, nutzten die Republikaner den Fall im Wahlkampf 1988 für ihre Zwecke. Der Name Willie Horton gilt in der konservativen US-Öffentlichkeit seitdem als Symbol für einen zu laschen Umgang mit Kriminalität.

übersah, daß »die Schwarzen ihre Ziele nicht mit der Forderung nach Auflösung der weißen Gemeinden durchsetzen konnten, deren einziges Verbrechen, soweit man sehen kann, darin bestand, daß sie ein Gefühl von ethnischer Solidarität hatten.« Vor allem zieht Lasch King zur Verantwortung wegen seines »Mißfallens an allem, was auch nur entfernt nach Rassentrennung aussah«. Die schwarzen Gemeinden sollten aber seiner Ansicht nach intern gestärkt, nicht durch Integration geschwächt werden. (An dieser Stelle läuft Lasch Gefahr, eine ethnische und rassische Aufspaltung zu propagieren und den amerikanischen Traum in Form einer Turmbau-zu-Babel-Version zu verteidigen.) Laschs These lautet, daß »die Vorteile festverbundener Gemeinschaften« die »Gefahren der Rassentrennung« überwiegen.[26] Daß die Liberalen gegen eine Balkanisierung sind, zeigt nur, wie wenig sie die menschliche Natur und ihre Grenzen kennen.

Lasch glaubt, anfangs sei Kings Aktivismus noch erfolgreich gewesen, weil er fest in »der regionalen Kultur des Südens« verankert war. Je weiter er sich von seiner regionalen Verwurzelung entfernte, um so größer waren seine Mißerfolge. So habe King etwa einen einschneidenden Fehler mit seinem Versuch begangen, die Bürgerrechtsbewegung aus den schwarzen Gemeinden des Südens in den säkularisierten und urbanisierten Norden zu verpflanzen. Genauso falsch sei sein Versuch gewesen, eine »Koalition aller benachteiligten Gruppen aller Rassen« zu gründen. Dieses liberale Vorgehen sei »moralisch falsch« gewesen, weil es unter anderem die ethnische Solidarität, die zum Gelingen der Bürgerrechtsbewegung notwendig ist, verwässerte. Lasch ist in dieser Hinsicht jedoch widersprüchlich, denn ein paar Seiten weiter schon wirft er King vor, es sei ihm nicht gelungen, eine »Koalition zwischen den Schwarzen und den Weißen« herzustellen, die sich auf eine gemeinsame Verantwortung statt auf die übliche Zuschreibung von Opferrollen gründe.[27] Diese Kritik an King ist zutiefst fragwürdig. Vielleicht wären ja die Beziehungen zwischen den verschiedenen Ethnien und der Zusammenhalt der Gemeinden im Norden heute in einem besseren Zustand, wenn King nicht ermordet worden wäre, bevor er Zeit hatte, in den Städten des Nordens dauerhaft zu arbeiten.

Lasch befürwortet Gruppenloyalität, Zusammenhalt auf lokaler Ebene und ethnische Homogenität. Er mißachtet soziale Mobilität und deutet an, daß »kulturelle Assimilation« ein Fehler sei. Indirekt bezweifelt er sogar, ob »die Heirat zwischen verschiedenen Rassen und Ethnien« ratsam sei. Die Liberalen, so behauptet er, treten für eine Assimilationspolitik ein, weil sie übertriebene Angst vor zerstrittenen Gruppierungen hätten und außerdem naiv genug seien zu glauben, daß die Menschen universelle Sympathien haben könnten. Sie unternahmen »den fehlgeleiteten Versuch, die Ursachen sozialer Konflikte zu beseitigen, indem sie den Partikularismus verurteilten und hofften, daß die Brüderlichkeit sich dann schon von alleine ergäbe.« Aber wie vorauszusehen, »erstickte dieser Ansatz bereits die Möglichkeit der Brüderlichkeit im Keime, indem er ihre Wurzeln abschnitt.« Mildtätigkeit, die die Grenzen der eigenen ethnischen Gruppe überschreitet, ist also ein blutleeres Ideal, wie es für die Aufklärung bezeichnend ist. Kosmopoliten und Universalisten bieten uns »eine schwammige Gemeinschaft der Menschheit im allgemeinen« an – eine fade Angelegenheit. Lasch sympathisiert eindeutig mit jenen »Verteidigern des Partikularismus«, die »eine der Hauptstützen der Ideologie der Aufklärung« vernichteten: »die Gleichsetzung von Fortschritt mit der Auslöschung von Gruppenloyalität und ihre Ersetzung durch eine allumfassende Liebe für die gesamte Menschheit«.[28] Die herzlose Vernichtung des Regionalismus war ein natürliches Ergebnis der wissenschaftlichen Revolution und zugleich das größte Verbrechen des Liberalismus.

Populistischer Produktionismus

Überraschenderweise versucht Lasch, sich von einem »vagen und verschwommenen Kommunitarismus« abzugrenzen. In zwei wichtigen Kapiteln widmet er sich einer vagen und verschwommenen Kritik an der rückwärtsgewandten Sehnsucht nach *Gemeinschaft*. Den Unterschied zwischen sich und anderen kommunitaristischen Feinden der Moderne sieht er in seiner Betonung der »ehrlichen Arbeit« wie auch der ethnischen Solidarität gegeben. Gelegentlich nennt er seine Philosophie »populistischen Produktionismus«. Das unterscheidet ihn nicht nur von Liberalen, die der Radikalität der Arbeitnehmerschaft mißtrauen und die Menschen lediglich als Konsumenten betrachten, sondern auch von seichten Kommunitaristen, die der »Freiheit des Eigentums« und der männlichen Arbeit keinen Platz einräumen. Sein Ziel ist »die Rehabilitierung der Arbeit, nicht die Demokratisierung des Konsums.« Er ist fasziniert von »dem Ideal einer Gesellschaft, die sich aus kleinen Produzenten zusammensetzt« oder »einer Gesellschaft von kleinen Werkstätten, in der die effektive Kontrolle über die Produktion auf der lokalen Ebene stattfand«. Aber sein Blick ist nicht nur rückwärtsgewandt; ein nicht näher bezeichneter »Populismus für das 21. Jahrhundert« wird der »selbstbestimmten Werkstatt« und, allgemeiner gesprochen, der »Demokratisierung der Arbeit« einen Ehrenplatz zuweisen.[29]

Verblüfft von J.G. Pococks Darstellung der Tradition der »bürgerlichen Tugend« fühlt sich Lasch aufgerufen, seine eigene Version auf Amerikas industrielle Vergangenheit zu projizieren. Die Hauptgestalt in dieser idealisierten Welt (in der weder Sklaverei noch Armut eine Rolle spielten) war der selbständige Produzent – das moralische Äquivalent zum bewaffneten Milizsoldaten. Das Eigentum verlieh dem Besitzer Würde, Verantwortung und Männlichkeit. Leider gibt uns

Lasch keinerlei Auskunft darüber, wen er damit meint, wer diese Leute waren und wie sie tatsächlich lebten. Daher haben wir auch keine Ahnung, welche Art von Problemen sie zu bewältigen hatten. Was er uns statt dessen wissen läßt, ist, daß selbständige Handwerker und Bauern ihre Arbeit als Freude und als Zweck an sich betrachteten. Sie hatten eine »Berufung«, keinen Beruf. Das erklärt auch ihre feindselige Haltung gegenüber ökonomischem Fortschritt, technischem Wandel und insbesondere gegenüber der aufkommenden Fabrikproduktion: »Die Populisten verdammten die Innovation, weil sie die selbständige Herstellung und den eigenen Vertrieb von Waren unterminierte und die ›Lohnsklaverei‹ hervorbrachte.« Er tut sogar die kühne Verallgemeinerung kund, daß die meisten oder sogar alle »demokratischen Bewegungen im 19. Jahrhundert sich gegen Innovationen formten«.[30] (Wenn man dieser stark übertriebenen Feindschaft gegenüber dem technischen Wandel Glauben schenkt, wie läßt sich dann die allgemeine Begeisterung begreifen, mit der alle Amerikaner etwa Samuel Morses wunderbare Entdeckung begrüßten?)

Inzwischen sollte deutlich geworden sein, warum Lasch dem Sozialstaat beinahe noch feindlicher gesonnen ist als einer Wirtschaftsordnung des Laisser-faire. Der klassische Liberalismus erfand den »Konsumkult«. Umverteilungsprogramme änderten daran nichts Wesentliches, sondern führten lediglich zu einer »gerechteren Verteilung der Konsumgüter«.[31] Unter dem abschätzigen Begriff »Konsumgüter« faßt Lasch offensichtlich auch den Wohnungsbau, das Gesundheitswesen, Bildung und Kinderernährung. Sozialhilfeprogramme – wie etwa billige Nahrungsmittel für die Armen – repräsentieren für Lasch nur ein weiteres Vordringen von verachtungswürdigen aufklärerischen Idealen. Wie die Verfechter eines freien Marktes, so sehen auch die liberalen Verteidiger des Sozialstaates die Menschen ausschließlich als

Verbraucher von öffentlichen Leistungen, nicht als Praktizierende von Tugenden. Aus diesem Grunde haben aufgeklärte Wohltäter auch stets die Automatisierung verteidigt; Arbeit ist für sie an sich entwürdigend, und daher suchen sie den Menschen davon zu befreien, indem sie die Produktivität verbessern, die für Wohlstand sorgt und insofern immer weniger Arbeit nötig macht.

Die Verminderung der Arbeitsmühen ist nach Lasch ein weiteres Argument gegen die Wissenschaft, die Technik und gegen wirtschaftliches Wachstum. Verkürzte Arbeitszeit sei eine »jämmerliche Vorstellung«, die »Verachtung« verdiene.[32] Entsetzt über körperliches Leiden hätten die intellektuellen Liberalen den amerikanischen Traum verraten. Sie haben gemeinsam daran gearbeitet, den Arbeiter zu betrügen und zu *entmännlichen*, ihn (übrigens: auch sie?) der Verantwortung zu berauben und ihre eigenen Werte der feinen Leute zu verbreiten. Wie unschwer vorauszusehen war, hat die neue Konsumorientiertheit und der Materialismus der Arbeiterklasse ältere und mühsamere Werte bereits vernichtet. (Der »Populismus«, so scheint mir, ist nur selten mit solcher Verachtung für gewöhnliche Menschen vermischt worden.)

Die Fehler der Argumentation

The True and Only Heaven ist aus einer Laune heraus entstanden, und zwar aus einer eher düsteren. Laschs Widerwille gegen den wissenschaftlichen, technischen und hygienischen Fortschritt scheint vorurteilsbeladen zu sein. Das hat einige Nachteile für denjenigen, der ihn kritisieren will, denn gegen eine Gemütsverfassung kann man nur schwer argumentieren. Dennoch weist Laschs Vorgehen einige bemerkenswerte Fehler auf, die nicht unbeachtet bleiben sollen.

Sein Kulturpessimismus ist gänzlich ungetrübt von einer vergleichenden Perspektive, die diesen Namen verdiente. Es ist schlecht um uns bestellt – aber im Vergleich zu wann und wo? Trotz unserer vermessenen Versuche, die Natur zu beherrschen, so behauptet Lasch, leben wir Menschen heute unsicherer und haben weniger Kontrolle über unser Leben als jemals zuvor. Er übersieht dabei, daß die Menschheitsgeschichte bislang von Seuchen, periodisch wiederkehrenden Hungersnöten und einer erschreckend kurzen Lebenserwartung geprägt war. Inwiefern sollen denn die meisten Menschen in der Vergangenheit Macht über ihr eigenes Leben gehabt haben?

Zweifellos haben wir keine politische Handhabe, zu entscheiden, welche Technik wir haben wollen und welche nicht, insofern liegt Laschs Argumentation ein Kern an Wahrheit zugrunde. Erfindungen scheinen sich uns regelrecht aufzudrängen, ob wir nun an ihnen mitwirken oder nicht. Aber die Unfähigkeit der Politik, den technischen Wandel zu lenken, kann dem modernen Liberalismus nicht zum Vorwurf gemacht werden. Die kommunistischen Systeme waren in dieser Hinsicht, wie wir seit kurzem wissen, sogar noch schlimmer. Die ökologisch ausgerichteten Antiliberalen widersprechen sich überdies, wenn sie den Wert nationaler Solidarität hochhalten: Denn die Modernisierung der Verteidigung, also die unkontrollierte Entwicklung und Verbreitung von Militärtechnologie, wurzelt in der politischen Aufsplittung der Menschheit in miteinander rivalisierende Gruppen, nicht in einem wissenschaftlichen Weltbild. Entsprechend hat die Unfähigkeit der Menschen, den Schaden, den sie der Erde zufügen, zu begrenzen, ihre Ursache zum Teil in dem Scheitern der Zusammenarbeit zwischen verschiedenen Nationen. Und die Solidarität *innerhalb* einer jeden Nation verschärft dieses Problem eher noch, als daß sie es löste. Schmitt und andere Angehörige seiner Generation stellten die Frage, »welche Art von Politik stark genug ist, sich der neuen Technik zu bemächtigen«.[33] Angesichts seiner Antwort auf diese Frage scheint ein politisches System, das bescheiden genug ist, seine Machtlosigkeit in dieser Hinsicht einzugestehen, gar so schlecht nicht zu sein. Jedenfalls aber liefern die – wenn auch ernsthaften – Schwierigkeiten, die wir mit der Kontrolle der Technik haben, keinen ausreichenden Grund dafür, eine liberale Politik abzulehnen.

Außerdem ist Laschs feindselige Einstellung gegenüber Wissenschaft und Technik, insoweit sie eine ökologische Angst widerspiegelt, absolut grundlos. Denn je ernsthafter unsere Umweltprobleme werden, desto mehr müssen wir uns auf Wissenschaft und Technik, von der Bürokratie ganz zu schweigen, stützen, um sie zu lösen, ganz unabhängig davon, wie und warum die moderne wissenschaftliche Weltsicht entstand. Einen Ölteppich auf dem Wasser kann man nicht mit natürlichen Schwämmen aufsaugen, und öffentliche Unterstützung oder Regierungsmaßnahmen sind ohne die wirkungsvollen Kommunikationsmittel, die uns die moderne Technik bietet, nicht zu bewerkstelligen.

Laschs Protest gegen »das Ersetzen des blinden Wirkens der Natur durch menschliche Entscheidungen« legt uns streng genommen nahe, wir sollten aufhören, unsere Kinder zu impfen, oder gar, unsere Krankenhäuser schließen. In einem früheren Werk schrieb er, daß »die medizinische Technik nichts anderes geleistet hat, als die Abhängigkeit der Patienten von den Apparaten« und von »den medizinischen Experten« zu vergrößern.[34] Solche Bemerkungen werfen dann doch die Frage auf, wieviel Lasch daran liegt, ernstgenommen zu werden.

Seine Sakralisierung des Begriffs »Grenzen« macht es ihm unmöglich, zwischen solchen Grenzen zu unterscheiden, die es verdienen, respektiert, und solchen, die es verdienen, überschritten zu werden. Sie verleitet ihn überdies dazu, unhaltbare Kausalverknüpfungen herzustellen: Verhütung heute – Eugenik morgen.

Laschs Schilderung der unteren Mittelschicht bezeugt eine höchst selektive Wahrnehmung der Vergangenheit. Zum einen besteht das amerikanische Kleinbürgertum zu großen Teilen aus Menschen, die einmal in das Land kamen, weil sie den »Fortschritt« suchten. Zum anderen gibt es nicht eine einzige soziale Schicht, die derart harmlos oder lernfähig wäre, wie Lasch das von seinem »weißen Arbeiter« behauptet. Eine gründliche Analyse des *Poujadisme*, des populistischen Produktionismus der fünfziger Jahre in Frankreich, der zwar anfangs links stand, dann aber auf dem xenophobisch und antisemitischen rechten Flügel des politischen Spektrums endete, kann diese einseitige Darstellung korrigieren.

Laschs unausgewogene Beurteilung von »Entwicklung« vernachlässigt die positiven Auswirkungen des wirtschaftlichen Wohlstands auf das Bevölkerungswachstum. Je reicher die Menschen werden, desto weniger Kinder haben sie gewöhnlich. Je besser Frauen ausgebildet sind und je größer ihre Chancen auf dem Arbeitsmarkt, desto weniger Kinder bekommen sie. Die Aufnahmekapazität unserer Welt ist erwiesenermaßen begrenzt, und eine rückschrittliche Haltung würde unsere Probleme in dieser Hinsicht nur noch vergrößern.

Laschs Weigerung, die Vor- und Nachteile wirtschaftlichen Wachstums und technischer Innovation gegeneinander aufzuwiegen, mutet merkwürdig an. Der »Fortschritt« mag unangenehme Begleiterscheinungen mit sich bringen, aber er ist nicht durch und durch schlecht. Man denke nur an die Alphabetisierung und an die Gesundheitsversorgung für die Arbeiterklasse. Sogar das »Konsumverhalten«, die Sehnsucht nach schönen und nützlichen Sachen, könnte etwas mit menschlicher Würde zu tun haben. Lasch hat durchaus recht mit seiner Beobachtung, daß die Emanzipation der Frau ohne materiellen Fortschritt – insbesondere ohne wirksame Verhütungsmethoden, eine reduzierte Kindersterblichkeit und die Erfindung von Haushaltsgeräten – undenkbar gewesen wäre; all dies sind Aspekte, die seine übertriebene, von Heidegger beeinflußte Abscheu vor der Wissenschaft mindern sollten. Laschs unausgewogene Beurteilung in diesen Punkten ist besonders ärgerlich, weil er uns, sobald es um regionale Loyalitäten, religiösen Aberglauben und kriegerische Tugenden geht, darauf hinweist, wir sollten uns von den negativen Aspekten nicht den Blick auf die guten Seiten verstellen lassen.

Seine Kritik an einer nostalgischen und schönfärberischen Vorstellung von der Vergangenheit ist zwar ein geschickter Schachzug, kann aber in theoretischer Hinsicht nicht überzeugen. Er allein unter den zeitgenössischen Gemeinschaftstheoretikern betont das allmähliche Aussterben bestimmter Handwerkszweige und die Würde der Arbeit, das stimmt wohl. Aber sein Denken bleibt nichtsdestotrotz fest im Griff rückwärtsgewandter kommunitaristischer Gemeinplätze.

Es ist nicht ganz klar, welche Schlußfolgerungen Lasch aus seiner Sympathie für »kulturellen Pluralismus« und aus seinen Zweifeln an »dem Ideal der Assimilation« zieht.[35] Gelegentlich scheint es so, als würde er Amerika gerne in einen ethnischen Archipel verwandeln, in eine bunte Ansammlung innerlich homogener Untereinheiten. Daß diese Vorstellung unüberlegt ist, ist wohl noch das wenigste, was sich darüber sagen ließe. Ein starker Gruppenpluralismus wäre nur im Kontext eines *liberalen* Systems erträglich, das in der Lage wäre, die Rechte des Individuums zu schützen, eine Diskussion auf nationaler Ebene und eine Zusammenarbeit zwischen den verschiedenen Ethnien zu fordern. Aber das wäre dann genau jene Art von politischem System, der er zu mißtrauen vorgibt.

Seine Behauptung, Fanatismus, Intoleranz und Aberglaube seien der Preis, den man eben zahlen müsse, um Schwammigkeit, Geistlosigkeit und spiritueller Verarmung zu entgehen, ist weit hergeholt. Nur ein reicher Amerikaner kann so etwas schreiben. Nur ein Angehöriger der westlichen Zivilisation kann Probleme wie Krankheit, Hunger, Armut und Gewalt als Zwangsvorstellungen des liberalen Denkens abtun – und selbst dann verwundern diese Ansichten noch. In einer Welt voller gewaltsamer Konflikte, wie denen zwischen Armeniern und Aserbaidschanis, Serben und Kroaten, Tamilen und Singalesen, Israelis und Palästinensern, Katholiken und Protestanten in Nordirland, kann wohl nur ein Amerikaner den Niedergang von regionalen Loyalitäten und ethnischen Identifikationen beklagen.

Ein antiliberales Gemisch

Im Ganzen betrachtet ist Laschs moralischer Standpunkt genau wie derjenige MacIntyres von tiefen, unlösbaren Widersprüchen geprägt. Gelegentlich hat man den Eindruck, die Verbindungslinien zwischen den verschiedenen Kapiteln seien durchtrennt. Rückblickend können wir festhalten, daß er das »fortschrittliche Denken« aus der Perspektive von vier verschiedenen Traditionen oder Idealen heraus verurteilt: aus einer kriegerischen, einer religiösen und einer ethnischen Tradition heraus sowie aus dem Blickwinkel einer Idealvorstellung vom Handwerker bzw. Eigentümer.[36] Wie diese vier Wertesysteme miteinander in Beziehung stehen, erklärt er an keiner Stelle, ja, er stellt sich diese Frage erst gar nicht. Es ist jedoch ganz offensichtlich, daß sie in einem Spannungsverhältnis stehen. So läßt sich etwa Laschs romantisierende Darstellung des Arbeiters nicht mit der christlichen Vorstellung in Übereinstimmung bringen, daß die Arbeit ein Fluch sei. Ähnlich widersprüchlich ist seine gleichzeitige Lobpreisung der

Bescheidenen und der Anspruchsvollen. Zu Laschs Leidwesen hat der Liberalismus seit jeher die Sicherheitsbedürftigen *und* die Abenteuerlustigen enttäuscht. Der Fortschritt zerstörte unerschrockenen Heroismus genauso wie passive Ergebenheit; die Überflußökonomie schwächte die »Männlichkeit« und zerstörte »dankbares Sich-Abfinden«; die Menschheit brauche zugleich ein »Gefühl des Kampfes« und ein erneuertes »Sünden«bewußtsein.

Daß Lasch sich sowohl auf Georges Sorel wie auf Jonathan Edwards beruft, zeigt nicht nur die Bandbreite seiner Sympathien, sondern auch den verworrenen Eklektizismus seines Denkens. Sein Hin- und Hergerissensein zwischen einer religiösen und einer heroischen Perspektive trägt zwar entschieden zur Länge, aber nicht unbedingt zur Klarheit seines Buches bei. Manchmal definiert er Tugend als Selbstverleugnung, manchmal als Selbstbejahung. In einem Kapitel teilt er uns mit, wir sollten uns passiv dem Universum ergeben; im folgenden fordert er dazu auf, uns »einen heroischen Begriff vom Leben« zu bilden. Er sagt, wir sollten nach Autarkie streben, dann wieder, wir sollten unsere hilflose Abhängigkeit von einer höheren Macht akzeptieren. Das von Emerson bekannte Ideal des Selbstvertrauens und der Eigenständigkeit nennt er edel; den Kampf um Autonomie, wie ihn die moderne Wissenschaft widerspiegelt, bezeichnet er als gemeines Motiv. Wir müssen die »Kontrolle« über unsere Arbeit und unser Leben wiedererlangen, die uns der Kapitalismus entzogen hat; aber wir müssen zugleich eingestehen, daß das Verlangen nach »Kontrolle« blasphemisch und sogar teuflisch ist. Wir müssen die Lohnsklaverei von uns abwerfen, aber Sterblichkeit und Schmerzen, den Lohn der Sünde, akzeptieren. Wir müssen, folgen wir Lasch, sowohl Grenzen respektieren als auch jene Helden, die sie mutig zu überschreiten wagten. Dieser Zweifrontenkrieg ist allerdings leichter erkannt als verstanden.

Welche Form würde eine Politik der Begrenzungen annehmen? Oder anders gefragt: Welche konkreten Alternativen schlägt Lasch vor? Er fordert uns auf, ein »tragisches Verständnis des Lebens« zu entwickeln, aber er macht keine praktischen Vorschläge, wie wir die Arbeit demokratisieren oder ethnische Leidenschaften wiederbeleben könnten. Wenn er behauptet, wir sollten versuchen, »das Getto in eine wirkliche Gemeinschaft umzuformen«, schweigt er sich selbstverständlich darüber aus, wie wir diese alchemistische Prozedur in Gang setzen sollten. Er ist der Überzeugung, daß »eine drastische Reduktion des Lebensstandards der reichen Länder und der privilegierten Schichten« unvermeidlich ist, sagt uns aber nicht, wie wir das mit den geringsten (oder vielleicht stärksten?) Schmerzen zustande bringen könnten.[37] Ihm mißfallen Konzerne, Finanzinstitutionen und die Bürokratie auf Staats- und Länderebene, aber er erläutert nicht, wie wir ohne sie zurechtkommen oder wodurch wir sie ersetzen könnten.

Ein kurzes autobiographisches Kapitel in seinem Buch überschreibt Lasch, ohne das ironisch zu meinen, mit »Wie ich unzufrieden wurde« (»The Making of a Malcontent«). Aber Unzufriedenheit ist eine Sache, ihre Umsetzung in Gesetze eine ganz andere. Will Lasch Illoyalität und Ungläubigkeit strafbar machen? Tritt er für eine *weniger* gerechte Verteilung von Konsumgütern ein? Soll Kritik an den Autoritäten ebenso unterdrückt werden wie die Heirat zwischen den Angehörigen verschiedener Ethnien, soziale Mobilität und Verhütungsmittel? Sollte man Fernsehapparate und Kreditkarten konfiszieren und vernichten? Sollten wir nur noch die allerwichtigsten Güter herstellen und Geldscheine abschaffen? Sollten alle Zentralheizungen und Entlüftungsanlagen abgeschaltet werden?

Sicherlich muß die Antwort in allen diesen Fällen »Nein« lauten. Aber angesichts des Mangels an entschiedenen Stellungnahmen muß Laschs abschließendes Urteil enttäuschend akademisch erscheinen: »Die populistische Tradition bietet keine Patentrezepte für alle Übel, die die moderne Welt befallen. Sie stellt zwar die richtigen Fragen, liefert aber keine vorgefertigten Antworten.«[38] Lasch ist sogar so zurückhaltend, daß er uns nicht einmal verrät, wie diese »richtigen Fragen« wohl lauten. Es ist allerdings ohne weiteres verständlich, warum Lasch sich so ausweichend verhält. Denn Fragen beantworten, Probleme lösen und Übel kurieren – das sind gefährliche Unternehmungen. Schließlich könnten sie die Lage der Dinge verändern, ja, sie könnten sogar unser Leben erleichtern. Man stelle sich nur vor, die Leute würden sich die Lehren dieses Buches zu Herzen nehmen. Plötzlich könnten sie erkennen, daß der materielle Überfluß gar nicht das höchste Gut der Menschheit ist, könnten versuchen, Gruppenbindungen und ausgestorbene Gewerbe wiederzubeleben. Angesichts dieser Möglichkeiten moralischen Fortschritts beläßt es Lasch bei seinem gewohnten Gemisch an Einwänden, wie ich glaube, um uns vom zentralen Widerspruch seines Ansatzes abzulenken. Denn strebt er nicht letztlich danach, seine Mitmenschen über die Gefahren des wirtschaftlichen Wachstums »aufzuklären«? Kann er allen Ernstes seine Leidenschaft, anderer Menschen Leben zu verändern, verleugnen? Was aber bietet dieser erbitterte Feind des Fortschritts letztlich anderes an als einen aufgefrischten, wenn auch hoffnungslos vagen Traum vom weiteren Fortschritt der Menschheit?

Kapitel 6
ROBERTO UNGER:
DER ENTFESSELTE ANTILIBERALISMUS

Gewöhnlich werden dem Liberalismus zwei gegensätzliche Vorwürfe gemacht: er sei anarchistisch bzw. er sei nicht anarchistisch genug. Diese antithetischen Vorwürfe werden von zwei unterschiedlichen Typen von Antiliberalen erhoben: von den *konservativen Kommunitaristen* und den *radikalen Verfechtern einer Gegenkultur*. Diese Dichotomie entspricht mehr oder weniger der von MacIntyre aufgestellten klaren Unterscheidung von zwei antiaufklärerischen Richtungen, die eine repräsentiert durch Thomas von Aquin, die andere durch Nietzsche.[1] Die Angehörigen der kommunitaristischen Schule betrachten den Liberalismus als eine zerstörerische Kraft: Er lockert soziale Bindungen, isoliert das Individuum, beraubt es der moralischen Unterstützung und fördert bedenkenlos die Freiheit des einzelnen, das zu tun, wonach ihm gerade zumute ist. Die radikalen Verfechter einer Gegenkultur hingegen betrachten den Liberalismus als insgeheim tyrannisch: Er zwingt das ansonsten spontane Individuum, festen Regeln zu folgen, und erlegt ihm eine asketische Disziplin der Konformität und der Selbstverleugnung auf. Die liberale Ordnung hindert also die Menschen nicht nur daran, zu tun, was sie wollen, sondern verhindert obendrein die Entstehung und Entwicklung neuer Sehnsüchte und Bedürfnisse. Die erstgenannten Kritiker des Liberalismus halten den berechnenden Bürger für entwurzelt, nervös und ungläubig; die letzteren halten ihn für festverwurzelt, steif und langweilig.

Einige klassische Beispiele des kommunitaristischen Konservativismus habe ich bereits näher betrachtet; um einer ausgewogenen und vollständigen Darstellung willen möchte ich nun noch den gegenkulturellen Radikalismus untersuchen, wie er sich in den Werken von Roberto Unger kundtut. Sein Werk *Politics, A Work in Constructive Social Theory* von 1987 eignet sich dazu hervorragend.[2] Sein früheres Buch *Knowledge and Politics* von 1975 vertritt noch einen »gemischten« Standpunkt, der es wert ist, für sich genommen untersucht zu werden.[3] Während MacIntyre behauptet, der liberale Mensch sei zu rebellisch, vertritt Unger entschieden die Meinung, der liberale Mensch sei im Gegenteil zu unterwürfig. MacIntyre räumt der Liberalismus zuviel Freiraum für subjektive Entscheidungen ein. Für Unger bietet er der Persönlichkeitsentfaltung und der persönlichen Freiheit nicht genügend Spielraum. Diese beiden gegensätzlichen Positionen fassen zwei verschiedene Formen des antiliberalen Unmuts prägnant zusammen.

Die Verteidiger des Liberalismus werden natürlich erfreut sein, diese beiden Positionen gegeneinander ausspielen zu können. Denn beide Seiten haben je eine Hälfte der Wahrheit erfaßt, so könnte man sagen, und entkräften sich gegenseitig. Gemeinsam kommen sie einer Auffassungen nahe, die dem Common sense entspricht: Der Liberalismus ist weder anarchistisch noch tyrannisch. Er ist einerseits einengender, als die kommunitaristischen Konservativen behaupten, und andererseits weniger einengend, als die radikalen Verfechter einer Gegenkultur glauben. Er ist sowohl eine Philosophie der Grenzen als auch eine Philosophie der Freiheit. Der Liberalismus legt dem einzelnen entscheidende Beschränkungen auf, zu denen etwa das Verbot der gewaltsamen Selbstverteidigung und das Verbot gehören, sich selbst von Gesetzen auszunehmen, die für alle Menschen gleichermaßen gelten sollten. Aber er erhält auch jene empfindlichen institutionellen Voraussetzungen aufrecht, auf die die persönliche Freiheit und die demokratische Korrektur kollektiv begangener Fehler angewiesen sind.

In seiner früheren Arbeit ist Unger noch gewissermaßen hin- und hergerissen, da er die beiden einander widersprechenden antiliberalen Positionen zugleich zu vertreten sucht. Der Verfasser von *Knowledge and Politics* kann daher gleichermaßen als *kommunitaristischer Konservativer* und als *gegenkultureller Radikaler* verstanden werden. Kein Wunder also, daß sich die Leser dieses Buches verunsichert fühlen. In dessen kommunitaristischen Abschnitten teilt der Verfasser uns mit, der liberale Mensch sei »zur Unzufriedenheit verdammt« und kenne aus diesem Grunde »das Gefühl ruhiger Selbstgewißheit nicht«. In den gegenkulturellen Abschnitten hingegen erklärt Unger, daß der liberale Mensch unter »Resignation« bzw. unter der passiven Hinnahme der ihm zugeschriebenen gesellschaftlichen Stellung leide. Was also vermißt Unger mehr, Ruhe oder Rastlosigkeit?

Als konservative Abhandlung gelesen, wirft *Knowledge and Politics* dem Liberalismus wie der modernen Wissenschaft vor, sie riefen zum »Widerstand gegen das Schicksal« auf. Die Wissenschaft entheilige die Welt und führe daher zur liberalen »Leugnung der Unveränderlichkeit von Natur und Gesellschaft«.[4] Als Abhandlung eines Rebellen gelesen, ruft *Knowledge and Politics* hingegen zu Hybris und Rebellion auf, statt sie zu kritisieren. An diesen Stellen bedauert der Autor nicht, daß in einer auseinanderfallenden liberalen Ordnung jeder alle erdenkliche Freiheit habe, sondern fordert uns geradezu auf, mitzutun. Diesmal will Unger, daß wir »diese *Taten des Widerstands* bzw. die Taten von Genies, von Kunst oder Spiel würdigen, durch die die Ganzheit der menschlichen Natur für einen kurzen Augenblick die Welt erleuchtet«. Statt wehmütig den Verlust religiöser Einschränkungen zu beklagen, greift er »die Heiligsprechung des Tatsächlichen« an.[5] Auch hier also bewundert Unger den Widerstand *und* beklagt ihn zugleich.

Der konservative Unger versichert uns, der Mensch nehme »einen Platz in der Ordnung der Schöpfung« ein, aber der Liberalismus habe den Menschen entwurzelt und ihm sein Geburtsrecht verweigert. Der rebellische Unger hingegen erwidert, daß »der Mensch keinen vorherbestimmten Platz in der Natur«, der Liberalismus ihn aber gleichsam als Galeerensklaven an die gesellschaftlichen Erwartungen gefesselt habe. Der Bewunderer von Stabilität beschwert sich darüber, daß der Liberalismus eine unordentliche Gesellschaft hervorgebracht habe, und bedauert, daß es »keine verbindlichen gemeinsamen Ziele« mehr gebe, zu denen er auch einen »unveränderlichen, autoritativ verbindlichen archimedischen Punkt« zählt. Das gewichtigste Symptom für die Krankheit der liberalen Gesellschaft ist aus dieser Perspektive betrachtet »die Erfahrung, daß alle gemeinsamen Werte anfechtbar und zufällig sind«. An dieser Situation ließe sich nur dann etwas ändern, wenn man »feste Rechte und Pflichten« einführte. Umgekehrt wünscht sich dieser Held der Instabilität »eine weniger strikte Arbeitsteilung« und möchte eine Gesellschaft schaffen, in der der einzelne »ständig mit verschiedenen Lebensweisen experimentieren« kann. Ein »fester und autoritativ verbindlicher Wertekonsens« sei nicht wünschenswert, sondern ganz im Gegenteil für von ihm verachtete »Formen der hierarchischen Gemeinschaft« charakteristisch.[6]

Zu dieser zweiten Form des Denkens paßt Ungers Behauptung, er sehne sich nach »dem Verschwinden der Unterscheidung zwischen dem Außergewöhnlichen und dem Gewöhnlichen«[7], wenn auch nicht ganz leicht zu verstehen ist, was genau er damit meint. (Obwohl Unger behauptet, den Essentialismus abzulehnen, geht er doch von der essentialistischen Annahme aus, der Begriff »außergewöhnlich« könnte seine Bedeutung auch ohne sein Antonym »gewöhnlich« behalten.) Aber wir können uns wenigstens einen ungefähren Eindruck davon machen, worauf er hinauswill, denn Unger, der gegenkulturelle Radikale, wünscht sich, wir sollten das gewöhnliche

Leben poetisieren, das außergewöhnliche demokratisieren. Er sehnt sich nach »der Ausweitung des Ästhetischen in solche Bereiche, die sonst dem Prosaischen vorbehalten sind«. Ganz gewöhnliche Ereignisse sollte man mit dem Glanz der Ausnahme versehen. Wir sollten »die göttliche Befreiung vom Alltäglichen« im Alltag selbst hervorbringen.[8] Diese Hoffnung ist es, glaube ich, die Unger dazu bringt, sich mit Archimedes zu vergleichen, der »nackt durch die Straßen von Syrakus rannte, um seine Erkenntnisse zu verkünden«.[9] *Knowledge and Politics* enthält manche solcher hellsichtigen Momente, wie wir noch sehen werden. Aber erst in seinem späteren Buch *Politics* enthüllt Unger, wie wahrhaft archimedisch er zu werden bereit ist. Ich werde die beiden Werke nun nacheinander behandeln.

Grundsätzliche Behauptungen

Knowledge and Politics weist einige bisher noch nicht erkundete Facetten des antiliberalen Denkens auf. Nur MacIntyres *Der Verlust der Tugend* ist ein repräsentativeres Beispiel für den »gemäßigten« oder postfaschistischen Antiliberalismus, der in den Vereinigten Staaten in den siebziger und achtziger Jahren verbreitet war. Ungers Buch ist aber auch originär. Die Analyse seiner Einwände gegen den Liberalismus ist ein angemessener Abschluß meiner Untersuchung einzelner antiliberaler Autoren. *Knowledge and Politics* belegt die Unverwüstlichkeit der antiliberalen Tradition, die allseits bekannte Klagen und Argumente vorbringt, als handele es sich um umwälzende Einsichten. Wenn Unger auch einen etablierten Denkstil repräsentiert, so wächst er doch über ihn hinaus. Seine Einstellung ist genauso eigenwillig wie die der anderen Antiliberalen, mit denen er dennoch viel gemeinsam hat.

Ungers Treue zu den Gewohnheiten des Antiliberalismus deutet sich zunächst durch seine Einstellung zu Marx an. Er verurteilt die Klassenherrschaft und verkündet, daß die Menschheit nur dann gerettet werden kann, wenn »die Linke über die Rechte siegt«. Er liebäugelt mit den verschiedensten marxistischen Idealen und Ansichten, kommt dann aber zu dem Ergebnis, daß diese Ideologie radikale Mängel aufweise. Der Marxismus ist mangelhaft unter anderem deswegen, weil er nicht antiliberal genug ist. In Marx' Schriften »wird die Kritik des liberalen Denkens nicht zu ihrer letzten Konsequenz getrieben«. Trotz aller Bemühungen sei Marx den Fängen des Liberalismus nicht entkommen und teile sogar entscheidende gedankliche Prämissen mit Bentham.[10]

Der Liberalismus, so Unger, übe eine »ungebrochene Tyrannei« über das Denken seiner herkömmlichen Kritiker aus, auch über die Marxisten. Aber mit Zurückhaltung und Halbherzigkeit hat es nun ein Ende, denn Unger selbst ist gekommen, dieses Denkschema zu zerstören und »mit dem gesamten System des liberalen Denkens zu brechen«. Im Unterschied zu Marx wird Unger sich nicht damit begnügen, nur vereinzelte Aspekte des Liberalismus aufzugeben und dabei unterschwellig wichtige liberale Prämissen und Ideen beizubehalten; er werde vielmehr, so verkündet er, »das System des liberalen politischen Denkens« in seiner Gesamtheit verlassen und eine »umfassende Kritik der liberalen Lehre« liefern. Mehr noch, er werde »die effektivste Kritik der liberalen politischen Lehre« entwickeln, die jemals geschrieben wurde. Und damit nicht genug, er wird seinen Lesern einen Einblick in die »subversivste aller Lehren« gewähren, in eine Lehre, die subversiver ist als alles von den zaghaften Marxisten jemals Ersonnene.[11]

Knowledge and Politics ist also, kurz gesagt, ein ambitioniertes und aggressives Buch. Unverfroren charakterisiert Unger seine eigenen Gedanken über »die wichtigsten Fragestellungen der menschlichen Existenz« als »tief« und verleiht seiner Hoffnung Ausdruck, die gesellschaftliche Ordnung, in der wir anderen, die weniger waghalsigen Geschöpfe, leben, »zu unterwandern und zu zerstören«. Eine derartige, destruktive Methode ist notwendig, weil die Welt heutzutage eine »moralische Katastrophe« ist und wir uns in einer »dringenden« Situation befinden. Die liberale Gesellschaft ist nicht mehr zu retten, und doch muß die Menschheit gerettet werden. Natürlich wird jeder Versuch, die Welt vom Liberalismus zu erlösen, »schwierig und gefährlich« sein, aber Unger geht dieses Risiko ein, weil er unser Bestes will. Bezeichnenderweise präsentiert er sich als heldenhafter Befreier der Menschen. Er wird uns »den Schlüssel liefern, mit dem wir aus dem Gefängnis des liberalen Denkens entkommen können«.[12]

Der Liberalismus ist nicht nur irgendein beliebiges ideologisches Gefängnis unter anderen, sondern das »herrschende Bewußtsein« bzw. »die vorherrschende Mentalität« der liberalen Gesellschaft. Daher heißt den Liberalismus effektiv zu kritisieren zugleich daran zu arbeiten, »dessen geheimes Reich« zu stürzen. Unger räumt ein, daß er den Liberalismus ganz auf sich allein gestellt nicht vernichten kann. Er kann nicht ganz allein die Gefängnismauern niederreißen, die alle Bürger der westlichen Zivilisation in den letzten drei Jahrhunderten umschlossen haben. Dennoch traut er sich eine ganze Menge zu; er ist sich gewiß: »Ein stolzer und rebellischer Mensch kann seinen Mitmenschen und der Nachwelt zeigen, daß die Wahrheit über dieses Ideal eine ganz andere ist, als sie dachten«.[13] Und er übernimmt begeistert die Rolle des kleinen David im Kampf gegen Goliath. Zwar mag er nicht in der Lage sein, mit einem philosophischen Essay eine gänzlich nichtliberale Gesellschaft herbeizuführen, aber er kann immerhin die brüchigen Fundamente, auf denen die liberale Ordnung ruht, offenlegen und verwerfen.

Unger beginnt mit einem Bekenntnis: »Dieses Buch ist Ausdruck einer Hoffnung.« Worauf der Autor hofft, ist eine radikale »Umgestaltung der Gesellschaft«. Wie aber kann er, nur mit Papier und Tinte bewaffnet, nicht zufrieden damit, eine unangemessene Theorie bloß zu widerlegen, zu einem einschneidenden gesellschaftlichen Umwandlungsprozeß beitragen? Der erfolgreiche Kritiker der liberalen Theorie kann nur deshalb eine Rolle von welthistorischem Format spielen, weil der liberalen Theorie selbst eine entscheidende Funktion zukommt. Die liberale Theorie ist nicht bloß irgendeine akademische Lehre, die dem Denken einiger Schreiberlinge ihren Stempel aufgeprägt haben, sondern für die liberale Gesellschaft konstitutiv. Sie ist »eine dominante Form der sozialen Organisation«. Die liberalen Ideen hätten sich, so Unger, »heute in den Hauptformen der sozialen Ordnung verwirklicht«, woraus unter anderem folgt, daß ein durch und durch abstraktes Buch wie *Knowledge and Politics*, in dem weder historische Daten noch Ländernamen vorkommen, ein »kritisches Verständnis der Lage der modernen Gesellschaft« ermöglichen kann. Eine philosophische Analyse ist zugleich eine soziologische Untersuchung, weil die Bürger in einer liberalen Gesellschaft den liberalen Normen gemäß leben. Auch wenn das »liberale Bild von der Gesellschaft« verarmt und widersprüchlich sein mag, übt es doch eine unangefochtene Macht über das tägliche Leben der Menschen aus. Und gerade diese Macht ist es, die Unger zu Hoffnung Anlaß gibt. Wenn er nämlich etwas daran ändern kann, wie die Menschen über die Gesellschaft denken, dann ändert er zugleich die Gesellschaft selbst. Den Liberalismus als Theorie zu attackieren bedeutet zugleich, »die Gesellschaft« anzugreifen, »deren Repräsentation in der Theorie die liberale Lehre ist«.[14]

»Macht und Größe der Theorie« liege in deren Fähigkeit, den sozialen Wandel zu befördern und zu beschleunigen. Wie die meisten Antiliberalen, so wechselt auch Unger behende von der Theoriekritik zur Gesellschaftskritik. Aber wie seine Mitstreiter, so endet auch er häufig unentschlossen zwischen einer Kritik an der liberalen Theorie und einer Kritik an der liberalen Gesellschaft. Diese beiden Formen der Kritik erweisen sich als unvereinbar. Einerseits behauptet Unger, der Liberalismus liefere uns ein unzutreffendes Bild unserer Gesellschaften. Unsere »Erfahrung« erweise sich als sehr viel sinnvoller, als »das liberale Konzept einer Gesellschaft als Zusammenschluß unabhängiger und gegensätzlicher Individuen«. Weil der Liberalismus sein »illusorisches Konzept« verbreite, mache er uns für die intakte soziale und psychologische Wirklichkeit vor unseren eigenen Augen blind. Wir betrachten unser eigenes Leben nur selten mit Klarheit, »weil seine Struktur durch den Einfluß von liberalen Grundsätzen entstellt wird«.[15]

Andererseits und gleichzeitig argumentiert Unger, daß der Liberalismus die westlichen Gesellschaften zerstört und sie mit seinen unzutreffenden dogmatischen Grundannahmen nivelliert und einander gleich gemacht habe. Der Liberalismus ist zwar weiterhin moralisch verächtlich, aber – wer hätte das gedacht! – er liefert immerhin eine zutreffende Beschreibung der Gesellschaft: »Die liberale Lehre ist die Darstellung eines bestimmten Typus von gesellschaftlichem Leben.« Nicht nur, daß »die Prämissen des liberalen Denkens eine Form des gesellschaftlichen Lebens und des sozialen Bewußtseins« beschreiben, sondern »der Ernst der politischen Prämissen des Liberalismus ist eine Folge der Genauigkeit, mit der sie eine Form der gesellschaftlichen Erfahrung beschreiben«. Keineswegs sind die Grundsätze des Liberalismus demnach verzerrte Darstellungen, sondern »sie beziehen ihre Macht und Bedeutung aus der Tatsache, daß sie eine historische Situation erhellen«.[16]

Dieser widersprüchliche Angriff auf den Liberalismus ist ebenso bezeichnend für *Knowledge and Politics* wie für *Der*

Verlust der Tugend und andere Werke ihrer Gattung. Auf der einen Seite wird dem Liberalismus vorgeworfen, er befinde sich im Irrtum über die Welt, auf der anderen, er habe sie nach seinen eigenen Vorstellungen geformt. Wie MacIntyre ist sich aber auch Unger ungefähr darüber im klaren, in welche Lage er sich gebracht hat. Mit den üblichen Windungen versucht er sich aus dieser archetypischen Widersprüchlichkeit herauszumanövrieren. In seinem Eingeständnis, der Liberalismus habe unsere Gesellschaften nur teilweise, nicht vollständig deformiert, deutet sich ein Rückzug in seiner Argumentation an. »Das liberale Denken fordert unser Interesse und unsere Zustimmung, weil seine Grundsätze *weitgehend* beschreiben, wie wir denken und wie wir leben.« Wir wurden also zwar maßgeblich, aber nicht vollständig von der liberalen Ideologie deformiert. Weil »wir außer Liberalen aber auch noch Menschen sind [...], wissen wir um unsere Menschlichkeit in einem Maße, das die liberale Lehre nicht erschöpft«. Glücklicherweise gibt es einen unverdorbenen »Rest« an Leben, der von liberalen Gedanken noch nicht verfälscht worden ist: »Unser augenblickliches Handeln und unsere augenblickliche Sprache enthalten ein Bild der Menschheit, das vollständiger ist als dasjenige, das die liberalen Prämissen zulassen.«[17] Diese nur halb wahrgenommene, schlummernde Realität hat der Liberalismus nicht zerstört, sondern nur verdeckt.

Eine schlechte Theorie schafft ein schlechtes Leben, weil sie uns Scheuklappen aufsetzt. Der Liberalismus verdirbt unser Leben, weil er uns die wertvollsten Entfaltungsmöglichkeiten verstellt: »Sowenig die liberale Theorie die Möglichkeit von Ich-Identität erklären kann, so sehr verstellt uns das Leben in einer modernen, liberalen Gesellschaft ständig die Möglichkeit, ganzheitliche Persönlichkeiten zu sein.« Der liberale Bürger leidet mit anderen Worten persönlich an der chronischen Kurzsichtigkeit der liberalen Philosophie. Er lebt ein gespaltenes Leben, weil er seine Erfahrungen mit Hilfe der liberalen Unterscheidung zwischen Vernunft und Begehren interpretiert. Die meisten Menschen werden auf grausame Weise daran gehindert, eine »Persönlichkeit« zu entwikkeln, weil der Liberalismus undifferenziert so etwas wie persönliche Ganzheitlichkeit leugnet. Indem der Kritiker des Liberalismus auf die wenigen in einer liberalen Gesellschaft verbliebenen Erfahrungen eines ganzheitlichen Ichs verweist – Unger führt dafür gerne das Beispiel der künstlerischen Kreativität an –, setzt er einen revolutionären Prozeß in Gang, der das lebenszerstörende liberale System in seiner Gesamtheit vernichten wird. Der Gegenangriff gegen liberale Vorstellungen und Institutionen »erhellt Möglichkeiten, die wir bereits haben, und indem er sie erhellt, eröffnet er auch Möglichkeiten, die wir vorher noch nicht hatten.«[18]

Um die Tür zu diesen neuen/alten Möglichkeiten aufzustoßen, muß der militante Antiliberale – also Unger – uns nur »eine Sprache zur Verfügung stellen«, mit der wir unser Leben neu beschreiben können. Diese Sprache wird unser Leben begrifflich genauer darstellen als die liberale Sprache, an deren Stelle sie treten wird, weil sie auch jene letzten, vom liberalen Denken verschont gebliebenen Erfahrungen angemessen beschreiben kann. Die neue Sprache ist zugleich eine Kraft der gesellschaftlichen Umgestaltung; sie wird den vom Liberalismus entstellten Lebensbereich zerstören und ihn durch eine nichtliberale Ordnung ersetzen, die nach den »unverfälschten Erfahrungen«, also nach dem Vorbild der künstlerischen Kreativität usw., geformt werden soll. Dies ist eine höchst umständliche Argumentation mit einer wenig überzeugenden Schlußfolgerung über die Sprache als Instrument sozialen Wandels. Aber sie zeigt uns, was Unger im Sinne hat, wenn er die erstaunliche Behauptung aufstellt, er entwickle eine »Lehre von der menschlichen Natur«, die sowohl »Maßstab für das Verhalten [...] als auch eine Darstellung der Realität« sei.[19]

Roberto Unger: Der entfesselte Antiliberalismus

Einige historische Irrtümer

Unger beschränkt sich nicht auf »die liberale politische Theorie« im Abstrakten. Er bezieht sich auch auf »die Erfinder der liberalen Lehre« persönlich, auf »die europäischen Denker des 17. Jahrhunderts, die die liberale Lehre begründeten« und »die klassischen liberalen Denker«. Wenn er sich Spinoza, Locke, Montesquieu, Hume, Bentham, Kant und John Stuart Mill zuwendet, behandelt er sie allerdings eher als illustrierende Beispiele denn als Individuen. Er behauptet, die Liberalen hätten keinen Sinn für Geschichte, obwohl doch *Knowledge and Politics* selbst ein ahistorisches Buch ist. Statt verschiedene liberale Werke in ihr jeweiliges historisches Umfeld einzubinden, bietet es seinen Lesern eine entkörperte Rekonstruktion des Liberalismus als »eine bestimmte Form des Denkens«. Unger entwirft einen Idealtypus des Liberalismus, der »den Kern der politischen Theorie des Liberalismus« darstellt. Er räumt ein, kein Liberaler habe jemals diesen »reinen« liberalen Standpunkt vertreten, besteht aber darauf, daß das Denken aller Liberalen letztlich darauf beruhe. Aus diesem Grunde sieht er sich auch dann nicht zu einer Revision seines Liberalismusmodells aufgerufen, wenn er auf liberale Denker stößt, die dessen Grundannahmen sogar ausdrücklich widersprechen. Der typische Liberale, so läßt Unger uns wissen, glaubt, daß »das persönliche Wohl auf der Befriedigung der Bedürfnisse eines Individuums beruht«. Diese grobe Verallgemeinerung wird nicht von Ungers Eingeständnis berührt, daß beispielsweise Spinoza und Locke »auch unterscheiden zwischen dem, was sie für richtig und angemessen halten, und dem, was sie wollen«. Daß die Liberalen in dieser Weise argumentieren, beweise lediglich, daß sie einem »inkohärenten Eklektizismus« verfielen. Nach dem vorgefertigten Modell definiert der typische Liberale Freiheit als Bedürfnisbefriedigung, nicht als Selbstverwirklichung. Wenn Unger feststellt, daß Immanuel Kant und John Stuart Mill »Freiheit als die Entwicklung von Fähigkeiten, Kräften und Talenten des Menschen betrachten«[20], bezeichnet er sie zugleich als inkonsequent, weil sie ihren eigenen Überzeugungen – wie zuvor von Unger selbst definiert – widersprächen.

Ungers stilisiertes Porträt »der politischen Theorie des Liberalismus« will eine vernichtende Anklage sein. Es liest sich dann auch wie eine Bestandsaufnahme verhängnisvoller Widersprüche und beschränkter Gedankengänge. (Unger fragt sich allerdings erst gar nicht, wie ein so verkommenes Ideensystem überhaupt solange Bestand haben kann.) Der erste große liberale Fehler ist ihm zufolge die Vorstellung, daß »Gruppen weniger wirklich und wichtig sind als die Individuen, aus denen sie sich zusammensetzen«. Der Liberalismus leugne die Existenz von »kollektiven Subjekten«, die gemeinsame Ziele verfolgen können. Für die Liberalen seien Ziele »immer die Ziele bestimmter Individuen«, niemals die der gesellschaftlichen Gruppen, denen sie angehören. Die Liberalen beteuerten »den sekundären und künstlichen Charakter von Gruppen«. Unger glaubt, die Liberalen setzten Gruppen herab, weil sie danach strebten, alle menschliche Gemeinschaft auf freiwillige Zustimmung zu gründen. In diesem »atomisierenden« Vorhaben liege der zentrale Fehler ihres Denkens. Die liberale Gesellschaft ist »künstlich«, weil die Liberalen versuchen, alle sozialen Gruppierungen in »Produkte des individuellen Willens und individueller Interessen zu verwandeln«.[21]

Unger teilt uns nicht mit, was es für eine Gruppe bedeuten würde, Ziele zu haben, die unabhängig von den Zielen sind, die die Individuen verfolgen, aus denen sich die Gruppe zusammensetzt. Er erkundet auch nicht, welche konkreten rechtlichen und politischen Implikationen damit verbunden wären, wenn man soziale Gruppen in nichtliberaler Weise als ein »unzerlegbares Ganzes« verstehen würde. Wir erfahren lediglich, daß der »Liberale in Reinformat«, weil Reduktionist, zu verurteilen ist, also weil er »alle Ganzheiten in unendliche Teile« zerlegt. Trifft es aber überhaupt zu, daß für die Liberalen »die Eigenschaften einer Gruppe auf die Eigenschaften ihrer individuellen Mitglieder zu reduzieren« sind?[22]

Wir wollen diese Frage nicht an Ungers idealtypischen Liberalen richten, der allein in seiner Vorstellung existiert, sondern an Kant, einen tatsächlichen Liberalen, der für seine Betonung individueller Autonomie und freiwilliger Zustimmung bekannt ist. Hielt Kant dafür, daß die Eigenschaften einer Gruppe auf die Eigenschaften ihrer Mitglieder zu reduzieren wären? Ganz im Gegenteil, Kant war der Ansicht, daß ein dauerhaftes Ganzes sich aus veränderlichen Einzelteilen zusammensetzen kann. Selbst eine Bevölkerung, die sich aus Teufeln zusammensetze, könne unter den entsprechenden konstitutionellen Beschränkungen harmonisch zusammenleben. Anders gesagt: Eine Gruppe kann genau solche Züge haben, die ihren einzelnen Mitgliedern fehlen.[23]

Diese Vorstellung kommt der gewöhnlichen liberalen Ansicht wesentlich näher als Ungers Modell. Montesquieu behauptete, daß England ein glückliches Land sei, obwohl die Engländer selbst unglücklich seien. Hume schrieb, daß »gute Gesetze in einer Regierung Ordnung und Mäßigung erzeugen können, wo Manieren und Sitten dem Gemüt der Menschen wenig Menschlichkeit und Gerechtigkeit eingeflößt haben.«[24] Und Madison schlug vor, daß »die Erfindungen der Vernunft«, d.h. die konstitutionelle Maschinerie, »das Fehlen besserer Motive« unter den Inhabern öffentlicher Ämter ausgleichen könne. Schon die Unterscheidung zwischen privaten Untugenden und öffentlichen Tugenden beinhaltet klarerweise, daß die Eigenschaften des Ganzen nicht notwendigerweise die Eigenschaften seiner Teile widerspiegeln.[25] Daher ist es höchst irreführend zu behaupten, daß für die Liberalen »die Psychologie grundlegender ist als die Soziologie«.[26]

Genau diese Form des Reduktionismus unterstellt Unger aber dem Liberalismus. Seinem Kapitel über die liberale politische Theorie schickt er ein Kapitel über die liberale Psychologie voraus. Damit hofft er seine Leser mit den grundlegenden Bausteinen des Liberalismus als Ganzem vertraut zu machen. Das gesamte Gebäude des Liberalismus, so ergibt sich, beruht auf einer einzigen verhängnisvollen Unterscheidung: »Das erste Prinzip der liberalen Psychologie lautet, daß sich das Ich aus Verstehen und Begehren zusammensetzt, daß diese beiden voneinander verschieden sind und daß das Begehren der treibende, aktive bzw. wichtigere Teil des Ichs ist.«[27] Dieser Satz faßt Ungers gesamte Diagnose des Liberalismus in knapper Form zusammen und verdient es, genauestens analysiert zu werden.

Aus dem Blickwinkel eines Liberalen, so argumentiert Unger, kann das »Verstehen« niemals mehr als »ein Werkzeug des Begehrens«[28], das Begehren aber niemals das Ergebnis des Verstehens sein. Kognitive Einschätzungen über den Aufbau der Welt haben keinen Einfluß auf Zuneigung oder Abneigung. So wird etwa das Bewußtsein, daß eine bestimmte Möglichkeit nicht mehr besteht, keinen Einfluß darauf haben, wie sehr ein Mensch sie begehrt. Unger stellt somit eine recht gewaltige These auf und behauptet, die liberale Psychologie hätte nichts begriffen. Und tatsächlich, wenn es zuträfe, daß die Liberalen diese oberflächlichen Ansichten über die menschliche Psyche verträten, dann hätten sie die gesamte Geschichte der Moralpsychologie von der Antike bis zu Bacon und Descartes ignoriert.

Alexis de Tocquevilles *De la démocratie en Amerique* und *L'ancien régime et la révolution* liefern aber beachtliche Belege für das Gegenteil. Tocqueville war ein liberaler Theoretiker, dessen Denken sich einer Frage widmete, von der Unger behauptet, die Liberalen könnten sie sich nicht einmal vorstellen: wie nämlich das Verstehen das Begehren prägt und es bestimmt. Ihm zufolge beginnen Sklaven, die keinen Ausweg aus der Sklaverei sehen, ihre Herren zu bewundern und versuchen erst gar nicht mehr, ihre Ketten abzuwerfen. Andererseits beginnen Bürger, die ihren niederen Stand nicht mehr als von der Natur oder dem Schicksal auferlegt, sondern als Unglück betrachten, den Adligen mit einem beispiellosen Haß zu begegnen. Diese für Tocqueville typischen Thesen stehen ganz offensichtlich im Widerspruch zu Ungers Modell. Es ist außerdem interessant, daß Tocqueville sein »Denken« unter anderem an Montesquieu schulte.

Unger verkündet dogmatisch, daß »das liberale Denken keine Erklärung der Persönlichkeit liefern kann«.[29] Aber die liberalen Theoretiker wußten viel Interessantes über die menschliche Psychologie zu sagen. Seinem Modell zuliebe ignoriert Unger, was sie schrieben. Er selbst ist es, der konkrete Äußerungen abstrakten Vorstellungen opfert. Man wird den Ideen dieser Denker über die Interaktion von Erkenntnis und Begehren nicht gerecht, wenn man nur Humes Bemerkung über die Vernunft als den Sklaven der Leidenschaften oder Hobbes' Vergleich der Gedanken mit den Spähern und Spionen im Dienste des Verlangens zitiert. Jeder wichtige liberale Theoretiker kannte die Überlegungen der Stoiker zur Manipulierbarkeit des Begehrens, zur Verformbarkeit der Leidenschaften durch den Geist. Sowohl Adam Smith als auch Tocqueville, die übrigens beide zutiefst neostoizistisch geprägt waren, machten die kausale Abhängigkeit der Gefühle vom Verstand zu einer wichtigen Prämisse ihrer Gesellschaftstheorien.

Unger stellt die liberale Theorie aber auch noch in anderer Hinsicht verzerrt dar: »Die Menschen sind durch Regeln aneinander gebunden und durch ihre persönlichen und subjektiven Ziele voneinander getrennt.« Diese Einschätzung beruht auf zwei Grundannahmen. Erstens setzt sie voraus, daß die Liberalen sich über die entstehenden Nationalkulturen nicht im klaren waren. Sie dachten, so Unger, daß die »Persönlichkeit unabhängig von der Geschichte ist«.[30] Kein Liberaler hätte jemals den *Essai sur les moeurs* schreiben können. Zweitens setzt sie voraus, daß die Liberalen von Konformismus, Initiative, Fremdenfeindlichkeit, kollektiven Leidenschaften und anderen vorrationalen Quellen des Gruppenzusammenhalts noch nie etwas gehört haben. Beide Annahmen sind falsch.[31]

Der Vorwurf des moralischen Skeptizismus

Unger könnte allem eben Gesagten zustimmen und zu Recht darauf bestehen, er sei nicht daran interessiert, was die Liberalen tatsächlich über die menschliche Irrationalität und die kulturelle Formung des Begehrens zu sagen hätten. Er interessiere sich statt dessen für die zentrale Frage der Moralphilosophie: Wie läßt sich Begehren rechtfertigen? Selbst wenn die Liberalen erkennen, daß der Verstand Sehnsüchte und Abneigungen beeinflusse, selbst wenn sie begriffen, wie Sehnsüchte durch kulturelle Stereotypen geprägt werden, glaubten sie dennoch fest daran, daß »der Verstand in einer Welt der Zwecke blind ist«. Dies ist der Kern der Sache: »Die Psychologie der Liberalen gesteht ein, daß Sehnsüchte, insofern sie psychische Ereignisse sind, kausal erklärt werden können. Aber keine Tätigkeit des Geistes kann bestimmen, was wir wollen sollen.« Freilich kann »der Verstand die Beziehung zwischen verschiedenen Zielen klären, aber er kann uns letztlich nicht sagen, welche Ziele wir anstreben sollten.« Diese These teilt Unger mit Strauss und MacIntyre: Die Liberalen haben die antike Idee der »praktischen Vernunft« aufgegeben. Tatsächlich ist ihm zufolge »die Idee der praktischen Vernunft dem liberalen Denken unbekannt und steht auch in Widerspruch zu seinen Prämissen«. Obwohl sich die Liberalen weiterhin auf den »Verstand« berufen, sei dies nur ein dünner und kümmerlicher Ersatz für sein Homonym aus der Antike: »Der Verstand kann die Bedeutung eines neuen Ziels erkunden«, aber »nicht entscheiden, ob wir dieses Ziel anerkennen oder zurückweisen sollten.« Die Liberalen verschrieben sich also letztlich einem »absoluten moralischen Skeptizismus«.[32]

Kein Vorwurf, den Unger dem Liberalismus macht, wiegt schwerer als dieser. Er lautet zunächst, daß die Liberalen kein »Kriterium« hätten, »mit dem sie unsere Ziele und Zwecke einordnen bzw. beurteilen« können. Der Liberalismus »liefert keine Maßstäbe, nach denen man einige Sehnsüchte anderen vorziehen« könne. Natürlich habe der einzelne in einer liberalen Welt seine Vorlieben, aber sie seien primitive Gegebenheiten, keiner rationalen Beurteilung zugänglich. Sie beruhen auf unbegründeten Überzeugungen und Entscheidungen. Für die Liberalen »existiert das Gute nicht außerhalb des Willens«.[33] Innerhalb eines liberalen Rahmens könne man zwischen legitimen und illegitimen Bedürfnissen nicht unterscheiden.

Diese Darstellung ist schon deshalb nicht überzeugend, weil alle Liberalen beispielweise zwischen dem Wunsch zu töten und dem Wunsch, nicht getötet zu werden, unterschieden. Der Liberalismus hat aus diesem Grunde niemals angestrebt, »allen Wünschen gleichermaßen zu entsprechen«. Der Wille des einzelnen muß strikt jenen Verhaltensnormen untergeordnet werden, die für ein zivilisiertes Zusammenleben und die Zusammenarbeit der Menschen notwendig sind. Unger erwähnt diese Einschränkung zwar, weist sie aber allzu leichtfertig zurück: Die liberale Bejahung der eine Gemeinschaft ermöglichenden Normen »modifiziert den Grundsatz, daß Normen individuell und subjektiv sind, nicht wirklich«. Aus seiner Sicht stellen Regeln, die Mord und Totschlag verbieten, nichts anderes dar, als »ein Zusammentreffen individueller Vorlieben«. Die liberalen Normen seien primitiven

Ursprungs: »Daher schließt die Idee gemeinsamer Werte, wie sie im liberalen Denken vorkommt, keineswegs die Subjektivität der Werte aus.«[34]

Daß Unger nicht bereit ist, die Rolle moralischer Prinzipien im liberalen Denken anzuerkennen, zeigt sich vor allem in seinem Umgang mit Kant. Der Kantische Liberalismus, so behauptet er, »zerfällt« in einen Wertesubjektivismus. Universalismus bedeute nichts anderes, als daß keine wertende Unterscheidung zwischen verschiedenen subjektiven Zielen getroffen werden könne. Die Kantische Moral verlange demnach, daß wir »den Zielen konkreter Individuen gegenüber neutral sein sollten«. Freiheit nach Kant sei wie die Freiheit im utilitaristischen Verständnis einfach »die Freiheit zu tun, was man will«. Der Liberalismus stelle nicht einmal »nichtinstrumentelle Regeln« zur Verfügung, »um zu entscheiden, was als zulässiges Mittel zu gelten hat«. Freilich schrieben die Liberalen gelegentlich in moralischen Begriffen, aber ihre Moral sei inhaltsleer »und in der Lage, beinahe alle Verhaltensmuster zu umgreifen«.[35]

Ungers Argumentation an dieser Stelle ist derart merkwürdig, daß es schwerfällt, sie recht in den Blick zu bekommen. Er nimmt zwar wahr, daß der Liberalismus im Kern eine egalitaristische Norm vertritt: »Alle Menschen sind im Prinzip als Bürger und Rechtspersonen formal gleich.« Aber erstaunlicherweise interpretiert er diese Norm als Beweis dafür, daß die Liberalen keine moralischen Überzeugungen hätten. Die Liberalen seien nicht deswegen Egalitaristen, weil sie eine Norm der Gleichheit verträten, sondern vielmehr deswegen, weil sie moralische Skeptiker seien und kein Kriterium hätten, das es ihnen erlaubte, das Begehren eines Menschen höher als das eines anderen zu bewerten. Aus diesem Grunde verbeugten sie sich andächtig – oder versuchten das zumindest – vor allen subjektiven Vorlieben, was auch immer diese seien. Und da Vorlieben miteinander in Konflikt geraten, ist dieses Vorgehen Unger zufolge absurd und unmöglich. Daher ist es auch unmöglich, »eine neutrale Methode« zu entwickeln, »die individuelle, subjektive Werte miteinander verbinden kann«. Der Liberalismus versucht vergeblich, die Wünsche jedes einzelnen gleichermaßen zu befriedigen. Er »erledigt sich« aufgrund der Unfähigkeit, jene vollkommene Neutralität zu erreichen, die seine skeptischen Prämissen fordern.[36]

Die gesamte Richtung dieser Argumentation, der wir bereits vorher begegnet sind, beruht auf einem Mißverständnis. Die Liberalen waren keine Wertsubjektivisten. Entgegen Ungers Behauptungen war ihr Egalitarismus keineswegs das logische Ergebnis eines moralischen Skeptizismus. Ganz im Gegenteil, ein moralischer Skeptizismus hätte sie veranlaßt zu akzeptieren, daß einzelne sich von den allgemeinen Regeln ausnehmen dürften – das jedoch lehnten sie entschieden ab. Die Norm, daß alle Menschen in einem einheitlichen Rechtssystem gleich behandelt werden müssen, kann außerdem nicht aus den Vorlieben einzelner abgeleitet werden. Anders gesagt, diese Ableitung ist nur dann möglich, wenn alle Individuen gleich zählen, und das heißt nichts anderes, als daß wir die Norm, die wir ableiten wollen, bereits zugrunde legen.

Warum entstellt Unger, der durchaus informiert zu sein scheint, den Liberalismus derart? Dafür ist einerseits seine apolitische Interpretation dieser Denkrichtung verantwortlich; er schenkt nämlich den konkreten Umständen, unter denen das liberale Denken ursprünglich entstand, nicht die geringste Beachtung: den religiösen Bürgerkriegen, der Verfolgung und Zensur durch die Kirche, der willkürlichen Besteuerung und Konfiszierung von Eigentum, dem Streit um die Thronfolge, grausamen Strafmethoden, Schauerprozessen usw. Statt den Liberalismus als eine Antwort auf reale Probleme zu deuten (und anzuerkennen, daß ihm Grenzen durch die zur Verfügung stehenden Mittel gesetzt waren), betrachtet Unger ihn dogmatisch als »ein System von theoretischen Konzepten und Behauptungen«. Immer wieder greift er sich einen Satz aus einem liberalen Werk heraus, der als Reaktion auf eine konkrete Situation entstanden ist, und übersteigert ihn zu einem gewichtigen metaphysischen Dogma. Dabei wäre es ergiebiger, nach den politischen Auswirkungen der theoretischen Prinzipien zu fragen. Unger fällt es nicht schwer, einige Liberale aufzutreiben, die tatsächlich behaupten, »daß das Begehren verstandesmäßig betrachtet willkürlich ist«.[37] Aber es fragt sich weiterhin, was eine solche Behauptung bedeutet. Was heißt sie im Kontext ihrer Zeit? Welche rivalisierenden Behauptungen versuchte sie zu widerlegen? Wogegen wandte sie sich?

Gewiß schrieben die Liberalen manchmal als moralische Subjektivisten. Sie verfaßten aber ihre Abhandlungen nicht als Philosophieprofessoren für akademische Zwecke, sondern aus politischen Gründen und unter dringlichen Umständen. Die klassischen Liberalen waren sich der Greueltaten bewußt, die im Namen scheinbar »objektiver« Werte begangen wurden. Warum hätten sie sich wohl sonst so leidenschaftlich für religiöse Toleranz ausgesprochen? Zweitens erkannten sie, daß die antike Einordnung des Begehrens in eine Rangfolge die gedankliche Grundlage für politische und juristische Ungleichheit bot. Herrscher, die glauben, zuverlässig zwischen niederem und höherem Begehren unterscheiden zu können, haben eine geeignete Rechtfertigung dafür, den Beherrschten ihren eigenen Willen aufzuzwingen. Daß die Liberalen so bereitwillig öffentlich verkündeten, Werte seien »subjektiv«, legt die Vermutung nahe, daß diese These ein unwiderstehliches Argument in den liberalen Kampagnen gegen religiöse Verfolgung und rechtliche Ungleichheit war. Sie sollte daher auch nicht als das letzte Wort des Liberalismus zu moralischen Fragen betrachtet werden.[38]

Die Wende zur Mäßigung

Unger äußert sich verächtlich über die parlamentarische Regierung, die Trennung von Staat und Gesellschaft, die Gesetzesherrschaft, die Gleichstellung vor dem Gesetz, die Gewaltenteilung, eine apolitische Jurisdiktion, regelmäßig stattfindende Wahlen, repräsentative Institutionen und Geldanreize für produktive Arbeit. Diese fundamentalen liberalen Vorstellungen bezeichnet er als »Potpourri von Banalitäten«.[39] Seine Verachtung bestätigt unsere Vermutung, daß er den Liberalismus insgesamt, nicht nur teilweise zurückweisen möchte. Der Liberalismus, der bis zum Kern verrottet ist, kann nicht mehr gerettet werden.

Aber obwohl Unger mit extremen Behauptungen dieser Art kokettiert, will er sich andererseits nicht festlegen lassen. In manchen Abschnitten macht er seine eigene Kritik regelrecht zunichte und nimmt eine Position ein, die kaum von den liberalen Standpunkten abweicht, die er doch ansonsten gnadenlos verurteilt. Dieses gewandte Wechseln des Standpunktes, das muß kaum wiederholt werden, ist ein klassisches Symptom des »sanften« oder »gemäßigten« Antiliberalismus. Wie MacIntyre weigert sich Unger, aus seiner scheinbar so radikalen Kritik an der liberalen Gesellschaft irgendwelche einschneidenden politischen Schlußfolgerungen zu ziehen. Auch er nimmt Anstoß an einer rücksichtslos konsequenten Haltung wie sie etwa Carl Schmitt einnimmt. Es gibt gute Gründe für diese Halbherzigkeit. Die siebziger und achtziger Jahre lassen sich mit den zwanziger und dreißiger Jahren nicht vergleichen, denn auch wenn die Erfahrung des Totalitarismus in den Werken der jüngeren Kritiker des Liberalismus nicht ausdrücklich diskutiert wird, so wirkt sie sich doch einschüchternd auf sie aus. Wie bereits erwähnt, veranlaßten die Jahre des Faschismus die Antiliberalen, ihre Auffassung von der idealen nichtbürgerlichen Ordnung weniger militaristisch auszurichten. Die Erfahrung des Nationalsozialismus und der kommunistischen Regimes erschwert es den Kritikern des Liberalismus, allen Ernstes eine Regierung, die ihre rechtmäßige Macht aus der Zustimmung der Regierten herleitet, öffentliche Diskussionen, die Beschränkung der Polizeigewalt, das Recht zu emigrieren und andere rechtlich geschützte individuelle Rechte abzulehnen.

Am obigen Punkt seiner Argumentation angekommen, nimmt Unger zurück, was er bisher gesagt hat. Nachdem er den Liberalismus scharf kritisiert hat, weil er die »Gemeinschaftswerte« mißachte und die Überlegenheit »des Ganzen« über »die Teile« nicht anerkenne, hält er jählings inne. Er sei, so behauptet er plötzlich, eher Individualist als Kommunitarist. Seiner Ansicht nach »leiden die Theorien der Gemeinschaft seit jeher an einer Mischung aus utopischem Beigeschmack und einem angedeuteten Totalitarismus«.[40] Es sei ganz und gar inakzeptabel, den einzelnen zu zwingen, er solle mit der in einer bestimmten Gemeinschaft herrschenden Vorstellung vom Guten übereinstimmen.[41] Der Hauptfehler der anti- und vorliberalen politischen Theorie sei, daß sie »der Entscheidung keinen Wert« zuerkenne und dazu neige, »die Individualität von Personen« unkenntlich zu machen. Marx' Geschichtsphilosophie sei genau deshalb abzulehnen, weil »sie den einzelnen zum Diener eines zukünftigen Ideals macht, das er in seinem eigenen Leben nicht verwirklichen kann«. Unger kann den fanatischen Kommunitaristen auf ihrem antiindividualistischen Wege nicht folgen. Er verkündet daher – zum Erstaunen des unerfahrenen Lesers –, er sei gar kein Antiliberaler, sondern schlicht und ergreifend ein Nichtliberaler. Schon immer, so erklärt er plötzlich, sei er davon ausgegangen, »daß die reine antiliberale Lehre unvertretbar« sei. So ergibt sich, daß das Reich des Liberalismus doch nicht umgestürzt, sondern lediglich verändert und verbessert werden muß: »Statt die liberale Lehre auf den Kopf zu stellen, benötigen wir eine Synthese des Liberalismus mit seinem Gegenteil«.[42] Ist das also seine »umfassende Kritik«?

Unger möchte eine »Alternative sowohl zur liberalen Lehre als auch zu ihrer hypothetischen Antithese«[43] entwickeln. Was die wesentliche Differenz zwischen dem Antiliberalismus und dem Nichtliberalismus betrifft, so mag der Leser, der mit Schmitt und anderen »strikten« Antiliberalen vertraut ist, zu der Vermutung neigen, ein Nichtliberaler sei ein Antiliberaler, der nicht meint, was er sagt. Ein Nichtliberaler zögert nicht, liberale Rechte in Anspruch zu nehmen und sie zugleich zu verleumden; er will die individuellen Rechte nicht in leninistischer Manier zerstören. Im Gegenteil, der Nichtliberale hat durchaus vor, seine Rechte in einer neuen, vollständig veränderten, nichtliberalen zukünftigen Gesellschaft zu erhalten. Ein Nichtliberaler ist also ein Antiliberaler, der den Liberalismus zwar bei jeder Gelegenheit herabsetzt, dann aber eine überraschende Kehrtwendung vollzieht und ohne zu zögern alle wesentlichen politischen Institutionen und Ideen des Liberalismus übernimmt. Ein Nichtliberaler ist ein Antiliberaler, der sich *nicht* »über das liberale Denken hinausbewegt«.[44] Kurz gesagt, ein Nichtliberaler ist ein »gemäßigter« Antiliberaler. Nachdem er den Liberalismus zerstört hat, imitiert er ihn einfach.

Trotz der dichten und abstrusen Abschnitte über Tatsachen und Werte, das Ganze und seine Teile gibt sich Unger letztlich damit zufrieden, Montesquieus Protest gegen »persönliche Abhängigkeit und persönliche Beherrschung« zu wiederholen. Sogar die »persönliche Freiheit«, so stellt sich heraus, verdient es, mit »Hochachtung« behandelt zu werden. Eine gute Gesellschaft, so heißt es plötzlich, ist eine Gesellschaft, in der »ein gewisser, beinahe uneingeschränkter Schutz des Individuums vor dem Mißbrauch durch die Gruppe gewährleistet wird«. Zu den Freiheiten, die er dabei im Sinne hat, zählen zur Freude aller Liberalen »die Rede- und Meinungsfreiheit«, »die Freiheit, sich die Art seiner Arbeit auszusuchen«, »die Freiheit, Gruppen beizutreten und aus ihnen auszutreten«, und die »Freiheiten, die einen berechtigen, Gruppenentscheidungen und gemeinsame Werte nicht anzuerkennen«. Sogar die verhängnisvolle Trennung zwischen Werten und Regeln, die Unger zuvor mit so großer Verachtung überschüttet hat, entpuppt sich auf einmal als erhaltenswert. Ihr Fehlen »entzieht der Überzeugung, daß die Persönlichkeit geschützt werden soll«, jeden Boden. Um die Privatsphäre zu schützen, bekräftigt Unger sogar »die Grenzen der Politik«. Er möchte Institutionen errichten, »um die Gefahr für die Persönlichkeit abzuwenden, die jeder Tendenz innewohnt, alles Leben dem öffentlichen Diskurs und der politischen Wahl zu unterstellen«. Die »Verwischung« der liberalen Unterscheidung von öffentlicher und privater Sphäre »würde die Gruppe verderben«. Daher »gibt es feste äußere Grenzen für das Recht einer Gruppe oder einer demokratischen Mehrheit innerhalb dieser Gruppe, Individuen, die ausdrücklich nicht zustimmen, Maßnahmen aufzuzwingen, die die Ziele und Zwecke dieser Gruppe verkörpern.«[45] Diese beiläufige Kapitulation vor den liberalen Prinzipien wäre leichter verständlich, wenn Unger nicht ungeachtet dessen an seiner scharfen Verurteilung des Liberalismus festhielte. Er lehnt den Liberalismus grundsätzlich ab, akzeptiert ihn aber zugleich. Dieses Hin und Her ist ein wesentliches Merkmal des »gemäßigten« Antiliberalismus und verschlüge einem die Sprache, wäre man ihm nicht zuvor schon mehrmals begegnet.

Ungers selbst herbeigeführte Verwandlung in John Stuart Mill hat damit aber noch kein Ende. Er teilt uns mit, daß »sich die Persönlichkeit nur durch die Verständigung innerhalb der Gesellschaft entwickeln und entfalten kann«. Eine Gemeinschaft mit gemeinsamen Werten, so fährt er fort, ist kein Gut an sich. Sie ist nur dann gut, wenn diese Werte in einer bestimmten Weise entwickelt werden. Gesellschaftlicher Konsens ist schlecht, wenn er nicht »unter demokratischen Gegebenheiten« zustande kommt, also unter Bedingungen, in denen die einzelnen ihre Autonomie bewahren können, und wenn er sich nicht durch »einen Prozeß gegenseitiger Überzeugung und kollektiver Entscheidung« entwickelt, »in der eine Ansicht siegt, weil sie mehr Anhänger als die mit ihr konkurrierenden Ansichten für sich gewinnen kann«. Wir sollten uns erinnern, daß die gemeinsamen Zwecke, die eine solche Gemeinschaft verbinden, nur insofern wertvoll sind, als sie kosmopolitisch sind. Die von Unger bewunderten gemeinsamen Werte sind niemals ausschließlich Werte einer exklusiven Gruppe, wie das für MacIntyre und andere Kommunitaristen zutrifft, sondern sie beziehen immer – zumindest tendenziell – die gesamte Menschheit mit ein.[46]

Unger erläutert weiterhin, einer der zentralen Mängel der liberalen Gesellschaft sei die Entfremdung des einzelnen von seinen Mitmenschen. Weil das Individuum viele verschiedene soziale Rollen innehabe (zu Hause, bei der Arbeit usw.), wird es immer aus einem bestimmten Blickwinkel heraus wahrgenommen. Der einzelne wird nie als »ganze Person«, als »einzigartig und vollständig« wahrgenommen und akzeptiert. Im Verlaufe der Argumentation jedoch scheinen sich Ungers Sorgen um die Fragmentierung und Entfremdung des Individuums zu verflüchtigen und schlagartig dem genauen Gegenteil zu gelten. Das zentrale Problem sei, so behauptet er im Einklang mit den Liberalen, wie das Recht des einzelnen geschützt werden könne, sich dem Zugriff seiner Nachbarn und des Staates »zu entziehen«. Er verteidigt daher offen eine »plurale Zugehörigkeit« und erklärt, »das Individuum sollte das Recht haben, Mitglied verschiedener Gruppen zu sein«.[47] Man möge dem Leser vergeben, wenn er dabei auf den Gedanken kommt, das ließe sich durchaus bewerkstelligen, ohne die liberale Gesellschaft »grundlegend umzuformen«.

Nach seiner bedingungslosen Kapitulation vor dem Liberalismus fährt Unger jedoch unbeirrt fort, sich weiterhin als Nichtliberaler zu bezeichnen. Was bezweckt er mit dieser nonkonformistischen Haltung? Um seine Zugehörigkeit zum Kommunitarismus und damit zum Antiliberalismus weiterhin zu erhalten, unternimmt er den halbherzigen Versuch, zwischen verschiedenen Gemeinschaften zu unterscheiden. Alle hierarchischen Gemeinschaften der Vergangenheit mißfallen ihm, während er gewisse Sympathien für zukünftig mögliche »nichthierarchisch strukturierte Gemeinschaften, die gemeinsame Ziele verfolgen«[48], hegt. Gelegentlich behauptet er, daß die hierarchischen und die egalitären Formen der Gemeinschaft gleichermaßen unangemessen seien. Er gibt vor, einen dritten Weg zu suchen, eine nichtliberale Gemeinschaft, in der die Persönlichkeit nichtsdestoweniger vollen Schutz genießt und gefördert wird. Aber er scheut davor zurück, »die utopischen sozialistischen oder anarchistischen Entwürfe einer egalitären Gemeinschaft« einer scharfen Kritik zu unterziehen. Sein Haupteinwand gegen das hehre Ideal einer nichthierarchischen Gesellschaft lautet, daß es bis heute hoffnungslos verschwommen geblieben sei. Außerdem bietet die utopische Gemeinschaft »zwar ein alternatives Bild zur herrschenden gesellschaftlichen Ordnung und damit eine Inspiration, diese zu ändern. Aber weil sie diese Ordnung nicht umstößt und zerstört, wird sie letztlich zwangsläufig von ihr umgestoßen und zerstört.«[49] Das klingt beinahe nach einer Aufforderung an die radikalen Egalitaristen und Kommunitaristen, endlich ernst zu machen. Unger scheint ihnen zu sagen, sie sollten sich nicht damit zufrieden geben, kleine Gemeinschaften zu gründen, in denen sie nur einen geringen Teil ihrer Ideale verwirklichen können, sondern die gesamte gesellschaftliche Ordnung nach egalitären kommunitaristischen Gesichtspunkten umstrukturieren.

Kaum überraschend enthüllt Unger bereits wenige Seiten danach, daß ihm keineswegs daran gelegen war, zu Taten aufzurufen. Wir könnten ihn einen zaudernden Rebellen nennen, denn die egalitäre Gemeinschaft soll gar nicht erst verwirklicht werden, sie ist lediglich eine »regulative Idee«. Jeder Versuch, sie zu verwirklichen, ist zum Scheitern verurteilt. Genau darin unterscheidet sich übrigens Unger von Marx. Die Marxisten hängen dem »irrigen Glauben an, daß sich dieses Ideal in der Geschichte durchsetzen lasse«, während Unger (in einer Mäßigung, die an Strauss erinnert) »die Unmöglichkeit einer vollen Verwirklichung des Ideals« erkennt. Weder das Ideal des vielseitigen Ich noch das Ideal der universalen Gemeinschaft kann »auf dieser Welt« verwirklicht werden.[50] Nicht einmal eine von Unger entworfene Politik der visionären Entwürfe und des Enthusiasmus kann »die Mängel des Lebens ausradieren«.[51] Jedenfalls sind die modernen Staaten ohnehin viel zu groß, um eine persönliche Interaktion zwischen ihren Mitgliedern zu ermöglichen.[52] Aber ohne eine derartige Interaktion ist wahres gegenseitiges Verstehen unmöglich. Allein schon die territoriale Ausdehnung und die Bevölkerungsdichte beweisen, wie unrealistisch alle kommunitaristischen Entwürfe für die gesellschaftliche Umformung sind.

Ungers Selbstbild ist erstaunlich diffus; er hält sich für einen anti-utopischen Kämpfer, eine widersprüchliche und kaum nachzuvollziehende Haltung. Selbstverständlich wehrt er sich dagegen, als Fatalist bezeichnet zu werden. Unklar bleibt, inwiefern sein Vorschlag, die liberale Gesellschaft solle mehr Demokratie und Gleichheit verwirklichen, als »nichtliberal« zu gelten hat. Eine Kritik an der liberalen Gesellschaft, die sich auf liberale Ideen beruft, verdient durchaus nicht, radikal genannt zu werden, denn Auseinandersetzungen über den Grad an Demokratie und Gleichheit, der in einer liberalen Gesellschaft herrschen sollte, sind Hauptbestandteil der politischen Debatte innerhalb der liberalen Tradition. Sie sind aber weit davon entfernt, ein metaphysischer Angriff auf die gesamte liberale Weltanschauung zu sein, was *Knowledge and Politics* – wie widersprüchlich auch immer – immerhin für sich in Anspruch nimmt.

Der Superliberalismus

Ungers erster Angriff auf den Liberalismus ist enorm aufschlußreich, so unbefriedigend er intellektuell auch sein mag. Gerade seiner Widersprüchlichkeit haben wir es zu verdanken, daß eine Kluft innerhalb der antiliberalen Bewegung deutlich wird. Die Kritiker der liberalen Gesellschaft weisen ihr von zwei grundlegend verschiedenen Standpunkten aus Mängel nach. Der liberalen Gesellschaft wird einerseits vorgeworfen, sie zerstöre ein harmonisches Gemeinschaftsleben, mache den einzelnen bindungslos und lockere die Verbindlichkeit von Traditionen, Zielen und Normen der Gruppe. (So lautet zumindest MacIntyres Vorwurf, den der frühe Unger teilte.) Andererseits wird dem Liberalismus vorgeworfen, er beschränke den einzelnen zu stark, erlege ihm zu viele Zwänge auf, enge die Kreativität und die Ausdrucksmöglichkeiten des einzelnen zu stark ein. (So lautet Ungers zweiter Vorwurf.) Diese beiden Ansätze sind logisch jedoch nicht miteinander vereinbar. Der junge Unger jedoch, der sich durch das weite Feld aller möglichen Kritikpunkte gegen das liberale Denken gearbeitet hatte, konnte sich nicht dazu durchringen, auch nur einen einzigen von seiner umfassenden Kritik auszuschließen. Also beschloß er, den konservativen Kommunitarismus und den gegenkulturellen Radikalismus in einem Buch miteinander zu verknüpfen. Ein mutiger, wenn auch zwangsläufig zum Scheitern verurteilter Entschluß! Daher ist es nicht weiter überraschend, daß Unger seinen jugendlichen Eklektizismus schließlich aufgibt. In seinen Büchern jüngeren Datums gibt er einer bestimmten Form des Antiliberalismus schließlich den Vorzug. Am deutlichsten wird diese strategische Neuorientierung in seinem mehrbändigen Werk *Politics, a Work in Constructive Social Theory*.

In dieser umfassenden Abhandlung wirft Unger seine traditionell katholische Form des Antiliberalismus über Bord. Beinahe alle Sehnsüchte nach Gemeinschaft, Autorität und Religion sind verschwunden. Er konzentriert sich nun vor allem auf die Schandtaten des Liberalismus in bezug auf die seelische Spontaneität. Statt die liberale Gesellschaft für ihren exzessiven Liberalismus vom kommunitaristischen Standpunkt aus zu kritisieren, wirft er ihr vor, sie sei nicht individualistisch genug. Um seinen neuen Standpunkt zu beschreiben, prägt er den Begriff »Superliberalismus«. Dieser Neologismus ist vielsagend; er drückt den Wunsch aus, den liberalen Individualismus zu einem dionysischen Extrem zu treiben. Um die Eigenart dieses entfesselten Antiliberalismus zu verstehen, müssen wir uns *Politics* im einzelnen vornehmen.

Überreich an historischem Wissen und praktischen Vorschlägen, vermittelt das gesamte Werk eine einzige Botschaft: Der Juraprofessor hofft nun, »die Zwänge zu lockern«. Der »gegenkulturelle Radikale« hat nun den kommunitaristischen Konservativen hinter sich gelassen. Und in dieser Hinsicht hat sich sein Standpunkt vereinfacht. Er verkündet das »Evangelium der Formbarkeit« und empfiehlt Flexibilität an Stelle von Unbeweglichkeit, Experimente statt Routine, Ungehorsam statt Unterwürfigkeit, Kreativität statt Gewohnheit, Improvisation statt vorgefertigter Szenarien und das Persönliche statt des Unpersönlichen. Er erklärt »der Tyrannei der Rollen den Krieg« und regt das »Durcheinanderwerfen« oder »die dauernde Verwirrung« der sozialen und geschlechtsspezifischen Rollen an. In der typischen Manier der sechziger Jahre findet er nichts schrecklicher als den Status quo. Wenn wir seinem Ratschlag folgen, werden wir in einer Mischung aus Fröhlichkeit und Verachtung nur noch improvisieren. Wir werden »die Sitten und die Privilegien verachten und sogar destabilisieren«, uns weigern, vorgefertigte Rollen zu erfüllen, starre Konventionen sprengen, die Hierarchien niederreißen und Arbeiten verweigern, die es uns unmöglich machen, unserer persönlichen Einzigartigkeit Ausdruck zu verleihen. Um eine »veränderte menschliche Realität« einzuleiten, müssen wir eine mutwillige Tätigkeit aufnehmen, die Unger »context smashing«, also etwa »Kontextzerstörung« nennt, das Sabotieren aller festen Erwartungen. Unser höchstes Ziel ist dabei »die vollständige Veränderung der Gesellschaft«.[53]

Um dieses »radikale Projekt« durchzuführen, müssen wir die eigenen Ketten abwerfen und »das soziale Leben von seinem Makel der Versklavung« befreien. In der Schilderung dieses erhofften Angriffs auf »alle etablierten Bindungen und Vorurteile« benutzt Unger die verschiedensten Synonyme für dieses »Zerstören« des Kontextes, unter anderem »zerschmettern«, »zerbrechen«, »aufbrechen«, »zerstückeln«, »auseinanderreißen« und »demolieren«. Aber er bedient sich auch etwas gelinderer Vokabeln: »auflösen«, »verändern«, »lösen«, »neu schaffen«, »verbessern«, »aufrütteln«, »destabilisieren«, »abnutzen«, »widerstehen«, »stören« und sogar »transzendieren«. Seine Ermahnung lautet stets gleich: Man solle »einen Sturm verursachen«, »die Berufung der Menschheit zur Undiszipliniertheit« ernst nehmen und »Aufruhr zu einer Lebenspraxis machen«.[54]

Dies überschwengliche Lob auf den Ungehorsam ist die Kehrseite von Ungers Verachtung des Establishments und seiner Sehnsucht, konventionelle Menschen zu schockieren. Er ernennt sich selbst zum Fürsprecher unserer »unerfüllten

Sehnsüchte« und ersinnt eine gesellschaftliche Ordnung, in der der Alltag »ein Zustand experimenteller Freiheit« sein wird, in dem »alles möglich ist« und alles der »ständigen Erneuerung« unterliegt.[55] Wer nichts mehr fürchtet, als in einen Trott zu verfallen, dem bietet dieses Buch eine Quelle der Inspiration und Unterstützung.

Eine »wiederholte Verflüssigung verhärteter Strukturen« soll den Unterschied zwischen Routine und Revolution verwischen: Das Alltagsverhalten wird alle grundlegenden Institutionen, Gewohnheiten und Annahmen grundlegend erschüttern.[56] Eine derartige Unbeständigkeit wird es uns dann ermöglichen, sowohl politische als auch persönliche Ziele zu verwirklichen. Erstens wird es dann keine privilegierten Gruppen und ererbten ethnischen Trennungen mehr geben. Ungers »befreite Gesellschaft« nimmt politisch betrachtet die Form einer »mobilisierenden Demokratie« an, »die jeden Aspekt der sozialen Ordnung der kollektiven Herausforderung und Revision öffnet und alle festgelegten Rollen und Hierarchien verflüssigt«.[57] Seine Vorstellung von persönlicher Verwirklichung ist ähnlich kitschig und sogar noch verträumter, denn dazu gehören nicht nur die Abschaffung von Neid und Enttäuschung, sondern auch »die Fähigkeit, sich mögliche Formen der Selbstartikulation und der Verbindung zu anderen auszumalen und sie auszuleben«.[58]

Christopher Lasch noch war von der liberalen Ruhe- und Rastlosigkeit angewidert, von der Ungeduld über jede erdenkliche Einschränkung, von der liberalen Unterschätzung des Sicherheitsbedürfnisses der Menschen. Er hielt Toleranz in moralischen Fragen und endloses Experimentieren noch für Zeichen des moralischen Verfalls. Das Hauptproblem der Liberalen ist ihm zufolge, um noch einmal daran zu erinnern, daß sie keine Mauer erblicken können, ohne sie auch schon erklimmen zu wollen, keine Grenze, ohne sie nicht überschreiten zu wollen. In *Knowledge and Politics* hatte Unger noch ganz ähnliche Ansichten vertreten und den Liberalismus noch wegen seiner Beförderung ständiger Nervosität und seiner Achtlosigkeit vor den überkommenen Traditionen verurteilt. In der Zwischenzeit hat er diesen Aspekt seines Antiliberalismus aufgegeben und ist zu einem Bewunderer von Prometheus geworden. Die konventionellen liberalen Gesellschaften sind keineswegs, so lautet die neue These, zu rastlos; im Gegenteil, sie sind nicht rastlos genug. Die liberalen Bürger stoßen auf Grenzen, ohne den Versuch zu unternehmen, sie zu überwinden. Ihre ängstliche Weigerung, alle Hindernisse zu überwinden, zeigt, wie schwach, charakterlos und moralisch verabscheuungswürdig sie sind.

Diese promethische Wende hilft zu erklären, warum Unger sich selbst als »Superliberalen« bezeichnet. Es ist möglich, so glaubt Unger, »den Liberalismus durch noch mehr Liberalismus zu retten«.[59] Die Art von Liberalismus, die Unger zu intensivieren trachtet, wird aufs treffendste von Lockes Bemerkung wiedergegeben: »[...]ein Schluß von dem, was war, auf das, was von Rechts wegen sein sollte, [hat] keine allzu große Beweiskraft«.[60] Unger glaubt, die liberale Gesellschaft könne gerettet werden, wenn man das Aufbegehren gegen die Tradition und die Unterordnung unter Autoritäten bis zu einem bisher nicht bekannten Grad intensivieren könnte. Die liberalen Reformer sollten zu superliberalen Superreformern werden. Im Zuge der liberalen Veränderungen hatten ein expandierender Handel, zunehmende Industrialisierung sowie vor allem die Alphabetisierung und Bildung breiter Bevölkerungsschichten die Selbstgenügsamkeit und die inneren Hierarchien der traditionellen Dorfgemeinschaften zerstört. Regierungen, die ihre rechtmäßige Macht von der Zustimmung der Regierten herleiteten, unterhöhlten traditionsverhaftete Lebensweisen und eine unhinterfragbare Achtung vor der Erbmonarchie. Konservativ gesonnene Antiliberale beurteilen diese Entwicklung negativ. Nicht so der neue Unger: Er möchte diese demontierenden Tendenzen verallgemeinern und sie bruchlos auf *alle* sozialen Strukturen übertragen, vor allem auf die liberalen Strukturen. (Ob die Liberalen diese Überspitzung ihrer Position gutheißen, wird sich noch zeigen.)

Unger behauptet, daß die Menschen in etablierten liberalen Gesellschaften beinahe »passive Maschinen« ihres jeweiligen kulturellen Kontexts und »gesichtslose Vertreter von vorbestimmten Rollen« sind. Die Betonung liegt hier auf dem Wort »beinahe«; denn Individuen können zum Glück niemals zu Robotern werden. Die Persönlichkeit sprudelt immerzu über angesichts unendlich vieler Möglichkeiten, die danach drängen, in die Tat umgesetzt zu werden: »Wir sind grenzenlos im Endlichen gefangen.« Unsere Beschränkung liegt hauptsächlich an unseren gesellschaftlichen Übereinkünften, die allerdings von eigenwilligen Menschen durchbrochen werden können. Anders gesagt, Unger betrachtet die Gesellschaft durchgängig vom »Gesichtspunkt des Willens« aus und erhebt Platzangst zu einem Lebensstil. Ihn interessiert die Revolutionierung der politischen und wirtschaftlichen Ordnung vor allem als Mittel, »subjektive Erfahrungen freizusetzen«, das »Bedürfnis des einzelnen nach Selbstverwirklichung«[61] zu befriedigen und »die implizite Grenzenlosigkeit der persönlichen Subjektivität« freizusetzen. Der Liberalismus unterstützte den einzelnen dabei, seine Interessen unabhängig von der hierarchischen Ordnung zu definieren, in die er hineingeboren wurde. Der Superliberalismus treibt den liberalen Individualismus bis zum äußersten. (Wir sind damit sozusagen am gegenüberliegenden Pol jener gläubigen Selbstverleugnung angekommen, die von den Antiliberalen Heideggerscher Prägung vertreten wird.)

Da es Unger hauptsächlich um die uneingeschränkte Selbstverwirklichung des einzelnen geht, hofft er auch auf eine »drastische Reform« der intimen Beziehungen zwischen den Menschen. Obwohl er sich für gewöhnlich relativ distanziert über die fortschrittlichen westlichen Gesellschaften, z. B. über die Vereinigten Staaten äußert, bewundert er nun deren »radikale Experimentierfreude in bezug auf persönliche Beziehungen«; allerdings läßt selbst die Intimität der Amerikaner noch zu wünschen übrig. Um in unseren persönlichen Beziehungen eine »intensivierte Formbarkeit zu erreichen«, müssen wir »uns einander vollständiger zur Verfügung stellen«, und zwar als »Unikate«, nicht als Reproduktionen von sozialen Stereotypen. Die neue Intimität wird daher »radikales gegenseitiges Akzeptieren« und eine »verstärkte gegenseitige Verletzlichkeit« beinhalten.[62] Sie wird sowohl Gruppen als auch Paare betreffen.

Während Unger in *Knowledge and Politics* noch mit dem Kommunitarismus liebäugelte, hatte er jedoch bereits Stellung bezogen gegen »die Unterordnung des individuellen Anteils an der Persönlichkeit des einzelnen unter deren sozialen Anteil«. Er setzte sogar den Kommunitarismus, dem zufolge der »Mensch feste gesellschaftliche Stellungen einnimmt«, mit dem romantischen Konservativismus und mit de Bonald gleich.[63] Dieser romantische, expressive, anarchische und hyperindividualistische Zug seines Denkens unterscheidet ihn schon in seinem ersten Buch von MacIntyre und all den anderen Antiliberalen, die sich nach »Wurzeln« sehnen. In noch höherem Maße trifft das auf *Politics* zu.

In diesem späteren Werk bekräftigt Unger immer noch die »reinigende« Wirkung der Solidarität. Er beklagt sich darüber, daß das Privatrecht »die Gesellschaft noch immer so darstellt, als sei sie eine Welt von Fremden«. Eine intensivierte Demokratie wird ein »erneuertes gemeinsames Leben« fördern, d. h. eine geläuterte Form der Solidarität, »die unsere Beziehungen in der Gemeinschaft der Liebe ähnlicher macht«.[64] Ein erotisches Zugehörigkeitsgefühl dieser Art, das von allen Spuren der ererbten Gruppenidentität befreit ist, darf jedoch niemals die radikale Unabhängigkeit des einzelnen gefährden. Unsere Zugehörigkeit zu einer Gruppe ist zwar schön, aber nicht wesentlich. Wenn die Kontextzerstörung Untreue verlangt, dann müssen wir diesem Ruf folgen.

Maistre hatte der Aufklärung vorgeworfen, sie zerstöre heilsame Illusionen, deren wichtigste lautet, daß die Gesellschaft so sein *muß*, wie sie ist. Unger stellt de Maistre auf den Kopf. Weit davon entfernt, eine »falsche Notwendigkeit« gutzuheißen, verurteilt er sie lautstark. Die gesellschaftlichen Kontexte beengen uns und machen unsere Entfaltungsmöglichkeiten zunichte, eine Situation, die durch Sozialwissenschaftler und Historiker noch verschärft wird, weil sie »die existierende Gesellschaft heiligsprechen« und die Fiktion aufrechterhalten, alles müsse so sein, wie es ist. Unter dem Einfluß der Aufklärung glauben die Gesellschaftswissenschaftler, man könne »gesellschaftliche Zustände in der Vergangenheit oder Gegenwart« nur erklären, wenn man nachweist, »daß diese Zustände notwendig waren bzw. sind«. *Politics* weist ihnen ihren Irrtum nach. Marx, auch ein Kind der Aufklärung, vergeht sich ebenso unverzeihlich an der menschlichen Freiheit, wenn er die Gegenwart als eine »notwendige Etappe« bezeichnet. Tatsächlich, so Unger, sei »die halluzinatorische Gleichsetzung des Wirklichen mit dem Möglichen« eine kollektive Selbsttäuschung der menschlichen Gattung.[65] Das Leitmotiv, das in Ungers mittlerem und zentralem Band angeschlagen wird, lautet: »Wir reden und handeln, als ob die etablierten Institutionen naturgegeben, notwendig und sogar heilig wären.«

Ein optimistisch interpretierter Freud dient Unger als Modell für seinen Versuch, die »Idolatrie des Tatsächlichen« zu demontieren, um Licht in die Dunkelheit zu bringen und unsere kollektiven Illusionen zu zerstreuen. Der Theoretiker, der zugleich Therapeut ist, will »die Gesellschaft entmythisieren« und uns dadurch befreien. Ungers befreiende Botschaft lautet: »Alles ist Politik.« Unger will uns klarmachen, daß die Verhältnisse nicht so sein müssen, wie sie sind. Wenn wir erst neugeboren aus dieser Erkenntnis hervorgehen, dann werden wir nicht mehr die »Marionetten«, sondern die »Architekten« unseres sozialen Umfelds sein.[66]

Wenn es nicht »den einen Kontext gibt, in dem wir einen festen Wohnsitz« haben können, darf man wohl davon ausgehen, daß *Politics* das ständige Wechseln der Kontexte als Methode dafür empfiehlt, die verschiedensten Facetten unserer reichen Persönlichkeiten zu entfalten. Jemand, der es versteht, die Flugpläne vernünftig auszunutzen, kann dann beispielsweise sowohl in Cambridge, Massachusetts, unterrichten als auch zugleich politischer Aktivist in Rio de Janeiro sein. Aber Unger denkt gar nicht an ein Doppelleben; ihn interessiert weniger, daß ein Mensch unterschiedliche Fähigkeiten an verschiedenen Orten realisieren kann, als vielmehr insbesondere *eine* Fähigkeit: unser erstaunliches Potential für Kontextzerstörung. Wir können unserer »Berufung zur Umgestaltung« nicht dadurch nachkommen, daß wir die Rahmenbedingungen wechseln, sondern nur, indem wir den Rahmen, innerhalb dessen wir uns bewegen, vollständig zerstören und neu gestalten. Nur die Kontextzerstörung zählt wirklich als Tat, die der »Sehnsucht der Menschen nach wahrhafter Größe« angemessen ist.[67]

Auch in dieser Hinsicht scheint Ungers Denken eher ästhetisch als politisch geprägt zu sein. Ohne das ironisch zu meinen, beschreibt er »die transparente, geschaffene soziale Welt«, nach der er sich sehnt, als »Freude, faszinierendes Spiel, Kunstwerk«. Er vergleicht den Revolutionär, der die Macht ergreift, während andere auf den Straßen zu Tode kommen, mit einem Dichter, der nach dem passendsten Wort ringt. Seine augenfälligste ästhetisierende Behauptung lautet: In einer lebendigen und befreiten Gesellschaftsordnung »gleicht der Durchschnittsmensch eher dem Dichter, dessen visionäre

Überhöhung des Gefühlsausdrucks gelegentlich an Unverständlichkeit und Sprachlosigkeit grenzt.« Das ist durchaus als positive Charakterisierung gemeint, und Unger deutet an, er habe möglicherweise die erstrebenswerte »Furchtlosigkeit davor, sich lächerlich zu machen«, bereits erreicht, die den wahrhaft »befähigten« Einzelnen auszeichnet.[68]

Von der Theorie zur Praxis

Daß es sich bei diesem dreibändigen Werk um eine »visionäre« Schrift handelt, daran dürfte inzwischen kein Zweifel mehr bestehen. Aber Unger hat auch praktische und theoretische Vorhaben. Den Menschen, die den Wandel kaum erwarten können, möchte er nicht nur moralische Unterstützung bieten, sondern auch »eine Anleitung zu praktischen Maßnahmen der Veränderung« liefern (die wir lesen und nicht etwa zerschmettern bzw. in Stücke reißen sollen).[69]

Seine Vorschläge zur Verfassung, um nur ein Beispiel herauszugreifen, zeigen, wie sehr er »das banale System der Gewaltenteilung« verachtet, das die Regierung lähmt und eingreifende Reformen verhindert. Er beklagt, daß »unser einschnürender und unbeweglicher Konstitutionalismus« es »einer siegreichen Partei« erschwere, »den Staat an sich zu reißen bzw. ihr Programm auch schnell und entschlossen in die Tat umzusetzen«. Um diesem Dilemma zu entkommen, schlägt er einen »Konstitutionalismus der ständigen Mobilisierung« vor, der die Gesellschaft in permanente Beweglichkeit versetzt und dafür Sorge trägt, daß das Mehrheitsprinzip mit der größtmöglichen Freiheit zum Experimentieren verträglich ist.[70]

Das auffälligste Kennzeichen dieser Verfassung ist ein neuer Regierungszweig, der sich ausschließlich der Destabilisierung des sozialen Lebens in allen seinen Aspekten zu widmen hat. Unger äußert sich nicht darüber, ob diese Abteilung demokratisch rechenschaftspflichtig zu sein habe oder nicht, und wie sie im ersten Fall effektiv arbeiten könnte bzw. im zweiten Fall erträglich wäre. Hingegen sagt er ausdrücklich, daß alle Bürger einen garantierten Anspruch auf die Unterstützung des Wohlfahrtsstaates hätten, die weder von Regierungsvertretern noch von Mehrheiten angetastet werden dürfe. Einen Moment lang entsteht der Eindruck, als sei Beständigkeit und Unveränderlichkeit eher eine Tugend als eine Unsitte.

Unger hält den Markt nur so lange für akzeptabel, wie er ohne Macht auskommt, d.h. solange nicht einige Menschen ihre ökonomischen Mittel dazu benutzen, andere über Gebühr zu beeinflussen. Es bleibt unklar, wie sehr er sich nun selbst der Illusion hingibt, »das Ideal könne in der Geschichte verwirklicht werden«. Jedenfalls sehen seine umfassenden ökonomischen Vorschläge auch die Abschaffung ererbter Kapitalanlagen, eine öffentliche Kontrolle der grundlegenden Investitionsentscheidungen und eine ständige Intervention des Steuereintreibers Staat vor, um eine Konzentration des Kapitals zu verhindern. Ein zweigleisiges System von Darlehensbanken hat seinem Modell zufolge die Aufgabe, öffentliche Gelder an Unternehmer-, Ingenieur- und Arbeitergruppen zu verteilen, die alle versuchen, Profit zu erzielen, allerdings von einer wachsamen Regierung kontrolliert werden, die den angehäuften Reichtum zurückfordert, sobald er eine festgesetzte Grenze überschritten hat. Ungers ideale Wirtschaftsordnung erinnert in ihrer dezentralen Organisation an eine Wirtschaft von Kleinwarenproduzenten, ist aber zugleich unglaublich innovativ und dynamisch.

Neben dieser »Anleitung« zur Reform bietet Unger »ein neues Verständnis der Gesellschaft« an. In *Politics* behandelt er eine erstaunliche Bandbreite von Themen: Beuteltiere, die

Krise des Feudalismus, Panzerschlachten, die Verschuldung der öffentlichen Hand, Militärgeschichte, Quines Unterscheidung zwischen analytisch und synthetisch, die Nomadenkultur, die Sung-Dynastie in China, die Fehler der neoklassischen Ökonomie, das System der Arbeiterselbstverwaltung in Jugoslawien (das er immerhin noch 1987 bewundert), die euklidische Geometrie, die Ursprünge des Weltalls und vieles, vieles mehr. Von falscher Bescheidenheit nicht angekränkelt, leitet Unger viele Kapitel mit gebieterischen Bemerkungen wie den folgenden ein: »die längste Zeit in unserer Geschichte«, »bei weitem die meisten historischen Situationen«, »die meisten Gesellschaften in der Vergangenheit«, »alle Formen gesellschaftlichen Lebens, die in der Geschichte vorgekommen sind«, die »Erfahrungen der Menschheit«. In jedem Thema und in jeder Epoche scheint Unger argumentative Bestätigung für sein radikales Programm finden zu können. (Sein unverkrampfter Umgang mit esoterischem Wissen wird im folgenden Satz sehr schön durch die Formulierung »Erinnern wir uns« illustriert, die sich nicht im geringsten auf irgend etwas zuvor im Text Diskutiertes bezieht: »Erinnern wir uns an die militärischen Trainingslager in Byzanz – *ktemata stratiotika*, die osmanischen Timarioten, die mongolischen Zamindaren und die Militärpächter der Azteken.«[71])

Die Rechte und die Linke

Wie die Bibliographien am Ende jedes Bandes von *Politics* belegen, stützt Unger sich größtenteils auf die konventionelle historische und soziologische Fachliteratur. In seinem gesamten Werk jedoch, vor allem aber in *Social Theory*, zeigt er seinen akademischen Kollegen gegenüber eine überraschend unerbittliche Haltung. Er bezeichnet sie abwechselnd als feige, naiv, irregeführt, schwammig, schläfrig, verwirrt, abergläubisch und einseitig. Sie sind Kollaborateure, Apologeten und Verräter an der Freiheit – und ganz gewiß keine Feuerschlukker wie er. Sogar steril und impotent müssen sie sich nennen lassen, vielleicht um seine eigene »Fruchtbarkeit« zu betonen, die er mehr als einmal erwähnt.[72] Und in der Tat steht Ungers Darstellung seiner Kollegen in beinahe jeder Hinsicht in Kontrast zu seinem Selbstbild.

Dennoch wäre die Annahme falsch, ein derart polemisches Werk, das voller Verachtung für andere steckt, bemühte sich in keiner Hinsicht um Ausgewogenheit. Unger ringt gewissenhaft um ein ausgeglichenes Urteil über den Kapitalismus und den Kommunismus und behauptet, daß die ehemalige Sowjetunion nicht freier als die Vereinigten Staaten gewesen sei. Er beobachtet, daß »sowohl das amerikanische als auch das sowjetische Modell sich in einer Art Zwischenreich zwischen Wahnsinn und Phantasielosigkeit bewegen«. Die »wahre Republik« lasse sich jedenfalls ebensogut durch die Neugestaltung Amerikas wie durch die Transformation Rußlands erreichen. Offensichtlich aber fühlt er sich eher zur Dritten Welt als zu einer der beiden Supermächte hingezogen. Da sie nicht von dauerhaften Verfassungen behindert würden, zeigten die Länder der Dritten Welt eine beispielhafte Instabilität. Ihre Bürger können sich vor allem deshalb glücklich schätzen, weil es keine festumrissenen Regeln für die Machterlangung gibt. Vor allem Brasilien ist da vielversprechend – obwohl Ungers Patriotismus ihn nicht gänzlich kritiklos macht. Er geht beispielsweise gnadenlos mit »dem Nachäffen ausländischer Ideen« ins Gericht, das die intellektuelle Elite Brasiliens teilweise betreibe.[73]

Aber die schneidenste Kritik hebt er sich für die Vereinigten Staaten auf. Was er an Amerika am abstoßendsten findet, ist die Banalität der »normalen Politik« (eine Formulierung, die an Thomas Kuhns Ausdruck »normale Wissenschaft« anknüpfen soll). Selbst die besten Politiker in Amerika suchten nur nach unbedeutenden Änderungen. Sie kümmern sich ausschließlich um Wohnungspolitik, Ernährung und das Gesundheitswesen oder darum, daß es eine größere Mitwirkung der Bürger an der Politik geben soll; aber niemand erträume das Unmögliche, niemand wage sich an eine radikale Veränderung der gesellschaftlichen Ordnung. Wer sich um die Verbesserung des Wohlfahrtsstaates Gedanken mache, sei ein »Kesselflicker«[74]. Mit ihren Bemühungen dienen diese Politiker nur der Erhaltung eines verachtungswürdigen Systems.

Ungers Einstellung zum Marxismus ist etwas verwickelter. Er kündigt *Politics* als »linkes« Buch an (was vermuten läßt, daß man die schematische Unterscheidung zwischen »rechts« und »links« kritiklos übernehmen statt zerstören sollte).[75] Mit Marx bewundert er die antitraditionalistischen, dynamischen und innovativen Kräfte des Kapitalismus. Wie dieser deutet er an, daß die Zivilgesellschaft, also die Alltagswelt, in der wir leben und arbeiten, die universalistischen und egalitären Ideale verwirklichen sollte, die sich in der liberalen Politik andeuten. Mit Marx sieht Unger das Ende der »Vorgeschichte« gekommen und eine nie dagewesene soziale Welt entstehen, in der die Menschen endlich »Herren« über ihr Schicksal werden. Aber er weigert sich zu garantieren, daß diese Gesellschaft Wirklichkeit wird.

Unger wirft Marx hier einen anderen Irrtum vor als in *Knowledge and Politics*. Marx sei gescheitert, so behauptet er nun, weil er das Eintreten des Kommunismus als eherne Notwendigkeit bezeichnet habe, womit er heldenhafte Revolutionäre auf Marionetten der Geschichte reduziert hätte. Unger hingegen, der mehr für menschliche Spontaneität als für unaufhaltsamen Fortschritt ist, weigert sich, Aussagen über die Zukunft zu machen. Er ist sich Marx' Irrtum in dieser Frage so gewiß, daß er immer wieder, man könnte beinahe sagen zwanghaft, in ausufernde Anprangerungen der »notwendigen Etappe« verfällt. Es ist regelrecht bestürzend, in welchem Maße er diese auf der Hand liegende, gängige Form des Antimarxismus ausschlachtet. Man kann sich schwerlich einen monotoneren Angriff auf die Monotonie vorstellen.

Einige Rätsel

Politics beinhaltet Unverständliches, Widersprüche und offene Fragen; und nur auf einige wenige Rätsel wollen wir im folgenden eingehen.

Unger setzt erstaunlicherweise das Brechen einer Regel mit der Änderung einer Regel gleich, als wäre Ungehorsam dasselbe wie Reform. Einerseits verteidigt er »eine allmähliche« Veränderung, andererseits verkündet er, alles Überkommene müsse zerschmettert werden. Er erläutert, wie Flexibilität das Überleben gewährleisten kann, während er andererseits und im Widerspruch dazu zu verstehen gibt, Ausdauer sei ein wichtiger Wert. Den gnadenlosen Umgang des Kapitalismus mit gescheiterten ökonomischen Experimenten bewundert und beklagt er abwechselnd. Er verachtet eine Gesellschaft von »Menschen, die sich nicht von der Stelle bewegen«, aber möchte sich selbst als »ein Wesen mit einem festen Platz« verstehen. Er verurteilt eine überkommene Gruppenidentität und lobt zugleich unfreiwillige Verpflichtungen, zu denen er »eine gemeinsame Nationalität« zählt. Er zieht gegen unflexible gesellschaftliche Einrichtungen zu Felde und befürwortet die »dauerhafte persönliche Bindung« der Ehe. Er assoziiert handlungsermächtigende Strukturen mit extremer Willkür und behauptet zugleich – als sei es ein Vorteil –, daß »Erfahrungen der Handlungsermächtigung süchtig machen«. Unter dem übergreifenden Begriff »naturalistische Gesellschaftstheorie« faßt er zwei recht unterschiedliche Haltungen zusammen: die Überzeugung, daß moralische Ideen unveränderlich seien, und die Überzeugung, daß real existierende Institutionen unveränderlich seien. Er geht durchgängig davon aus, daß die »Kontextzerstörung« im wesentlichen politisch links sei und einen erfolgreichen Abbau von Machteliten miteinschließe, gesteht aber beiläufig ein, die Kontextzerstörung schaffe auch leicht neue Hierarchien von Privilegien und Macht. Wiederholt behauptet er, daß die herrschenden gesellschaftlichen Übereinkünfte sich nicht von selbst verstünden und daher auch nicht in ihrem gegenwärtigen Zustand erhalten bleiben müssen – als gäbe es nicht auch zufällig in Gang gesetzte Prozesse, die dennoch irreversibel sind. Obwohl er immer wieder erklärt, wie verwegen seine Einsicht in die »falsche Notwendigkeit« ist, gesteht er beiläufig ein, daß Sozialwissenschaftler sie bereits seit jeher erkannt hätten.[76]

Aber damit noch lange nicht genug. Während Unger die traditionelle Berufung der Gesellschaftstheoretiker auf die Natur mit Hohn und Spott überzieht, bietet er selbst »die Veränderlichkeit der menschlichen Natur« als moralischen Maßstab an: Wir müssen eine Gesellschaft schaffen, die die dem Menschen angeborene Destruktivität und Kreativität aufnimmt und respektiert. Er kritisiert eine gesellschaftliche Veränderung, die im Namen fester Ideale vorgenommen wird, bezeichnet aber eine »unvoreingenommene« Entscheidungsprozedur als das *unveränderliche* Ziel von Reformen. Er schlägt ein Verfassungsmodell vor, das auch für nachfolgende Generationen gelten soll, und strebt doch danach »die Tyrannei der Gegenwart über die Zukunft« zu besiegen.[77] Er bestätigt W.V. Quines Kritik an der Unterscheidung von analytisch und synthetisch, übernimmt aber trotzdem kritiklos die damit eng zusammenhängende Unterscheidung von Form und Inhalt. Seine paradoxe und deshalb interessante These, daß »Konflikte« schöpferische Kräfte seien, wird dadurch zu einer bloßen Tautologie, daß er kurz danach zugibt, daß ein »guter« Konflikt frei von Feindseligkeiten, Gewalt und verhärteten Kampfpositionen zu sein habe. Er erweckt den Eindruck, als sei eine Änderung der Spielregeln im Verlaufe eines Spiels zulässig, weil er nicht einmal danach fragt, was geschähe, wenn jeder Spieler die Regeln auf seine Weise ändern wollte. Er geht nie darauf ein, wie die Mitstreiter bei der »Reform« sich miteinander verständigen können, sobald sie die Grundannahmen zerstört haben, die ein gegenseitiges Verständnis, also auch Meinungsverschiedenheiten, überhaupt möglich machen. Ungers Haupteinwand gegen den Status quo lautet, daß er den Menschen daran hindere, *all* das zu sein, was er sein könnte, aber der gleiche Vorwurf gilt für jeden Versuch der Veränderung: Wir könnten die Welt schließlich immer auch *anders* verändern.

Ungers Hang zum Ideenmischmasch zeigt sich auch in seiner Einstellung zur Macht. Er schafft es, sich gleichzeitig mit den Gewinnern und den Verlierern zu identifizieren, für die Schwachen Tränen zu vergießen und mit den Starken zu lachen, eine Leistung, die nicht einmal Nietzsche vollbracht hat. Einerseits schmäht er die Machteliten, die im Verlauf der gesamten Menschheitsgeschichte erfolgreich jede Veränderung behindert und ihre schwächeren Mitmenschen ausgebeutet haben. Andererseits gibt er sich – vor allem im dritten Band – einem regelrechten Erfolgskult hin und argumentiert, die Macht sei der verdiente Preis für die mutigsten und erfolgreichsten Kontextzerstörer.

Weil Unger sich dieser atemberaubenden Unordnung durchaus bewußt ist, kommt er jeder Kritik zuvor, indem er von vornherein jeder inneren Kohärenz einen Wert abspricht und behauptet, daß »Erkenntnis über die Kohärenz hinausgehen kann«. Das mag ein vertretbarer Standpunkt sein, aber für den Leser ist es zermürbend. Die These, wir könnten »immer entdecken, daß mehr wahr ist als das, was wir beweisen, verifizieren oder sogar erklären können«, sagt indirekt, daß jedes Unbehagen an unverständlichen Ideen ein Zeichen der sklavischen Unterwerfung unter den Intellekt ist. Aber man kann beim besten Willen nicht alle Schwierigkeiten, die *Politics* bietet, dem armen Leser aufbürden. Obwohl Unger unzählige Gesellschaftstheoretiker kritisiert, nennt er so gut wie nie jemanden beim Namen. Wer, bitte schön, hätte denn beispielsweise behauptet, daß die grundlegenden gesellschaftlichen Institutionen so bleiben sollten, wie sie sind? Dieser Verzicht auf Namensnennung erschwert es, eine »kritische Distanz« gegenüber Ungers Spekulationen zu gewinnen oder ihnen gegenüber sein eigenes Scherflein an »negativen Fähigkeiten« zu exerzieren.[78]

Während Unger lautstark verkündet, wie extrem seine Position sei und wie grundlegend sie unsere intellektuelle Befindlichkeit verändern wird, besitzt er dennoch die verwirrende Neigung, seinen Text mit Eingeständnissen an den »gesunden Menschenverstand« zu überfrachten. Im Verlaufe seiner Argumentation, deren einziger Sinn darin besteht zu schockieren, läßt er beiläufig nüchterne Bemerkungen fallen, die nicht recht in den Text passen. Gelegentlich rückt er gleichsam seine Krawatte zurecht und nimmt die Pose eines abgeklärten älteren Bruders ein, der den jüngeren Linken weise Ratschläge erteilt. Anarchistische oder infantile »Modernisten«, so beobachtet er kummervoll, hoffen, einen Kontext nach dem anderen zu zerstören, weigern sich, »ein geregeltes Leben zu führen« und benehmen sich fortwährend so, als »gäbe es ein Reich der unbegrenzten Möglichkeiten«. Erstaunlicherweise ergänzt er diese Meinungsverschiedenheit unter Freunden durch eine offene Sympathiebekundung für ihren Standpunkt.[79] Der Unterschied zwischen ihm selbst und seinen ungepflegten Brüdern ist oftmals so fein, daß man ihn nicht einmal mehr erkennen kann. Tatsächlich mangelt es den infantilen »Kontextzerstörern« lediglich an der Einsicht, daß wir weniger einengende soziale Kontexte schaffen können, d.h. Institutionen, die geradezu danach schreien, zerstört zu werden, und es uns daher ermöglichen, ein geregeltes Leben zu führen, ohne ein geregeltes Leben zu führen. Die Stichhaltigkeit dieser Idee, derzufolge sich Unger von den unreifen Anarchisten unterscheidet, leuchtet nicht eben zwingend ein.

Warum aber sollte Unger überhaupt das Bedürfnis haben, sich von den jugendlichen Rebellen abzugrenzen? Vielleicht denkt er an seinen Ruf in der Öffentlichkeit. Seine Sympathie für das Entlegene, seine Lobpreisung der unendlichen Möglichkeiten und seine Bejahung ausschließlich solcher gesellschaftlicher Übereinkünfte, die noch nicht zustande gekommen und daher auch noch nicht Gefahr gelaufen sind, ihn zu enttäuschen – all dies ist ein unverkennbares Anzeichen von Romantik und verlangt in einem Zeitalter, das die Folgen der Romantik in der Politik nur zu genau erfahren hat, nach einer Verschleierungstaktik. Extremistische Außenseiter gelegentlich in einem altväterlichen Ton zu rügen, ist nicht eben der schlechteste Vorwand dafür.

Eine Antwort auf den Superliberalismus

Von der maßlosen Widersprüchlichkeit und der überdosierten Rhetorik Ungers einmal abgesehen, scheint seine Position vor allem acht grundlegenden Einwänden ausgesetzt zu sein.

Zunächst einmal ist die Zerstörung von Kontexten keine allzu attraktive Grundlage für eine Morallehre.[80] Die Rauflust, die Unger bewundert, kann ganz offensichtlich je nachdem, welcher Kontext zerstört wird und wodurch er ersetzt wird, gut oder schlecht sein. Ein doppeltes Spiel mit den Regeln zu treiben kann nicht nur Flexibilität, sondern auch Korruption fördern. Und seine Annahme, ein Kontext könnte einem anderen deswegen überlegen sein, weil er sich leichter ändern lasse, ist genausowenig überzeugend.

Zweitens läßt sich Kultur nicht zutreffend als ein eiserner Deckel begreifen, der einer ansonsten grenzenlosen Persönlichkeit auferlegt wird. Ohne Kultur wären wir nicht freier, was auch immer die Superliberalen sich vorstellen möchten. Die Möglichkeiten, die uns etwas bedeuten, sind teilweise erst Ausfluß kultureller, juristischer, politischer und ökonomischer Systeme. Es sind Möglichkeiten, die dem einzelnen durch Institutionalisierung offenstehen und zur Verfügung gestellt werden und nicht spontan von einer reichhaltigen Persönlichkeit entwickelt werden können.

Drittens wären, wenn alle festen Erwartungen zertrümmert würden, sowohl Überraschungen als auch Nonkonformität unmöglich. Nur Festes läßt sich brechen. Eine fortschreitende »Verflüssigung« der Gesellschaft könnte den unbeabsichtigten Effekt haben, daß der einzelne immer weniger Gelegenheiten hat, seine Fähigkeit zur Kontextzerstörung auszuüben. Unger gibt das in gewisser Weise sogar zu, wenn auch wiederum widersprüchlich, wenn er sagt, die westlichen Gesellschaften seien zugleich leichter und schwieriger zu verändern als die traditionsverhafteten Gesellschaften der Vergangenheit.

Viertens wäre eine »Kontextzerstörung« für junge Kinder, psychisch Labile, Obdachlose, unfreiwillige Exilanten und andere verletzliche Individuen schädlich bzw. überflüssig. Mit Entwurzelung sind reale Ängste verbunden, und schon die elementare Psychologie lehrt, daß es nicht leicht ist, seine psychische Gesundheit unter den Bedingungen beständiger Veränderungen aufrechtzuerhalten. Ständige Krisen und Erschütterungen sind nur schwer zu verkraften. Unger räumt ganz beiläufig ein, daß der Mensch ein Gefühl der Sicherheit braucht und daß übergroße Instabilität und traumatische Erschütterungen manche Menschen ihrer Handlungsmöglichkeiten berauben können. Außerdem akzeptiert er das menschliche Bedürfnis zu überleben, wenn auch einigermaßen halbherzig. Ganz im Gegensatz zu Christopher Lasch aber wird Unger gnadenlos, wenn es um den bescheidenen Wunsch der Menschen geht, »ihren eigenen Lebensstil« zu bewahren. Arbeiter, die sich nicht umschulen lassen wollen, trifft seine Verachtung ebensosehr wie Angehörige ethnischer Minoritäten, die stur an ihrer überkommenen Identität festhalten. (Die Heftigkeit, mit der er die Institution der »Unkündbarkeit« angreift, könnte den Leser dazu verleiten, dem Professor eine geeignete Methode nahezubringen, wie er Praxis und Theorie in Übereinstimmung bringen könnte.[81])

Fünftens war Unger bei weitem nicht der erste, der festgestellt hat, daß »wir häufig etwas für natürlich halten, von dem wir dann feststellen, daß es durch langjährige und hartnäckige Gewohnheit entstanden ist«.[82] Wenn ein politischer Herrscher verkündet, daß die Durchschnittsbürger in den Krieg ziehen oder mehr Steuern bezahlen *müssen*, dann dürfen sie wohl Zweifel anmelden. In dieser Hinsicht hat *Politics* eine genuin wichtige, wenn auch nicht gerade umwälzende Botschaft zu verkünden. Weil sich Unger allerdings ausschließlich auf die Vorteile konzentriert, die die herrschenden Eliten sich durch die Berufung auf eine Pseudonotwendigkeit verschaffen, übergeht er Aspekte, die noch viel interessanter wären. Denn die Berufung auf Sachzwänge ist eine weitverbreitete Methode, sich Freiräume zu verschaffen, und bei Untergebenen nicht weniger verbreitet als bei Vorgesetzten. Es läßt sich schwerlich eine Gesellschaft vorstellen, in der eine solche Ausrede nicht angewandt würde.

»Falsche« oder scheinbare Notwendigkeiten können sich auch aus dem psychologischen Bedürfnis des Menschen ergeben, Schuldgefühle und Enttäuschungen möglichst zu vermeiden. Um Schuldgefühle zu beschwichtigen oder sich an beschränkte Verhältnisse anzupassen, d.h. um eine Mißstimmung möglichst gering zu halten, unterschätzen wir manchmal, welche Alternativen und Handlungsspielräume uns tatsächlich zur Verfügung stehen. Anders gewendet: Wir ignorieren vielleicht die vielen realen Möglichkeiten, die wir haben, weil ein Überfluß an Entscheidungsmöglichkeiten psychologisch verwirrend ist und unsere Fähigkeit zu rationalen Vergleichen und Entscheidungen behindert. Eine solche »Selbsttäuschung« ist ganz unabhängig davon, ob die Mächtigen danach trachten, die Schwachen zu beherrschen.

(Ich stelle diese an sich banalen Überlegungen nur deshalb an, weil Unger sie in seiner alles andere als sparsamen Diskussion bzw. Verunglimpfung der »falschen Notwendigkeit« an keiner Stelle erwähnt. Wir könnten uns auch fragen, ob die Menschen überhaupt jemals genau wissen können, was machbar oder nicht machbar ist, ohne dabei zu über- bzw. zu unterschätzen, welche Alternativen ihnen offenstehen. Nebenbei bemerkt übersieht Unger auch, daß eine übermäßig optimistische Einschätzung schädliche Konsequenzen haben kann. Das Unmögliche zu versuchen, bereitet ihm weniger Kopfzerbrechen, als das Mögliche erst gar nicht probiert zu haben. Daher verschwendet er auch keinen Gedanken daran, daß es lebenswichtige, begrenzte Ressourcen und sogar Menschenleben kosten kann, wenn man das Unmögliche für möglich hält.)

Sechstens lassen sich Reformen nur dann vernünftig und effektiv vorantreiben, wenn man in den Institutionen, Überzeugungen und den gerade stattfindenden sozialen Bewegungen verankert ist, die Unger alle in einen Topf wirft und abschätzig als »das Gegebene« bezeichnet. Die Bürgerrechtsbewegung berief sich auf konstitutionelle Garantien, die für die weiße Mehrheit bereits galten. Das gleiche gilt für die Frauenbewegung, die sich an die Bürgerrechtsbewegung anschloß und versuchte, auf der Vergangenheit aufzubauen, statt sie zu zertrümmern. Zwar räumt Unger ein – und widerspricht sich auch hier –, daß die Menschen nicht alles auf einmal anzweifeln oder zerstören können, aber seine grundlegende These lautet dennoch, daß die »Kontextzerstörung« *nicht* vom Kontext abhängt. Der entschlossen Subversive spielt nicht nur einen bestimmten Kontextbereich gegen einen anderen aus, sondern er widersetzt sich dem gesamten Kontext (wenn auch nicht allen Zusammenhängen gleichzeitig) auf der Grundlage seiner grenzenlosen Persönlichkeit. Er beruft sich dabei niemals auf vergangene Erfolge, höchstens auf vergangene Niederlagen. Tatsächlich dürfte aber eine derart radikale Loslösung der Gesellschaftsreformer von ihrer sozialen Umwelt eher hinderlich als förderlich sein. Sie führt sogar dazu, daß Unger in Schmittscher Manier behauptet, die moralische Haltung von Reformern müsse auf einer »unbegründeten Entscheidung« basieren. Ein solcher »unbegründeter Verpflichtungsakt« ist möglicherweise wohl mit einem superindividualistischen Selbstbewußtsein vereinbar, aber eine vielversprechende Grundlage für jene gesellschaftliche Zusammenarbeit, die für effektive Reformen notwendig ist, liefert er nicht.[83]

Siebtens stellt Ungers übergreifendes Konzept des »Rahmens« ein ernsthaftes Problem dar. Was bedeutet es zu sagen, ein Rahmen könne »sich selbst gegen Veränderungen immunisieren«?[84] Möchte Unger damit etwa sagen, ein institutioneller und kultureller Kontext habe so etwas wie ein Bewußtsein und könne seine eigenen Interessen wahrnehmen und verteidigen? Seine eigenen Beispiele werfen mehr Fragen auf als sie beantworten. Eines dieser Beispiele lautet: Konventionelle Sozialwissenschaftler können die Beziehung zwischen Rücklagen und Investitionen offenbar nicht verstehen, weil sie die prägenden Rahmenbedingungen nicht berücksichtigen, d. h. weil sie andere Faktoren wie Vertrauen in die Verläßlichkeit der Regierung und in die Art und Höhe der Arbeitslosenversicherung ignorieren. Auch wenn ein Kern an

Wahrheit in dieser Analyse steckt, fragt sich, warum diese vernachlässigten »anderen Faktoren« ausgerechnet mit einer so hochgestochenen Bezeichnung wie »Rahmenbedingungen« versehen werden müssen. Sind Vertrauen und Arbeitslosenversicherung Teil der Rahmenbedingungen, weil sie selbst nicht von Tätigkeiten, die »innerhalb« des Rahmens stattfinden, beeinflußt werden können? Formen sie, ohne selbst formbar zu sein? Oder werden sie ganz allein von kontextlosen Auseinandersetzungen geformt, die unter kontextfreien Kontextzerstörern stattfinden?

Schließlich und letztens gehört eine stabile Erwartung beileibe nicht zum Schlimmsten, was ein Mensch dem anderen zufügen kann. Das Stabile ist nicht die Wurzel allen Übels; manchmal kann es sogar Möglichkeiten schaffen. Daß »feste Rollen« ganz und gar nicht überflüssig sind, wird beispielsweise jedem klar, der an die Pflichten eines Rettungsschwimmers denkt. Unger mag »strikte Trennungen« zwischen Religion und Wissenschaft und zwischen Religion und Politik nicht befürworten, aber zu ihrer Verteidigung lassen sich vernünftige Argumente anführen. Ererbte soziale Hierarchien sind wertlos, aber eine »rigide« Befehlsstruktur kann in Notfällen von Nutzen sein, wenn ein demokratischer Beratungsprozeß sofortiges Handeln verhindern könnte – ganz abgesehen davon, daß sie vorteilhaft ist, wenn es gilt, im nachhinein Schuld festzustellen. Sogar jene »starre Routine«, die Ungers ungezügelter Unmut trifft, kann befreiend wirken, weil sie uns erlaubt, die Aufmerksamkeit auf die wirklich wichtigen Dinge zu lenken. Am entscheidendsten aber ist wohl, daß schon die Grammatik uns zeigt, in welchem Maße feste Regeln Flexibilität schaffen. (Ungers Interesse an Zoologie brachte ihn anscheinend nie auf den Gedanken, welche Vorteile Wirbeltiere im Vergleich zu Quallen haben.) *Politics* verachtet »Zwänge, die unsere Handlungen einschränken und uns behindern«.[85] Aber viele Philosophen haben bereits darauf hingewiesen, wie die »festen Regeln« eines Spiels oder der Sprache uns eher ermächtigen als behindern. Das wenigstens meinte Locke mit seiner Behauptung: »Es ist nicht das Ziel des Gesetzes, die Freiheit abzuschaffen oder einzuschränken, sondern sie zu erhalten und zu erweitern.«[86] Dasselbe gilt für die liberalen Verfassungen.

Ein an Nietzsche gemahnender Zug

Plasticity into Power handelt vor allem von den Triebkräften hinter der Staatenbildung. Wie Hegel und andere argumentiert Unger, daß die europäischen Staaten mächtiger wurden, je freier ihre Bürger lebten. Die gegenseitige Verstärkung von Individualismus und einer zentralisierten Souveränität vollzog sich auf zweifache Weise: durch die Schwächung tyrannischer Herrscher auf lokaler Ebene und durch die Entwicklung einer freien Geldwirtschaft, von der die Regierung Kapital abziehen konnte, ohne das Steueraufkommen zu beschneiden. Origineller wird Unger, wenn er sich mit der Besonderheit des Westens beschäftigt. Warum prosperierten die europäischen Gesellschaften ökonomisch, statt wie alle anderen großen agrarisch-bürokratischen Reiche der Vergangenheit wieder in eine armselige »Naturalienwirtschaft« zurückzusinken?

Auf der Grundlage einer persönlich gehaltenen Untersuchung hat Unger der Weltgeschichte folgende Lehre abringen können: Um wirtschaftliche Stagnation zu verhindern, muß eine zentralistische Regierung sich mit »der großen Masse der Bevölkerung« gegen ausbeuterische Eliten verbünden.[87] Das jedenfalls geschah in Europa, und die Moral lautet: Wenn man gut ist und sich mit dem Volk zusammentut, wird man Erfolg haben. (An dieser Stelle wird übrigens der Restanteil von Marxismus in *Politics* am deutlichsten.) Angepaßt an ein Publikum in der Dritten Welt, liest sich die Lehre so: Nationaler Wohlstand und Macht sind nicht auf ausbeuterische Eliten oder Großgrundbesitz angewiesen.

Die extreme Linke benutzt den Ausdruck »militant« gerne als Euphemismus für »militaristisch«, um damit die Blutrunst und die Begeisterung für kriegerische Tugenden zu verschleiern, die für Möchtegern-Revolutionäre so charakteristisch ist. Als wolle Unger unsere schlimmsten Befürchtungen bestätigen, ist die Hälfte von *Plasticity into Power* einer nahezu überschwenglichen Chronik der strikt militärischen Vorteile gewidmet, die »die soziale Formbarkeit« bietet. An einer Stelle warnt Unger in einer Formulierung, die es wert wäre, ein Aufkleber zu werden: »Plastizität oder Tod«. Über traditionsverhaftete Völker, die sich nicht anpassen können, schreibt Unger: »Ihre Niederlage ist ebenso erfreulich wie lehrreich.« Er beschreibt Abel Gances Napoleon als »einen großen Helden, einen willensstarken Mann, der den Rausch der Transzendenz und die Berufung zur Veränderung höchstgradig verkörpert«. Und er wartet hoffnungsvoll auf eine Zeit, in der die Außenseiter »dominant« und »erfolgreich« sein werden.[88]

Mit seiner Empfehlung einer »Umwertung der Wertehierarchie« und der Verherrlichung des »Willens zur Veränderung« beruft er sich auf den Napoleonverehrer Nietzsche. MacIntyres Beschreibung von Nietzsches Ideal als »dem Zerbrechen der festen Muster, damit etwas radikal Neues entstehen kann«, kann ebensogut als Beschreibung von Ungers Ideal dienen. Der voluntaristische Kern von Ungers Superliberalismus tritt etwa in seiner Bemerkung offen zutage, daß die ermüdenden Reformzyklen, die den Kapitalismus wie den Kommunismus gleichermaßen immer wieder befielen, »den Primat des Willens beleidigen«. Der interessanteste Nietzsche-Gestus allerdings findet sich im Verlaufe einer Diskussion über »Nomaden- und Kriegervölker«, die eine untergehende Agrarkultur durch Eroberung wiederbeleben können. Seine Schilderung dieser vitalisierenden Einwirkung liest sich so: »Die Herrschaft der Nomaden über agrarische Völker war mitunter nur die räuberische Ausdehnung der unbeschränkten Gewalt über Viehherden auf Menschen.«[89] Ungers Superliberalismus verhält sich, so scheint es, zum Liberalismus wie Nietzsches Übermensch zum gewöhnlichen Menschen.

Die Herrschaft bzw. Macht, von der Unger spricht und die er gewöhnlich befürwortet, wird natürlich nicht über Menschen, sondern über gesellschaftliche Kontexte ausgeübt. Aber sein Bild von »individueller und kollektiver Selbstvergewisserung«, oberflächlich betrachtet noch friedfertig, ist zutiefst von seinem Gefallen an Eroberungen geprägt. Das macht seine wohlmeinende Anspielung auf »epische Größe« ebenso deutlich wie sein Bedürfnis, »unsere verborgenen und mißachteten Sehnsüchte nach Größe« zu befriedigen. Und schließlich hofft er – das wenigstens läßt der letzte Satz von *False Necessity* vermuten –, das Abenteuer der Schlacht mit dem Honig der Selbstliebe vermischen zu können: »Was mehr können wir von einer Gesellschaft verlangen, als eine bessere Chance, sowohl groß als auch sanft zu sein?«[90]

Daß Unger Zuflucht bei einer derartigen Sprache suchen kann, verstört zutiefst. Schlicht unbegreiflich aber ist, daß er einen stürmischen Willen zum Ausgangspunkt seiner Überlegungen macht, seinem Unwillen über die Geschichte Ausdruck verleiht, politische Gewalt ästhetisiert, Nüchternheit zur Untugend erklärt, den Frieden verunglimpft, die eintönige und scheinheilige bürgerliche Welt verspottet sowie auf die dramatische Befreiung der unterdrückten Möglichkeiten der Menschen hofft, und dies alles, ohne seinen eigenen Standpunkt deutlich von demjenigen politischer Romantiker – von den Faschisten ganz zu schweigen – abzugrenzen.

Von Grund auf offen

Ungers verwirrende Einstellung zur Macht (Warum sollte der historische Sieg der ausbeuterischen Eliten nicht ein Beweis für *ihre* überlegene Flexibilität sein?), wird noch unverständlicher, wenn man die Schlußfolgerung seines Buches bedenkt, in der der resolute Reformer, wie vorauszusehen, vieles von dem zurücknimmt, was er vorher behauptet hat. Formbarkeit, so stellt sich plötzlich heraus, ist kein Gut an sich; sie kann nur dann zu guten Ergebnissen führen, wenn sie selbst vor »ein höheres Ideal gespannt« wird.[91] Aus dem hier vertretenen Programm kann also ebensogut extreme Freiheit wie extreme Unterdrückung folgen. Festgefügte Strukturen zu zerstören kann, je nachdem, was der Zerstörung folgt, gut oder schlecht sein. Nachdem Unger seine Kollegen verspottet hat, weil sie so wenig anzubieten hätten, bietet er selbst die schwache These an, daß radikale Bemühungen, die Gesellschaft zu verändern, nicht unbedingt scheitern müssen. (Der Superliberalismus mag zwar mit anderen Worten aufsässiger als der »gemäßigte« Kommunitarismus erscheinen, aber er ist nicht weniger harmlos.)

Anfangs tadelt Unger die »naive Geschichtsschreibung« dafür, daß sie einschneidende Brüche im Verlauf der gesellschaftlichen Entwicklung nicht wahrnehme. Am Schluß von *Politics* allerdings erscheint dieser Vorwurf dann schon als klassisches Beispiel für die Bestrafung des Boten, der die schlechte Nachricht überbringt. An den Historikern stört ihn weniger, daß sie die Rahmenbedingungen nicht berücksichtigen, als vielmehr die Tatsache, daß sie jenen Aktivisten, die für eine Veränderung der Verhältnisse kämpfen, keinen Anlaß zur Hoffnung bieten. Aber ganz abgesehen von den Historikern, ist die Geschichte selbst »einschläfernd«. Auch wenn Unger sich bemüht, moralische Lehren aus der Rekonstruktion der Vergangenheit zu ziehen, beklagt er »den immer gleichen, entwürdigenden Rhythmus der Geschichte«.[92] Die konventionellen Historiker legen mit ihrer mehr oder weniger akkuraten Wiedergabe des Geschichtsverlaufs den Gedanken nahe, daß die Menschheit wahrscheinlich niemals die Geschehnisse vollständig bestimmen könne. Sie konzentrieren sich auf nichtintendierte Folgen – womit man die Reformer immer bloßstellen kann – und machen darauf aufmerksam, daß Reformer sich seit jeher eine übertriebene Vorstellung von dem Ausmaß gemacht haben, in dem sie mit der Vergangenheit gebrochen hätten.

Viele Arten, »das menschliche Potential« zum Ausdruck zu bringen, können von Übel und es wert sein, unterdrückt zu werden. Eine Gesellschaftsordnung, die die Menschen daran hindert, alles auszudrücken, was sie fühlen (z.B. Rassismus), muß nicht unbedingt unmenschlich sein. Weil die klassischen Liberalen um die moralische Ambivalenz des »menschlichen Potentials« wußten, riefen sie zur Selbstbeschränkung und Selbstbeherrschung auf. Unger bleibt, wie auch immer er sich selbst bezeichnen mag, ein Antiliberaler, gerade weil er diese Überlegungen unterschätzt. Warum er in dem Gedanken, daß alles möglich sei, Trost findet, und das Bild einer »immer [...] am Rande des Abgrundes« stehenden Gesellschaft als Verheißung und nicht als Bedrohung begreift, bleibt unverständlich.[93] Sein grenzenloses Lob schwindelerregender Aussichten bestürzt mitunter, man denke nur an den beiläufigen Gebrauch des Wortes »wirklich« in seiner Bemerkung über »jene Jahre nach dem Ersten Weltkrieg, als die Grundlagen des gesellschaftlichen Lebens wirklich noch nicht festgelegt waren«.[94] Daraus könnte man entnehmen, daß die turbulenten Jahre zwischen 1918 und 1933 jene Art von authentischer Situation repräsentieren, zu der Unger zurückkehren möchte. Ist das sein Ideal? Obwohl weder die Liberalen noch die Marxisten den Aufstieg des Nationalsozialismus vorhersahen, macht doch die erschreckende Realität und Authentizität von

Hitlers Erfolg ihn noch lange nicht wünschenswert. Die Geschichte, die den Voraussagen der Sozialwissenschaften bereits einige vernichtende Schläge versetzt hat, hält zweifellos noch weitere Überraschungen bereit. Aber wenn »die Jahre zwischen 1918 und 1933« uns irgend etwas gelehrt haben, dann wohl dieses: Es ist ganz sicherlich verfrüht, alles, was in der Schwebe ist, als Anlaß zur Freude zu betrachten.

Kapitel 7

DIE GEMEINSCHAFTSFALLE

Der Nachkriegs-Antiliberalismus in den Vereinigten Staaten ist vielfältig und durchaus kein monolithischer Block. Obwohl MacIntyre und Unger zwei prominente Vertreter dieser Bewegung sind, ist mit ihnen die gesamte Bandbreite dieser Denkrichtung noch nicht erschöpfend dargestellt. Nachdem ich ihre Werke detailliert analysiert habe, möchte ich nun allgemeiner die Denkrichtung untersuchen, zu der beide, wenn auch in unterschiedlichem Maße, gehören. Die repräsentativste und verbreitetste Form des Antiliberalismus in den Vereinigten Staaten ist jene theoretische Richtung, die unter dem Namen »Kommunitarismus« bekannt geworden ist.[1] MacIntyre gilt zweifellos als das führende Mitglied dieser Richtung, und er befindet sich in auserlesener Gesellschaft. Nicht nur Christopher Lasch und der frühe Unger, auch Michael Sandel, Charles Taylor und Robert Bellah – um nur diese wenigen zu nennen – haben zu gewissen Zeiten als Kommunitaristen oder als den Kommunitaristen wohlgesonnene Autoren geschrieben. Als klassisches Beispiel für den »schwachen« oder gemäßigten Antiliberalismus spielt ihr Standpunkt in der öffentlichen wie in der akademischen Diskussion eine große Rolle. Daher mag es sich lohnen, ihre Schwächen in einer kurzen Übersicht zu erkunden. In beinahe allen kommunitaristischen Schriften tauchen dieselben theoretischen Irrtümer und eine Reihe an historischer Fehldarstellungen auf. Und der Kommunitarismus ist nicht nur theoretisch »schwach«, sondern auch, wie ich bereits gesagt habe, politisch ungefährlich; das jedenfalls bedeutet es unter anderem, wenn man sagt, er sei »gemäßigt«. Bevor ich mich im zweiten Teil des vorliegenden Buches den historiographischen Irrtümern zuwende, die allen Antiliberalen gemeinsam sind, werde ich zunächst die sechs wichtigsten Fehlschlüsse bzw. theoretischen Fehler untersuchen, die für die gegenwärtig in den Vereinigten Staaten so modernen Kommunitaristen charakteristisch sind.

Die Phantomgemeinschaft

Es gibt keine Gesellschaft, die die Grundsätze und die Ambitionen des Liberalismus vollständig verwirklicht hätte. Die Liberalen selbst kritisieren Gesellschaften, die sich zwar zu liberalen Grundsätzen bekennen, aber in der Praxis bestimmte Rechte nicht schützen und bestimmte Bedürfnisse nicht befriedigen. Die Kommunitaristen hingegen kritisieren die liberalen Gesellschaften nicht deswegen, weil sie liberale Zielsetzungen nicht erreichen, sondern weil sie sie überhaupt anstreben. Die gegenwärtige »Krise« in den Vereinigten Staaten und in anderen liberalen Gesellschaften besteht ihnen zufolge nicht darin, daß sie Gerechtigkeit nur unvollständig verwirklicht hätten, sondern vielmehr darin, daß sie sich ausschließlich auf ein derart banales und farbloses Ideal konzentrierten. Ein Staat solle mehr erreichen als nur den Rechtsschutz von Minderheiten und eine Ausweitung von Sozialrechten. Die Politik müsse nach Höherem streben, nach etwas Erhabenerem als Gerechtigkeit, kurz nach etwas, das inspirierender, tröstender, spiritueller und erotischer ist.

Dieses »Etwas« ist die Gemeinschaft. Dem frühen Unger zufolge »erkennt die politische Lehre des Liberalismus keine Werte der Gemeinschaft an« – und eine ähnliche Bemerkung ließe sich aus beinahe jedem antiliberalen Text anführen. Für

Michael Sandel, dem vielleicht bekanntesten Schüler MacIntyres und Ungers, sind die Bürger eines liberalen Staates zur fürchterlichen Isolation verurteilt, sie sind »Fremde« füreinander. Für Taylor wiederum gilt, daß den Mitgliedern einer wirklich liberalen Gesellschaft »ein Sinn für ein geteiltes Schicksal« sowie für »die gemeinsame Treue zu einer bestimmten historischen Gemeinschaft« abgehe. In real existierenden liberalen Gesellschaften, so habe es den Anschein, »ist der einzelne aus dem Zusammenhang eines vielfältigen Gemeinschaftslebens herausgerissen worden und statt dessen eine Reihe beweglicher, wechselnder und widerruflicher Assoziationen eingegangen«. Lasch setzt die Modernisierung mit »dem Zusammenbruch der kommunalen Traditionen« gleich und betrachtet die Emanzipation des Individuums von vererbten Traditionen und Beschränkungen als »das Wesen des Liberalismus«.[2]

Der Liberalismus, so behaupten seine Kritiker, sei unbefriedigend, weil er uns nicht bieten kann, wonach wir uns am meisten sehnen: Brüderlichkeit, Solidarität, Harmonie und – der magischste Begriff von allen – *Gemeinschaft*. Bei den Kommunitaristen hat dieser Begriff geradezu den Beiklang von Erlösung. Sobald wir ihn auch nur hören, erwarten sie, daß unser kritisches Bewußtsein sich zur Ruhe begibt. Im Wortschatz der Antiliberalen erfüllt »Gemeinschaft« die Funktion eines Betäubungsmittels, eines Mittels, das Gedächtnisschwund auslöst, eines Aphrodisiakums. Unger nennt den Begriff sogar, ohne erkennbare Ironie, »das politische Äquivalent zur Liebe«.[3]

Aber was ist diese Gemeinschaft? Wie sieht sie aus? Was sind ihre Probleme?

Die Kommunitaristen sind über diese Fragen geteilter Ansicht. Manche siedeln diese Gemeinschaft in der Vergangenheit an, andere erspähen sie in der Zukunft. Erstere betrachten die *Geschichte* als einen *Prozeß der Verarmung* und trauern einer Welt nach, die uns verlorengegangen ist. Man erkennt sie im übrigen unmißverständlich an ihrem häufigen Gebrauch der Wörter »Verfall«, »Zusammenbruch«, »Niedergang«, »Aushöhlung«, »Verarmung«, »Verdunkelung«. Letztere verfassen eine *Verheißungsgeschichte*, in der Erwartung und Hoffnung Trost für die Langeweile und Sinnlosigkeit der Gegenwart spenden. So sehr sie sich auch ansonsten voneinander unterscheiden mögen, so sehr idealisieren doch die Kommunitaristen der Vergangenheit und die der Zukunft einen (vergangenen oder zukünftigen) moralischen Konsens. Aber keine der beiden Gruppierungen sagt uns Genaueres über die Gemeinschaft, die uns fehlt. Verschwommene Äußerungen über die nichtliberale Politik sind kein nur beiläufiges, sondern ein ganz wesentliches Kennzeichen des Kommunitarismus.[4] Die Antiliberalen dieser Überzeugung lobpreisen die Nachbarschaft, Kirchen, Schulbehörden und vieles mehr. Aber sie liefern uns nie genaue Details über die von ihnen bevorzugten politischen Institutionen, die es uns erlauben könnten, die Vor- und Nachteile illiberaler Gemeinschaften mit den Vor- und Nachteilen der liberalen Gesellschaft, wie wir sie kennen, zu vergleichen.

Alle politischen Regelungen schließen den Gebrauch von Macht ein.[5] Daher sollten die Kommunitaristen wenigstens etwas Genaueres über die Bedingungen sagen, unter denen sie in ihrer idealen Ordnung Sanktionen anwenden würden. Führt der moralische Abscheu vor »einer radikalen Trennung« zwischen den Bürgern dazu, Scheidung und Emigration zu verbieten? Welche Bedeutung hat die Verpflichtung auf »Solidarität« und »Konsens« für die Herrschaft der Mehrheit über die Minderheit? Sollte man die Kinder der Zeugen Jehovas zwingen, sich dem gemeinschaftsstiftenden Fahneneid (*Pledge of Allegiance*) zu unterwerfen? Sollte man alle Nonkonformisten legal ächten oder »aussondern«? Wären die Kommunitaristen dafür, den Mangel an Bürgersinn zu einem strafbaren Verbrechen zu erklären, wie das im Frankreich der revolutionären Schreckensherrschaft der Fall war? Obwohl all das wahrscheinlich nicht zutrifft, machen die Kommunitaristen dies niemals deutlich, vielleicht um sich nicht dabei ertappen zu lassen, daß sie Bürgerrechte und individuelle Rechte verteidigen.[6]

Der Mythos des »Sozialen«

Auf den ersten Blick bezieht sich die Kategorie des »Sozialen« auf die gesamte Skala der menschlichen Motive, Handlungen und Institutionen. »Sozial« ist – oder sollte es zumindest sein – ein deskriptiver Begriff. Zu sagen, eine Handlung oder ein Motiv sei »sozial«, sagt nichts darüber, ob dies zwangsläufig gut ist. Während einige »soziale Ziele« moralisch zu befürworten sind, sind andere, z. B. die Reinheit der Rasse, abzulehnen. Die Mitglieder des Ku-Klux-Klan bilden schließlich ebenfalls »eine Gemeinschaft, die auf einem gemeinsamen Selbstverständnis«[7] beruht.

Ein gemeinsames Selbstverständnis oder gemeinsame Ziele und Treueverpflichtungen sind daher nicht schon an sich gut. Umgekehrt ist auch unmoralisches Verhalten nicht durch das Fehlen einer sozialen Dimension zu definieren. Ein atomisiertes Individuum würde nicht danach streben, andere öffentlich zu demütigen und den Neid von Unterlegenen hervorzurufen. Die Blutfehde oder Vorurteile gegenüber bestimmten ethnischen Gruppen sind keine Anzeichen eines Mangels an Gesellschaftlichkeit. Auch die Lehnspflicht ist eine soziale Bindung. Die Beziehung zwischen einem Herren und seinem Sklaven ist nicht weniger eine soziale Bindung – auch wenn sie weniger erstrebenswert ist – als die Beziehung zwischen engen Freunden.

Die Kommunitaristen akzeptieren solche Überlegungen jedoch nicht. Sie laden scheinbar deskriptive Kategorien wie »Gruppenloyalität«, »konstitutive Bindungen« und »soziale Bindungen« insgeheim mit moralischer Billigung auf. Sheldon Wolin, ein weiterer prominenter Antiliberaler, scheint nur jene politischen Handlungen, die er für gut hält, mit dem Etikett »das Politische« zu versehen.[8] Das ist etwa so, als bezöge sich alles »Dentale« nur auf gesunde Zähne. Aber leider belegt die Geschichte, daß kollektive Handlungen auch monströs sein können und selbst Genozid zum »Gruppenziel« erklärt werden kann. Und die persönliche Identität eines Rassisten oder eines religiösen Fanatikers ist ganz sicher »gesellschaftlich konstituiert«, ohne daß man sie deshalb in irgendeiner Weise moralisch befürworten müßte.

Anders gesagt: Es ist banal und trivial, sich auf die »gesellschaftliche Natur des Menschen« zu berufen. Die soziale Natur des Individuums zählt weder als Argument für noch gegen existierende politische Institutionen. Wenn alle Individuen gesellschaftlich konstituiert sind, dann kann das gesellschaftliche Ich nicht als kritischer Maßstab herangezogen werden, bestimmte Gesellschaften zu loben und andere zu kritisieren. Aus der unbestrittenen Prämisse, daß »der Mensch ein geselliges Wesen« ist, ziehen die Kommunitaristen die höchst strittige Schlußfolgerung, daß eine mitfühlende und solidarische Gesellschaftsordnung eine moralische Pflicht sei. Aber dieser Schluß ist Humbug. Mit einem begrifflichen Kunstgriff leiten die Kommunitaristen einen »Wert« aus einer »Tatsache« ab.[9]

Die Menschen sind von Natur aus mit Fähigkeiten ausgestattet, die sie nur innerhalb einer Gesellschaft ausüben können. Daher ist der Mensch »zur Gesellschaft gezwungen«.[10] Der Liberalismus ist amoralisch, denn der Mensch ist moralisch dazu aufgerufen, jene Voraussetzungen zu erhalten, die es ihm erlauben, sein angeborenes Potential voll zu entfalten – so lautet der kommunitaristische Gedankengang. Die Schwäche dieser allzu verbreiteten Argumentation liegt in der stillschweigenden und irrigen Annahme, daß sämtliche menschlichen Fähigkeiten, die nur in einer Gesellschaft ausgeübt werden können, notwendigerweise schon Lob verdienen. Die kommunitaristischen Antiliberalen vergessen regelmäßig, daß es nicht ungefährlich ist, in einer Gesellschaft heranzuwachsen. Nur durch intensive soziale Interaktion beispielsweise erlernt der einzelne törichtes Verhalten und Fanatismus. Zu Rassismus und Intoleranz etwa wäre er in vorgesellschaftlicher Isolation nicht in der Lage.

Entweder-Oder

Ein weiteres Gebrechen der neuen Gemeinschaftstheoretiker ist ihre Vorliebe für grobe Dichotomien, vor allem für den Gegensatz von Privatinteresse und öffentlicher Tugend oder für die Unterscheidung von niederem Individualismus und edler Gemeinschaft. Diese Alternativen befriedigen nicht, zunächst einmal, weil sie die Möglichkeit einer privaten Tugend erst gar nicht erwähnen. Sie gehen überdies davon aus, daß der Individualismus zwangsläufig antisozial sein muß, obwohl der Individualismus doch sogar eine erhöhte Sensibilität *für andere* als Individuen und nicht nur als Mitglieder einer Gruppe mit sich bringen kann. Die größte Gefahr für den sozialen Zusammenhalt geht übrigens nicht vom Individualismus aus, sondern von kollektiven Leidenschaften, ideologischen Konflikten und ererbten Rivalitäten zwischen sich bekämpfenden Gruppierungen. Wo Zwietracht zwischen verschiedenen Gruppierungen herrscht, ist Solidarität eher ein Problem als eine Lösung.[11]

Die kommunitaristischen Antiliberalen gehen unbeirrt davon aus, daß die Menschen, sobald sie nur einmal ihren

Eigennutz überwunden haben, sich zwangsläufig bewundernungswürdig verhalten und Gemeinsinn entwickeln. Sie gehen mit anderen Worten davon aus, daß selbstlos/egoistisch bruchlos in gut/böse übergeht. Bei ihnen taucht eine nicht auf Egoismus fußende Grausamkeit, die immerhin eine wichtige Rolle in menschlichen Angelegenheiten spielt, gar nicht erst auf. Es ist aber sehr viel einfacher, grausam zu sein, wenn man für andere oder für eine »Sache« handelt, als wenn man das nur um seiner selbst willen tut. Wer im Namen der islamischen Revolution befiehlt, Homosexuelle zu erschießen, handelt zwar moralisch betrachtet verwerflich, man kann ihm aber nicht vorwerfen, er sei von einem antisozialen Individualismus geleitet oder handele aus niederem Eigennutz. Es gäbe keine terroristischen oder nationalistischen Grenzkriege ohne die selbstlose Hingabe an soziale Gruppierungen. Mit anderen Worten, die blutigen Ereignisse, von denen wir täglich in der Zeitung lesen, liefern den einschlägigen Beweis gegen eine der wichtigsten Prämissen der Kommunitaristen: Wer seinen Egoismus überwindet, ist nicht notwendig auch gütig oder menschlich.

Hin und Her

Obwohl die kommunitaristischen Antiliberalen ihre Verwegenheit herausposaunen, sind sie selbst nicht ganz frei von gewöhnlichen Hemmungen. In ihrem Bemühen, unsere Aufmerksamkeit auf sich zu ziehen, präsentieren sie uns regelmäßig ihre unbeschreibliche Gemeinschaft als *Alternative* zur liberalen Gesellschaft. Sobald es ihnen gelungen ist, eine ausreichende Anzahl kritischer Beobachter um sich zu versammeln, relativieren sie ihren Standpunkt allerdings geschwind. Sie nehmen dann für gewöhnlich die gemäßigtere Position ein, die Gemeinschaft sei lediglich eine *Ergänzung* zur liberalen Gesellschaft. Der erste Anspruch überzeugt nicht und der zweite ist nicht weiter aufregend. Die Doppelstrategie von Vorstoß und Teilrückzug sollte man jedoch nicht unterschätzen.

Denn sie hat rhetorische Vorteile. Die in ihr angelegte Möglichkeit, gleichzeitig zwei Behauptungen vertreten zu können – von denen die eine zwar bemerkenswert, aber nicht überzeugend, die andere hingegen überzeugend, aber einigermaßen schlicht ist –, macht den Kommunitarismus nahezu unverwüstlich und zählebig. Indem sie kunstfertig von einem Fuß auf den anderen treten, können die kommunitaristischen Antiliberalen für sich sowohl Originalität als auch Nüchternheit in Anspruch nehmen, je nachdem, was in Anbetracht ihres jeweiligen Publikums vorteilhafter ist. Den Naiven wird etwas Außergewöhnliches versprochen, die Zweifler werden beruhigt.

Aber diese Vorteile müssen sie sich auf Kosten der stilistischen Einheit erkaufen. Die Schriften der Kommunitaristen sind gewöhnlich von einem schizophrenen Zug gezeichnet: Einer lautstarken Jeremiade folgt schließlich ein Rückzug auf Zehenspitzen. Nach einer umfassenden Kritik an den ontologischen Grundlagen des Liberalismus und unheilvollen Warnungen vor dem bevorstehenden Ende der westlichen Zivilisation versorgt man uns dann etwa mit schlappen Ratschlägen über die Verschärfung der Anti-Pornographie-Gesetzgebung. Dieser nachträgliche Rückzug auf harmlose Positionen ist ein untrügliches Kennzeichen des »sanften« oder gemäßigten Antiliberalismus. Nachdem die Kommunitaristen erst lautstark wetternd gegen die liberale Gesellschaft zu Felde gezogen sind, vollziehen sie dann unausweichlich eine Kehrtwendung und machen Konzessionen. Sie wollen in einer sinnvollen Gemeinschaft leben, solange jeder, der darin lebt, Rechte hat. Das aber heißt, daß sie ihre anfänglichen

Proteste zurücknehmen, sich selbst widersprechen und uns versichern, sie könnten weiterhin, ohne zu heucheln, aus den Prinzipien und Institutionen Nutzen ziehen, die sie ansonsten so heldenhaft bekämpfen.[12]

Wechselnde Angriffsziele

Wie wir gesehen haben, ist ein wesentliches Merkmal des amerikanischen Kommunitarismus sein Schwanken zwischen einer Kritik an der liberalen Theorie und einer Kritik an der liberalen Gesellschaft. Gelegentlich behaupten die Kommunitaristen, der Liberalismus habe einfach unrecht: Die Liberalen machten einen faktischen Fehler, wenn sie behaupteten, daß der einzelne eine vor jeder Gesellschaft existierende atomistische Größe sei und daß alle gesellschaftlichen Beziehungen ebenso instrumentell seien wie die freiwilligen Verträge, die auf dem Markt abgeschlossen werden. Diese »typisch« liberalen Thesen sind falsch, so lautet das Argument, weil der einzelne gesellschaftlich konstituiert ist, weil das Ganze mehr ist als seine Teile und weil das existiert, was die Kommunitaristen gerne »konstitutive« gesellschaftliche Beziehungen nennen. Dann aber bringen die Kommunitaristen auch wieder eine ganz andere Argumentationsebene ins Spiel. Sie gestehen bedauernd ein, der Liberalismus beschreibe die Verhältnisse durchaus zutreffend, sei also deskriptiv korrekt: Die moderne Gesellschaft *ist* atomisiert, die sozialen Bindungen *sind* aufgelöst, instrumentelle Beziehungen universell verbreitet, die Zugehörigkeit zu einer Gruppe fakultativ, d.h. vom persönlichen Willen abgeleitet und dem Interesse untergeordnet. Da sie diese triste Wahrheit wiedergibt, ist die liberale Theorie dazu verdammt, eine trostlose, wenn auch keine ungenaue Wissenschaft zu sein.

Dieses Gerede ist zwar verwirrend, aber charakteristisch. MacIntyre bestreitet, daß Aristoteles' Theorie des sozialen Ich auf die »atomisierte« moderne Gesellschaft zutrifft, und besteht zugleich darauf, daß sie darauf anwendbar ist, wenn auch nur die Neo-Aristoteliker diese schwer zu erkennende Tatsache begriffen haben. Sandel stellt die verwirrende These auf, unser Leben sei schlecht, weil es eine Theorie lebe, die unser Leben nicht angemessen beschreibe.[13] Ganz unverkennbar ist es ein Widerspruch, zugleich zu behaupten, es gebe das von den Liberalen beschriebene Individuum nicht und die existierenden liberalen Individuen seien fürchterlich unglücklich. Doch genau dieser verführerische Widerspruch ist eine Art öffentliches Erkennungszeichen der kommunitaristischen Bewegung in Amerika. Einerseits liegen soziale Bindungen sozusagen offen zutage, ohne daß die Liberalen sie sähen. Andererseits seien die sozialen Bindungen grausam zerstört worden, so daß die Liberalen das Schicksal teilen müssen, das alle Boten ereilt, die schlechte Nachrichten überbringen; man verurteilt sie zwangsläufig dafür, daß sie nicht verurteilen, was sie entdeckt haben.

Theorie als Therapie

Es nimmt nicht weiter wunder, daß einige Kommunitaristen sich nicht wohl dabei fühlen, zwischen so offenkundig unvereinbaren Behauptungen hin- und herzuschwanken. Um die Existenz liberaler Individuen mit ihrer Nichtexistenz zu vereinbaren, betonen sie, daß das Selbstverständnis eines Menschen sein Verhalten entscheidend beeinflußt. Unser Lebensstil ist entschieden geprägt von der Idiomatik und dem Wortschatz, der uns zur Verfügung steht. Wenn jemand sich selbst für ein *belegtes Brötchen* hält, dann macht ihn das zwar noch zu keinem, aber er wird ein ungewöhnliches Verhalten an den Tag legen. Analog dazu wird jemand, der glaubt, ein atomistisches Individuum zu sein, deswegen nicht schon zu einem atomistischen Individuum, aber seine Selbsteinschätzung wird das merkwürdige Verhalten eines liberalen Bürgers, eines *homo oeconomicus*, zur Folge haben. Mit anderen Worten: Die liberale Theorie ist zugleich wahr und falsch. Eine schändliche Theorie bestimmt und verstellt unsere Praxis. Die Liberalen ruinieren die Welt, indem sie sie mißverstehen. Unsere verarmte Sprache des radikalen Individualismus entstellt unser Verhalten und verstellt uns den »Zugang« zu unserem gemeinschaftlichen Ich.

Zugegeben, Denkfehler können entscheidenden Einfluß auf unser Verhalten haben, und meistens wohl einen schlechten. Taylor drückt das so aus: »Intellektuelle Fehler« können Formen der »Selbstverdummung« sein. Diese Prämisse steht ganz außer Frage, aber die praktischen Konsequenzen, die die Kommunitaristen aus ihr ziehen, sind problematisch. Als Diagnostiker der liberalen Selbsttäuschung erheben sie den Anspruch, die Hebammen unserer spirituellen Wiedergeburt zu sein. Wenn die Liberalen »das Gesellschaftliche« anfechten, dann – so scheint es – beschreiben sie nicht nur menschliche Handlungen falsch, sondern sie lassen auch das Beste im Leben in voller Blüte verdorren. Indem die Kommunitaristen uns eine neue Sprache zur Verfügung stellen und die menschliche Existenz in neuer und zutreffender Art und Weise beschreiben, und zwar als zutiefst abhängig von einem sozialen Milieu, machen sie unser Leben wieder oder sogar zum ersten Mal sinnvoll. Sie verheißen, »Verschüttetes wieder zutage zu fördern, indem man es erneut ausspricht ... und dadurch wieder Luft in die halbzerstörten Lungen des Geistes pumpt«.[14] Sie werden den verborgenen Schatz wieder ausgraben, das Unausgesprochene aussprechen und das schon halb erfrorene empfindsame Potential des Menschen aus dem Eis der liberalen Ideologie bergen. Kurz gesagt, sie vertreten eine Reformpolitik von beruhigender Güte. Ein »gemäßigter« Antiliberaler würde nicht im Traum daran denken, andere Menschen zu zwingen, ihr Leben zu verändern. Dieser weise Hermeneutiker wird eine Reform der liberalen Gesellschaft allein dadurch erreichen, daß er die mißratene Hülle der liberalen Theorie entfernt. Er wird uns gegen unseren eigenen Willen »verbessern«, und zwar therapeutisch, ohne Druck auszuüben, indem er uns ganz einfach hilft, explizit das zu werden, was wir latent schon immer sind. Er wird dem Gemeinsinn, der bei den meisten von uns schon halb in Vergessenheit geraten ist, wieder zum Ausdruck verhelfen, auf diese Weise die Einsamkeit abschaffen und unser Leben wieder bzw. endlich glücklich und gemeinschaftlich machen.[15]

Denken und Handeln sind auf vielfältige Weise miteinander verknüpft. Aber intellektuelle Kritik und gesellschaftliche Veränderung lassen sich nicht so leicht miteinander verknüpfen, wie die Kommunitaristen das zu glauben scheinen. Etwas, das seinen Grund in der Vergangenheit hat, kann nicht unbedingt in der Gegenwart kuriert werden, denn vergangene Ideen können irreversible gesellschaftliche Prozesse in Gang gesetzt haben. Es ist daher kaum verwunderlich, daß die Kommunitaristen niemals eine kausale Begründung dafür liefern, wie ihre sprachgeleitete Umgestaltung der Menschheit und der Gesellschaft eigentlich vonstatten gehen soll. In den Vereinigten Staaten ist, um nur ein Beispiel zu nennen, Intoleranz gegenüber Menschen anderer Rasse und Kultur ein wesentlich größeres Hindernis für Demokratisierung und ein verbessertes Sozialsystem als die Sprache des Liberalismus. Der Rassismus, der eine atavistische Form der Gruppensolidarität und eine unverwüstliche Verleugnung des atomistischen Individualismus ist, kann nicht dadurch überwunden werden, daß man die Rede von individuellen Rechten durch die Rede von der Gemeinschaft ersetzt.

Wie auch immer, die Überzeugung jedenfalls, daß eine Kritik der liberalen Theorie an sich bereits eine Umformung der liberalen Gesellschaft nach sich zieht, spricht Bände über das Selbstbild der Kommunitaristen. Wenn gesellschaftliche Probleme aus theoretischen Fehlern und sprachlicher Verarmung heraus entstehen, dann ist der Gegentheoretiker, der diese Fehler korrigiert und unsere Sprache wieder bereichert, ein großer Wohltäter für die Menschheit. Dieser professionelle Kritiker ist nicht irgendein akademischer Schreibtischtäter; seine destruktiven Bemühungen sind erstaunlich kreativ. Er ist, oder jedenfalls möchte er das gerne sein, der Schöpfer einer neuen (oder alten) Welt der Gemeinsamkeit und Zusammengehörigkeit.

Kritik an den Kritikern des Liberalismus zu üben, so habe ich schon zu Beginn gesagt, heißt nicht notwendigerweise, daß der Liberalismus selbst nicht kritisiert werden dürfte. Ganz im Gegenteil, die tatsächlichen Fehler des Liberalismus kann man nur dann mit klarem Kopf angehen, wenn man die irreführenden Angriffe der Kommunitaristen und anderer Kritiker in die richtige Perspektive gerückt hat. Es ist nicht unbedingt nützlich, eine Gesellschaftsordnung als unrettbar verdorben zu verurteilen, wenn die Ideale, die man dem entgegen zu setzten hat, nicht zu verwirklichen sind. Es ist sinnlos, einen Stil der Gesellschaftskritik zu pflegen, der tiefgründig und sogar »metaphysisch« klingt, sich aber nicht im geringsten um mögliche Lösungen für konkrete und dringende politische Probleme schert.

Aber der kommunitaristische Ansatz leidet noch an einem anderen Fehler. Seine Vertreter gehen davon aus, daß eine ernsthafte Kritik des Liberalismus zugleich eine Kritik der liberalen Theorie und eine Kritik der liberalen Gesellschaften sein müsse. Das ist, wie ich bereits gesagt habe, ein großer Irrtum. Es gibt keinen Anlaß anzunehmen, daß ein Fehler in einer liberalen Schrift, sagen wir, in John Rawls' *Theorie der*

Gerechtigkeit den Schlüssel zur inneren Krankheit der amerikanischen Gesellschaft liefert.[16] Die Hauptschwäche des sich auf Texte konzentrierenden Antiliberalismus besteht deshalb darin, daß er unabsichtlich die Kritik an der liberalen Gesellschaft um der Kritik an den liberalen Idealen willen bagatellisiert. Liberale Beobachter protestieren, wenn das Wahlrecht von gesellschaftlichen Minderheiten rechtlich nicht durchgesetzt wird oder wenn die Kinder von armen Schwarzen eine höhere Sterblichkeitsrate aufweisen, nur weil in der Gesellschaft Vorurteile gegen die soziale Gruppe herrschen, der sie zufällig angehören. Wer liberale Ideale für beinahe jedes gesellschaftliche Übel verantwortlich macht, nimmt solche Kritik nicht ernst.

Es wäre unklug, wenn nicht sogar unfair, zu behaupten, mit diesen sechs Fehlschlüssen, Widersprüchen oder denkerischen Sackgassen sei das theoretische Rüstzeug des amerikanischen Kommunitarismus bereits erschöpft. Aber die Argumentationsstrukturen, die ich hier diskutiert habe, tauchen so häufig in dessen aktuellen Schriften auf, daß ihnen dauerhafte Bedeutung zukommen muß. Bei sehr vielen Kritikern der liberalen Kultur stoßen wir immer wieder auf eine diffuse Vorstellung von Gemeinschaft, auf die einseitige Behandlung der allgemeinen Kategorie des »Sozialen«, den Mißbrauch der Unterscheidung zwischen egoistischem und selbstlosem Verhalten, eine taktisch bedingte Ambivalenz hinsichtlich der Radikalität der vorgeschlagenen Alternative, eine Unklarheit darüber, wie angemessen oder unangemessen die liberale Theorie die Gesellschaft beschreibt, und nicht zuletzt auf unbegründete Annahmen über die politische Wirksamkeit dieser theoretischen Kritik. Zugegebenermaßen ist eine derart generelle Kritik am Kommunitarismus nur von begrenztem Nutzen. Denn sie wird erstens der bunten Vielfalt von Ansichten, die ihre Vertreter und Sympathisanten aufweisen, nicht gerecht. Und sie sagt zweitens so gut wie nichts über die intellektuellen Wurzeln der Theorie oder ihre Entwicklung. Weil ein synoptischer Überblick sich auf die Tiefenstruktur der Argumentation konzentriert, kann er jedoch einige zugrundeliegende Schwächen dieser in akademischen Kreisen verbreiteten Form des Antiliberalismus nachweisen. Da sich die Sehnsucht nach der verlorenen Gemeinschaft nicht unterdrücken läßt, kann es sich als sinnvoll erweisen, diese Trugschlüsse klar im Blick zu behalten.

ZWEITER TEIL
IRRTÜMER ÜBER DIE LIBERALE VERGANGENHEIT

Kapitel 8
DIE ANTILIBERALEN ALS HISTORIKER DES LIBERALEN DENKENS

Das Porträt des Liberalismus, wie es über Generationen hinweg in groben Zügen von den Antiliberalen gezeichnet worden ist, bereicherte nur allzu reibungslos den allgemeinen Vorrat an Gemeinplätzen. Dieser sprichwörtlich gewordenen Darstellung zufolge, die sich in zweihundert Jahren Geschichtsschreibung eingebürgert hat, ignorierten die klassischen europäischen Liberalen die soziale Konstituiertheit des Individuums, verachteten das Gemeinwohl, verspotteten die Autorität, opferten das Allgemeine dem Privaten, vernachlässigten die Tugend, idolisierten den ökonomischen Menschen, erklärten Werte für subjektiv, reduzierten den Menschen auf eine Maschine, die Lust und Schmerzen empfinden kann, schafften die Selbstbeschränkung ab, glaubten übermäßig an die Vernunft und lösten ganz allgemein alle sozialen Bindungen. Das ist eine einschüchternde Anzahl von Vorwürfen. Wenn man einen nach dem anderen mit den Thesen, die tatsächlich in klassischen liberalen Texten aufgestellt werden, konfrontiert, dann erweisen sie sich jedoch als entweder übertrieben oder falsch.

Seit beinahe zwei Jahrhunderten prangern antiliberale Polemiker liberale Ideen und Institutionen an. Diese Objekte des Zorns sind jedoch, von einigen Ausnahmen abgesehen, Hirngespinste. Die Ungenauigkeit der meisten antiliberalen Rekonstruktionen der Geschichte des Liberalismus kann man anhand einer empirischen Methode, die Fall für Fall durchgeht, leicht nachweisen. Man muß, um sie zu kritisieren, keine allgemeine Darstellung der liberalen Bewegung in ihrer Gänze verfassen.[1] Besser und mit weniger Aufwand lassen sich historische Entstellungen richtigstellen, wenn man sie schlicht mit Texten konfrontiert, wenn man die feindselige Kritik den Standpunkten gegenüberstellt, die in mehreren unzweifelhaft liberalen Texten vertreten werden. In meinem Vorhaben, pejorative Modelle des Liberalismus in Frage zu stellen, werde ich daher nach einer überwiegend nominalistischen Methode verfahren und mit dem Begriff »liberal« nicht auf eine klar definierte oder logisch konsistente Lehre verweisen, sondern ihn als Kürzel für jene politische Haltung verwenden, die eine ausgewählte Gruppe neuzeitlicher liberaler Theoretiker einnimmt: Spinoza, Milton, Locke, Montesquieu, Hume, Voltaire, Beccaria, Blackstone, Smith, Kant, Madison, Bentham und John Stuart Mill.[2]

Bei einigen dieser Namen ist damit zu rechnen, daß Zweifel laut werden. War Milton wirklich ein Liberaler? Oder Voltaire? Warum wird Blackstone erwähnt, warum Bentham? Locke persönlich verfocht niemals die Pressefreiheit und Kant lehnte bekanntermaßen das Widerstandsrecht ab. Tatsächlich ist die unbestreitbare Unterschiedlichkeit dieser Autoren bereits ein Beweis dafür, daß schon die Vorstellung eines einzigen oder einheitlichen Liberalismus an sich fraglich ist. Zwar überschneiden sich die Standpunkte dieser Autoren in wesentlichen Punkten, aber sie sind nicht identisch. Wenn man bedenkt, unter welch unterschiedlichen historischen Bedingungen sie gelebt und geschrieben haben, dann ist es jedoch bemerkenswert, wie viele Grundprinzipien sie teilten. Sie alle glaubten, daß die Gesellschaft ohne den Glauben an Gott zusammengehalten werden könne, also auf der Grundlage säkularer Normen und eines gemeinsamen Interesses an den Früchten der gemeinsamen Arbeit. Sie alle bekräftigten, wenn auch in unterschiedlichem Maße, das moralische Prinzip der Gleichheit vor dem Gesetz, d.h. daß kein Individuum das Recht haben sollte, sich selbst von den allgemeinen Gesetzen auszunehmen. Sie alle behaupteten, ungeachtet der traditionellen Lehre, daß öffentlicher Widerspruch und Meinungsvielfalt kreative Kräfte seien. Und so weiter.

Mit anderen Worten: Eine hinreichend abstrakte Darstellung der von den Liberalen vertretenen Standpunkte kann einen Kern an gemeinsamen Überzeugungen herausarbeiten. Aber man kann sie miteinander nicht vollständig in Übereinstimmung bringen, wenn man den Texten einigermaßen treu bleiben will. Wichtige Divergenzen zwischen verschiedenen nationalen Richtungen und unterschiedlichen Epochen bleiben bestehen. Wie unzutreffend die antiliberale Darstellung dieser Richtung im allgemeinen ist, können wir jedoch auch nachweisen, ohne charakteristische Ansichten auf eine einzige logisch kohärente Lehre zu reduzieren. Wie auch immer wir die Liberalen beschreiben, eine Ähnlichkeit zu dem unschönen Portrait, das ihre nichtmarxistischen Feinde mit alles andere als freundlichen Absichten von ihnen gezeichnet haben, läßt sich indessen nicht feststellen.

Wollte auch nur einer dieser »liberalen« Theoretiker die Gesellschaft atomisieren oder jeden Bürger in die Isolation und den Krieg gegen jeden anderen treiben? Waren sie für uneingeschränkten Egoismus oder Eigennutz? Verwarfen sie das Allgemeinwohl? Das kann man nun wirklich nicht behaupten. Tatsächlich sind jene Thesen, die so oft als »typisch liberal« bezeichnet werden, nur sehr selten von den Vordenkern des Liberalismus vertreten worden. Der Abgrund, der sich zwischen den von den Antiliberalen verbreiteten Legenden und jenen Standpunkten auftut, die von den verschiedensten liberalen Theoretikern tatsächlich eingenommen werden, gab schließlich erst den Anstoß zu der vorliegenden Anatomie des Antiliberalismus. Natürlich läßt sich darüber streiten, wie man mit einem Begriff wie »Liberalismus« umzugehen habe. Aber eines ist gewiß: Eine Beschreibung des

Liberalismus kann nicht akkurat sein, wenn sie auf *keinen* der klassischen Liberalen zutrifft.

Im zweiten Teil des vorliegenden Buches werde ich in der soeben skizzierten Richtung eine Kritik der antiliberalen Interpretationen der Geschichte des liberalen Denkens entfalten. Die Belege, die ich zu diesem Zwecke anführe, sind nur eine Auswahl, kein umfassender Überblick. Hat man jedoch die verfehlte Darstellung der liberalen Vergangenheit erst einmal beschrieben und einer Widerlegung zugeführt, dürfte es nicht schwierig sein, weitere Gegenbeispiele zu finden. Die Antiliberalen, das sollte vorangestellt werden, entstellen die liberalen Texte gewöhnlich, indem sie sie apolitisch lesen, Abhandlungen und Schriften aus ihrem ursprünglichen historischen Zusammenhang reißen, ihre politischen und polemischen Ziele mißachten sowie das Ausmaß ignorieren, in dem die Liberalen – als die Pragmatiker, die sie waren – ihre Ideale angesichts schwieriger gesellschaftlicher Realitäten herunterschraubten. Die antiliberalen Widerlegungen können daher ganz einfach bereits dadurch richtiggestellt werden, daß man die liberalen Schriften in ihren ursprünglichen Zusammenhang einordnet. Das beste Korrektiv für die antiliberalen Mißverständnisse besteht häufig schlicht darin zu zeigen, daß die Liberalen, die für ihre absurde »Philosophie des Menschen« verspottet werden, eigentlich ganz spezifische Vorschläge zur Lösung konkreter historischer Probleme mit begrenzten Mitteln machten und überhaupt keine »Philosophie« entwarfen.

In den folgenden Kapiteln untersuche ich die gebräuchlichsten historischen Fehldarstellungen, die den Kritikern des Liberalismus unterlaufen. Um diesen Katalog der Standardverzerrungen zusammenzustellen, habe ich die Schriften vieler Antiliberaler aus Vergangenheit und Gegenwart durchforscht. Ich werde mit dem vielleicht hartnäckigsten antiliberalen Mythos beginnen: daß die klassischen Liberalen naiv an die Fiktion eines von seiner Umwelt nicht beeinflußten Individuums geglaubt und die vollständige »Atomisierung« der Gesellschaft befürwortet hätten.

Kapitel 9
»ATOMISIERUNG« DER GESELLSCHAFT?

»Das vereinzelte, isolierte und emanzipierte Individuum wird in der liberalen bürgerlichen Welt zum Mittelpunkt, zur letzten Instanz, zum Absoluten«, schreibt Carl Schmitt. Ähnlich erklärt Giovanni Gentile: »Für das gesamte liberale Denken, bleibt die Gesellschaft eine Ansammlung von Individuen, deren jedes in sich abgeschlossen ist, ohne irgendeine notwendige Beziehung zu anderen: autonom und sich selbst genug.« Strauss stimmt dem zu: Unter dem Einfluß der liberalen Theorie »[...] ist das Individuum von den jeder Zustimmung und jedem Vertrag vorausgehenden gesellschaftlichen Bindungen befreit.« Diese Anschauungen werden bis auf die Liberalen des 17. und 18. Jahrhunderts zurückgeführt, die angeblich die Gesellschaft als einen freiwilligen Vertrag zwischen vorgesellschaftlichen und entwurzelten Menschen betrachteten. Auch MacIntyre schreibt demnach: Für die Liberalen sind »die Individuen primär und die Gesellschaft sekundär, und die Identifizierung individueller Interessen geht der Schaffung aller moralischen und sozialen Bindungen zwischen ihnen voraus und ist unabhängig von ihr.« Die Liberalen, so wirft man ihnen vor, seien leichtgläubig wie Kinder der Fiktion vom vorgesellschaftlichen Individuum aufgesessen. Sie gingen davon aus, daß ein gesellschaftlich nicht beeinflußtes Individuum, noch bevor es eine Sprache gelernt habe oder in eine Kultur sozialisiert worden sei, schon seine vorgegebenen Bedürfnisse erkennen und Verträge zu deren garantierter Befriedigung abschließen könne. Selbst Charles Taylor, der sich immer wieder einmal mit den Antiliberalen zusammenschließt, kann da nicht widersprechen. Er erklärt, Locke und andere Liberale operierten mit »atomistisch infizierten Begriffen« und hingen dem irrtümlichen Glauben an, »der Mensch sei autark und brauche die Gesellschaft nicht«. Robert Nisbet, ein weiterer bekannter Sympathisant der Antiliberalen, bringt denselben Vorwurf vor: »Die Begründer des Liberalismus behaupteten, der Mensch sei grundsätzlich isoliert und nicht auf fremde Hilfe angewiesen.« Die Liberalen, so fährt er fort, betrachteten das Individuum »als unabhängig von den Einflüssen jeder historisch gewachsenen gesellschaftlichen Organisation.«[1]

Indem sie den liberalen Standpunkt in dieser Weise charakterisieren, denken sowohl die faschistischen als auch die postfaschistischen Kommunitaristen, sie hätten ihn auch schon widerlegt. Weil, mit anderen Worten, »der Mensch ein gesellschaftliches Lebewesen« ist, sei der Liberalismus schon seiner Theorie nach falsch und außerdem politisch bankrott. Robinsonaden seien immer unglaubwürdig; gesellschaftliche Beziehungen keineswegs sekundär oder fakultativ, sondern primär und notwendig. Es gibt kein vorgesellschaftliches Individuum, und Locke hat ganz einfach einem Traumgespinst nachgehangen, so lautet die Kritik.

Die Kritiker des Liberalismus geben häufig zu verstehen, die großen Denker des europäischen Liberalismus seien nicht nur unintelligent gewesen, sondern es habe ihnen überdies auch noch vollständig an gesundem Menschenverstand gefehlt. Obwohl Taylor das nicht so ausdrückt, läuft seine Analyse der »atomistischen« Gesellschaftstheorie doch darauf hinaus, daß Locke angeblich geglaubt habe, ein Mensch könne, ohne irgendeine Form der sozialen Interaktion mit einem Muttersprachler Englisch lernen.[2] Um Verleumdungen dieser Art etwas zurechtzurücken, sollten wir daran erinnern, daß Max Weber, Emile Durkheim und Georg Simmel – um nur die wichtigsten modernen Soziologen zu nennen – ihr berufliches Leben damit verbrachten, die *gesellschaftliche* Grundlage des Individualismus zu untersuchen. Ihre These lautete, daß der moderne Akzent auf dem Individuum das Produkt eines bestimmten modernen Stils der sozialen Konditionierung sei. Es dürfte von Bedeutung sein, daß all jene, die sich konkret über die gesellschaftliche Beschaffenheit des Individuums Gedanken machten, niemals glaubten, ihre Ergebnisse würden das Selbstverständnis des liberalen Bürgers revolutionieren oder einer liberalen Politik den Todesstoß versetzen.

Locke, der Taylors wichtigstes Beispiel für einen »atomisierten« Liberalen ist, dachte schließlich auch über das Leben in Gesellschaft nach. So schrieb er beispielsweise, »Gott hat den Menschen so erschaffen, daß es nach seinem eigenen Urteil nicht gut für ihn war, allein zu sein«. Sein Essay über die Erziehung läßt sich unmöglich mit dem Vorwurf in Einklang bringen, die Liberalen ignorierten die Bedeutung der primären Sozialisation. Locke hielt den Zwang zur Konformität innerhalb einer Gemeinschaft für überwältigend, wenn nicht gar für unausweichlich. Und er ging davon aus, daß die Überzeugungen des einzelnen gewöhnlich aus der Kommunikation innerhalb einer Gesellschaft entstehen. »Die meisten Menschen«, so schrieb er, »entwickeln ihre Moral nach der Art und den Überzeugungen derjenigen, unter denen sie zufällig geboren sind und von denen sie erzogen werden.« Und: »Lehren, die aus keiner besseren Quelle stammen als dem Aberglauben einer Kinderfrau oder der Autorität eines alten Weibes« können »durch die Länge der Zeit und die Zustimmung der Mitmenschen zur Würde von religiösen oder moralischen Prinzipien heranwachsen.«[3] Die Theorie, der Mensch sei sozusagen ein unbeschriebenes Blatt, ist daher keineswegs ein ungesellschaftlicher Erklärungsversuch darüber, wie Menschen lernen.

Was auf Locke zutrifft, stimmt auch für andere Theoretiker, die gewöhnlich der liberalen Denkrichtung zugerechnet werden. Hume verwies wie selbstverständlich auf die »soziale Eigenschaft der Menschheit«. Er schrieb scharfsichtig über solche menschlichen Leidenschaften wie Stolz oder Neid, die ganz offenkundig ein soziales Bewußtsein voraussetzen und sich nicht mit jener Unempfänglichkeit füreinander in Übereinstimmung bringen lassen, die fensterlose Monaden auszeichnet. Die Individuen werden immer in Familien hineingeboren, so pflichtet er Locke bei, sie existieren nicht außerhalb eines gesellschaftlichen Zusammenhangs. Sie sind entweder aus Notwendigkeit, aus natürlicher Neigung oder aus Gewohnheit gezwungen, in der Gesellschaft zu verbleiben, also weil sie es müssen, es wollen oder sich daran gewöhnt haben. Auch nach Kant kommt der einzelne mit einer Neigung zur Welt, sich zu vergesellschaften. Der Mensch ist ein Herdentier, weil seine vortrefflichsten Naturanlagen sich nur in der Gesellschaft von anderen voll entfalten können.[4] Die Menschen können in einer Einzelzelle oder in einem sozialen Vakuum nicht frei sein, sondern nur innerhalb einer Gesellschaft, in der Rechte durchgesetzt und die Möglichkeiten zur kreativen Interaktion durch institutionelle Mittel offengehalten werden.

Ebenso falsch wäre es anzunehmen, die Berufung auf einen ursprünglichen Vertrag setze die Existenz von atomisierten, ungesellschaftlichen Individuen voraus. Liberale Ideen und Institutionen, wie religiöse Toleranz, Rede- und Meinungsfreiheit, der Parlamentarismus und die Marktwirtschaft, sind gar nicht denkbar ohne ein enggeknüpftes Netz sozialer Beziehungen. Wieder ist es Hume, auf dessen Texte wir uns berufen können, um einen Beleg für die These zu finden, daß der politische Liberalismus von einem naiven Glauben an den Mythos des Gesellschaftsvertrags durchaus unterschieden werden kann. Er befürwortete entschieden die Kerninstitutionen einer freien Gesellschaft (religiöse Toleranz, rechtliche Einschränkung der staatlichen Zwangsgewalt, eine parlamentarische Regierung, Gewaltenteilung, Privateigentum, Pressefreiheit usw.) und lehnte die Vorstellung eines Gesellschaftsvertrages nicht minder energisch ab. Eine politische Gesellschaft, so argumentiert er, entsteht nicht aus freiwilligen Entscheidungen, sondern unter dem Druck der Knappheit von natürlichen Ressourcen und aufgrund von Kriegen. Herrschaft entstehe aus dem Zwang zur Unterwerfung in Zeiten kriegerischer Auseinandersetzungen zwischen »wilden Stämmen« und nicht aus freier Zustimmung. In den Urgesellschaften seien blutige Auseinandersetzungen an der Tagesordnung gewesen und hätten »die Menschen an Gehorsam gewöhnt«. Unterwürfigkeit unter Kriegsherren entwickelte sich spontan, weil die Angehörigen einer Gruppe im Angesicht von Todfeinden nur so überleben konnten. Schließlich hätten gerissene Herrscher diese gedankenlos vollzogene Gewohnheit zur Unterwerfung dazu benutzt, Geldeinnahmen zu erlangen, mit denen sie sich eine Polizeitruppe schufen, um die Menschen zu bestrafen, die »Widerstand leisten und nicht gehorchen«, d. h. sie konsolidierten ihre durch Unterwürfigkeit fundierte Herrschaft nun mit Gewalt.[5]

Bemerkenswert an Humes realistischer und kritischer Darstellung des Ursprungs der Regierung ist die Tatsache, daß die liberalen Vertragstheoretiker sie vollständig hätten übernehmen können. Auch wenn es zunächst nicht den Anschein hat, war Lockes Eintreten für eine Regierung, die auf öffentlicher Zustimmung basiert, nicht auf die historische Realität irgendeines Gesellschaftsvertrages angewiesen. Immerhin behauptete er, daß »ein Schluß von dem, was war, auf das, was von Rechts wegen sein sollte, keine allzu große Beweiskraft« hat.[6] Daher ist die Art und Weise des Zustandekommens von Gesellschaften für die Frage, wie sie in der Gegenwart organisiert sein sollten, irrelevant. Aus diesem Grunde muß Lockes Bezugnahme auf den Gesellschaftsvertrag als politische Darstellung, nicht als Beschreibung eines realen Zustandes gelesen werden. Der Naturzustand, auf den er sich stützte, war keine Schilderung eines historischen Ereignisses, sondern ein Modell. Er räumte ihm deswegen eine derartige Bedeutung ein, weil er die traditionelle Vorstellung von der Natur als einer wesentlich hierarchischen Ordnung abschaffen wollte. Denn die großen vorliberalen politischen Theoretiker von Platon bis hin zu Thomas von Aquin und anderen hatten die Ansicht vertreten, die Natur sei als eine große Seinshierarchie aufgebaut und der Aufbau der verschiedenen sozialen Schichten in Form einer Pyramide sei daher auch die natürliche Ordnung einer Gesellschaft.[7]

Wenn man den Kontraktualismus vor dem Hintergrund dieser Tradition betrachtet, gewinnt er seine ursprüngliche Radikalität zurück. Lockes Idee eines Urvertrages war deshalb so wirksam, weil sie betonte, daß dieser Vertrag auf der freiwilligen Übereinkunft von Menschen beruhte, die gleichgestellt seien. Nur diese Form der Übereinkunft kann die Macht legitimieren, die einzelne Individuen über andere haben. In dem Maße, in dem er das Selbstverständnis der Menschen überhaupt »atomisierte«, tat er das aus politischen Gründen, um nämlich organische Ketten von Abhängigkeit und Unterwerfung anzugreifen sowie gefährliche Zusammenschlüsse von Familienclans und sektiererischen Gruppen zu unterminieren. Der Naturzustand war ein Zustand ohne jede Abhängigkeit, »ohne Unterordnung und Unterwerfung«. In dem traditionellen Naturverständnis einer wesentlich hierarchischen Ordnung erforderten soziale Rangordnungen und politische Überlegenheiten keine besondere Rechtfertigung. Aber ein Naturzustand, in dem »alle gleich und unabhängig« sind, fordert erst einmal eine Erklärung für Unterordnung und Unterwerfung.[8] Die Theoretiker, die sich auf einen Naturzustand berufen, wollten also, kurz gesagt, die Verteidiger von ererbten Machtansprüchen und Herrschaftsmonopolen zwingen, alle Abweichungen von dem Maßstab der naturgegebenen Gleichheit zu erklären und zu begründen. Wie andere Liberale benutzte auch Locke seine Vertragsidee, um die starke Vorstellung der Verpflichtung zwischen den Generationen zu diskreditieren, die das traditionelle Patriarchat nach sich zog. Er strebte letztlich an, bestimmte unfreiwillige, hierarchische Beziehungsstrukturen abzubauen, die für die traditionellen europäischen Gesellschaften kennzeichnend waren. Sein unmittelbares Ziel bestand darin, alle diejenigen zu widerlegen, die wie Robert Filmer behaupteten, die Natur selbst bestätige die Erbmonarchie.[9]

Locke ging es nicht um die Behauptung, das vorgesellschaftliche Individuum sei ganz und gar rational, sondern eher darum, daß Hierarchien und Herrschaft nur dann legitim sind, wenn sie die Zustimmung der Untergebenen und Beherrschten haben. Kein Herrscher hat schon an sich ein Recht, den ihm angeblich Untergebenen seinen Willen aufzuzwingen. »Da die Menschen [...] von Natur aus alle frei, gleich und unabhängig sind, kann niemand ohne seine *Einwilligung* aus diesem Zustand verstoßen und der politischen Gewalt eines anderen unterworfen werden.«[10] Locke definierte damit einen normativen Maßstab, stellte aber keine empirische oder historische Behauptung auf. Er betonte die Unabhängigkeit, die dem einzelnen von Natur aus zukommt, nicht, um die Gesellschaft zu »atomisieren« – Warum auch? –, sondern um die aus unerdenklichen Zeiten stammenden persönlichen Abhängigkeitsbeziehungen auszuhöhlen.

Locke definierte »Unfreiheit« als einen Zustand, in dem man »der Entscheidung eines anderen als [sich] selbst unterworfen« ist. Frei zu sein hieß demnach, unabhängig zu sein, »nicht dem unbeständigen, ungewissen, unbekannten und willkürlichen Verlangen eines anderen unterworfen zu sein«. Unabhängigkeit in diesem Sinne hat freilich nichts mit Vereinzelung zu tun. Auch Smith definierte »Freiheit und Unabhängigkeit« als die Freiheit vom »Brandmal einer Sklaverei«, etwa der Anmaßung der königlichen Steuereintreiber.[11] Man sollte das Ausmaß der konkret existierenden Demütigungen durch Abhängigkeit im 17. und 18. Jahrhundert nicht unterschätzen. Der in Montesquieus *Persischen Briefen* beschriebene Serail von Usbek ist ein lebhafter Hinweis auf die psychologische Grausamkeit der unfreiwilligen Knechtschaft. Montesquieu benutzt den Harem als Symbol für eine absolut unfreie Gemeinschaft, eine Gemeinschaft, in der keine Rechte gelten, die gänzlich auf persönlicher Abhängigkeit und der Erniedrigung der Untergebenen beruht. Frauen und Eunuchen erniedrigen sich, kriechen zu Kreuze und bitten unterwürfig um die Gunst ihres Herrschers. Montesquieu und andere Liberale wollten die Gesellschaft nicht auflösen, sie wollten aber eine Erniedrigung wie die im Serail abschaffen, weil sie sie für abscheulich und unmoralisch hielten.

Für eine normative anstelle einer naiv deskriptiven Interpretation der Vertragstheorie sprechen noch zahllose Textbelege. Blackstone etwa unterstützt ausdrücklich Humes Kritik am Mythos des Naturzustandes. Dennoch fährt er fort, diesen Mythos immer dann zu beschwören, wenn er normative Thesen aufstellen will. Er benutzt die Figur des Urvertrags insbesondere, um zu betonen, daß »alle Mitglieder einer Gesellschaft gleich sind«. Die Tatsache, daß »wir im Naturzustand alle gleich sind«, soll die moralische Grundlage für eine liberale Politik und rechtliche Vereinbarungen schaffen.[12] Obwohl Blackstone davon ausgeht, daß eine Gesellschaft immer bedeutende Ungleichheiten aufweisen wird, vertritt er die Ansicht, daß sich solche Ungerechtigkeit nicht durch Berufung auf die Natur rechtfertigen lasse. Die Menschen sind eben *nicht* von Natur aus in Überlegene und Untergebene eingeteilt. Daraus folgt, daß alle Ungleichheiten gerechtfertigt werden müssen, indem man sich auf einen Vorteil für die Allgemeinheit oder auf die Zustimmung des Volkes beruft.

Ähnlich verwendet auch Kant die Legitimationsfigur des Gesellschaftsvertrages nicht als historische Darstellung, sondern als Maßstab oder Ideal: »Der Akt, wodurch sich das Volk selbst zu einem Staat konstituiert, eigentlich aber nur die Idee desselben, nach der die Rechtmäßigkeit desselben allein gedacht werden kann, ist der ursprüngliche Kontrakt [...]«. Kants Vertragstheorie hat also ganz ähnlich wie diejenige Lockes eine eher politische als deskriptive Funktion. Auch sie ist normativ, nicht empirisch. Auch sie zielt darauf ab, gesellschaftliche Kasten ihrer Legitimität zu berauben: »Erbadel [...] welches der allgemeine Volkswille in einem ursprünglichen Vertrage (der doch das Princip aller Rechte ist) nie beschließen wird.«[13] Kurz, die klassischen Liberalen führten die Idee des Naturzustandes ein, um ererbte und angeborene Herrschaftsmonopole zu stürzen. Sie benutzten das Modell bewußt, um zwei althergebrachte Vorstellungen zu zerstören: erstens, daß, wer heute Mitglied einer Gruppe ist, auch die moralische Pflicht habe, es morgen zu sein; und zweitens, daß die gesellschaftliche Vormachtstellung bestimmter Gruppen natürlich sei und daher auch keiner weiteren Rechtfertigung bedürfe.

Wie alle politischen Programme war auch der Liberalismus in einem sehr banalen Sinn »antisozial«. Er sagte einigen weitverbreiteten und allgemein akzeptierten gesellschaftlichen Institutionen den Kampf an. Er verlangte, daß bestimmte Praktiken entweder verändert oder abgeschafft werden sollten. (So wurde beispielsweise die Praxis, den Besitz verurteilter Verbrecher zu konfiszieren aus individualistischen bzw. »atomistischen« Gründen abgeschafft, mit der Begründung nämlich, daß ansonsten unschuldige Kinder unverdienten Schaden erlitten.) Die Liberalen trachteten danach, das Individuum aus fremdbestimmten und abhängigen Beziehungen zu befreien. Aber man kann den Liberalismus nur dann in einem ernsthafteren Sinn als »antisozial« bezeichnen, wenn man unter Gesellschaft nur ihre hierarchischen, engstirnigen oder tyrannischen Ausformungen versteht. Daß die Liberalen versuchten, die Gesellschaft von ihrer willkürlichen Einteilung in verschiedene Gruppierungen und Schichten zu befreien und gesellschaftliche Monopole zu zerstören, heißt ganz offensichtlich nicht, daß sie das Wesen der menschlichen Gesellschaft angreifen.

In dem übertriebenen Vorwurf des »Atomismus« findet sich jedoch, wenn auch in entstellter Form, ein Körnchen Wahrheit. So leugnen die Liberalen etwa, daß der Wert eines Individuums von seinem oder ihrem Beitrag zu den Zielen der Allgemeinheit abhängt. Ganz entschiedene Kommunitaristen betrachten Frauen als Instrumente zur Vermehrung der Gemeinschaft, sie sind von Bedeutung insofern und nur insofern, als sie diesen Dienst leisten. Das logische Ergebnis dessen ist, daß kinderlose Frauen geächtet werden oder zumindest einen geringeren Status haben. Ohne also »atomistisch« zu sein, revoltiert eine individualistische Theorie wie der Liberalismus gegen die grausame Unterordnung von Individuen unter die Zwecke einer Gemeinschaft.

Die Liberalen versuchen natürlich nicht, alle sozialen Bindungen zu zerstören, aber sie fördern persönliche Unabhängigkeit. Sie weisen den einzelnen unablässig darauf hin, selbständig zu denken, statt sich gedankenlos die »Ansichten anderer« zu eigen zu machen.[14] Natürlich stellt der Liberalismus für orthodoxe bzw. für geschlossene Gemeinschaften oder Denkrichtungen eine spürbare Gefahr dar. In einer liberalen Gesellschaft wie den Vereinigten Staaten gibt es junge jüdische Männer und Frauen, die gegen den Willen ihrer Eltern die Ehe mit Partnern eingehen, die nicht ihrer eigenen Religion angehören; oder es gibt Nonnen, die sich vielleicht in einer eher traditionellen Umgebung unterwürfiger verhalten hätten, nun aber ihren kirchlichen Vorgesetzten gegenüber etwas frecher reagieren. Derartig subversives Verhalten muß natürlich die Traditionalisten aufbringen. Die liberale Betonung der Legitimation durch Zustimmung hat auch noch andere beunruhigende Folgen. So verlieren etwa der Stand, in den man hineingeboren ist, und biologische Merkmale an Prestige, wenn eine Gesellschaft auf freiwilligen Übereinkünften basiert, und zwar weil der einzelne ganz augenscheinlich seine ererbte Position oder ererbte Charaktereigenschaften nicht freiwillig gewählt hat. Vom liberalen Standpunkt aus betrachtet, sollte der Stand, in den man hineingeboren ist, nicht der Schlüssel zum Leben sein. Aber die Liberalen schlossen daraus nicht, daß das »Ich« deswegen schon völlig eigenschaftslos sei; auch sie haben Augen im Kopf. Gewiß, mit den Institutionen der Liberalen sind bestimmte Absichten verbunden; beispielsweise wird von einem Richter erwartet, daß er die ethnische und religiöse Zugehörigkeit eines Angeklagten im Prozeß zu ignorieren habe.[15] Aber der Versuch, rechtliche Institutionen gegen ethnische Merkmale und Religionszugehörigkeit zu immunisieren, heißt nicht auch schon – und wie könnte es das auch? –, daß schwarz oder katholisch zu sein für ein in einer liberalen Gesellschaft lebendes Individuum keine Auswirkungen auf sein Leben hat.[16] Die liberale Definition einer Person als weder schwarz noch weiß, weder katholisch noch jüdisch, ist von politischer und rechtlicher Bedeutung. Sie war niemals darauf angelegt, ganz offenkundige und ursprüngliche Eigenschaften zu verleugnen.[17]

Die Antiliberalen setzen gelegentlich den liberalen Individualismus mit dem erkenntnistheoretischen Solipsismus gleich. Sheldon Wolin schreibt über den Liberalismus: »Die grundlegende These, daß jeder einzelne seine Interessen am besten beurteilen kann und daher kein anderer über sein Glück bestimmen dürfe, beruhte eindeutig auf der Annahme, daß kein Mensch den anderen wirklich verstehen kann.« Es ist sehr leicht nachzuweisen, daß die Liberalen dann doch eine wesentlich differenziertere Sicht haben. Unabhängigkeit bedeutet für sie weder Isolation noch ein Übersehen und Übergehen des anderen. Erstens ist Unabhängigkeit eine gesellschaftliche Praxis, die feste Regeln, Institutionen und Erwartungen voraussetzt. Zweitens gehen die klassischen liberalen Denker sehr wohl davon aus, daß ein Mensch den anderen verstehen und beurteilen kann. Wie sonst hätten sie den Grundsatz aufstellen können, es sei »unvernünftig, daß die Menschen Richter in eigener Sache« seien? Und schließlich ist die liberale Unabhängigkeitsvorstellung universell; sie geht davon aus, daß niemand zu einem reinen Mittel für die Zwecke der ihm Vorgesetzten oder einer Gruppe degradiert werden darf. Was an diesem Verbot »solipsistisch« sein soll, bleibt ganz und gar unklar.[18]

In ähnlicher Weise entbehrt ein weiterer Vorwurf, den unter anderem Christopher Lasch erhebt, jeder Überzeugungskraft: »Das liberale Prinzip, daß jeder seine eigenen Interessen am besten beurteilen kann, ermöglicht lediglich die Frage, was Menschen wollen, nicht was sie brauchen.« Man braucht nur an Adam Smith zu denken, um zu sehen, daß er diese Unterscheidung sehr wohl treffen konnte. Denn nur weil er einen Unterschied zwischen dem machte, was Menschen brauchen, und dem, was sie wollen, konnte er so überzeugt die These verfechten, daß »Luxusausgaben und nicht die zum Leben notwendigen Dinge der unteren Bevölkerungsschichten besteuert werden sollten«.[19] Die Liberalen behaupteten tatsächlich, daß Verwaltungsbeamte gewöhnlich weniger Verständnis für die Interessen der Bauern aufbrachten als die Bauern selbst. Aber auch in diesem Fall ging es ihnen wiederum um eine politische bzw. normative Aussage, nicht um die Beschreibung eines Zustands. Daß die Herrschenden manchmal besser beurteilen können, was für die Bürger gut ist, als die Bürger selbst, kann, selbst wenn es mitunter zutrifft, ein gefährlicher Grundsatz sein. Wie begründet dieses

Prinzip in gewissen Fällen auch sein mag, es kann nicht ohne Gefahren zu einer Maxime des Regierens erhoben werden. Kurz, wenn man leugnet, daß andere unsere wahren Bedürfnisse bzw. unsere eigentlichen Interessen definieren können, heißt das nicht auch schon, dem »Atomismus« das Wort zu reden oder den ausschließlich privaten Charakter der Selbsterkenntnis zu proklamieren. Es heißt lediglich, eine oft mißbrauchte Rechtfertigungsstrategie aus dem Arsenal der Inhaber öffentlicher Ämter zu entfernen.

Kapitel 10
GLEICHGÜLTIGKEIT GEGENÜBER DEM ALLGEMEINWOHL?

Weil die Liberalen das Recht verteidigen, anders zu sein, und sich für Respekt gegenüber Fremden einsetzen, sagt man ihnen nach, sie leugneten, daß es ein von allen anerkanntes Gemeinwohl gebe. Auch dieser Vorwurf entbehrt jeder Grundlage. Er widerspricht etwa ganz offenkundig der Behauptung Lockes, daß »das Gemeinwohl die Richtschnur und der Maßstab jeder Gesetzgebung« sei. Obschon Locke sich fragte, ob die Berufung der Regierung auf das Allgemeinwohl nicht »eine trügerische Zurschaustellung hinterlistiger Worte« sein könnte, eine Lüge, die sich die Machthaber zu eigen machen, berief er sich selbst doch ständig im positiven Sinne auf »das Gemeinwohl«, das »Wohl der Allgemeinheit« und das »Wohl der Gesellschaft«, um die Ziele der Regierung zu definieren. Mehr noch, hätten er und andere Liberale wohl »die Vortäuschung des Gemeinwohls« oder die »Vortäuschung der Sorge um das allgemeine Wohl« angeprangert, wenn sie nicht der Ansicht gewesen wären, es gäbe ein solches Gemeinwohl und die Machthaber verstießen dagegen?[1]

Man muß die Zweifel der Liberalen am Gemeinwohl in den politischen Kontext ihrer Zeit einordnen, denn sie wurden durch die Art und Weise hervorgerufen, in der dieser Begriff gewöhnlich mißbraucht wurde. Wie anders als durch die Berufung auf die übergeordneten Zwecke der Allgemeinheit rechtfertigten die Herrscher denn die Mißhandlung privater Bürger? Aristoteles' Unterscheidung zwischen Herrn und Sklaven in seiner *Politik* lautete interessanterweise, der Herr habe eine bessere Einsicht in das Allgemeinwohl.[2] Ein Sklave kann sich aus seiner beschränkten Sicht heraus das rationale Prinzip, auf dem der gemeinsame Vorteil beruht, nicht vorstellen; er muß deshalb belehrt und wohlwollend von Höherstehenden gelenkt werden. Nur sehr wenige Menschen, nur die Weisen und Tugendhaften, vermögen das Allgemeinwohl zu erkennen. Die traditionelle Vorstellung des Gemeinwohls war daher alles andere als unschuldig; sie war zutiefst mit der Rechtfertigung von Autorität, mit Herrschaftsmonopolen, Privilegien und einer sozialen Hierarchie verwoben. Man hatte sich denen, die mit den höchsten Zielen der Gesellschaft vertraut waren, natürlich zu unterwerfen. Dieser politische Hintergrund erklärt bereits zum größten Teil, warum die Liberalen den rhetorischen Gebrauch, der vom Gemeinwohl gemacht wurde, zu entlarven trachteten.

Die Liberalen mißtrauten also der *Rede* vom Allgemeinwohl, weil sie dazu angetan war, zu strategischen Zwecken mißbraucht zu werden. Verhältnismäßig oft erkannten sie im »Allgemeinwohl« auch gefährliche oder unterdrückerische Werte. Orthodoxe Religiosität z. B. war ein Gut, ohne das die Liberalen zu leben hofften. Wenn man einmal von der Religion absieht, ist wohl das augenfälligste gemeinsame Gut, nach dem die Bürger trachten, eine gemeinsame militärische Überlegenheit. Je mehr die »Gemeinsamkeit« bestimmter Güter betont wird, desto deutlicher geht damit indirekt einher, daß Fremde ausgeschlossen und möglicherweise unterworfen gehören. Wegen ihrer antimilitaristischen Überzeugung mißtrauten die Liberalen natürlich der Rhetorik von der »gemeinsamen Sache«, denn sie brachten sie mit dynastischen Kriegen und »schwärmerischen Hoffnungen auf Eroberung und nationale Größe« in Verbindung.[3] Wegen ihrer antiklerikalen Einstellung mißtrauten sie den Repräsentanten der etablierten Religionen, weil diese sich häufig auf das Gemeinwohl beriefen, um die Verfolgung von angeblich häretischen Splittergruppen zu rechtfertigen. Darüber hinaus befürchteten sie, daß die Vorstellung, es gebe ein einziges, allumfassendes Gemeinwohl, mit der Gefahr einherginge, daß unvereinbare Ansichten über die Beschaffenheit dieses Gemeinwohls keinen legitimen Platz im Staat mehr hätten.

Obwohl sie also politisch gesehen diese Vorstellung für einigermaßen gefährlich hielten, waren die Liberalen doch eindeutig für »das Gemeinwohl, das wirkliche Wohlergehen des großen Körpers der Menschen«, wie Madison formulierte. Ähnlich schrieb Smith, die Regierung müsse aktiv »das allgemeine Interesse der Nation«, d.h. den Vorteil der »Masse der Bevölkerung« fördern.[4] Das Recht, sich von anderen zu unterscheiden, ist nicht notwendigerweise unvereinbar mit dem Aufbau eines Gemeinschaftslebens. Die liberalen Klassiker mögen das Interesse der Allgemeinheit zwar im allgemeinen eher als einen Maßstab für die Herrschenden gesehen haben statt als Argument für Unterwerfung oder Gehorsam, aber sie zweifelten nicht im geringsten daran, daß es ein Allgemeinwohl gab. Eine praktische Schlußfolgerung, die sie daraus zogen, lautete, daß die Regierung die Pflicht hätte, konkrete »allgemeine Güter« zu erhalten und zu verbessern, etwa Straßen, Bildung und den Justizapparat, der für private Rechtsstreitigkeiten notwendig ist.

Die liberale Einstellung zur »Bürgertugend« werde ich weiter unten behandeln, aber vorwegnehmend ist bereits eines wichtig. Toleranz für ehrliche Auseinandersetzungen über die Beschaffenheit des Allgemeinwohls setzt die politische Unzuverlässigkeit bzw. Unangemessenheit von Tugend voraus. In einer pluralistischen Gesellschaft ist die Bereitschaft des einzelnen, sein Privatinteresse dem unterzuordnen, was er oder sie begeistert für »das« Allgemeinwohl hält, keineswegs schon an sich die Lösung der drängendsten politischen Kontroversen und Probleme einer Gesellschaft. Tatsächlich können sogar gänzlich selbstlose Versuche, konfligierende Konzepte des Allgemeinwohls zu realisieren, zu sinnlosen und grausamen Bürgerkriegen führen.

Ungeachtet ihrer Zweifel behielten die Liberalen einen emphatischen Begriff des Gemeinwohls bei. So zählen etwa Gerechtigkeit, Selbstbestimmung und die Früchte einer friedlichen Koexistenz zum Allgemeinwohl. Sicherlich kommen diese Güter dem einzelnen zu, aber nicht ihm als atomistischem Individuum, sondern in Gemeinschaft mit anderen. Weil sie Pluralisten sind, sind die Liberalen gegen die Anwendung von Gewalt zur Durchsetzung eines offiziellen Moralkodexes bei allen Bürgern. Sie sind aber deswegen keineswegs hypertolerant, denn bei bestimmten moralischen Normen, wie etwa bei der Gerechtigkeit, treten sie dafür ein, daß man sie politisch durchsetzen *muß*. Obwohl also der liberale Staat keine strikte Definition des »guten Lebens« im Unterschied zum »schlechten Leben« kennt, führt er doch eine zwingende Unterscheidung zwischen »richtigen« und »falschen Handlungen« ein. Dieses »Rechte«, dem wir uns in Kapitel 15 widmen werden, ist die liberale Definition des Allgemeinwohls.

Diese These wird noch durch einen weiteren Beleg gestützt, denn in allen liberalen Theorien gilt durchgängig die strikte Unterscheidung von Verbrechen und zivilrechtlichen Delikten, von Verstößen gegen die Allgemeinheit und Vergehen gegen einzelne. »Das wahre Maß eines Verbrechens«, sagt Beccaria, »ist der Schaden, der der Gesellschaft zugefügt wird.«[5] Man sollte sich daran erinnern, daß Verbrechen wie Mord in vielen vorliberalen Gesellschaften – so auch im vielgepriesenen Athen – als strikt private Vergehen geahndet wurden, die durch Kompensationszahlungen an die Familie des Opfers wiedergutgemacht werden konnten.[6] Die liberalen Gesellschaften beruhen also, mit anderen Worten, auf einer breiteren Definition des Allgemeinwohls als viele vorliberale Gesellschaften. Dem liberalen Verständnis nach ist, wie Blackstone darlegt, bereits der Begriff des Verbrechens strikt kommunitaristisch: »Bei diesen widerwärtigen und grausamen Verletzungen geht das individuelle Unrecht im Unrecht, das der Allgemeinheit geschieht, unter: Wir hören nur sehr selten, daß jemand die Wiedergutmachung dem einzelnen gegenüber auch nur erwähnt, so groß ist die Sühne, die die Gesellschaft verlangt.«[7] Im Falle eines Mordes, so schreibt er, überwiegt der Schaden, der der Gesellschaft zugefügt wurde, so sehr den Schaden, der dem Individuum zugefügt wurde, daß eine Kompensation für die Familie nicht einmal mehr in Betracht gezogen wird. Diesen kommunitaristischen bzw. anti-individualistischen Zug des liberalen Denkens übersehen fälschlicher- und erstaunlicherweise beinahe alle kommunitaristischen und anti-individualistischen Kritiker des Liberalismus.

Kapitel 11
NIEDERGANG DER AUTORITÄT?

Viele Antiliberale verwechseln den Liberalismus mit extremen Ausformungen einer libertären Geisteshaltung. Sie folgen de Maistre in der Ansicht, ein unterschiedsloser »Haß auf die Autorität« sei das wichtigste und bedauerlichste Merkmal der Neuzeit. Schmitt zufolge ist der Liberalismus der vollkommene Ausdruck des modernen machtfeindlichen Ethos, nichts anderes als »ein kunstvolles System von Methoden zur Schwächung des Staates«. Die liberale Neuzeit erscheint MacIntyre, wenn auch aus etwas anderen Gründen, »eine Kultur« zu sein, »der der Begriff der Autorität fremd und zuwider ist«. Man stelle diese bedenkenlosen Verallgemeinerungen einmal Spinozas Bemerkung gegenüber: »Denn fällt die Regierung weg, so kann nichts Gutes mehr bestehen.« Die klassischen Liberalen waren recht offensichtlich weder Anarchisten noch extreme Freidenker, die sich ausschließlich auf die Gefahr von staatlichen Eingriffen konzentrierten. Ihr Ideal war keineswegs eine Gesellschaft ohne Regierung oder Souverän, und die allgemein vorgebrachte Behauptung, sie seien zutiefst antistaatlich, ist ungerechtfertigt.[1]

Die Liberalen glaubten nicht, daß alle Aspekte des gesellschaftlichen Lebens »von oben« herab zu leiten seien. Sie hegten gewisse Zweifel an einem Staat, der auf der Ausübung von Zwang und der Eintreibung von Steuern beruht. Dennoch hielten sie alle dafür, daß Autorität gesellschaftlich unverzichtbar sei; ohne sie würden Konflikte zwischen einzelnen »nach Art der Tiere«, d.h. durch Gewalt gelöst werden. Locke machte den Vorschlag, wir sollten einer beliebigen Armee dabei zusehen, wie sie eine Stadt einnimmt, um zu erfahren, wie die Menschen sich benehmen, wenn sie »keinen gemeinsamen Richter« über sich haben und nur von ihrem eigenen Gewissen gezügelt werden. Die Liberalen hielten also an einer übergeordneten Autorität fest, weil sie »all jenes Unheil von Blutvergießen, Raub und Verwüstung [...], das das Zertrümmern einer Regierung über ein Land bringt«, vermeiden wollten. Wenn die Regierung nicht das Gewaltmonopol innehätte, würden die Starken beständig die Schwachen zu Opfern machen. Die Innenpolitik sollte nicht die barbarische Freiheit der internationalen politischen Ordnung reproduzieren, in der jeder sein eigener Richter ist, der Unverschämteste siegt und kein einheitliches, zwingendes Recht für alle gleichermaßen gilt. Um Arbeitsleistungen zu fördern, muß der Staat außerdem allen Individuen die Früchte ihrer Arbeit sichern.[2] Ein derartiger Schutz erfordert weitreichende administrative und rechtliche Befugnisse. Daher hatten es sich die Liberalen zum Ziel gesetzt, die Macht durch eine Verfassung zu binden und sie dem Volk gegenüber rechenschaftspflichtig zu machen; das aber heißt noch lange nicht, daß sie den Staat zerstören oder handlungsunfähig machen wollten.

Die politische Herrschaft muß jederzeit der Kritik zugänglich und vom Gesetz geleitet werden, sie muß überdies intern so organisiert sein, daß möglichst intelligente und informierte Entscheidungsprozesse ermöglicht und natürlich Tyrannei und Korruption verhindert werden. Sie muß außerdem stark und einmütig genug sein, um ein einheitliches Rechtssystem für alle Bürger durchzusetzen. Eine überwältigende Fülle von Texten belegt, wie sehr die Liberalen für eine zentralisierte, rechtsstaatliche Herrschaft eintraten. Locke, der sich in intellektuellen Angelegenheiten niemals einer Autorität beugen mochte, glaubte, daß »die Regierung unter Menschen, die zusammenleben, kaum zu vermeiden ist«. Er war zudem davon überzeugt, daß es immer eine »Macht innerhalb der Gemeinschaft« geben müsse, »für die Bedürfnisse der Öffentlichkeit zu sorgen«.[3] Ohne Regierung könne die Not niemals überwunden werden; die Menschen wären ohne Disziplinierung durch politische Autorität niemals in der Lage, unparteiisch zu sein oder gerechte Verhaltensregeln zu befolgen.

Auch Hume war der Ansicht, daß »Freiheit die Vervollkommnung der bürgerlichen Gesellschaft darstellt. Für deren Existenz ist Autorität jedoch weiterhin unerläßlich«, da, so fügte er hinzu, »die Menschheit ohne den Schutz durch eine Regierung zumindest nicht in angenehmen und sicheren Verhältnissen leben könnte.« Montesquieu pflichtete dem bei: »Keine Gesellschaft kann ohne Regierung überleben.« Die Freiheit des Individuums wird dann schwinden, wenn der zentralisierte Staat zu schwach ist, wie in Polen. Blackstone verlieh diesem Argument einen Hobbesschen Beigeschmack: »Jede Regierung ist besser als überhaupt keine Regierung.« Eines der wichtigsten Kapitel in Smiths *Der Wohlstand der Nationen* führt den Nachweis, daß die Entstehung der individuellen Freiheit unauflöslich mit dem Prozeß der Staatenbildung und der Stärkung zentralisierter Institutionen verknüpft ist[4]. Ohne einen starken Staat, der Verträge und Besitzrechte durchsetzen kann, können Marktgesellschaften nicht existieren. Die *Federalist Papers* sprechen sich für eine erhöhte Effektivität und Kapazität der nationalen Regierung aus. John Stuart Mill widmet das erste Kapitel seiner *Considerations of Representative Government* und das letzte seiner *Principles of Political Economy* einer ausführlichen Diskussion des positiven Beitrags, den die Staatsmacht zur liberalen Freiheit leistet. Die meisten liberalen Klassiker waren sich darüber einig, daß der Staat mit Macht ausgestattet sein müsse, um unter anderem für Straßen, Straßenbeleuchtung und sauberes Wasser zu sorgen, ganz abgesehen vom Bildungswesen, der Armenfürsorge und dem Justizapparat, auf den jeder angewiesen ist, der einen Prozeß führen muß.

Kant ist bekanntlich ein Verteidiger der individuellen Autonomie. Leidenschaftlich schrieb er gegen die Autorität an, die Geistliche und andere öffentliche Würdenträger sich gegenüber dem angeblich unreifen Durchschnittsbürger anmaßten. Aber seine Ablehnung von Unterwürfigkeit, Gehorsam und psychologischer Abhängigkeit machte ihn, genausowenig wie Locke, noch lange nicht zu einem Staatsgegner. Ganz im Gegenteil, Kant argumentierte unablässig, daß allein der Staat die Bedingungen schaffen kann, unter denen der einzelne erfolgreich seine Rechte, zu denen auch die Eigentumsrechte zählen, einklagen kann. Eigentum kann nur bestehen, wenn es zwingende Gesetze gibt. Nur die Staatsmacht ermögliche es den Individuen, einträglich miteinander zu leben. Mit seiner Neigung, liberale Ideen denkwürdig auf die Spitze zu treiben, behauptet Kant: »Der Mensch ist ein Thier, das, wenn es unter andern seiner Gattung lebt, einen Herrn nöthig hat.« Diese äußerst illiberal klingende Äußerung soll besagen, daß jeder einzelne stets verleitet ist, sich selbst von dem allgemeinen Gesetz auszunehmen, das der Freiheit aller Schranken setzt. »Er bedarf also eines Herrn, der ihm den eigenen Willen breche und ihn nöthige, einem allgemeingültigen Willen, dabei jeder frei sein kann, zu gehorchen.«[5] Der liberale Staat setzt also nicht allein freiwillige Verträge durch, sondern er setzt auch ein einheitliches Rechtssystem und eine einzige Norm der Gerechtigkeit bzw. Fairneß für alle Individuen durch. Diese Ansicht vertraten auch solche Liberale wie Locke, die größere Sympathie für das Widerstandsrecht hegten als Kant, ähnlich eindringlich

Gewiß stimmt es, daß die Liberalen gegen eine willkürliche und launische Autorität über Menschen und Eigentum waren. Sie griffen despotische Regierungen und »absolute Herrschaft« an. Sie befürchteten außerdem, daß die Inhaber öffentlicher Ämter käuflich und korrupt sein könnten. Montesquieu machte sich insbesondere Sorgen darüber, daß ein willkürliches System das Rechtssystem – »eine schreckliche Gewalt unter den Menschen« – mißbrauchen könnte, um seine Bürger zu terrorisieren und zu zerstören. Daher »hängt die Sicherheit der Bürger vornehmlich von der Güte der Strafgesetze ab.«[6] Die Liberalen waren selbstverständlich an einer Regulierung und Kontrolle der Handlungen des Staates – vor allem seiner Befugnis, Strafen zu verhängen – interessiert, aber sie kritisierten ganz sicherlich nicht schon Autorität an sich.

Eine effektive Regierung hielten sie für notwendig und wünschenswert, solange sie nach den Gesetzen erfolgte und auf Zustimmung beruhte. Die liberale Theorie der »Zustimmung« ist, nebenbei bemerkt, eine Theorie über die *Entstehung von Herrschaft*. Für die Liberalen, die sie akzeptierten, beinhaltete das Recht auf Widerstand gegen den Staat ausdrücklich die Pflicht, eine neue Herrschaft des Rechts zu etablieren, die sich auf den Willen der Allgemeinheit stützen konnte. Ihre mißtrauische, aber letztlich positive Einstellung zur Autorität ist leicht nachzuvollziehen. Die Rechte in einer liberalen Gesellschaft zu verletzen heißt schließlich, sich über die Autorität des liberalen Staates hinwegzusetzen. Die Freiheitsrechte werden von Gesetzen geschützt, die von gewählten gesetzgebenden Versammlungen beschlossen und vom Staat durchgesetzt werden. Das aber bedeutet, daß aus liberaler Sicht politische Macht und individuelle Freiheit nicht zwangsläufig antithetisch sind.

Jede Macht, die stark genug ist, die Rechte des Individuums zu schützen und das Allgemeinwohl zu befördern, wird selbstredend auch stark genug sein, diese Rechte zu verletzen und dem privaten Gutdünken eines autokratischen Machthabers zu dienen. Das Dilemma, das aus dieser Tatsache für die Liberalen entstand, hat Madison in die klassische Formulierung gefaßt: »Wenn man eine Regierung bilden will, in der Menschen über Menschen herrschen, dann besteht die erste große Schwierigkeit darin, die Regierung in die Lage zu versetzen, die Regierten zu kontrollieren, und die zweite darin, sie zu verpflichten, sich selbst zu kontrollieren.« Dieses Dilemma stellt den Ausgangspunkt für den Konstitutionalismus der Liberalen dar. Kant vertritt dasselbe Argument: Weil die Menschen von Natur aus auch danach streben, sich zu vereinzeln, streben sie insgeheim stets danach, sich von den allgemeingültigen Gesetzen auszunehmen. Nur wenn man sie zwingt, kann man sie zu einem unvoreingenommenen Verhalten bringen. Der einzelne braucht also, anders gesagt, einen Herrn, um gerecht zu werden. Aber leider ist dieser Herr selbst wiederum »eben so wohl ein Thier, das einen Herrn nöthig hat«. Der höchste Machtinhaber wird also niemals wie Gott sein, und wer zu hohem Rang kommt, wird immer Gefahr laufen, seine Macht zu mißbrauchen. Wie kann dann aber die kontrollierende Gewalt selbst kontrolliert werden? Wie kann der Mensch sich also »ein Oberhaupt der öffentlichen Gerechtigkeit verschaffen [...], das selbst gerecht sei« – »diese Aufgabe« bezeichnet Kant als »die schwerste unter allen«.[7]

Nach Madison und Kant muß es gelingen, den Staat wirkungsvoll zu kontrollieren, ohne ihn einzuschränken und zu schwächen. Um diese Aufgabe zu erfüllen, muß die Regierung zunächst einmal mit »öffentlich bekanntgemachten, festen Gesetzen« regieren und die »Zustimmung des Volkes« haben. Ihre Taten müssen mit den Gesetzen in Übereinstimmung stehen, die auf bestimmte Gebiete beschränkt sind, der öffentlichen Kontrolle und Kritik zugänglich sein und von der in Wahlen zum Ausdruck kommenden Zustimmung des Volkes abhängen. Die Gesetze müssen von einer gewählten gesetzgebenden Versammlung erlassen werden und gleichermaßen für alle Bürger gelten, auch für den Gesetzgeber selbst. Aus diesem Grunde ist Freiheit unauflöslich mit Autorität verknüpft: »Die Freiheit des Menschen in der Gesellschaft besteht darin, [...] unter einem feststehenden Gesetz zu leben, das für jeden in dieser Gesellschaft Gültigkeit besitzt und von der legislativen Gewalt, die in ihr errichtet wurde, verabschiedet worden ist.«[8] Um es noch einmal zu wiederholen: Freiheit bedeutet also, unter einem für alle gültigen Rechtssystem zu leben, das von einer gewählten und rechenschaftspflichtigen Versammlung erlassen wird, auf berechenbare Weise von einem unparteiischen Gericht durchgesetzt und von normalen Bürgern kritisiert werden kann, die sich miteinander in einer nicht der Zensur unterliegenden freien Presse verständigen können.

Die Liberalen waren nicht gegen die Macht an sich, sondern gegen eine illegale, uneingeschränkte und niemandem verantwortliche Macht. Sie sprachen sich gegen die »tyrannische Konzentration aller Gewalten der Regierung in einer Hand«[9] aus. Während die Befugnis, zu bestrafen, fraglos das Monopol der Regierung zu sein hat, darf die Befugnis, Entscheidungen zu treffen, nicht von einer einzigen, unkontrollierten Clique von Regierungsvertretern okkupiert werden. Die Gewaltenteilung ist ganz offensichtlich ein entscheidendes Merkmal jedes konstitutionellen Systems. Verschiedene Institutionen müssen einander kontrollieren und jede muß ein institutionelles Interesse daran haben, die anderen Zweige von Korruption freizuhalten und auf legale Weise arbeiten zu lassen. Überdies müssen wichtige andere Befugnisse in den Händen der Wähler bleiben, also vor allem die Macht, politische Angelegenheiten ungehemmt in einer freien Presse zu diskutieren, sowie die Macht, den Gesetzgeber in regelmäßig stattfindenden Wahlen seines Amtes zu entheben. Die Gewaltenteilung und das Repräsentativsystem lassen sich problemlos mit einem politischen System vereinbaren, in dem der legale Gebrauch physischer Gewalt das Monopol bestimmter Regierungsvertreter ist. Das System der »checks and balances« ist von den Liberalen als Regulierungsmechanismus der Regierung entworfen worden, nicht jedoch, um sie zu lähmen oder gar ihre Regierungsfähigkeit zu zerstören. Hume stellte das unmißverständlich klar: In jeder freien Regierung, so sagte er, gibt es »eine Teilung der Macht zwischen mehreren Mitgliedern«. Eine geteilte Regierung sei eher als eine ungeteilte geeignet, nach »den allgemeinen und gleichen Gesetzen« zu handeln, die öffentlich bekannt gemacht und allen Bürgern vertraut seien. Die Macht zu teilen heißt aber nicht auch schon, sie zu schwächen. Wenn die Aufgaben auf verschiedene Staatsorgane verteilt sind, dann ist deren »Autorität weder kleiner noch im allgemeinen größer als die jedes Monarchen«.[10]

Kapitel 12
WIRD DIE ÖFFENTLICHE SPHÄRE DER PRIVATEN GEOPFERT?

Die Liberalen waren der Überzeugung, daß bestimmte Entscheidungen – z. B. wie man sein Seelenheil findet oder welche Bücher man lesen sollte – am besten jedem einzelnen überlassen bleiben und nicht von der Regierung getroffen werden sollten. Deshalb wirft man ihnen häufiger vor, sie würden sich einseitig um die Ausweitung der Privatsphäre zuungunsten der öffentlichen Sphäre bemühen. So behauptet etwa Schmitt, daß es »keine liberale Politik schlechthin [...], sondern immer nur eine liberale Kritik der Politik« gibt. Zwar seien die Liberalen für ökonomischen Wettbewerb und intellektuelle Diskussionen, aber sie versuchen, »das Politische als eine Sphäre der ›erobernden Gewalt‹ zu annihilieren«.[1] Sie wollen demzufolge also, daß die freiheitsförderliche apolitische Sphäre sich vergrößere und die einengende politische Sphäre kleiner werde.

Aber diese Darstellung ist nicht ganz zutreffend. Die Liberalen waren nicht so durch und durch antipolitisch eingestellt, daß sie dem öffentlichen Bereich mißtrauisch und verächtlich begegnet wären und die Privatsphäre verherrlicht hätten. Stimmt es, daß sie den öffentlichen Bereich ausplünderten, um den Privatbereich zu bezahlen? Übertrugen sie einzelnen Entscheidungsträgern tatsächlich wichtige Fragen, die eigentlich Amtsinhabern bzw. Volksvertretungen überantwortet gehörten? Das kann man kaum behaupten. Schmitt zeichnet erneut ein sehr einseitiges Bild des angeblich apolitischen Liberalismus. Im vorausgegangenen Kapitel über Autorität habe ich bereits einige Gegenargumente geliefert, aber man könnte und muß sogar noch sehr viel mehr dazu sagen. Die Liberalen bevorzugten durchaus nicht alles, was privat ist. Man hat noch nie irgendeinen Liberalen private Gerichtshöfe, private Steuern, Privatarmeen oder das private Recht auf Kriegserklärung verteidigen hören. Wie die Etymologie enthüllt, war der liberale Angriff auf ererbte Privilegien eigentlich ein Angriff auf das »Privatrecht«. Das Duell ist ein freiwilliger Schlagabtausch zwischen Erwachsenen, Selbstschutzgruppen sind Privatunternehmen.[2] Privatverträge für Mord oder Körperverletzung kommen in der nichtpolitischen Sphäre zustande. Aber in solchen wie den genannten Fällen zögerten die Liberalen nie, staatliche Verbote gegen die individuelle Entscheidung durchzusetzen. Ihr Widerstand gegen gefährliche Formen der Privatinitiative schlägt sich auch in ihren theoretischen Schriften nieder. Montesquieu beispielsweise hielt die moderne Politik im Vergleich zur antiken nicht etwa deswegen für überlegen, weil sie eine repräsentative Regierung, sondern weil sie einen öffentlichen Ankläger kennt. Glücklicherweise ist die rechtliche Verfolgung von Verbrechern heute den Gerichtsbeamten unterstellt, schrieb er.[3]

Die Liberalen unterschieden nicht deswegen zwischen dem Privaten und dem Öffentlichen, weil sie eine systematische Voreingenommenheit für das Private und gegen das Öffentliche zum Ausdruck bringen wollten. Denn oftmals taten sie das genaue Gegenteil. So waren sie etwa der Ansicht, die bürgerliche Gesellschaft sei auf »die Kontrolle unserer privaten Neigungen« angewiesen. »Wenn man den Individuen einmal erlauben würde, selbst Gewalt anzuwenden, um persönlich erlittenen Schaden wieder in Ordnung zu bringen, dann kann es keine soziale Gerechtigkeit mehr geben, denn der Starke würde dem Schwachen das Gesetz geben und alle Menschen würden in den Naturzustand zurückfallen.«[4] Ein weiterer wesentlicher Grundsatz des liberalen Rechtssystems lautet, daß der Richter weder mit dem Angeklagten noch mit dem Kläger blutsverwandt sein darf. Nach dieser Regel findet eine scharfe Trennung zwischen der Sphäre der öffentlichen und der privaten Beziehungen Anwendung. Ihr Ziel ist es, die imperialistische Privatsphäre einzugrenzen bzw. zu schwächen. Der Liberalismus versucht, den Einfluß von privaten Beziehungen auf öffentliche Entscheidungen zu begrenzen. Montesquieus Diskussion der Strafe kreist um genau dieses Problem: Wie zu gewährleisten ist, daß das Strafrecht nicht von privaten Gruppen zur Verfolgung persönlicher Ziele instrumentalisiert werden kann, also z. B. um persönliche Rache zu üben, Angehörige einer konkurrierenden Kirche zu verfolgen oder in die eigene Tasche zu wirtschaften. Vage Gesetze bei Kapitalverbrechen sind ein Greuel, weil dies solchen Individuen, die die Macht an sich reißen und andere Individuen oder Familien zu liquidieren versuchen, die sie persönlich verabscheuen, einen idealen Vorwand liefert.[5]

Der Liberalismus kann sogar als systematischer Versuch definiert werden, persönlichen Mißbrauch von öffentlichen Institutionen zu beschränken. Die Liberalen akzeptierten natürlich die klassische Definition des Tyrannen als eines Herrschers, der den Staat als Privateigentum behandelt. Locke, um nur ihn zu nennen, warnte vor einer »offensichtlichen Verkehrung der Gerechtigkeit und unverhüllter Rechtsverdrehung [...], um die Gewalttätigkeit und das Unrecht einiger Menschen oder einer Partei zu protegieren und straflos zu halten«.[6]

Beccaria schrieb in der Nachfolge Montesquieus, das Recht sei solange korrupt, wie es das Werkzeug der menschlichen Leidenschaften und ein Instrument zur Steuereintreibung bleibe. Das Zeugenaussagerecht, das immer zwei Zeugen statt nur einen vor Gericht verlangt, wurde eingeführt, um Menschen, die aus persönlichen Gründen nach Rache trachteten, das Leben schwer zu machen. Auch Strafen für

Meineid und Denunziation erfüllten diese Funktion, genauso wie das Recht, potentielle Schöffen auf die Probe zu stellen. Das Prinzip, das kein Richter finanziell aus der Verurteilung oder dem Freispruch eines Angeklagten irgendeinen Gewinn ziehen darf, wurde bewußt eingeführt, weil man gegen die nicht nur bei Inhabern öffentlicher Ämter verbreitete Neigung, persönlichen Gewinn zu erzielen, angehen wollte. Ähnliches läßt sich auch über den Grundsatz sagen, daß nur Handlungen, nicht aber persönliche Gedanken bestraft werden können. Wenn Verbrechen von Dritten bezeugt werden müssen, dann haben rachsüchtige Lügner, die ihre persönlichen Feinde gräßlicher Taten beschuldigen wollen, weniger Aussicht auf Erfolg. Nach Montesquieu ist die beste Vorbeugung gegen die Verleumdung eines Bürgers durch andere, solche Akte wie Häresie, Zauberei und Homosexualität, die mit dem Feuertod bestraft wurden und nur äußerst schwierig zu beweisen sind, straffrei zu stellen.[7]

Die Liberalen befürworten nicht generell die Ausweitung der Privatsphäre; es lassen sich sogar, ganz im Gegenteil, gute Argumente für den Vorrang der Öffentlichkeit im liberalen Denken anführen. Unter »Öffentlichkeit« verstehe ich zunächst einmal, daß Gesetze öffentlich bekanntgegeben werden sollten. Die Gesetze müssen »dem Volk verkündet und bekanntgemacht werden«, »dem Volk bekannt sein«, »allen« Bürgern »auf höchst öffentliche und leichtverständliche Weise« verkündet werden. Zweitens sollten auch Prozesse, vor allem Strafprozesse, öffentlich stattfinden. Montesquieu klagte gegen anonyme und hinter dem Rücken der Betroffenen stattfindende Verleumdungen beim König.[8] Anklagen dürfen also nur öffentlich vorgebracht werden, damit der Angeklagte jede Möglichkeit der Erklärung und der Widerlegung hat. Drittens müssen Parlamentssitzungen und der Staatshaushalt dem Volk dargelegt werden. Die Liberalen betrachteten in diesem Fall die Öffentlichkeit sowohl als anregende als auch als hemmende Kraft. Das »Licht der Öffentlichkeit« kann ihnen zufolge Mißbrauch begrenzen und Gegenvorschläge, Gegenargumente und nützliche Informationen hervorbringen.

Diese Funktion erfüllt auch noch eine weitere Form der liberalen Öffentlichkeit, die freie Presse. Wolin zufolge setzen die Liberalen gewöhnlich den öffentlichen Raum mit unausweichlichen Zwängen gleich und siedeln »alle sinnvollen Anstrengungen« in der Privatsphäre an. Kant hingegen hält die Öffentlichkeit für den Raum, in dem die einzelnen sich dem höchst wichtigen Ziel der politischen Reform widmen können. Wer die Regierung kritisieren möchte, so schreibt Kant, muß die Freiheit genießen, »von seiner Vernunft in allen Stücken *öffentlichen* Gebrauch zu machen«, »der *öffentliche* Gebrauch seiner Vernunft muß jederzeit frei sein«.[9] Die Pressefreiheit gewährleistet nicht nur die Ausübung der individuellen Freiheit, sondern ist auch eine Methode, mit der das Kollektiv seine eigenen Schwächen bedenken und Abhilfe schaffen kann. Wenn die Politik öffentlich gemacht und öffentliche Kritik gefördert wird, dann hat eine Regierung die Möglichkeit, eine mit dieser Politik in Widerspruch stehende Gesetzgebung zu vermeiden, Probleme zu entdecken, bevor sie nicht mehr zu bewältigen sind und ihre Fehler zu korrigieren.

Als in der ersten Hälfte des 19. Jahrhunderts die liberale Politik endlich feste Konturen annahm, entwickelten sich drei grundlegende Institutionen: eine unabhängige Jurisdiktion, eine durch Wahlen bestimmte Legislative und eine politische Opposition. Politische Opposition ist aus einem Grunde wichtig, auf den die Liberalen bereits lange zuvor hingewiesen hatten: Das Für und Wider bei öffentlichen Meinungsverschiedenheiten schärft das Denken und führt zu besseren Entscheidungen als jeder anfangs vorgebrachte Vorschlag. Spinoza beschreibt die liberale Überzeugung von der Notwendigkeit freier Diskussionen folgendermaßen: »Die natürlichen Fähigkeiten des Menschen sind zu schwach, um alles sofort zu durchschauen; aber wenn er sich berät, zuhört und diskutiert, schärfen sich seine Sinne allmählich, und während er alle Mittel versucht, entdeckt er schließlich diejenigen, die er wirklich haben will, denen alle zustimmen können, an die aber keiner von Anfang an gedacht hätte.« Locke argumentierte aus dem gleichen Grunde, der Gesetzgeber müsse »nach Prüfungen und reiflicher Erörterung« Entscheidungen treffen. Öffentliche Debatten setzen Lernprozesse der Öffentlichkeit in Gang, denn öffentliche Auseinandersetzungen bringen intelligentere Entscheidungen hervor. Von Milton bis Mill war diese erstaunliche These Bestandteil der liberalen Theorie.[10] (Es lohnt der Vergleich mit der romantischen und potentiell antiliberalen Vorstellung, daß die öffentliche Teilhabe statt durchdachter Politik schöne und »voll verwirklichte« Individuen hervorbringe.)

Das liberale Eintreten für religiöse, geistige und ökonomische Freiheit weist auf ein Bedürfnis hin, bestimmte politische Bereiche des Lebens zu entpolitisieren. Aber zugleich betonen die klassischen Liberalen auch die Bedeutung öffentlicher Freiheiten, etwa das Recht, Regierungsentscheidungen zu widersprechen, Regierungsvertreter zu kritisieren und seine Stimme in Wahlen abzugeben sowie sich selbst zur Wahl zu stellen. Anders als die emotionale Identifikation mit einzelnen Gruppierungen ist die demokratische Selbstbestimmung ein durch und durch liberaler Wert. Daher waren öffentliche Freiheiten nicht marginal, sondern für das liberale Denken von zentraler Bedeutung.[11] In einer Gesellschaft mit bedeutenden religiösen und ethnischen Differenzen kann demokratische Zusammenarbeit nur dann erreicht werden, wenn bestimmte Themen, die die Bürger persönlich tief betreffen, nicht auf die Tagesordnung gesetzt werden. Die liberale Unterscheidung von öffentlicher und privater Sphäre kann also, anders gesagt, eine notwendige Voraussetzung für die Demokratisierung des öffentlichen Lebens sein.[12] Dennoch ist die Ansicht, der Liberalismus opfere die Öffentlichkeit gänzlich der Privatsphäre, weit verbreitet. Wie erklärt sich dieses antiliberale Zerrbild? Drei Faktoren sind daran beteiligt.

Erstens das allgemeine Wahlrecht. Die Demokratisierung der Politik bedeutet, daß sowohl das Prestige als auch die reale Bedeutung individueller Teilhabe an der Politik beträchtlich nachgelassen haben. Wenn die Privilegien, die einstmals einer herrschenden Klasse mit Grundbesitz vorbehalten waren, auf einmal allen offenstehen, dann verringert sich in den Augen einiger Menschen ihr Wert. Aber wie viele derer, die vorgeben, den Liberalismus zu kritisieren, weil er das öffentliche Leben entwerte, würden offen zugeben, daß es ihnen tatsächlich um seinen egalitären Zug geht?

Zweitens impliziert der Wertepluralismus im liberalen Denken, daß die Politik nicht der einzige Bereich ist, in dem der einzelne anderen nützen und sich selbst verwirklichen kann. Der hohe Wert, den die Liberalen der sozialen Interaktion in nichtpolitischen Bereichen zumessen, kommt manchen Antiliberalen wie eine implizite Herabsetzung der Teilhabe der Bürger vor. Aber es gibt keinen erkennbaren Grund dafür, warum die Existenz wertvoller nichtpolitischer Alternativen zwangsläufig zu einer totalen oder auch nur radikalen Entwertung des Politischen führen sollte.

Drittens lebten die klassischen Liberalen vor dem 19. Jahrhundert in Gesellschaften, in denen Unterdrückung und Zensur herrschten. Aus diesem Grunde waren sie sich der Bedeutung der Verschwiegenheit für die individuelle Freiheit zutiefst bewußt.[13] Viele veröffentlichten ihre Schriften anonym und waren in Aktivitäten verwickelt, die den Machthabenden nicht eben willkommen waren. Sie legten besonderen Wert auf »Privatheit«, weil die politischen Regimes ihrer Zeit so illiberal waren und nicht weil sie die Privatsphäre so ausdehnen wollten, daß sie die Öffentlichkeit zum Verschwinden brachte.

Kapitel 13
HOMO OECONOMICUS?

Laschs Verachtung für »das von den Liberalen geförderte, habsüchtige Individuum« ist nicht nur ein ihm vorbehaltener subjektiver Einwand. Auch Schmitt wirft dem Liberalismus vor, er habe »eine allgemeine Ökonomisierung des geistigen Lebens« zur Folge. Und Strauss schreibt in der gleichen Gesinnung, der Liberalismus gehe einher mit »der Emanzipation des Erwerbstriebs«. MacIntyre äußert: »*pleonexia*, im Aristotelischen Modell noch eine Sünde, ist nun die treibende Kraft der modernen produktiven Arbeit«. Nach Sheldon Wolin »hingen die meisten Liberalen der Ansicht an, daß der Mensch sich seiner Existenz durch ökonomische Tätigkeit vergewissert«. Es scheint also, als hätte das wichtigste Anliegen der Liberalen darin bestanden, die Freiheit für ökonomischen Austausch zu sichern oder wirtschaftlichen Egoismus zu entfesseln. R. H. Tawney wirft den Liberalen sogar vor, sie hätten die religiöse Toleranz vor allem deswegen verfochten, weil sie dem Handel förderlich gewesen sei. Die Aufhebung des Zinswucherverbots symbolisiert den Verlust der gesunden moralischen Hemmungen, die das habsüchtige Individuum so lange im Zaum zu halten vermocht hatten. Harold Laski, ein Schüler Tawneys, definiert den Liberalismus als »das Credo der Pharisäer«. Diesem Credo sagte er nach, es habe »eine Erwerbslust entfesselt, deren Ansprüche keine Grenzen mehr kannten«, und argumentiert mit Tawney, daß »Toleranz entstand, weil die Intoleranz dem Besitzstreben im Wege stand«, denn »ein Staat, der verfolgt und überwacht, behindert das Geschäft«.[1] Der Mensch ist den Liberalen zufolge ein niedriges, nur an der Wirtschaft interessiertes Lebewesen oder vielleicht gar eine Maschine.

Der Behauptung, das Gewinnstreben sei eine moderne Erfindung, hält Max Weber mit bewunderungswürdiger Prägnanz entgegen: »Den rücksichtslosen, an keine Norm innerlich sich bindenden Erwerb hat es zu allen Zeiten der Geschichte gegeben.« Eher als die Gier an sich sei deren Rationalisierung, die Mäßigung eines grenzenlosen und sinnlosen Erwerbsstrebens durch einen methodischen Lebensstil, die Beherrschung hitzköpfiger Habsucht durch kühle Berechnung für die Wirtschaftsgesellschaft typisch. Joseph Schumpeter bestätigt Webers realistisches Argument: »Der vorkapitalistische Mensch ist tatsächlich nicht weniger ›raffgierig‹ als der kapitalistische Mensch. Leibeigene Bauern zum Beispiel oder Kriegsherren setzen ihr Selbstinteresse mit einer brutalen Energie ganz eigener Art durch.« Nicht erst die Liberalen haben den Egoismus erfunden, und er ist keineswegs nur in modernen Gesellschaften verbreitet. Das Verbot des Wuchers beispielsweise war selbst ein Instrument der Gier, statt, wie man gerne denkt, ein Zeichen der Beherrschung und Teil einer altruistischen Moral, denn es erlaubte den Fürsten, das Eigentum von Juden zu konfiszieren, wenn es ihnen gelegen kam.[2] Aber die antiliberalen Tiraden gegen den *homo oeconomicus* leiden noch an ganz anderen Schwächen.

Der Liberalismus ist kein Ökonomismus

Der Unterschied zwischen ökonomischen Zielen, wie etwa dem finanziellen Profit, und dem ökonomischen bzw. kalkulierenden Denken, das ja ebenfalls nichtökonomischen Zwekken dienen kann, ist den antiliberalen Denkern nicht immer klar. Ihre Rundumschläge gegen den liberalen Ökonomismus enthüllen daher ein eher unterentwickeltes begriffliches Instrumentarium. Zur analytischen Ungenauigkeit gesellt sich ein höchst dürftiges historisches Beweismaterial. Wie die oben zitierten Aussprüche belegen, sind diejenigen, die dem Liberalismus vorwerfen, er verherrliche den materiellen Eigennutz, aus vollster Überzeugung Reduktionisten. Das liberale Streben nach religiöser und intellektueller Freiheit, so behaupten sie, war ein reines Nebenprodukt des Kampfes um materiellen Wohlstand. Aber diese These belegen sie nicht. Die Rede- und Meinungsfreiheit sowie die Religionsfreiheit scheinen auch aus anderen Gründen wertvoll zu sein. Die Annahme, daß die Redefreiheit oder die Freiheit, sein eigenes Heil zu suchen, ausschließlich oder hauptsächlich als Mittel zur Gewinnmaximierung Wertschätzung erfuhren, ist nicht plausibel. Die gleichen Überlegungen treffen übrigens sogar noch in weit größerem Maße auch auf das Recht zu, körperlich nicht von sadistischen Handlangern des Staates verstümmelt zu werden.

Während Milton und Spinoza zwar das Recht des Staates, Eigentum zu konfiszieren, beschränkt wissen wollten, hatten sie doch über den »raffgierigen Menschen« beinahe soviel Schlechtes zu sagen wie Tawney. Auch Locke schrieb verächtlich über »Begehrlichkeit« und »üble Lüsternheit«. Sogar Smith warf den Händlern vor, sie würden sich auf gemeine Weise gegen das Volk zusammentun. Und in der Tat war keiner der frühen Liberalen moralisch von jenen Kaufleuten inspiriert, die sich selbst ausschließlich ihrem Profitstreben widmeten und keinen Gedanken an Religion, Politik, Wissenschaft, Literatur oder Geschichte verschwendeten. Milton gab ausdrücklich nicht der wirtschaftlichen Freiheit den Vorrang, sondern »der Freiheit zu wissen, zu reden und zu streiten, wie das eigene Gewissen es einem befiehlt«. Diese Freiheit, so schrieb er, sei höher als alle anderen Freiheiten einzuschätzen. Auch Spinoza ordnete die ökonomische Freiheit dem Recht der Individuen unter, »daß sie selbst frei ihre Vernunft gebrauchen«.[3] Die Meinungs- und Redefreiheit, das Recht auf Schutz gegen staatliche und private Gewalt gehören zu den zentralen Werten des Liberalismus. Diese Werte entwickelten sich unabhängig von der Handelsfreiheit und waren grundlegender als diese. Der *homo oeconomicus* war weniger wichtig für die klassischen Liberalen als der religiöse oder wissenschaftliche Mensch oder der Mensch, von dem die Angst Besitz ergriffen hat. Daher ist es auch nicht überraschend, daß liberale Gesellschaften kaum jemals die Vertragsfreiheit als unantastbar oder uneinschränkbar betrachtet haben, für gewöhnlich aber die Religionsfreiheit oder das Recht des Angeklagten, den Anschuldigungen in einem öffentlichen Prozeß entgegnen zu dürfen, als heiliges Gut ansehen.

Mit einem reduktionistischen Vorgehen wird man dem Liberalismus also nicht gerecht. Der liberale Feldzug gegen willkürliche Verhaftung, Vorbeugehaft und grausame Strafen läßt sich nicht auf eine bürgerliche Strategie zur Gewinnmaximierung reduzieren.[4] Der Versuch, die Wissenschaft der Kontrolle der Kirche zu entziehen, kann nicht einfach als Ausdruck des Geistes des Kapitalismus verstanden werden. Milton und Mill hielten eine freie, ungehinderte öffentliche Diskussion für vorrangig; Spinoza räumte der Freiheit von Angst und der freien Entwicklung der rationalen Fähigkeiten den höchsten Stellenwert ein. Locke bewertete die Toleranz, die Freiheit der Forschung und das Widerstandsrecht am höchsten. (Die uneingeschränkte Anhäufung von Wissen war für Locke wesentlich wichtiger als die uneingeschränkte Akkumulation von Eigentum.[5]) Montesquieu räumte dem rechtlichen Schutz von verletzlichen Angeklagten die höchste Priorität ein. Und Kant war »vernünftige Selbstschätzung« wesentlich wichtiger als »das Wohlbefinden«.[6]

All dies soll nicht heißen, daß die klassischen Liberalen nicht auch eine positive Einstellung zur kommerziellen Gesellschaft gehabt hätten. Gewiß hielten Spinoza und Milton den Handel nicht für das Schlechteste, was ein Mensch mit einem anderen anstellen konnte. (Wer dieser Ansicht ist, macht sich keine Vorstellung davon, wie grausam der Mensch sein kann.) Smith war zwar nicht gegen den Handel an sich, aber gegen das konspirative Verhalten von Grundbesitzern und Händlern. Tatsächlich akzeptierten und befürworteten die meisten klassischen Liberalen den Handelsgeist. Daher ist nichts einfacher als eine Anzahl von Textbelegen aneinanderzureihen, in denen Liberale den Schutz des Eigentums als den Hauptzweck der Regierung definieren. Locke etwa schrieb, daß »alle Regierung kein anderes Ziel als die Erhaltung von Eigentum hat«.[7] Aber diese übermäßig oft zitierten Behauptungen muß man innerhalb eines bestimmten Kontexts verstehen.

Erstens bedeutet die Behauptung, das wichtigste Ziel der Regierung sei der Schutz des Eigentums, zunächst einmal, daß nicht die Gewährleistung des Seelenheils ihr wichtigstes Ziel ist. Dem Eigentum zentrale Bedeutung zuzusprechen bedeutet, die Politik zu säkularisieren und Autorität und Gehorsam vom religiösen Leben unabhängig zu machen. Die klassischen Liberalen verbanden darüber hinaus Privateigentum mit Freiheit, und zwar sowohl mit persönlicher als auch mit politischer Freiheit. Locke benutzte bekanntlich das Wort »Eigentum« sowohl in bezug auf das Leben und die Freiheiten der einzelnen als auch in bezug auf ihren Grundbesitz. Die Menschen haben »Eigentum« an ihrer eigenen Person. Sklaven hingegen haben kein Eigentumsrecht an sich selbst und an Gegenständen. Eigentum kann sogar politisch gesehen als dasjenige definiert werden, dessen sich Tyrannen ohne Zustimmung bemächtigen. Regierungen, die das Eigentum ihrer Untertanen antasten, »machen sich selbst zum Herrn oder willkürlichen Gebieter über Leben, Freiheit und Vermögen des Volkes«. Wenn eine Regierung, deren einziger

Zweck schließlich der Schutz des Eigentums ist, damit beginnt, es anzutasten oder zu zerstören, dann bedürfen die Bürger keines anderen Grundes mehr, um Widerstand zu leisten und zu rebellieren. Herrscher, die das Eigentum antasten, »versetzen sich dem Volk gegenüber in einen Kriegszustand. Dadurch wird es von jedem weiteren Gehorsam befreit.«[8]

Daraus folgt, daß für die Liberalen die politischen Implikationen des Privateigentums recht deutlich waren. Der Grundsatz, daß es keine Besteuerung ohne eine politische Interessenvertretung des Besteuerten geben dürfe (»No taxation without representation«), legt nahe, daß die Abhängigkeit der Regierung von der Zustimmung des Volkes eng mit dem Privatbesitz verbunden ist. Ein rechtlich verankertes Eigentumssystem fördert die Dezentralisierung der Macht. Politische Opposition ist nur dann möglich, wenn es Machtmittel gibt, die der Kontrolle durch die Herrscher und Vertreter des Staates enthoben sind. Und so weiter.

Als die Liberalen also den Schutz des Eigentums als den einzigen Zweck der Regierung bezeichneten, sprachen sie in strategischer Absicht und im Ausdruck übertrieben. An anderen Stellen ihrer Schriften benannten sie weit weniger materialistische Ziele der Regierung: individuelle Unabhängigkeit, die Vermeidung von Krieg und Gewalt, die friedliche Lösung von Meinungsverschiedenheiten, zivilisiertes Miteinander und die intelligente Suche nach dem Allgemeinwohl. Spinoza drückt wohl den liberalen Konsens aus, wenn er sagt: »Der Zweck des Staates ist in Wahrheit die Freiheit.« Locke selbst sagte eine Menge zu dieser Frage und behauptete schlicht: »Der Zweck der Regierung ist das Wohl der Menschheit.«[9]

Kapitel 13

Das ewige Problem des Hungers

Das Wohl der Menschheit kann am besten durch ein reguliertes System des Privateigentums gesichert werden, in dem die Individuen miteinander aufgrund von gemeinsam beschlossenen Regeln handeln können. Die liberalen Klassiker waren dieser Ansicht, weil sie die Probleme des Mangels, der Armut und des Hungers ernstnahmen. Für sie war die beste Methode, allen Menschen ausreichend Nahrungsmittel zur Verfügung zu stellen, nicht das Staatseigentum, sondern die breitestmögliche Streuung des Privateigentums. Die Einsicht, daß Privateigentum dem staatlichen Eigentum vorzuziehen sei, war keineswegs neu; die Liberalen waren nicht die Erfinder des Privateigentums. Schon Aristoteles schrieb: »Was der größten Zahl gemeinsam ist, darum kümmert man sich am wenigsten.«[10] Aber die Liberalen waren die ersten, die dieses Prinzip zu einer umfassenden Rechtfertigung für das Privateigentum umformten. Die beste Methode, das Hab und Gut dieser Welt zu erhalten und zu verbessern, ist ihnen zufolge, jenen Menschen Eigentumsrechte zu geben, die unmittelbar unter Verwahrlosung zu leiden haben und die ebenso unmittelbar von Bemühungen um eine Verbesserung ihres Loses profitieren werden. Die Vorteile dieser Ordnung kommen allen gemeinsam und nicht nur den Besitzern zu.

Wenn wir nur auf Lockes individualistische Theorie der Besitzaneignung achten, werden wir jedoch seine wirkliche Begründung für das Privateigentum gar nicht in den Blick bekommen. Seine eigentliche Rechtfertigung beruft sich nämlich explizit auf das Allgemeinwohl, d. h. auf die Abschaffung von Elend und Armut, die seit Menschengedenken bestanden haben. Locke geht es darum, daß die Menschen ohne Privateigentum gar keine Motivation zu arbeiten haben. Ohne Arbeit jedoch würden alle Menschen nichts anderes als Eicheln essen und statt Kleidern Laub oder Felle tragen. Das

Privateigentum ist letztlich aus einem entscheidenden Grund heraus gerechtfertigt: weil es einen Überfluß an »zum Unterhalt der menschlichen Wesen dienenden Nahrungsmitteln« erwirtschaftet. Zehn Morgen eingegrenzten und bebauten Landes in Devonshire sind ertragreicher als 1000 Morgen ebenso fruchtbaren Bodens in den »unbebauten Einöden Amerikas«. Daher wohnt, ißt und kleidet sich ein »Tagelöhner in England« besser als der »König« eines großen und fruchtbaren Gebietes in Amerika. Privatvermögen verringert die Preise des Getreides in Relation zum Einkommen und führt dazu, daß »sich das gemeinsame Vermögen der Menschheit nicht verringert, sondern vermehrt.« Es ist also ausdrücklich in bezug auf das Allgemeinwohl gerechtfertigt. Wenn die Bürger nicht durch Hoffnung auf eine Verbesserung ihrer Situation motiviert werden, dann, so sagt Hume, »sind sie nutzlos für das Gemeinwesen«. Auch Smith errichtete seine gesamte Theorie auf diesem Lockeschen Fundament: Nur eine freie Wirtschaft, die auf Privateigentum gegründet ist, wird in der Lage sein, Nahrungsmittelpreise zu erreichen, die sich auch »die untersten Schichten der Bevölkerung« noch leisten können.[11]

MacIntyre kann das als Antiliberaler nicht so sehen. Er wirft etwa Hume vor, die einstmals von Thomas von Aquin so edelmütig verfochtene traditionelle Naturrechtslehre verworfen zu haben, derzufolge Diebstahl bei großer Armut gerechtfertigt ist. MacIntyre läßt uns wissen, Hume habe diese thomistische Überzeugung abgelehnt, weil er sich weder um die Armen noch um Armut geschert habe. Indem er gegen die seit jeher bestehende Ächtung einer übermäßigen materiellen Ungleichheit zwischen den Menschen angegangen sei, habe Hume – einmal ganz abgesehen von einigen leichtfertigen Bemerkungen über die Barmherzigkeit – die hungernden Kinder einfach übergangen. Dieses Bild trifft auf die liberale Verteidigung des Privateigentums jedoch nicht zu. Hume akzeptierte die ungleiche Verteilung von Eigentum aus dem gleichen Grund wie Locke oder Smith, weil er sie nämlich für ein unvermeidliches Nebenprodukt der Suche nach Wohlstand hielt. Nachdem er die Bedingungen für eine produktive Agrarwirtschaft bedacht hat, kommt Hume zu dem Ergebnis, daß ein freier Getreidemarkt die Bedürfnisse der Armen besser befriedigen könne als jedes andere System. Eine ungleiche Eigentumsverteilung zu akzeptieren heißt also noch nicht, die Ansprüche der Hungernden zu ignorieren. Humes *Enquiries* enthalten ganz im Gegenteil im 18. Jahrhundert eine der klarsten Neuformulierungen der traditionellen Lehre vom Erlöschen aller Eigentumsrechte angesichts unabweisbarer Notwendigkeit.[12]

Hume stützte sich überdies auch nicht auf die Theorie von der ursprünglichen Aneignung durch Arbeit. Im Unterschied zu Locke ging er nicht davon aus, daß Eigentum entsteht, wenn Arbeit mit Dingen vermischt wird, die zuvor niemandes Eigentum waren. Er und andere liberale Theoretiker des 18. Jahrhunderts erkannten in unterschiedlicher Freimütigkeit, daß die meisten Akte der ursprünglichen Aneignung Akte der Beschlagnahmung und daher unmöglich zu rechtfertigen waren. Die Eigentumsverteilung, die man vorfindet, ist nur deswegen psychologisch akzeptabel, weil die ursprüngliche Inbesitznahme so weit zurückliegt, daß man sie durch den Nebel der Zeit hindurch nicht mehr erkennen kann. Nachfolgende Liberale waren in dieser Hinsicht offener und deutlicher als Locke und behaupteten, das Eigentum sei ein Privatmonopol, das die Regierungen heutzutage zum Zwecke der Allgemeinheit schützen.[13] (Für Liberale ist das Eigentum eine institutionelle Übereinkunft, kein materielles Objekt. Eigentum erfordert die allgemeine Befolgung von zwingenden Gesetzen.) Und schließlich rechtfertigten die Liberalen den Privatbesitz, der durch Gesetze geschützt war, als eine Strategie der Hungerbekämpfung, indem man die überschüssige Produktion in Hinblick auf drohende Hungersnöte lagerte. Sie ließen es gerne geschehen, daß sich holländische Händler an dem Transport baltischen Getreides nach Südeuropa bereicherten, wo die Ernten mager ausgefallen waren. Denn eine drohende Hungersnot der Massen ließ sie das archaische Prinzip widerrufen, man solle aus dem Unglück anderer keinen Gewinn ziehen. In beispielloser Weise erkannten sie den sozialen Nutzen des *homo oeconomicus* an, ohne deswegen jedoch dem Schnäppchenjäger oder dem Gewinnler irgendeine moralische Überlegenheit zuzusprechen.

Kommerz als Mittel, nicht als Zweck an sich

Die Liberalen waren niemals für die Universalisierung von Marktbeziehungen. Sie verherrlichten weder den finanziellen Gewinn noch eine Gesellschaft, in der alles käuflich ist. Die Religions- oder Redefreiheit – ganz abgesehen von der Vertragsfreiheit – hielten sie nicht für ein Gut, mit dem man Geschäfte machte. Früher hatten Könige den Adligen gegen Geld oder persönliche Dienste politische Rechte verkaufen können. Die Liberalen sahen weder die Staatsbürgerschaft noch Ämter in einer derartig privatistischen Sicht, sondern hielten sie potentiell für universalistische Rechte, die sicherlich nicht mit bestimmten transferierbaren Gegenständen in Privatbesitz vergleichbar waren.[14] Schließlich verboten alle liberale Gesellschaften den Ämter- und Stimmenkauf.[15] Der Aufstieg des *homo oeconomicus* ging also, anders gewendet, mit der Verschärfung bestimmter Gesetze einher, die in einigen wichtigen Bereichen ökonomische Transaktionen ausdrücklich verboten. Das betraf nicht nur Wahlen und Ämter, sondern auch die Befreiung vom Militärdienst und für den Angeklagten vorteilhafte Urteilssprüche in Zivil- und Strafrechtsprozessen, die vom Marktprinzip ausgenommen waren. Wahlbezirke, die nur eine sehr geringe Bevölkerungsdichte aufwiesen, (*rotten boroughs*), konnten ebensowenig wie Menschen noch Eigentum sein.[16] Der Liberalismus förderte demnach zwar in manchen Bereichen Marktbeziehungen, lehnte sie aber in anderen ab.

Unermüdlich werfen die Antiliberalen ihren Gegnern »instrumentelles Denken« vor.[17] Aber sie erklären nicht recht, was so schlecht daran ist, bessere Waren zu einem niedrigeren Preis herzustellen. Noch erstaunlicher ist, daß sie die ganz offensichtlich instrumentelle Einstellung des Liberalismus zu Marktbeziehungen und wirtschaftlichem Wachstum nur sehr selten erwähnen. Anders als im Falle der Religionsfreiheit oder der Rechte eines Angeklagten betrachteten die Liberalen ökonomische Rechte, wenn überhaupt, nur ausgesprochen selten als unantastbar. Sie vertraten sie wegen ihrer sozialen, kulturellen und auch wirtschaftlichen Resultate. Nach Kant etwa würde die Verallgemeinerung des Handels Kriege überflüssig machen. Montesquieu war ebenfalls der Ansicht, daß »die natürliche Wirkung des Handels [...] darin [besteht], zum Frieden geneigt zu machen«, und fügte noch hinzu, »der Handel besiegt störende Vorurteile«. Der Handel lehrt die Menschen Toleranz, er bringt ihnen bei, daß man zwar unterschiedliche Auffassungen über den Sinn des Lebens haben, sich aber trotzdem auf Regeln für eine friedliche Zusammenarbeit einigen kann. Das Geschäftsleben entwertet darüber hinaus ungezügelte Impulsivität, gewöhnt die Menschen an Voraussicht sowie methodische Berechnung und untergräbt die Werte und erst recht die ökonomischen Interessen der Aristokratie. Weil der Handel außerdem die Staatsbürger in ständigen Kontakt mit Ausländern bringt, erweitert er auch den Horizont und fördert ein Verständnis für Vielfalt: »Die Geschichte des Handels ist die des Verkehrs der Völker miteinander.«[18]

Spinoza liefert ein geeignetes Beispiel für die durch und durch instrumentelle Einstellung, die die Liberalen dem Handel gegenüber einnahmen. Er spottete verächtlich über »die Habgierigen [...], deren größtes Glück es ist, das Geld im Kasten zu betrachten und sich den Bauch zu füllen«. Gleichzeitig aber behauptete er, die ökonomische Freiheit erhöhe die Stabilität und Macht eines Staates:

»Die Stadt Amsterdam mag als Beispiel dienen: In ihrem prächtigen Gedeihen und in der Bewunderung aller Völker erfährt sie die Früchte dieser Freiheit. In diesem blühenden Staat, in dieser herrlichen Stadt leben alle Menschen, welchem Volk und welcher Religion sie auch angehören, in vollkommener Eintracht. Will man jemandem sein Vermögen anvertrauen, so braucht man nur zu wissen, ob er reich oder arm ist, ob seine Handlungsweise für ehrlich oder unehrlich befunden wurde; um die Religion oder Sekte kümmert man sich nicht.«

In einer berühmten Stelle seiner *Philosophischen Briefe* von 1734 knüpft Voltaire an Spinozas Argument an und popularisiert es: »Man gehe an die Londoner Börse, diesen Ort der ehrwürdiger ist als manch ein Hof, und wird dort Menschen aller Nationen sehen, die sich zum Nutzen der Menschheit dort versammelt haben. Dort gehen die Juden, die Mohammedaner und die Christen miteinander um, als gehörten sie zu ein und derselben Religion und sie heißen nur denjenigen einen Heiden, der bankrott geht.«[19]

Die diesen beiden Ansichten zugrundeliegende soziologische Erkenntnis ist höchst einfach. Wenn Gesellschaften in verschiedene Glaubensrichtungen gespalten sind, ist soziale Kooperation auf ein gewisses Maß an wechselseitiger Gleichgültigkeit angewiesen. Ein Klima ungezügelten religiösen Hasses beeinträchtigt die Fähigkeit der Menschen, zusammenzuarbeiten und voneinander zu lernen, erheblich. Tawney zufolge vertraten die Liberalen die religiöse Toleranz, weil sie dem Handel förderlich war. Aber die weiter oben zitierte Stelle läßt eher das Gegenteil vermuten: Die Liberalen unterstützten den freien Handel, weil er das friedliche Miteinander konfligierender Religionen förderte. Die Liberalen hätten übrigens niemals schreiben können, daß Toleranz dem Handel förderlich ist, wenn sie nicht bereits aus davon ganz unabhängigen Gründen beschlossen hätten, daß eine Gesellschaft auch ohne eine gemeinsame Religion zusammengehalten werden könne.[20]

Die Liberalen schätzten daher den Handel nicht nur, weil er den Preis für Nahrungsmittel so niedrig hielt, daß auch die Armen sie sich leisten konnten, sondern auch, weil er die sozialen Bindungen »enterotisiert« und eine wichtige Voraussetzung für die Ausübung der »Bürgertugend« in multikulturellen und multireligiösen Gesellschaften bildet. Transaktionen, die in dem engen Miteinander des Marktplatzes getätigt werden, vermitteln den Angehörigen einander feindlich gesonnener Gruppierungen erste Erfahrungen eines friedlichen Miteinanders und bereiten auch den Boden für eine nichtökonomische Zusammenarbeit, etwa für politische Selbstbestimmung.

In diesen Zusammenhang gehört auch Humes Zurückweisung der moralistischen bzw. »republikanischen« These, daß private Tätigkeiten zwangsläufig den allgemeinen Willen unterminieren und daß Eigeninteresse notwendig die Bürgertugend auflöse: »Das Unterhaus ist die Stütze unserer populären Regierung, und alle Welt weiß, daß es seinen Einfluß in erster Linie der Ausdehnung des Handels verdankt, der einen solch gewichtigen Anteil des Eigentums auf Seiten der Gemeinen in die Waagschale geworfen hat.« Daher sei es, so folgert Hume, zutiefst widersprüchlich, den Handel als »Verderben für die Freiheit und den Gemeinsinn« zu bezeichnen.[21] Unter modernen Bedingungen ist eine Regierung des Volkes nur in einer kommerziellen Gesellschaft möglich. Politischer Widerspruch und Meinungsvielfalt können nur dann gewährleistet werden, wenn das Privateigentum im allgemeinen gesichert ist. Wie wichtig der Handel für die Freiheit sein kann, weil er Monopole auflöst und relativ gesehen die Preise für Lebensmittel senkt, ist auch das Thema von *Der Wohlstand der Nationen*.

Der Mensch als Lust-Schmerz-Maschine

Der Vorwurf, der Liberalismus sei ein Ökonomismus, wird oft um die Behauptung ergänzt, daß der Liberalismus der Regierung »die Befugnis« gegeben habe, »die Lust zu befördern und Schmerzen zu lindern«. Wenn die modernen Antiliberalen dem Liberalismus vorwerfen, er habe die Menschheit erniedrigt, dann stellen sie (in der Nachfolge Hannah Arendts) oftmals das liberale Interesse am »bloßen Leben« dem aristotelischen Interesse am »guten Leben« gegenüber.[22] Sie behaupten, die Liberalen hätten die Ziele, die die Menschen verfolgen sollten, niedriger gehängt. Theoretiker niederer Denkungsart hätten, so lautet der Vorwurf, die Menschen von ihrem edlen Trachten, z.B. nach Ehre, weggelockt und sie dazu verleitet, sich um alltägliche Dinge wie das Überleben und ihr körperliches Wohlergehen zu kümmern.[23] In diesem Sinne hätten die Liberalen ihre Mitmenschen erniedrigt und sie vielleicht sogar auf den moralischen Status von Tieren herabgewürdigt.

Diese Behauptung mag, wenigstens auf den ersten Blick, auf Bentham zutreffen. Auf die meisten klassischen liberalen Denker trifft er jedoch überhaupt nicht zu, etwa auf Spinoza, der sagte, die Freiheit sei in Wahrheit der »Zweck des Staates« und das menschliche Leben »nicht nur durch den Blutkreislauf oder andere Merkmale bestimmt, die allen Tieren gemeinsam sind, sondern vor allem durch die Vernunft, die wahre Auszeichnung und das wahre Geistesleben.« Was die Kantsche Moral betrifft, so ist sie sowohl modern als auch liberal, reduziert aber den Menschen wohl kaum auf eine Lust-Schmerz-Maschine. Kant betonte im übrigen wiederholt, der Mensch sei »mehr als eine Maschine«.[24] Es fragt sich überdies, welche hehren Werte denn durch niedere ersetzt wurden. Könnten es die Werte des Schlachtfeldes oder einer spartanischen Mutter sein, die weint, wenn ihr Sohn lebendig aus dem Krieg zurückkehrt? Wenn man verschiedene Werte miteinander vergleicht, kann man dann wirklich sagen, daß das Bedürfnis, zu leben und seine eigenen Kinder leben zu sehen, es verdient, »niedrig« genannt zu werden?

Die für das liberale Denken charakteristische Unterscheidung von Staat und Gesellschaft stellt eine bezeichnende Erwiderung auf die Klage über die Erniedrigung der menschlichen Bestreben durch den Liberalismus dar. Die liberalen Theoretiker mögen sich zwar geweigert haben, die Ziele des Staates zu romantisieren oder gar zu heiligen, aber das heißt noch nicht, daß sie die Ziele der Gesellschaft als ganzes entwertet hätten. Die politischen Ziele des Friedens, der Sicherheit, der Wohlfahrt und der unparteiischen Gerechtigkeit waren die Voraussetzungen für die Verfolgung anderer Ziele in verschiedenen nichtpolitischen, aber dennoch gesellschaftlichen Bereichen. Die Liberalen forderten die alte Vorstellung heraus, daß der Dienst am Staat, vor allem der Militärdienst, das Kernstück der moralischen Pflicht sei. Selbstverwirklichung und Verantwortlichkeit gegenüber anderen, so argumentierten sie, können auch in verschiedensten nichtpolitischen Bereichen praktiziert werden. Auf der Grundlage einer politisch verwirklichten Ordnung können Individuen und Untergruppen eine Anzahl erhabenerer Ziele verfolgen: Bildung, Glück, Freundschaft, Heil, Harmonie mit der Natur oder Selbstverwirklichung. Tatsächlich stolpern die Antiliberalen über ihre eigenen Füße, wenn sie den Liberalen vorwerfen, sie hätten den Staat in ein bloßes Instrument privater Gruppierungen umgeformt und dann die niederen Ziele des Staates als Beweis dafür anführen, daß die Liberalen die Ziele der Individuen herabgesetzt hätten. Liberale Bürger haben ein instrumentelles Verhältnis zum Staat; weswegen sie, als sie die Ziele der Politik herabsetzten, nicht gleichzeitig auch die Ziele des menschlichen Lebens herabsetzten.

Viele Antiliberale sprechen in glühenden Worten von ihrer Bereitschaft, für das Vaterland zu sterben. Solschenizyn ist in dieser Hinsicht exemplarisch, denn er kritisiert den Liberalismus ausdrücklich im Namen der kriegerischen Tugend: »Um sich selbst zu verteidigen, muß man auch bereit sein zu sterben; aber in einer Gesellschaft, die in dem Glauben an materiellen Wohlstand großgeworden ist, ist diese Bereitschaft nicht sehr verbreitet.«[25] Historisch betrachtet trifft es zu, daß das Kriegsethos die erfolgreichste Methode war, die Bürger zu disziplinieren und sie aus dem Individualismus »emporzuführen«. Dem Feind von Angesicht zu Angesicht gegenüberzustehen, wie Schmitt das empfahl, stärkt die Gemeinschaft. Die praktischen Erfordernisse einer Kameradschaft unter dem gegnerischen Feuer zwingen, ganz abgesehen von ihrer Romantik, den einzelnen, nicht nur sein eigenes Interesse zu verfolgen. In diesem Zusammenhang erwähnt auch MacIntyre »die ehrenwerte Zuflucht zum Krieg«.[26] Aber die Sehnsucht, für die eigene Gruppe zu sterben, war immer schon schwächer als die Sehnsucht, für die eigene Gruppe zu töten. Das Töten und nicht Getötet werden erweist sich als die sportlichere Methode des Hinauswachsens über das »bloße Leben«.

Auch in diesem Zusammenhang ist es nützlich, die liberalen Thesen in ihren historischen Zusammenhang einzuordnen. Benthams extrem und doktrinär formulierte These ließe sich auch auf wesentlich praxisnähere Gründe zurückführen. Die meisten Liberalen, die körperliche Lust und Schmerzen mit dem Guten und dem Bösen gleichsetzten, hofften insgeheim, damit intellektuelle Energien von unfruchtbaren theologischen Diskussionen abziehen und sie auf die Entdeckung medizinischer und ökonomischer Antworten auf bittere Hungersnöte und Plagen hinlenken zu können. Sie wollten »den vielen Armen, die sich jeden Augenblick unter allen möglichen unglückseligen Situationen abmühen, in trübseliger Armut, im Endstadium von Krankheiten, in den Qualen des Todes«, Erleichterung verschaffen. Außerdem wollten sie darauf aufmerksam machen, daß im Verlaufe der gesamten Menschheitsgeschichte die *voluptés* einiger weniger durch die Qualen vieler erkauft wurden. Überdies bezogen sie zugleich antimilitaristische und eine antireligiöse Position. Sie kritisierten sowohl den Ruhm als auch die Askese, sowohl die kriegerische Ethik des Schlachtfeldes als auch die härene Ethik des Klosters. Montesquieus und Kants Kampf für den Frieden ging beispielsweise auf ihre Feindschaft gegen den Krieg zurück, die ihnen beiden gemeinsam war. Smith argumentierte, daß kriegslüsterne Regierungen die Nationen ärmer machen. Warum sollten wir unsere Kunden töten? Ähnlich richtete sich das liberale Engagement für körperliche Gesundheit gegen christliche Enthaltsamkeit, Selbstkasteiung und eine ausschließliche Konzentration auf die jenseitige Erlösung. Sowohl Smith als auch Mill äußerten sich ironisch über die »melancholische und düstere Stimmung«, den »gequälten und bornierten« Charakter, der für religiöse Fanatiker so kennzeichnend sei, die niederträchtig und mißgünstig versuchten, öffentliche Zerstreuungen zu unterbinden. Smith kritisierte im calvinistischen Schottland ausdrücklich diese »absurden und scheinheiligen Kasteiungen, die Fanatiker predigen und angeblich praktizieren.«[27]

Die Liberalen erkannten, daß Empfindungen der Lust und des Schmerzes häufig eine Frage der Einstellung sind.[28] Nicht einmal auf Bentham trifft zu, daß er den Mensch auf körperliche Empfindungen reduzierte, um viel weniger noch auf die anderen Liberalen. So wußten sie beispielsweise sehr genau, daß sich die Menschen über den Tod eines Feindes freuen und über den Tod ihrer Freunde Qualen empfinden, daß es »sowohl auf geistigem als auch auf körperlichem Gebiet Freude und Schmerzen gibt«.[29] Das bedeutet, daß Freuden und Leiden nicht im strengen Sinne körperlich sind. Obwohl sie den Menschen also weder auf eine Maschine reduzierten noch die hedonistische Ausrichtung auf die Befriedigung eigener Bedürfnisse glorifizierten, betonten die Liberalen dennoch unablässig die körperliche Lust und das körperliche Leiden. Damit strebten sie die Überwindung der klerikalen und aristokratischen Moralkodizes an, die das gewöhnliche Leben mißachteten.

Eine naive Einschätzung von Präferenzen

Die klassischen Liberalen waren also keine Anhänger einer reduktionistischen Psychologie, die das bedenkenlose Streben nach körperlicher Lust proklamierte. Die Vorstellung, sie hätten nichts von den sozialen Prozessen verstanden, durch die die Präferenzen der einzelnen geprägt und geformt werden, ist ebenso falsch.[30] Der Liberalismus ist nicht ökonomistisch, wenn das heißt, daß bestimmte Präferenzen als gegeben betrachtet werden, ohne ihre Ursprünge und Veränderungen zu untersuchen. Gewiß, seit der Französischen Revolution haben die Liberalen stets selbsternannten moralischen Gesetzgebern mißtraut, die erpicht darauf waren, die Bürger gegen ihren eigenen Willen zu erziehen. Auch waren sie der Ansicht, daß eine Politik, die es darauf absieht, die Seele zu erheben, nicht immer gütiger Natur ist.[31] Aber der Vorwurf, die Liberalen seien in bezug auf die Formung der Sehnsüchte durch die Kultur und Erziehung naiv, entbehrt jeder Grundlage. Denn erstens waren alle klassischen Liberalen zutiefst von der Entdeckung der Welt beeindruckt; die »Routen der Reisenden« faszinierten sie ebensosehr wie die Entdeckung neuer Völker.[32] Auch schärfte ihr Interesse an der vorchristlichen Antike ihr Bewußtsein für kulturelle Differenzen und Vielfalt. Sie waren nicht der Ansicht, Regierungen sollten ihren Bürgern eine einzige »richtige« Glücksvorstellung aufzwingen; ganz fraglos wußten sie, daß Vorstellungen vom Glück sich entwickeln, verändern und dann vergehen.

Locke schrieb ausführlich über »anerzogene Begierden« und »erworbene Gewohnheiten«.[33] Montesquieu beschrieb, wie die englischen Gesetze die Manieren und den Charakter formen, wie grausame Strafen die Städte barbarisieren, wodurch die holländische sich von der spartanischen Genügsamkeit unterscheidet usw. Er definierte den Menschen sogar als »diese veränderliche Kreatur, die sich in Gesellschaft die Gedanken und Eindrücke anderer anverwandelt«.[34] Da er sich bewußt war, daß Präferenzen aus der gesellschaftlichen Konditionierung resultieren, unterschied er – wie andere Liberale auch – zwischen »groben« und »feinen« Staaten. Die liberale Betonung der Friedens- und verständnisstiftenden Wirkungen des Handels geht auf die gleichen Annahmen zurück. Um noch ein anderes Beispiel zu nennen. Auch die liberalen Tugenden, die Kant proklamiert, sind ganz offensichtlich durch Übung erworben und nicht durch Geburt oder Religion bestimmt, und in Smiths *Der Wohlstand der Nationen* spielt das gesellschaftlich unbeeinflußte Individuum ebenfalls keine Rolle. Statt dessen beschäftigt sich Smith fortwährend mit den gesellschaftlichen Ursachen für die erstaunliche und vielfältige Geschmacksbildung, vor allem mit dem Gefallen an nutzlosen Luxusgütern, und für die verschiedenen Persönlichkeitstypen. Ein Philosoph unterscheidet sich von einem Lastenträger hauptsächlich dadurch, daß er in einem ganz anderen Milieu sozialisiert wurde. Weil ein Städter in einer geschäftigen, lebendigen Umgebung aufgewachsen ist, hat er ein »anderes Temperament und eine andere Disposition« als jemand, der in ermüdender Eintönigkeit auf dem Land herangewachsen ist. Ein wichtiger Beitrag der Europäer zum Wohlstand der Kolonien sei der moralische Charakter gewesen, den sie dort eingeführt hätten.[35]

Wie diese beispielhaften Thesen erkennen lassen, waren die Liberalen sich der grundlegenden Prozesse der Charakterbildung und der Umformung von Präferenzen in hohem Maße bewußt. Natürlich dachten sie nicht daran, daß der liberale Staat seine Zwangsgewalt dazu benutzen sollte, die menschliche Natur entsprechend einem Ideal umzuformen oder den Bürgern eine orthodoxe Sicht des Seelenheils aufzuzwingen. Aber sie waren sich einig darüber, daß die politischen Autoritäten die rohen Bedürfnisse des Menschen verfeinern und die Kultivierung der grundlegenden liberalen Tugenden, etwa der Selbstbeherrschung und der Bereitschaft, anderen zuzuhören, fördern sollten. Für den Kommerz traten sie nicht zuletzt deswegen ein, weil sie glaubten, er könnte diesem Ziele dienen.

Kapitel 14
EGOISMUS PERSÖNLICHER RECHTE?

Nach MacIntyre sind »Natur- und Menschenrechte Fiktionen« und »alle Versuche, stichhaltige Gründe für die Überzeugung zu liefern, daß es solche Rechte gibt, sind gescheitert«. Mehr noch, der Glaube an solche Rechte »entspricht dem Glauben an Hexen und Einhörner«. Persönliche Rechte stellen auch dann noch einen bedauerlichen »Niedergang« dar, wenn sie nicht als natürlich oder angeboren verstanden werden. »Wenn auf der gesellschaftlichen Bühne eine Konzeption von Rechten auftritt, die den Individuen zustehen und von ihnen ausgeübt werden, wenn Rechte als grundlegende quasirechtliche Begriffe verstanden werden [...], signalisiert das immer ein Maß an Verlust oder Verwerfung einer zuvor existierenden gesellschaftlichen Solidarität.«[1] Während also die Liberalen bedauern, daß wir nicht gleiche Rechte für alle durchsetzen können – z. B. das Wahlrecht für die Schwarzen in Amerika –, argumentieren die Kommunitaristen und andere Antiliberale, daß wir uns erst gar nicht auf Rechte berufen sollten. Ihrer Meinung nach sind diese »Fiktionen« lediglich dazu angetan, einen ungezügelten Egoismus zu fördern.

Die Antiliberalen kommen zu diesem Ergebnis, weil sie die Rechte überhaupt primär mit Eigentumsrechten und Vertragsfreiheit gleichsetzen, d.h. also mit ökonomischem Eigeninteresse, nicht mit intellektueller, religiöser oder politischer Freiheit. Einmütig interpretieren sie den Kampf um Rechte als eine Balgerei um Vorteile, als hätte es sich beim Kampf um die Ausweitung der rechtlichen Gleichbehandlung, des Wahlrechts für diskriminierte Minoritäten oder bei der rechtlichen Wiedergutmachung für die amerikanischen und die ehemaligen Sklaven hauptsächlich um die Verfolgung eines Eigeninteresses gehandelt. Die Antiliberalen gehen außerdem davon aus, daß die liberalen Rechte stets die Individuen vor dem Staat schützen, und nehmen gar nicht wahr, daß viele dieser Rechte – etwa das Recht zu prozessieren oder das Recht auf eine staatlich finanzierte Bildung – den Bürgern Zugang zu staatlichen Institutionen gewährleisten. (Manchen Kritikern zufolge glaubten die klassischen Liberalen blauäugig daran, daß »Rechte« abstraktes Eigentum waren, das einzelnen gehörte, und übersahen dabei völlig, daß Rechte auch auf institutionelle Voraussetzungen angewiesen waren. Dieser Vorwurf würde seine Stichhaltigkeit verlieren, wenn diese Kritiker das Recht auf ein faires Gerichtsverfahren oder das Wahlrecht stärker beachtet hätten. Schließlich geben die Antiliberalen vor, die liberalen Rechte seien entworfen worden, um einen unantastbaren Bereich bzw. eine Privatsphäre zu schaffen, einem mittelalterlichen Bannkreis gleich, in die die staatliche Autorität nicht einzugreifen wagte. Aber auch diese Vorstellung ist unzutreffend. Die klassischen liberalen Denker haben immer wieder die Ansicht vertreten, daß der einzelne sich allerorts auf das Recht berufen kann, gleichgültig, wo er zum Opfer von Gewalt oder Betrug wird, sei es in seinem eigenen Haus, in einem Verein, einer Firma, in der Universität oder sogar in der Kirche.[2]

Rechte schützen gesellschaftliche Kommunikation

Die Antiliberalen begnügen sich nicht damit, den Schutz persönlicher Rechte als bürgerliche Marotte abzutun, sondern setzen die Anwendung von Rechten auch noch dadurch herab, daß sie ihr drei angeblich überlegene Alternativen entgegensetzen: das Eingehen auf seine Mitbürger, die Ausübung bestimmter Tugenden und Fähigkeiten und die Pflichterfüllung. Sie behaupten, Rechte isolierten die Menschen voneinander, ordneten die Entwicklung der eigenen Persönlichkeit dem Schutz der eigenen Person unter und stellten egoistische Interessen über die Verpflichtungen gegenüber der Gesellschaft. Aber bei näherer Betrachtung erweisen sich diese hochstilisierten Alternativen als höchst unüberzeugend.

Die liberalen Rechte sind *keineswegs* ihrem Wesen nach atomistisch oder ungesellschaftlich, obwohl sie gelegentlich aus politischen Gründen als »natürlich« oder »vorgesellschaftlich« bezeichnet wurden. Könige, Päpste und andere Potentaten beriefen sich recht häufig auf den göttlichen Ursprung ihrer Macht. Um diesem Anspruch zu begegnen, bot sich als geeignetes Verfahren die Gegensakralisierung an. Locke betonte den »vorgesellschaftlichen« Ursprung des Eigentums, um die vorgesellschaftliche Legitimation der Herrscher von Gottes Gnaden zu entkräften, die Enteignungen nicht abgeneigt waren: Somit entsprach eine *noli me tangere*-Ideologie der anderen. Lockes Position war in diesem Lichte betrachtet wesentlich an die theologischen Prämissen der politischen Debatte im 17. Jahrhundert gebunden.[3]

Liberale Rechte machen viele Formen der gesellschaftlichen Beziehungen überhaupt erst möglich. Die Vertragsfreiheit ermöglicht im Laufe der Zeit komplexe und vielgestaltige Formen der Zusammenarbeit, und die Vereins- und Versammlungsfreiheit sorgt ganz offenkundig für den Schutz verschiedener Gruppenaktivitäten, was auch auf die Religionsfreiheit zutrifft. Locke beschreibt religiöse Toleranz ausdrücklich als die Gewähr des Rechtes, »all solche religiösen Akte auszuüben, die ein Mensch nicht alleine für sich begehen kann«. Auch die Rede- und Diskussionsfreiheit ermöglicht es den Bürgern, zusammenzuarbeiten und voneinander zu lernen, indem sie einen freien Meinungsaustausch gewährleistet. Das trifft auch auf die Pressefreiheit zu. Umgekehrt gilt, daß der Gemeinsinn wahrscheinlich nicht gefördert wird, wenn die Polizei die Vollmacht hat, die Bürger nach Belieben zu mißbrauchen. Ganz im Gegenteil. Je tyrannischer die Herrschaft, desto »atomisierter« wird das gesellschaftliche Leben, wofür die kommunistischen Gesellschaften im 20. Jahrhundert ein erschütterndes Beispiel sind. Die Liberalen schätzten im allgemeinen die Persönlichkeitsrechte, auch die Eigentumsrechte, als Voraussetzung für jegliche Form der sozialen Zusammenarbeit. Aber dennoch fahren die Antiliberalen fort zu behaupten, Rechte zerstörten die Gemeinschaft und trieben die Bürger in die Isolation.[4]

Rechte schützen die Entfaltung von Tugenden und Fähigkeiten

Widersprechen die liberalen Rechte tatsächlich der Tugendausübung und der Verwirklichung wertvoller menschlicher Anlagen?[5] Das nämlich behauptet ein weiterer unhaltbarer Vorwurf der Antiliberalen. Aber erstens haben weder vorliberale noch nichtliberale Herrschaftsformen jemals besonderen Wert auf die Persönlichkeitsentwicklung gelegt. Wenn man den Liberalismus mit anderen Herrschaftsformen vergleicht, waren die Liberalen sogar der individuellen Kreativität und der Selbstverwirklichung gegenüber besonders freundlich gesonnen. Daher gibt es nur kärgliche historische Gründe für diese besondere Enttäuschung über den Liberalismus. Auch wenn die Liberalen nicht glaubten, daß der Staat seinen Bürgern eine orthodoxe Form der moralischen Vollkommenheit aufdrängen sollte, verteidigten sie dennoch persönliche Rechte als ein Mittel, die Entwicklung einer Vielfalt von Talenten unter einander tolerierenden Individuen zu fördern. Sie interessierten sich weder besonders für *kriegerische* Tugenden, noch konnten sie sich besonders für sie begeistern, und zwar, weil sie diese für eine unerhörte Verschwendung einer Vielfalt überlegener, nichtkriegerischer Fähigkeiten hielten.[6] Ganz offensichtlich war eine entmilitarisierte Auffassung von menschlicher Tugend und menschlichen Fähigkeiten für ihr Denken zentral. Sogar der auf individuelle Talente ausgedehnte Eigentumsbegriff läßt eine größere Sensibilität gegenüber den menschlichen Fähigkeiten erkennen, als die Kritiker des Liberalismus jemals einzugestehen bereit waren.

Milton wurde zwar letztlich zum Zensor, aber trat wenigstens in *Areopagitica* für die Pressefreiheit ein, weil sie den einzelnen erlaube, ihre Flügel auszubreiten und an der öffentlichen Diskussion teilzunehmen. »Ich kann eine zurückgezogene und klösterliche Tugend nicht loben.« Die Notwendigkeit, seine eigenen Verstandeskräfte zu entwickeln und anzuwenden, war auch für Lockes Denken eine zentrale Vorstellung. Alle Liberalen legten besonderen Wert auf Bildung als notwendige Voraussetzung dafür, von seiner Freiheit vernünftigen Gebrauch machen zu können. Das zeigt, wie wichtig die Entwicklung der menschlichen Fähigkeiten schon immer für das liberale Denken gewesen ist. Nach Spinoza muß der liberale Staat die Rechte des Individuums schützen, auf »daß ihr Geist und ihr Körper ungehindert seine Kräfte entfalten kann«. Persönliche Rechte gewähren daher nicht nur persönlichen Schutz, sondern sind auch produktiv; sie erst ermöglichen das Erwachen und die Entfaltung andernfalls schlummernder Fähigkeiten. Bei einem verpflichtenden und einseitigen politischen Engagement hingegen könnten wichtige Talente des Menschen verkümmern.[7]

In *Der Wohlstand der Nationen* analysiert Smith sowohl die Ausbildung als auch die Verkümmerung der menschlichen Fähigkeiten (»Geschicklichkeit, Sachkenntnis und Erfahrung«) unter den Bedingungen der Arbeitsteilung. Aber die besten Beispiele für das Interesse der Liberalen an »der Entwicklung angeborener Anlagen« sind Kant und John Stuart Mill. Mills Argumente für »die freie Entwicklung« sind wohlbekannt, und auch Kant war der Ansicht, daß »alle Naturanlagen [...] bestimmt [sind], sich einmal vollständig und zweckmäßig auszuwickeln«. Der Staat soll den erwachsenen Menschen nicht dazu zwingen, sich selbst zu entwickeln, sondern es ihm ermöglichen und ihn dabei fördern. Kants Konzept der Entwicklung der eigenen Persönlichkeit war keineswegs antigesellschaftlich: »nur in der Gesellschaft« kann »die Absicht der Natur, nämlich die Entwicklung aller ihrer Anlagen, in der Menschheit erreicht werden«. Kants Theorie war nicht soziologisch naiv, allerdings war sie explizit antikommunitaristisch. Er wies entschieden ein »arkadische[s] Schäferleben bei vollkommener Eintracht, Genügsamkeit und Wechselliebe« zurück, weil unter solchen Umständen »alle Talente auf ewig in ihren Keimen verborgen bleiben«. Die für die Entwicklung der menschlichen Naturanlagen günstigste Situation sei das Wetteifern der Menschen untereinander, das von äußeren Gesetzen gezügelt wird, die Fairneß und Gerechtigkeit gewährleisten sollen. (Kants Begeisterung für die Ausübung der menschlichen Fähigkeiten und die Verwirklichung aller Naturanlagen war gewiß auch von einer Prise Realismus gemäßigt. Ungetrübten Blickes betonte er, daß es dabei immer Kompromisse geben muß; das Leben des einzelnen ist nur kurz, und er kann eine bestimmte Anlage nur entwickeln, wenn er auf eine andere verzichtet.[8])

Die liberalen Tugenden

Bekanntlich glaubte Kant, daß selbst ein Volk von Teufeln unter einer liberalen Verfassung miteinander auskommen könnte. Madison argumentierte weniger theatralisch, daß institutionelle Mittel wie etwa das System der »checks and balances«, »den Mangel besserer Motive« bei Bürgern und Regierenden auszugleichen vermögen. Seine Darstellung legt nicht unbedingt nahe, daß den Liberalen gemeinhin die »Tugend« gleichgültig war. Eher im Gegenteil, denn Madison glaubte, ein liberaler, republikanischer Staat brauche ein bestimmtes Maß an »Tugend«.[9] Kant war immerhin der Verfasser einer *Tugendlehre.* Die Liberalen waren Verfechter humanistischer und bürgerlicher Tugenden, unbeugsame, kriegerische Tugenden lehnten sie ab. Sie alle schätzten moralische Tugenden wie Vernünftigkeit, Unabhängigkeit, weitgehenden Verzicht auf Gewaltanwendung, Toleranz dem Andersartigen gegenüber, die Weigerung, andere Menschen öffentlich zu demütigen und die Bereitschaft, bei Meinungsverschiedenheiten auch die andere Seite zu hören. Allein eine konstitutionelle Regierung scheint die geeigneten Voraussetzungen für diese Tugenden zu bieten.

Aber die liberale Politik fördert solche Tugenden nicht nur, sie setzt sie auch voraus. In einer liberalen Demokratie müssen Richter und andere Inhaber öffentlicher Ämter unparteiisch und aufrecht sein.[10] Die Liberalen erkannten ganz einfach, daß gute Absichten nicht immer zu guten Ergebnissen und schlechte Absichten nicht zwangsläufig zu schlechten Ergebnissen führen müssen. Diese realistische Annahme liegt der ansonsten etwas dogmatischen Lehre von der »unsichtbaren Hand« zugrunde. Wenn »Tugend« die Neigung bedeutet, seinen eigenen Vorteil dem Allgemeinwohl unterordnen zu können, dann ist sie allerdings nicht ganz und gar verläßlich, da verschiedene Auffassungen darüber, was das Allgemeinwohl sei, miteinander in Konflikt geraten können. Weil sie Realisten waren, bevorzugten die klassischen Liberalen außerdem Institutionen, die eine gewisse Schwankungsbreite hinsichtlich des Maßes an Tugend, das die Bürger und die Regierungsvertreter ins öffentliche Leben einfließen lassen, verkraften können. Die Unzuverlässigkeit der Tugend rechtfertigt natürlich keine gesetzlose oder unerbittliche Regierung; ganz im Gegenteil, sie macht sogar noch verläßlichere konstitutionelle Einschränkungen erforderlich. Gegen einen gelegentlich auftretenden Mangel an moralischen Motiven – wenn auch nicht gegen deren vollkommene Abwesenheit – sind berechenbare, faire Verfahrensweisen die beste Vorsorge.

Die liberalen Pflichten

Liberale Rechte stehen keinesfalls im Gegensatz zu Pflichten und Verpflichtungen. Man kann die Bedeutung, die die Pflichten für die liberale Theorie spielen, auch nachweisen, ohne auf den bei Locke erwähnten Befehl und Auftrag Gottes zurückzugreifen, »die übrige Menschheit [zu] erhalten«. Denn es ist eine banale Einsicht, daß die Rechte der einen die Pflichten der anderen sind. Nach Smith ist »das Pflichtgefühl das einzige Prinzip, nach dem die große Mehrheit der Menschheit in der Lage ist, ihre Handlungen auszurichten«. Gewiß, die Liberalen waren der Ansicht, gewisse Pflichten, etwa die Pflicht, sein eigenes Seelenheil zu suchen, sollte der Staat nicht erzwingen. Und sie neigten zu einer kritischen Distanz gegenüber traditionellen Formen der Pflichterfüllung, vor allem zur Unterwürfigkeit gegenüber Vorgesetzten.[11] Aber sie wußten sehr genau um zwingende Pflichten, vor allem die Pflicht, dem Gesetz zu gehorchen.

Und selbstverständlich galt für die Liberalen die Pflicht, dem Gesetz zu folgen, nicht nur als Mittel zum Zweck, sondern auch unter Vorbehalt. Zwang war für sie kein Zweck an sich, noch brauchte es den Gehorsam um seiner selbst willen, als passendes Mittel für eine korrupte, erniedrigte Menschheit. Die Liberalen waren für einen Gesetzesgehorsam um einer vergleichsweise zivilisierten, gerechten, kooperativen und freien Gesellschaftsordnung willen, die er herzustellen helfen würde. Nach Locke verwirken Herrscher, die die Macht mißbrauchen, ihr Recht auf den Gehorsam des Volkes. Aber Spinoza hält dessen ungeachtet die »Liebe zum Vaterland« für »die höchste Frömmigkeit, die man zeigen kann«, und dieser Gedanke ist durchaus nicht illiberal. Denn die Mitwirkung am Gesetz – durch die Wahl von Abgeordneten und die Teilnahme an öffentlichen Diskussionen in der freien Presse – schließt auch die damit zusammenhängende Pflicht ein, dem Gesetz zu gehorchen: »Denn keine Regierung kann ein Recht auf Gehorsam von seiten eines Volkes haben, das ihr nicht freiwillig zugestimmt hat.«[12] Anders gesagt, die Bürger eines liberalen Staates haben die Pflicht, dem Gesetz zu gehorchen, weil sie es sich als Kollektiv selbst auferlegt und geschaffen haben und sich die Macht vorbehalten haben, es zu ändern.

Selbstredend sollten auch die Pflicht, Steuern zu bezahlen und im Kriegsfalle Wehrdienst zu leisten sowie die Bereitschaft, das Schöffenamt zu übernehmen, hier Erwähnung finden. Nicht weniger bemerkenswert ist die Einmütigkeit, mit der die Liberalen den Eltern die Pflicht zusprechen, sich um ihre Kinder zu kümmern und sie zu erziehen. Man denke nur an Blackstones Beschwerde, »das Gemeinderecht der meisten Länder scheint in dieser Hinsicht mangelhaft zu sein, denn es zwingt die Eltern nicht, ihren Kindern eine gute Erziehung und Ausbildung zu bieten«. Und Mill, um noch ein weiteres Beispiel zu zitieren, fordert, die »Pflicht der Eltern« sollte in dieser Hinsicht strikt durchgesetzt werden: »Ist es nicht fast ein selbsteinleuchtendes Axiom, daß der Staat für jeden, der als sein Bürger geboren wird, ein gewisses Maß der Erziehung verlangen und erzwingen könne?«[13]

Die Gleichheit und Abstraktheit der Rechte

Diese Beispiele veranschaulichen, daß gesellschaftliche Pflichten und politische Freiheit keineswegs unvereinbar sind und daß die politische Freiheit nicht weniger konkret als die gesellschaftliche Pflicht ist, obwohl Antiliberale von de Maistre bis MacIntyre nicht müde werden, sich über die »Abstraktheit« der Rechte zu beklagen. Unter »Abstraktheit« verstehen sie vor allem folgendes: Wenn ich nur die Rechte meines Mitmenschen beachte, dann würdige ich ihn nur als Angehörigen einer Gattung, nicht als die herzliche, vielschichtige Persönlichkeit, die er ist, eingebunden in ein eng gewebtes Netz sozialer Beziehungen. Sandels Diskussion des unrealistischen liberalen Konzepts der Person, das er das »ungebundene« Selbst nennt, ist ein klassisches Beispiel für diese Sichtweise.[14]

Angeblich beraubt das auf Rechte konzentrierte Denken die menschliche Erfahrung ihrer Bedeutung. Unablässig, so lautet der Vorwurf, abstrahiert es von den konkreten Beziehungen, die unserem Leben einen Sinn verleihen. Die abstrakten Forderungen der Liberalen würden der reichen geschichtlichen Realität einfach nicht gerecht: »Die Sprache der formalen Gleichheit ist eine Sprache von Rechten als abstrakten Möglichkeiten, um in den Genuß bestimmter Vorteile zu kommen; sie ist nicht die Sprache der konkreten und tatsächlichen Erfahrungen des Lebens in einer Gesellschaft.«[15] Solche Gedanken kennen wir von de Maistre. Weil der Liberalismus wegen seiner universalistischen Ausrichtung blassen Abstraktionen verhaftet ist, braucht es, um ihn zu widerlegen, nicht mehr als einen umfassenden Realismus bzw. ein konkreteres Wissen über die menschliche Erfahrung.

Unverständlich bleibt, wie einige Kritiker des Liberalismus (etwa Unger, im Unterschied zu de Maistre) einerseits alle abstrakten Vorstellungen ablehnen und andererseits den Egalitarismus befürworten können. Als de Maistre die abstrakten liberalen Vorstellungen kritisierte, wollte er unterminieren, was er für die Fiktion menschlicher Gleichheit hielt. Seine Einstellung war, wenn auch illiberal, zumindest in sich selbst nicht widersprüchlich. Spätere Antiliberale wie Unger, MacIntyre und Sandel erneuern den Angriff de Maistres auf die abstrakten liberalen Vorstellungen, während sie widersprüchlicherweise zugleich eine vage egalitäre Haltung einnehmen. Logisch betrachtet ist de Maistres Haltung der ihrigen überlegen.

Rechte müssen abstrakt formuliert werden, wenn sie universale Gültigkeit haben sollen. Anders als die Privilegien und die Immunität, die früher die Großgrundbesitzer genossen, sind die liberalen Rechte auf alle Bürger anwendbar, unabhängig davon, wie sie sich im einzelnen voneinander unterscheiden mögen. Diese Universalität der liberalen Rechte ist ihrerseits auf ein ethisches Bekenntnis zur Gleichbehandlung aller Menschen gegründet, auf ein Bekenntnis, das die klassischen Liberalen als bindende Norm betrachteten, nicht als subjektive Vorliebe. Obwohl MacIntyre in sich selbst widersprüchlich argumentiert, beurteilt er den liberalen Legalismus korrekt: Der Inhaber liberaler Rechte ist nicht in einen besonderen gesellschaftlichen Rang hineingeboren. Er oder sie ist weniger Inhaber oder Inhaberin einer bestimmten gesellschaftlichen Rolle als vielmehr ein Individuum, das unabhängig von seinen politischen, ökonomischen, familiären und religiösen Rollen sowie unabhängig von seiner ethnischen Zugehörigkeit und seinem Geschlecht betrachtet wird. Daher fordert ein Individuum, das in einer liberalen Gesellschaftsordnung sein Recht einklagt zugleich das gleiche Recht für alle anderen. Wenn ich ein Recht auf Gewissensfreiheit habe, dann hat es auch jeder andere.[16]

Maistre behauptet, in seinem Leben Franzosen, Italiener und Russen gesehen zu haben, aber nicht den »Menschen« an sich: »Den Menschen aber erkläre ich, nie in meinem Leben gesehen zu haben, er müßte denn ohne mein Wissen vorhanden sein.«[17] Ein Liberaler mag da wohl nachfragen, wie de Maistre dann einen Franzosen sehen konnte. Traf er nicht vielmehr stets einen Bretonen oder einen Menschen aus Bordeaux? Sind nationale Charakteristika etwa realer als lokale, familiäre oder persönliche Merkmale? Und sind sie erkennbarer als jene Züge, die allen Menschen gemeinsam sind?

Wer also, so ließe sich fragen, abstrahiert denn in größerem Maße? Ein Rassist, der die individuellen Merkmale eines Menschen, dem er begegnet, ignoriert, weil er Klischees verhaftet bleibt, oder ein Kosmopolit, der die nationale Herkunft des einzelnen gar nicht beachtet, weil er einer universalen Norm folgt? Jede Wahrnehmung ist selektiv, und de Maistres Russe ist so sehr eine Abstraktion wie Kants »Mensch«. Es fragt sich nur, wer oberflächlicher ist. Tatsächlich geht es gar nicht, wie die Antiliberalen behaupten, um den Konflikt zwischen abstrakten Vorstellungen und konkretem Denken, sondern um zwei Formen von abstraktem Denken. Die universalistische Perspektive, die sich in der Erklärung der Menschenreche verewigt hat, scheint, so betrachtet, nicht mehr gar so unzutreffend, wie uns manche Antiliberale glauben machen möchten.

Die Antiliberalen verleumden persönliche Rechte gewöhnlich, weil sie angeblich zu »Atomisierung« und Entfremdung führen. Aber manchmal verfallen sie auch dem Argument, die liberalen Rechte seien ein leeres Versprechen, das nur den Reichen nutze und sie der Pflicht entledige, sich um die Armen zu kümmern. Dieser Vorwurf – der nach meinem Verständnis ohnehin eher marxistisch als antiliberal ist – trifft teilweise zu, auch wenn es keinen Beweis dafür gibt, daß die Zerstörung eines auf Rechten basierenden Gerichtswesen zu einem verbesserten Lebensstandard für die meisten Menschen führen würde. Der antiliberale Vorwurf enthält jedoch insofern eine gültige Einsicht, als Rechte nicht angewendet werden können, wenn die Mittel zu ihrer Durchsetzung nicht vorhanden sind. So ist z.B. die Pressefreiheit völlig bedeutungslos, wenn die Regierung alle Zeitungen und die Vorräte an Druckerschwärze kontrolliert. Genauso können das Recht, sich für politische Ämter zur Wahl zu stellen, nur ganz wenige in Anspruch nehmen, wenn die Kosten für den Wahlkampf in exorbitante Höhen steigen, und wenn Prozesse immer teurer werden, dann geht das wahrscheinlich zuerst auf Kosten des Rechtes auf gleichen Zugang zum Gesetz.

Aber die Abhängigkeit der Rechte von den Mitteln zu ihrer Durchführung hätte die klassischen Liberalen nicht weiter verunsichert. Gesetze, die auf dem Papier stehen, sind ganz offensichtlich müßig, solange eine Gesellschaft nicht für die Mittel sorgen kann, sie auch in die Praxis umzusetzen. Das ist nur ein weiterer Grund dafür, daß die Liberalen für den Wettbewerb auf einem freien Markt eintraten, der um Eigentumsrechte und Vertragsfreiheit herum organisiert ist. Zutreffend sahen sie voraus, daß die Armut nicht zu den typischen Kennzeichen liberaler Staaten gehören würde. Eine dynamische Wirtschaft produziert die Mittel, ohne die nichtökonomische Rechte zwangsläufig inhaltsleer wären. (Meiner Ansicht nach kann jedoch eine produktive Ökonomie alleine, ohne gewisse Entscheidungsbefugnisse der Regierung über die Verteilung der Güter, die Verwirklichung der liberalen Rechte für alle nicht durchsetzen.)

Kapitel 15
MORALISCHER SKEPTIZISMUS?

In seiner kommunitaristischen Phase bemerkte Unger abfällig, daß »die Lehren des Liberalismus zur klassischen Idee eines objektiven Gutes in unversöhnlicher Feindschaft stehen müssen und immer gestanden haben«, und er bezog das vor allem auf die »liberale Ansicht, daß die Freiheit dem Reich des beliebigen Willens angehört«. Die Liberalen akzeptieren die Zufälligkeit von Entscheidungen, weil sie daran glauben, daß Tatsachen eines, Werte etwas anderes sind. Diese Unterscheidung zwischen Tatsachen und Werten wiederum zeigt »die moralische Unfähigkeit der Vernunft«. Trotz Kants unzulänglichem Theoretisieren über die unpersönliche Vernunft, sei der Liberalismus einer »Moral der Sehnsucht« verpflichtet, also der Vorstellung, daß Bedürfnisse irrational sind und nicht begründet oder kritisiert werden können. Die liberale Moral ist daher »unvereinbar mit der Vorstellung, daß der Vernunft moralische Bedeutungen zugeschrieben werden können«. Wenn man dem Verstand irgendwelche normativen Bedeutungen zuschreibt, bringt man das Reich der Liberalen zum Einsturz. Das genau aber ist eine dringende Aufgabe, denn wenn wir die Trennung von Sein und Sollen nicht überbrücken können, dann wird die Menschheit in den Abgrund »der subjektiven Betrachtung von Werten« absinken. Daher müssen sich die Feinde des Liberalismus mächtig anstrengen, »die Ketten, die der Kontrast zwischen Verstehen und Bewerten uns auferlegt hat«[1], abzuwerfen. Diese Meinung Ungers findet sich auch in den Schriften MacIntyres und vieler anderer.

Wie überzeugend ist dieses verbreitete Argument? Gewiß, die Liberalen traten für religiöse Toleranz und die Rede- und Meinungsfreiheit ein. Sie waren der Überzeugung, eine Gesellschaft könne auch ohne eine von oben verordnete »korrekte Linie« stabilisiert werden, auch wenn ihre Mitglieder über religiöse Fragen stritten und über den Weg zum persönlichen Glück höchst unterschiedlicher Ansicht seien. In bestimmten Zusammenhängen unterschieden sie zwischen Recht und Moral. Innerhalb bestimmter rechtlich definierter Grenzen sollte der einzelne das Recht haben, seine eigenen moralischen Vorstellungen zu verfolgen, auch wenn seine Mitmenschen diese als abstoßend und falsch betrachteten. Wegen dieser und anderer Ansichten macht man den Liberalen oft den Vorwurf, sie verträten einen »absoluten moralischen Skeptizismus«. Manchmal werden sie gar als außerordentlich anpäßlerische Nihilisten bezeichnet.[2] Aus derselben feindseligen Einstellung heraus wirft man ihnen auch vor, sie unterwanderten und zerstörten die gesunde moralische Beschränkung, die die vorliberalen Gesellschaften dem Individuum aus guten Gründen auferlegten. Weil diese Vorwürfe einschneidende Auswirkungen auf den öffentlichen Ruf des Liberalismus haben, verdienen sie es, gesondert analysiert zu werden.

Die Grenzen des liberalen Individualismus

Die klassischen Liberalen waren in verschiedener Hinsicht und in mehrfacher Bedeutung des vieldeutigen Begriffs »Individualisten«. Sie hielten es nicht für ein Vergehen, wenn die Menschen danach trachteten, ihr Leben zu genießen und ihr Los zu verbessern. Damit der Schatz der Natur einen guten Zweck haben kann, so argumentierten sie, muß er dem einzelnen zukommen, denn das Kollektiv hat keinen Magen. Sie bevorzugten den Privatbesitz, weil sie davon überzeugt waren, daß unzweideutig zugeschriebene Eigentumsrechte die persönliche Verantwortung für Verschwendung und Mißbrauch beschränkter natürlicher Güter erhöhten. Sie behaupteten, »die Sorge um das Seelenheil jedes Menschen ist seine eigene Sache«. Das weist darauf hin, daß ihr Individualismus nicht zwangsläufig materialistisch war. Sie wollten jedem Bürger selbst die Befugnis überlassen, zu definieren, was sein persönliches Glück ist, ohne dabei kontrolliert zu werden. Sie versagten der staatlichen Autorität das Recht, alle moralischen Differenzen zu nivellieren. Sie glaubten, daß einzelne Schuldige bestraft werden sollten, nicht aber verhaßte gesellschaftliche Schichten und Gruppen wie etwa die Juden oder die Aristokratie. (Das weist darauf hin, daß ihr Individualismus nicht notwendig egoistisch war.) Vom Standpunkt eines humanistischen Individualismus argumentierte Montesquieu, daß siegreiche Armeen zwar das Recht haben mögen, ein staatliches Gemeinwesen zu zerstören, ganz gewiß aber nicht das Recht, die Bevölkerung des eroberten Gebietes zu vernichten. In den maßvoll regierten Staaten hingegen hat auch der geringste Bürger noch seinen Wert (»la tête du moindre citoyen est considerable«).[3]

Die Liberalen waren also Individualisten, aber keine extremen Individualisten oder, wie sie im folgenden genannt werden, Superindividualisten. Das »fundamentale Prinzip« des Liberalismus war nicht, wie Carl Schmitt behauptete, eine »Sphäre unbegrenzter Möglichkeiten für den einzelnen«.[4] Es stimmt, daß Montesquieu beispielsweise die *Unabhängigkeit* sehr schätzte. Er verachtete eine Gesellschaft von Speichelleckern, in denen die gesellschaftlich Untergebenen vor den Übergeordneten buckeln und sie um Gefallen bitten. Nichtsdestotrotz konnte er schreiben, daß »die Unabhängigkeit jedes einzelnen [...] Ziel der Gesetze Polens und, die Folge davon, die Unterdrückung aller« ist, mit anderen Worten also, daß ein völlig uneingeschränkter Individualismus eine Katastrophe sei. Wie alle klassischen Liberalen, so formulierte auch Montesquieu die Grenzen des Individualismus in einer einfachen Sprache: Politische Freiheit bedeutet nicht, daß man machen kann, was man will. Freiheit wird *nicht* als die Befriedigung aller erdenklichen eigenen Bedürfnisse definiert. Ganz im Gegenteil, vom liberalen Standpunkt aus betrachtet, sind einige Sehnsüchte legitim und andere nicht. Daher »kann Freiheit lediglich bedeuten, daß man zu tun vermag, was man wollen soll, und man nicht zu tun gezwungen wird, was man nicht wollen soll.« Der Primat moralischer Normen über subjektive Neigungen könnte nicht deutlicher formuliert werden. Das drückt auch Lockes Unterscheidung zwischen Freiheit und Zügellosigkeit sowie zwischen angemessenen und unangemessenen Interessen aus. Darum argumentierte er, daß das eigentliche Ziel der Regierung darin bestehe, »die Parteilichkeit der Menschen [...] in Schranken zu halten«.[5] Filmer, so glaubt Locke, hatte einfach unrecht, die liberale Freiheit als eine Art Marotte zu definieren und abzutun, als eine Erlaubnis, sich zu benehmen, wie immer es einem gerade in den Sinn kommt. Die Liberalen vertraten keinen zügellosen Selbstgenuß. Denn die Gesetzesherrschaft muß ihnen zufolge immerhin auch mit Gewalt durchgesetzt werden.

Politischer versus moralischer Skeptizismus

Strauss bemerkte, daß die Liberalen manchmal Werturteile so beschrieben, als seien sie lediglich eine Frage der subjektiven Vorlieben, so als ob »das Gewissen« mit einer privaten »Meinung« gleichzusetzen sei. Aber die Äußerungen von Liberalen, die in diese Richtung gehen, muß man wiederum in ihrem Kontext verstehen. Die Liberalen versuchten nicht, alle moralischen Hemmungen abzuschaffen, sondern die Ansprüche von Priestern, Zensoren und anderen moralischen Autoritäten zu unterwandern, die weiterhin Macht über das Denken behielten. Bevor er selbst Angehöriger dieses Berufsstandes wurde, stutzte Milton die Zensoren zusammen, indem er sie auf ihre lediglich subjektiven Maßstäbe hinwies: »Jedes Thema, das nicht nach ihrem Geschmack war, verurteilten sie entweder in einem Verbotsspruch oder zwängten es in das Purgatorium des Index«. Spinoza verurteilte den religiösen Eiferer, weil er versuche, »den Rest der Welt nach seiner Phantasie leben zu lassen«. Locke fragte sich, ob es den Menschen gebühre, »ihre eigenen Erfindungen und Interpretationen anderen aufzuzwingen, als stammten sie aus göttlicher Autorität«. Auch Mill beschrieb religiöse Überzeugungen bewußt als persönliche Vorlieben, weil die meisten Menschen nicht bereit wären, andere nur wegen ihrer Meinung grausam zu verfolgen. Hingegen könnten noch die grausamsten Gewalttaten leicht gerechtfertigt werden, wenn man sich auf angeblich objektive Werte beruft.[6] Kurz gesagt, eine egalitäre Betonung der »Subjektivität« von Werturteilen half also, den moralischen Imperialismus zu schwächen; sie war nicht darauf angelegt, die Moral selbst abzuschaffen.

Die meisten Liberalen schätzten die Gedankenfreiheit nicht deswegen hoch ein, weil sie moralische Skeptiker gewesen wären, sondern weil sie diese Freiheit für eine unerläßliche Voraussetzung der Wahrheitsfindung hielten.[7] Antiliberale, die wie Schmitt oder MacIntyre, öffentlichen Widerspruch fürchten, sind in gewisser Hinsicht moralischen Fragen gegenüber skeptischer eingestellt als Locke oder Mill. Der liberale Skeptizismus ist darüber hinaus, soweit er überhaupt vorhanden war, eher politisch als moralisch. (Die »sanften« oder gemäßigten Antiliberalen zumindest können diese Unterscheidung leicht übergehen, weil sie Fragen nach der Begründung rechtlicher Zwänge ignorieren.) Die Liberalen gingen davon aus, daß man den Inhabern öffentlicher Ämter nicht immer die Kompetenz anvertrauen dürfe, die Unterscheidung zwischen moralischem und unmoralischem Verhalten festzuschreiben und durchzusetzen, vor allem dann nicht, wenn diese Unterscheidung weiterhin stark religiös gefärbt ist. Dieses Mißtrauen führte Beccaria dazu, nicht nur zwischen »göttlicher Gerechtigkeit« und »politischer Gerechtigkeit« zu unterscheiden, sondern ließ ihn auch fordern, diese Unterscheidung solle in die Praxis umgesetzt werden.[8] Aus verschiedenen Gründen führt darüber hinaus die Demokratisierung auch zu einer Bekräftigung der liberalen Unterscheidung von Moral und Recht. In repräsentativen Regierungsformen muß die überstimmte Minderheit die rechtliche Verbindlichkeit der Mehrheitsentscheidungen akzeptieren, kann aber dennoch, weil das Recht auf Opposition besteht, diskutieren, ob sie diese Entscheidungen der Legislative für gut oder schlecht hält, und moralisch Einspruch gegen sie erheben.

Aber aus dem Mißtrauen der Liberalen gegen die Inhaber öffentlicher Ämter und ihr Eintreten für eine rechtmäßige Opposition folgt nicht zwangsläufig, daß sie die Existenz oder die Bedeutung eines gewichtigen Unterschieds zwischen dem Moralischen und dem Unmoralischen leugneten bzw. sich der Bedeutung dieses Unterschieds für die Begründung einer akzeptablen Rechtsordnung nicht bewußt gewesen wären. Man kann den Liberalen ganz gewiß nicht den Vorwurf des Subjektivismus machen, wiesen sie doch ununterbrochen darauf hin, »es sei unvernünftig, daß die Menschen Richter in eigener Sache seien«.[9] Der erste Satz von Lockes *Zwei Abhandlungen über die Regierung*, der behauptet, daß die Sklaverei »böse und schändlich« sei, weist bereits darauf hin, daß er eine unzweideutige Unterscheidung zwischen dem

Guten und dem Bösen vornimmt. Trotz seines Skeptizismus behauptete auch Voltaire, daß »eine Moral«, die humanistisch ist »in die Herzen aller Menschen« eingeschrieben sei.[10] Daß Kants Deontologie und Mills Utilitarismus mit einem »absoluten ethischen Skeptizismus« und erst recht mit dem Nihilismus unvereinbar sind, dürfte evident sein. Beide Vorwürfe sind aber bei Antiliberalen sehr beliebt und werden von ihnen auch unermüdlich wiederholt.

Wenn der moralische Subjektivismus bloße persönliche Vorlieben zu letzten Begründungen für Verhalten erhebt, dann sind die Liberalen niemals moralische Subjektivisten gewesen. Aus dem gleichen Grund ist es ein Irrtum zu glauben, der Liberalismus beinhalte die voreilige Freisetzung niederer Leidenschaften oder den vollständigen Zusammenbruch der Selbstbeherrschung. Nietzsche, der den Liberalismus aus der entgegengesetzten Richtung angriff, liefert hier ein nützliches Korrektiv. Er verachtete den Liberalismus wegen der egalitären Beschränkung des individuellen Willens zur Macht und kritisierte den Liberalismus als eine den einzelnen lähmende Form der Herdenmoral. Er repräsentiere den Sieg der Schwachen über die Starken, der Kranken über die Gesunden; er sei die Fortführung des christlichen Versuches, die Herrenmenschen auszurotten. Warum sonst hätten die Liberalen das Prinzip, »sich gegenseitig der Verletzung, der Gewalt, der Ausbeutung [zu] enthalten«, zum Grundprinzip der Gesellschaft erhoben?[11] In dem für ihn charakteristischen lapidaren Stil hatte schon Locke geschrieben: »[...] daß niemand einem anderen, da alle gleich und unabhängig sind, an seinem Leben und Besitz, seiner Gesundheit und Freiheit Schaden zufügen soll.« Er behauptet, der wesentliche Zweck der Regierung sei, »die Parteilichkeit und die Gewalttätigkeit der Menschen in Schranken zu halten«. Mit einigem Recht schloß Nietzsche daraus, der Liberalismus sei eine Philosophie der Selbstverleugnung. Alle Liberalen waren sich einig darin, daß »das

Recht zur Kriegsführung, das von Natur aus in jedem Individuum angelegt ist, von allen Privatpersonen aufgegeben wird, die in die Gesellschaft eintreten, und der souveränen Macht übertragen wird«.[12] Vom Standpunkt Nietzsches aus betrachtet, mangelte es den Liberalen an Anerkennung für die natürliche Größe und Unbändigkeit des Übermenschen. Die Liberalen verlangten nach »Sicherheit«, wofür die edlen Heiden nur Verachtung übrig hatten.

Selbst die Liberalen, die wie Mill Persönlichkeitsentfaltung und Selbstverwirklichung über Sicherheit stellten, verlangten noch den starken Mitgliedern einer Gesellschaft ab, sie müßten ihr Verlangen unterdrücken, den schwächeren und von ihnen verachteten Mitgliedern Schaden zuzufügen. Jeder einzelne, heißt das, solle und könne zwar nach seinem persönlichen Vorteil suchen, aber nicht, indem er aggressivem oder mörderischem Verlangen nachgebe. Nietzsche stellt sich dazu anders: Ihm zufolge kommt die Verhinderung von Gewaltanwendung der Stärkeren gegenüber dem Schwächeren dem Ersticken der menschlichen Instinkte gleich. Das Leben ist wesentlich von Grausamkeit, Leiden-sehn und Leiden-machen geprägt.[13] Der Liberalismus ist demnach eine kluge, aber feige Ablehnung der menschlichen Instinkte, eine Verleugnung der natürlichen Hierarchie, die zur Herabsetzung und Mittelmäßigkeit der Europäer geführt hat. Der Liberalismus zieht dem Menschen seine Fangzähne, und sein kultureller Siegeszug führt zu dem für Nietzscheaner entmutigenden Ergebnis, daß das moderne Individuum nicht mehr beißt.

Letztlich ist Nietzsches Darstellung der liberalen Selbstverstümmelung intellektuell nicht überzeugender als die von den konservativ gesonnenen Antiliberalen propagierte Idee der liberalen Zügellosigkeit. Seine Darstellung hat jedoch den Nutzen, auf die restriktiven oder sogar antiindividualistischen Elemente innerhalb des Liberalismus selbst hinzuweisen. Der Mythos vom Naturzustand ist ein Denkmal des liberalen

Glaubens an die Selbstbeschränkung. Um in einer Gesellschaft zu leben, muß jedes Individuum sein ursprüngliches »Recht [...] das Gesetz der Natur zu vollstrecken«, aufgeben. Dieser bedeutende Unterschied zwischen dem Naturzustand und dem Leben innerhalb einer Gesellschaft besteht darin, daß Mitglieder der Gesellschaft manchmal aus politischen Gründen gezwungen sind, etwas zu tun, was sie nicht tun wollen. Der Gesellschaftsvertrag hätte gar keine Bedeutung, wenn der einzelne innerhalb der Gesellschaft nur dazu aufgerufen wäre, zu tun, was er persönlich für gut hielte oder in jedem gegebenen Moment für richtig erachtete. Kant drückt das so aus, daß der einzelne »seine brutale Freiheit« aufgeben müsse, um in »einer gesetzmäßigen Verfassung Ruhe und Sicherheit zu suchen«.[14] Das Ideal moralischer Autonomie kann paradoxerweise politisch nur verwirklicht werden, wenn jeder einzelne seine anarchischen Gewohnheiten und die Selbstverteidigung aufgibt. Selbstbestimmung bedeutet nicht zwangsläufig, daß man sich nur nach bloßen persönlichen Vorlieben richtet. Die Menschen können nur dann beginnen, selbständig zu denken, wenn sie aufhören, erlittene Verletzungen selbst zu rächen oder der Verletzung eigenständig zuvorzukommen.

Weil Nietzsche die traditionellen Behauptungen der konservativen Antiliberalen auf den Kopf stellt, zeigt er unwillentlich, daß Selbstbeherrschung und Selbstbeschränkung sowohl für die liberale Theorie als auch für die liberale Gesellschaft grundlegend sind. (Die gleiche Lehre konnten wir, obwohl dies vom Autor nicht beabsichtigt ist, natürlich auch schon Ungers *Politics* entnehmen, das von Nietzsches Gedanken inspiriert ist.) Tatsächlich ist die liberale Selbstbeherrschung offensichtlich, wenigstens sollte sie das sein. Liberale Bürger dürfen schwache Gruppen nicht aus religiösen Gründen verfolgen, Verleumdungen gegeneinander veröffentlichen oder in einem überfüllten Theater »Feuer« schreien. Wer die Wahlen verliert, muß Entscheidungen, die er nicht befürwortet, dennoch akzeptieren und sich vor allem der Gewaltanwendung enthalten. Der einzelne kann nicht beschließen, einem Gesetz deshalb nicht zu folgen, weil er es für töricht oder unklug hält. Eine gesellschaftliche Ordnung ist trotz konkurrierender Vorstellungen über das Glück möglich, wenn alle gesellschaftlichen Gruppierungen Nachsicht und Geduld üben. (In einem vergleichenden und immer noch an Nietzsche orientierten Vorgehen, sollten wir uns daran erinnern, daß die vorliberalen Gesellschaften nicht eben Vorbilder an Selbstbeherrschung waren. Sogar heute noch kann man in nichtliberalen Gesellschaften häufig eine weitverbreitete männliche Aggressivität beobachten.)

Das Verbot, sich selbst auszunehmen

Zu respektieren, daß alle Menschen das gleiche Recht darauf haben, anders zu sein und moralische Wahrheit auf ihre ganz persönliche Weise zu suchen, erfordert eine enorme Selbstdisziplin. Daher ist es auch ganz offensichtlich der Fall, daß ein liberaler Staat seinen Bürgern viele Beschränkungen auferlegt. Dennoch scheinen Antiliberale wie MacIntyre und Strauss zu leugnen, daß es eine liberale Selbstbeschränkung gibt. Strauss behauptet, unter dem Einfluß des Liberalismus werde »die Befriedigung von Bedürfnissen nicht mehr von den Forderungen des guten Lebens beschränkt, sondern sie wird ziellos«.[15] MacIntyre läßt uns wissen, die Liberalen hätten aus der Annahme, subjektive Vorlieben seien der letzte Maßstab für Werte, geschlossen, alle menschlichen Sehnsüchte seien gleichviel wert.[16] Dieser letzte Punkt ist tatsächlich entscheidend. MacIntyre wiederholt damit die fundamentale These einer bestimmten antiliberalen Schule. Die Liberalen, so schreibt er, verbreiteten die Vorstellung, daß »die Bedürfnisse jedes einzelnen gleichermaßen berücksichtigt werden müssen, wenn man entscheiden will, was zu tun richtig sei«. Das entscheidende Wort hier lautet »gleichermaßen«. Wir müssen MacIntyre dankbar sein, daß er so offen spricht, denn in diesem Fall betreffen seine Vorbehalte nicht die Subjektivität der Werte, sondern die moralische Gleichheit aller Individuen. Dasselbe trifft in noch höherem Maße auf Strauss zu.[17]

Dieses eine Mal wenigstens trifft der Vorwurf eine Tatsache. Die Liberalen waren seit jeher »allgemeinen und gleichen Gesetzen« verpflichtet. Der Staat muß ihrer Ansicht nach den Bürgern gleichermaßen und zwingend ein einziges Rechtssystem auferlegen. Die Ansicht, daß die »Mitglieder [der Regierung] nach allgemeinen und gleichen Gesetzen handeln [müssen]«, verträgt sich nicht mit *Laissez-faire* und verlangt vom liberalen Staat, daß er den Bürgern wichtige Mittel zur Verfügung stellt, die es ihnen ermöglichen, ihre Rechte auch auszuüben. Ein naheliegendes Beispiel dafür ist die staatlich finanzierte Ausbildung, ein anderes die Zugänglichkeit des Rechtssystems. Blackstone beispielsweise rühmt in liberalem Gestus, daß »die Gerichte des Königs allen Personen offenstehen, um Gerechtigkeit nach den Gesetzen ihres Landes zu erlangen«.[18] Die Pflicht des Staates, einen gleichen Zugang zum Recht zu gewährleisten, mag britische Tradition sein, aber sie wurde auch in anderen Ländern bewahrt, bewundert und nachgeahmt, weil sie moralisch richtig ist.

Dem liberalen Legalismus liegt auch tatsächlich nicht etwa ein lokaler Brauch zugrunde, sondern eine substantielle Norm der Fairneß. Alle klassischen Liberalen erkennen an, daß die Lehre von der Gleichheit vor dem Gesetz ein nicht zur Debatte stehendes moralisches Prinzip ist. Sie geben zwar einander widerstreitenden persönlichen Vorstellungen (vom

Guten) Raum, aber sie bestehen auf einer einheitlichen, einklagbaren gesellschaftlichen Norm (dem Rechten).[19] Aus diesem Grunde ist es unvernünftig, sie, wie die Antiliberalen das tun, als radikale Subjektivisten oder »absolute moralische Skeptizisten« hinzustellen. Wie die meisten liberalen Schriften kann auch Lockes *Zwei Abhandlungen über die Regierung* als ein Manifest gegen die Parteilichkeit gelesen werden. Wenn man sich nur nach seinem Eigeninteresse richten würde, wäre es vorzuziehen, von der Selbstbeschränkung anderer zu profitieren, solange man sich selbst nicht einzuschränken hätte. »Wenn es möglich wäre«, schreibt Beccaria, »würde jeder von uns es vorziehen, daß die Verträge, die die anderen binden, uns nicht verpflichteten; jeder Mensch neigt dazu, sich selbst zum Mittelpunkt der Welt zu machen.«[20] Aber dieses nur um sich selbst kreisende, hyperindividualistische Vorgehen schließt eine starke Norm, die im Zentrum der liberalen Moral steht, aus: *das Verbot, sich selbst von den Gesetzen auszunehmen.* Darin besteht das ethische Zentrum des Liberalismus: Jeder Bürger muß sich nach Regeln richten, die auf alle gleichermaßen Anwendung finden. Dieses Rechtsprinzip ist nicht im allergeringsten anarchistsich, nihilistisch, egoistisch, atomistisch oder übermäßig tolerant. Locke drückt diesen liberalen Universalismus und die Norm der Unparteilichkeit in einfachsten Begriffen aus: »Niemand in einer bürgerlichen Gesellschaft kann von ihren Gesetzen ausgenommen werden.« Das trifft selbstverständlich auch auf den König zu. Die Vernunftregel, die dem Verbot zugrunde liegt, sich selbst von allgemeinen Gesetzen auszunehmen, lautet: Niemand kann einen Grund dafür nennen, warum ausgerechnet er von allgemeinen Gesetzen ausgenommen sein sollte, den nicht auch jeder andere mit gleicher Plausibilität für sich in Anspruch nehmen könnte.[21] Das wahrscheinlich meinte Locke, wenn er schrieb, »die Vernunft muß unsere höchste Richterin und Führerin in allen Dingen sein«.[22] Die politische Konsequenz daraus lautet, daß die legislative Gewalt nach »öffentlich bekanntgemachten, festen Gesetzen, die nicht für besondere Fälle geändert werden dürfen«, regieren muß. Moralisch ist dafür ein einziger Rechtsgrundsatz erforderlich, der »für reich und arm, für den Günstling am Hofe ebenso wie für den Bauern am Pflug« gelten muß.[23]

Montesquieu formulierte das Verbot, sich selbst von den Gesetzen auszunehmen, folgendermaßen: »Wenn ein Bürger tun könnte, was die Gesetze verbieten, so hätte er keine Freiheit mehr, weil die anderen ebenfalls diese Macht hätten.« Dieser Satz ist ein moralisches Argument, keine empirische Voraussage. Er bedeutet: Ein Bürger, der das Gesetz bricht, kann *keinen Grund* mehr dafür anführen, warum andere Bürger dem Gesetz folgen sollten. Nach Blackstone erfordert ein liberales Rechtssystem »die allgemeine Befolgung aller Klassen und Grade dieser für alle gleichen Verhaltensregeln, nach denen das geringste Individuum vor den Beleidigungen und der Unterdrückung durch die höchsten geschützt ist.« Auch Smith lobte »die gerechte und unparteiische Justizverwaltung, welche die Rechte des geringsten britischen Untertans so schützt, daß sie auch der Mächtigste achten muß«. Niemand darf ein Recht für sich in Anspruch nehmen, das ein anderer nicht auch mit derselben Begründung für sich in Anspruch nehmen kann. Und wieder ist es Nietzsche, der die Aufmerksamkeit auf diesen Kern des Liberalismus lenkt, indem er ihn kritisiert: »Ich perhorrescire seine Gemeinheit, welche sagt ›was dem Einen recht ist, ist dem Andern billig‹«.[24]

Besonders unerhört hat der Vorwurf, die Liberalen seien allesamt Wertsubjektivisten, immer schon in bezug auf Kant geklungen. Tatsächlich weicht Kant in dieser Frage nur in sehr geringem Maße von seinen liberalen Vorgängern ab: »Keiner [kann] den andern wozu rechtlich verbinden [...], ohne daß er sich zugleich dem Gesetz unterwirft, von diesem wechselseitig auf dieselbe Art auch verbunden werden zu können.« Genau darin besteht der entscheidende Punkt. Der Mensch, so argumentiert Kant, ist zumindest teilweise ein rationales Lebewesen, und daher erkennen alle Menschen innerlich, daß die Gesetze gleichermaßen auf sie alle zutreffen sollten. Sie akzeptieren zumindest theoretisch die »Idee der Gleichheit der Menschen im gemeinen Wesen als Unterthanen«. Gleichgültig wie unterschiedlich die Menschen auch in Hinblick auf ihren materiellen Besitz sein mögen, »dem Rechte nach [...] sind sie [...] als Unterthanen alle einander gleich«. Aber der Mensch ist nicht ganz und gar ein rationales Wesen (in eher substantieller als instrumenteller Hinsicht), er lebt auch unter dem Zepter der Leidenschaften und »mißbraucht gewiß seine Freiheit in Ansehung Anderer Seinesgleichen«. Mehr noch, »so verleitet ihn doch seine selbstsüchtige thierische Neigung, wo er darf, sich selbst auszunehmen«.[25] Diese angeborene Parteilichkeit muß der liberale Staat durch intelligent ausgeübten Druck korrigieren oder verhindern.

Alle Liberalen ordnen also das Eigeninteresse explizit einer bindenden und einklagbaren Norm der Gerechtigkeit unter. Der Primat des Rechts im liberalen Denken bedeutet den Primat des Verbots, sich selbst auszunehmen. Weit davon entfernt, bloße persönliche Vorlieben zu sanktionieren oder »jede Zügelung des Triebes« zu unterbinden, betrachteten die Liberalen die Bedürfnisse des Menschen zwar wohlwollend, aber zugleich stets mit einigem Mißtrauen.[26] Statt die dem Menschen instinktiv innewohnende Voreingenommenheit sich selbst zu überlassen, sollte der liberale Staat sie zwingend kontrollieren, indem er eine egalitäre Norm einführt. Um es noch einmal zu sagen: Die Regel, daß niemand sich selbst ausnehmen kann, ist keine subjektive Vorliebe. Es ist kein Wert, den der einzelne wählen oder nicht wählen kann, je nachdem, wie es dem atomistischen Individuum gerade beliebt. Das Verbot, sich selbst zu einer Ausnahme zu erklären, ist ein Maßstab, nach dem liberale Bürger ihre eigenen primären Bedürfnisse beurteilen und zügeln müssen.[27]

Universalistische Normen mögen zwar verschwommen klingen, aber sie haben konkrete rechtliche und politische Konsequenzen. Zur Gleichheit vor dem Gesetz gehört auch das Prinzip, daß es »kein angeborenes Vorrecht eines Gliedes des gemeinsamen Wesens als Mitunterthans vor dem anderen geben« kann.[28] Der Ausschluß von ererbten Herrschaftsmonopolen ist zugleich eine Bestätigung der Chancengleichheit. Eine weitere politische Verkörperung der liberalen Verpflichtung auf die Norm der Gleichheit ist eine staatlich finanzierte Bildung für alle sowie das allgemeine Wahlrecht. Auch Mehrheitsentscheidungen reflektieren diese grundlegende liberale Norm. Aus diesen Gründen ist das Verbot, sich selbst von den Gesetzen auszunehmen, *das* zentrale Gebot des Liberalismus.

Ist die verfahrensrechtliche Neutralität eine Heuchelei?

Die Antiliberalen ignorieren diese den Kern des Liberalismus ausmachende moralische Norm und greifen ihn häufig wegen seines amoralischen Legalismus an. »Es ist nun ein merkwürdiges Phänomen«, schreibt Schmitt, »daß der europäische liberale Staat des 19. Jahrhunderts sich selbst als *stato neutrale e agnostico* hinstellen und seine Existenzberechtigung gerade in seiner Neutralität erblicken konnte.« Nur auf den Satz *Pacta sunt servanda*, so argumentiert er weiter, läßt sich keine Einheit des Staates gründen, keine gemeinsame kulturelle Identität schaffen. Das Chaos einander widersprechender Loyalitäten könne so nicht geordnet werden. Nach Solschenizyn verehrt der Liberalismus ebenfalls leere Formalitäten, »die entseelte und glatte Ebene des Legalismus«, und vernachlässigt die moralischen und emotionalen Bindungen, die wirklich wichtig sind.[29] Die Liberalen, so lautet der Vorwurf, opfern den Geist bedenkenlos dem Buchstaben, den lebendigen Inhalt der kalten Form. Die Gesetze konstituierten keine Lebensform, und dennoch blickten die Liberalen ausschließlich auf Legalität und Gesetzesherrschaft. (Daraus folgt jedoch nicht, daß sie Lebensformen gegenüber gleichgültig sind.)

Aus der Sicht der Antiliberalen hat der Primat der Vertragstheorie und der Verfahrensweisen im liberalen Denken viele bedauerliche Konsequenzen. Dazu gehört, daß der liberale Staat vorgibt, einander widersprechenden Vorstellungen vom Glück »neutral« gegenüberzustehen. Er unterstützt nicht offen eine orthodoxe Vorstellung vom Guten, sondern versucht vergeblich, einen Modus vivendi zwischen rivalisierenden Gruppen mit unvereinbaren Idealen herzustellen. Nach Unger strebt der Liberalismus danach, »ein Gesetzgebungsverfahren [zu entwerfen], dem jeder Mensch, gleichgültig welche Werte er vertritt, mit Recht zustimmen kann«. Folglich versucht der Liberalismus, »eine Haltung der Neutralität gegenüber den verschiedenen Bedürfnissen eines Individuums und gegenüber den Bedürfnissen verschiedener Individuen« einzunehmen. Aber diese idealistische »Neutralität« ist ein Zeichen für den moralischen Bankrott und die politische Naivität des Liberalismus, denn es kann gar keinen »neutralen, archimedischen Punkt« geben. Jedes Regime »bevorzugt einige Werte gegenüber anderen«, gleichgültig wie sehr es sich der Neutralität verschreibt. Sandels Argumentation verläuft genauso. Amerika, so läßt er uns wissen, ist zu einer »verfahrensrechtlichen Republik« verkommen, weil es vom Liberalismus vergiftet worden sei.[30] Diese These ist innerhalb der Politikwissenschaft oder der Sozialgeschichte kaum zu begründen, aber es ist leicht zu erkennen, daß sie einigen als Protest gegen einen nicht näher beschriebenen moralischen Verfall gelegen kommt, der der Gesellschaft durch die Kantsche Theorie gleichsam einprogrammiert worden sei.

Wenn die Antiliberalen die »liberale Neutralität« in dieser Weise angreifen, schustern sie gewöhnlich zwei einander widersprechende Behauptungen zusammen. Eine davon lautet, daß es unmöglich sei, Entwürfen des guten Lebens gegenüber eine neutrale Einstellung einzunehmen: Die liberalen Systeme würden tatsächlich einige Alternativen bevorzugen und andere benachteiligen. Die andere lautet, Neutralität sei schädlich, sie stelle einen Rückzug auf reine Beliebigkeit, auf ein Zaungast-Dasein und moralische Desorientierung dar.[31] Die Liberalen können nicht moralisch neutral sein (sie ergreifen Partei), und sie sind nicht in der Lage, sich moralisch zu engagieren (sie ergreifen nicht Partei).[32] Die Antiliberalen versöhnen diese beiden scheinbar unvereinbaren Vorwürfe mit ihrem bereits bekannten Vorgehen. Ein liberales System, so behaupten sie einerseits, sei schlecht, weil es seinen Mangel an Neutralität nicht verstehe und folglich auch seine grundlegenden Überzeugungen nicht energisch genug vertrete. Der Liberalismus, heißt das, *versteht* sich also selbst nicht und kann daher auch nicht auf gesunde Weise ganz er selbst *sein.* Aber dieser akrobatische Nachgedanke bringt die Antiliberalen dem gesunden Menschenverstand auch nicht näher.

Vielleicht sollte das Konzept der »Neutralität« auf die Außenpolitik beschränkt bleiben. Die Schweiz mag durchaus von sich sagen können, sie sei ein neutrales Land, aber die Entscheidungen, die in liberalen Staaten an den Gerichten getroffen werden, sind gegenüber den beiden miteinander streitenden Parteien nicht wirklich neutral. Immerhin gewinnt ja die eine Seite, und die andere verliert. Daher hat Unger strenggenommen recht: Neutralität ist unmöglich: »Sobald wir die Ebene einer konkreten Verhaltensvorschrift erreichen, sind wir gezwungen, einige Werte anderen vorzuziehen.«[33] Aber nichtsdestotrotz steht es in der Macht der

Menschen, unparteiisch oder zumindest fair zu sein. Humes und Smiths Eintreten für ein »Rechtswesen, das alle gleich behandelt«[34], ist nicht besonders naiv oder unrealistisch. Ein praktikabler Begriff von Neutralität darf nicht abstrakt verstanden, sondern muß in spezifischen Zusammenhängen gesehen werden, als Unparteilichkeit zwischen bzw. Fairneß gegenüber bestimmten Parteien. Ein Protestant, dessen Eigentum durch das Edikt von Nantes gerettet wurde, hätte sich von einem philosophischen »Beweis«, daß Neutralität logisch unmöglich sei, nicht allzu beeindruckt gezeigt.[35]

Die Liberalen legten zugegebenermaßen großen Wert auf die »Formalitäten der Rechtspflege«. In diesem bescheidenen Sinne waren sie für eine verfahrensrechtliche Republik. Montesquieu schrieb, die Bürger seien zwar enttäuscht über die Langwierigkeit der Verfahren an den liberalen Gerichtshöfen, aber diese Verzögerungen seien nun einmal der Preis, den jeder einzelne für seine Freiheit bezahlen müsse. Solche ermüdenden Verzögerungen bieten die unerläßliche Gelegenheit, Rechtsprinzipien zu überdenken, die Tatsachen noch einmal zu überprüfen, erste Eindrücke zu korrigieren und aufgewühlte Emotionen zu beruhigen. Rechtliche Hindernisse und Hürden helfen irrationalen und voreingenommenen Wesen, etwas weniger emotional und parteiisch zu sein, wenn sie die geballte Macht des Staates dafür in Anspruch nehmen, das Leben eines Menschen zu zerstören.[36]

Wie dieses Beispiel zeigt, ist die Behauptung falsch, die Liberalen wären so stark verfahrensrechtlich ausgerichtet, daß sie keine substantiellen moralischen Normen anerkannt hätten. Obwohl reine Mehrheitsentscheidungen zwar eine egalitäre Norm repräsentieren, vertragen sie sich dennoch mit allen möglichen Entscheidungsinhalten. Das Mehrheitsprinzip ist, wie partizipatorisch auch immer es sein mag, stets prozedural. Eines seiner wichtigsten Vorteile ist, daß es den Inhalt der Entscheidung, die letztlich getroffen wird, nicht von vornherein festlegt. Insofern der Liberalismus eine starke Bindung an das Mehrheitsprinzip aufrechterhält, weigert er sich auch, bestimmte politische Inhalte von vornherein festzulegen. Statt dessen schafft er eine konstitutionelle Struktur, innerhalb derer die Bürger diskutieren, entscheiden und ihre Ziele erneut überdenken können.

Der Liberalismus ist jedoch weder vollständig mehrheitsrechtlich noch vollständig verfahrensrechtlich orientiert. Er erlegt der Mehrheitsentscheidung bedeutende Beschränkungen auf. So kann eine Mehrheit z. B. nicht die überstimmte Minderheit zum Schweigen bringen oder sie davon abhalten, die Mehrheitsentscheidung zu kritisieren bzw. Wahlentscheidungen auf rechtlichem Wege rückgängig zu machen. Daher sollte es nicht überraschen, daß die vom Liberalismus übernommenen Verfahrensweisen alles andere als amoralisch oder moralisch neutral sind, sondern auf entscheidende Weise dazu beitragen, den moralischen Inhalt der getroffenen Entscheidungen zu beeinflussen. James Harringtons Geschichte von den zwei Mädchen, die einen Kuchen gebacken haben, ist in diesem Sinne ein geeignetes Beispiel für den Liberalismus. Das eine Mädchen schneidet den Kuchen und teilt ihn in zwei Stücke, und das andere Mädchen darf sich aussuchen, welches Stück es haben möchte. Nicht nur ist dieses Vorgehen fair an sich, es ist auch so angelegt, daß es ein faires *Ergebnis* hervorbringt. Die liberale Unparteilichkeit ist also weit davon entfernt, hohl, inhaltsleer und moralisch nichtssagend zu sein, sie ist vielmehr ein weiterer bedeutender Ausdruck des liberalen Engagements für einen egalitären Begriff des Rechten.

Auch die liberalen Argumente für die Gewaltenteilung unterstreichen diesen Sachverhalt. Die Gewaltenteilung soll nicht nur einfach die Macht der Regierung selbst beschränken, sondern sie soll die Art der Entscheidungen beeinflussen, die die Regierung treffen wird. Wenn die Funktionen der

Regierung aufgeteilt werden, dann können alle Abteilungen nur in Zusammenarbeit mit den anderen handeln. Jede Abteilung kann wiederum nur dann mit der Unterstützung der anderen rechnen, wenn ihre Handlungen unparteiisch und in Übereinstimmung mit den geltenden Gesetzen stehen. Sowohl Montesquieu als auch Locke lassen darüber keine Zweifel aufkommen. Wenn die gesetzgebende Gewalt auch die Macht besäße, das Recht durchzusetzen, dann könnte sie der Versuchung erliegen, unterdrückerische und ungerechte Gesetze zu erlassen. Der liberale Konstitutionalismus zielt also mit seiner Trennung von Legislative und Exekutive darauf ab, eine derartige Gesetzgebung zu verhindern. Weil Legislative und Exekutive nicht in einer Hand sind, wird der Gesetzgeber wahrscheinlich erst gar keine Gesetze entwerfen, die er nicht auch auf sich selbst angewendet sehen will. Die Gewaltenteilung macht es daher, auch wenn sie formalistisch und verfahrensrechtlich ist, weniger wahrscheinlich, daß jemand sich selbst vom Gesetz ausnimmt. Ihr Ziel ist moralisch, und zwar in einem substantiellen Sinn. Sie ist darauf angelegt, maßvolle und gerechte Gesetze hervorzubringen.[37]

Die antiliberale Kritik an der Idee der Neutralität enthält abgesehen davon, daß sie historisch unzutreffend ist, auch noch einen boshaften Nebensinn: Den Intoleranten Toleranz aufzuzwingen, sei auch eine Form der Intoleranz, und jede Form der Intoleranz sei gleichwertig. Kant schrieb, es sei die Pflicht der Regierung, »zu verhüten, daß nicht einer den anderen gewaltthätig hindere, an der Bestimmung und Beförderung [seines Seelenheils] nach allen seinem Vermögen zu arbeiten«.[38] Die Antiliberalen behaupten, daß ein solches Vorgehen alles andere als unparteiisch sei. Es bestehe, so sagen sie, kein Unterschied zwischen einem einzelnen, der seine Überzeugungen anderen gewaltsam aufzwingt, und einer demokratischen Regierung, die ihn gewaltsam daran hindert, seine Überzeugungen anderen gegenüber gewaltsam durchzusetzen. Zugegeben, das letztere Vorgehen ist nicht vollständig »neutral«; wir können auf den Begriff »Neutralität« unter Umständen verzichten. Wenn wir das allerdings tun, werden wir ganz einfach einen anderen Begriff finden müssen (vielleicht »Unparteilichkeit«?), der die wichtige Unterscheidung, auf die es hier ankommt, umfaßt.

Die liberale politische Tradition kümmert sich außer um das Problem der Ungerechtigkeit vor allem darum, wie zu verhindern ist, daß moralische Konflikte sich zu massenhafter Gewaltanwendung ausweiten. Die Liberalen schlagen zwei Lösungen für dieses Problem vor: die Säkularisierung der Politik und die Gleichheit aller Bürger vor dem Gesetz. Verschiedene Gruppen können Glück auf unterschiedliche Weise definieren, solange jeder die zentrale liberale Norm der Fairneß anerkennt: daß es keine Möglichkeit gibt, sich selbst auszunehmen. In beschränktem Maße heißt das, daß der liberale Staat versucht, seinen Bürgern subjektive Ideale vorzugeben: Vernünftigkeit, Anerkennung des anderen und Gewaltverzicht bei der Beilegung von Streitigkeiten. Andererseits gibt er Individuen und Gruppen einen breiten Handlungsspielraum, ihr Glück auf eigenen Wegen zu suchen.

Fairneß ist möglich, auch wenn man keine reine oder vollkommene Neutralität erreichen kann. *Selektive Neutralität* ist weder logisch inkonsistent noch politisch instabil. Liberale politische Systeme sehen zwar von einigen moralischen Fragen ab, aber nicht von allen. So ist die liberale Regierung einerseits verfassungsmäßig daran gebunden, sich aus der individuellen Entscheidung, welcher Kirche (welchem Guten) man angehören will, herauszuhalten. In bezug auf eine ansehnliche Anzahl anderer moralischer Entscheidungen, die der einzelne zu treffen hat (das Rechte), ist sie aber andererseits ganz und gar nicht neutral bzw. unparteiisch. Um ein ganz offensichtliches Beispiel zu nennen: Mord ist sowohl aus moralischer als auch aus rechtlicher Sicht Unrecht. Der liberale Staat verhält sich gegenüber Mördern und ihren Opfern nicht neutral, er hält sich nicht soweit zurück, daß er das Prinzip *Chacun à son goût* verfechten würde. Die Liberalen waren nicht der Ansicht, daß das Verlangen, zu morden, genausoviel Achtung verdiene wie das Verlangen, nicht ermordet zu werden. Locke argumentiert, daß der Mörder »durch die ungerechte Gewalt- und Bluttat, die er an einem Menschen begangen [...], der gesamten Menschheit den Krieg erklärt und deshalb wie ein Löwe oder Tiger vernichtet werden darf, wie eines jener wilden Raubtiere, mit denen der Mensch weder in Gemeinschaft noch in Sicherheit leben kann.«[39] Die »Neutralität« des liberalen Staates ist folglich bei weitem nicht absolut, sie ist vielmehr ganz bewußt und mit voller Absicht selektiv. Wer sich auf das heftigste selbst von den allgemeinen Gesetzen ausnimmt, wird von den liberalen Autoritäten keineswegs nachgiebig behandelt. Die Toleranz gegenüber verschiedenen Glücksvorstellungen ist liberal. Aber Intoleranz gegenüber denjenigen, die sich selbst eklatant zu Ausnahmen von den Regeln erklären, ist genauso liberal.

Primat der instrumentellen über die moralischen Beziehungen?

Nach Taylor scheint der »prozedurale Liberalismus [...] eine Formel für eine instrumentelle Gesellschaft« zu sein. Auch dieser Vorwurf ist wohlbekannt. So stimmt auch Unger damit überein, daß »eine manipulative Sicht von Handlungen aus einem instrumentellen Begriff des Wissens« folge, den der Liberalismus verfechte. Mit anderen Worten, die »instrumentelle Vernunft« führe zu »einer zunehmenden technischen Kontrolle der Natur und der sozialen Beziehungen«. Und weiter: »Die manipulative Einstellung zur natürlichen Welt«, die so kennzeichnend für die moderne Wissenschaft sei, fördere »eine manipulative Einstellung zur Gesellschaft«, die dem Liberalismus entspreche. MacIntyre denkt an etwas Ähnliches, wenn er »die Vorherrschaft des Manipulativen in unserer Kultur« kritisiert.[40] In einer wahrhaft liberalen Gesellschaft, so fordert man uns auf zu glauben, sprechen die einzelnen nicht von gleich zu gleich miteinander, haben keine gemeinsame Erfahrungen, werden weder miteinander alt noch streben sie nach gemeinsamen moralischen Zielen. Statt dessen betrachten sie einander als Mittel für ihre jeweils egoistischen und gewöhnlich materialistischen Zwecke. Allerdings ist es aus verschiedenen Gründen nicht überzeugend, den Liberalismus mit zunehmenden instrumentellen oder manipulativen Beziehungen in Verbindung zu bringen.

Erstens wurden instrumentelle Beziehungen nicht ursprünglich von liberalen Theoretikern oder auch nur Bewunderern der modernen Naturwissenschaft in die Gesellschaft eingeführt. Ein typisches Beispiel ist etwa 1. Korinther 11, 3–16: »Auch wurde ja der Mann nicht um der Frau willen geschaffen, vielmehr die Frau um des Mannes willen.« Nicht die Liberalen waren es, die Unterdrückung, Ausbeutung, Einschüchterung, Kräftemessen und Terror erfanden; sie erfanden auch nicht den Krieg, in dem das Leben der einzelnen mit Berechnung der Verfolgung politischer Ziele geopfert wird.[41] Schließlich kann die Sklaverei mit guten Gründen als die instrumentellste Beziehung zwischen Menschen überhaupt betrachtet werden; und noch bevor es den Liberalismus gab, machten siegreiche Gruppen ihre schwachen und unterlegenen Nachbarn zu dienstbaren Sklaven. Gerade die Liberalen waren es, die diese seit jeher bestehende Praxis kritisierten.

Lockes politische Entwürfe gründeten vielmehr auf der Überzeugung, daß wir nicht »einzig zum Nutzen des anderen geschaffen« seien. Er wies eigens darauf hin, daß Eltern ihre Kinder nicht besitzen und daß niemand das Recht und die

Gewalt hat, »einen Verbrecher [...] so zu behandeln, wie es seiner hitzigen Leidenschaft und der unbegrenzten Zügellosigkeit seines Willens vielleicht entspricht.« Kein Leser von Montesquieus *Persischen Briefen* käme auch nur auf den Gedanken, die Liberalen bewunderten instrumentelle Beziehungen. Usbeks Eunuchen werden darin als bloße Werkzeuge und insofern als die Quintessenz menschlicher Erniedrigung dargestellt. Smith argumentierte ausdrücklich, daß man andere Menschen nicht »wie Schachfiguren« behandeln könne, und auch Kants Imperativ, wir sollten die Menschen »jederzeit zugleich als Zweck, niemals bloß als Mittel« betrachten, war ebenso liberal, weil anti-instrumentell.[42] Alle klassischen liberalen Theoretiker waren sich darin einig, daß die Bürger nicht als bloße Werkzeuge oder Materialien in den Händen ihrer Herrscher behandelt werden sollten.

Mehr noch, keine andere Ideologie hat jemals in dem Maße wie der Liberalismus gegen instrumentelle Beziehungen Stellung bezogen. Der einzelne sollte nicht bloß als Schachfigur in seiner Familie, Gruppe, Kirche, für den Staat oder ihm gesellschaftlich vorgeordnete Personen gelten. So hat etwa eine junge Frau auch dann einen moralischen Wert, wenn sie ihrer Gruppe nicht dadurch dient, daß sie Kinder in die Welt setzt. Gerade diese Ent-Instrumentalisierung des einzelnen kritisiert Taylor als »Atomismus«. Aber im Gegensatz zu seiner These, ist die Ent-Instrumentalisierung des Individuums keineswegs als bösartig selbstsüchtig zu bezeichnen, denn sie bezieht sich ja auf alle Menschen gleichermaßen.

Darüber hinaus widersprechen sich die Antiliberalen selbst, wenn sie den Liberalismus einerseits beschuldigen, instrumentelle Beziehungen zu bevorzugen, und ihm andererseits vorwerfen, er verteidige die Rechte des Individuums und fördere den Skeptizismus. Man kann nicht gleichzeitig gegen liberale Rechte eingestellt sein und aufrichtig Manipulation verabscheuen.[43] Schließlich wurden die Rechte entworfen, um unerwünschte und unterdrückerische Manipulation zu verhindern, während der politische Skeptizismus sich gegen die Manipulation durch Zensurbehörden und andere selbstgewisse Geisteswächter richtete.

Allerdings enthält die These von der Verbindung zwischen Liberalismus und instrumentellem Denken einen schwachen Abglanz der Wahrheit. Die Liberalen kritisierten wiederholt, daß Mönche und Aristokraten nichts *Nützliches* zur Gesellschaft beitrugen. Allgemeiner gesagt, waren die Liberalen für das Nützliche statt für das Verschwenderische, das Heilige oder das bloß Traditionelle. Sie betonten das Zweck-Mittel-Denken als eine Methode, willkürliche Staatsgewalt zu beschränken und zu rationalisieren. Locke schrieb: »Wenn etwas nicht für die Republik nützlich ist, [...] dann darf es nicht sofort als Gesetz eingeführt werden.«[44] Da religiöse Intoleranz politisch nicht von Nutzen ist, wird sie ausgeschlossen, oder um es anders zu wenden, Locke verband das instrumentelle Denken mit begrenzter Herrschaft.[45]

Um ein anderes Beispiel zu zitieren: Die einzig legitimen Gründe für Strafe sind »Wiedergutmachung und Abschrekkung«. Strafe sollte für die Menschheit nützlich sein und nicht als Ventil für persönliche Haßgefühle dienen, sie sollte nur leidenschaftslos und mit Bedacht angewandt werden. Das ist eines der Hauptthemen in Beccarias *On Crimes and Punishment.* Die Forderung nach der Nützlichkeit von Strafe zog die Forderung nach sich, daß sie weniger willkürlich und weniger schwer werden sollte. Beccaria war vorsichtig genug, Nützlichkeit in einem negativen Sinne zu definieren: Sie beruhe nicht auf der Güte Gottes, sondern auf Güte aus einer rein menschlichen und daher beschränkten Sicht. Diese instrumentelle Herangehensweise an Strafe wurde durch nichtinstrumentelle Überlegungen ergänzt und ausgeglichen. Alle Liberalen, auch Beccaria, waren sich einig darüber, daß nur derjenige bestraft gehöre, der das Gesetz übertreten habe.

Kant formulierte diesen anti-instrumentalistischen Grundsatz außerordentlich klar: »*Richterliche Strafe* [...] kann niemals als Mittel, ein anderes Gute zu befördern, für den Verbrecher selbst oder für die bürgerliche Gesellschaft, sondern muß jederzeit nur darum wider ihn verhängt werden, *weil er verbrochen* hat.«[46]

Kapitel 16
VERBRECHEN DER VERNUNFT?

Die Antiliberalen bringen den Liberalismus gewöhnlich mit einem extremen Rationalismus in Verbindung. Den Rationalisten sagt man nach, sie glaubten, daß die menschliche Vernunft stark genug sei, um einen Plan für die bestmögliche Gesellschaftsordnung zu entwerfen, und daß die Menschen mit rationalen Argumenten von diesem Entwurf überzeugt werden könnten. Die Kritiker eines extremen Rationalismus halten dagegen, daß die Vernunft zu schwach für diese Aufgabe sei, wenn man bedenke, wie komplex das gesellschaftliche Leben sei, und daß die Menschen eher unter dem Einfluß von Leidenschaften und Interessen stünden als unter dem von rationalen Argumenten. Die direkteste Entgegnung auf diesen Vorwurf lautet, daß die Liberalen keine extremen Rationalisten waren, daß vielmehr manche von ihnen sogar Antirationalisten waren, vor allem die Anhänger Humes, zu denen auch die Väter der amerikanischen Verfassung gehörten. Eine genauere Antwort jedoch erfordert, daß wir die verbreitetsten Versionen dieses Vorwurfs, von denen die eine sich gegen die Aufklärung im allgemeinen, die andere gegen die Naturwissenschaften im besonderen richtet, näher betrachten müssen.

Kapitel 16

Dialektik der Aufklärung

Die Aufklärung ist Schmitt zufolge zutiefst heuchlerisch: »[...] heute [ist] der schrecklichste Krieg nur im Namen des Friedens, die furchtbarste Sklaverei nur im Namen der Freiheit und die schrecklichste Unmenschlichkeit nur im Namen der Menschheit möglich.« Es hat den Anschein, als führten die Ideale des Liberalismus zu genau entgegengesetzten Praktiken. Es ist gleichgültig, so könnte man diese Ansicht zusammenfassen, ob die Liberalen eine gute Gesellschaft errichten *wollten*, tatsächlich haben sie eine menschliche Katastrophe herbeigeführt.

Die These vom Paradox der Aufklärung, die die Diskussion über den Liberalismus zutiefst geprägt hat, wird in gemäßigten und extremen Ausprägungen vertreten. In ihrer extremen Variante hat bereits Rousseau sie aufgestellt, und in Strauss' Paraphrasierung der Abhandlung, die Rousseau 1750 bei der Akademie in Dijon einreichte, lautet sie: »Die Aufklärung ebnet den Weg zum Despotismus.« Eine andere Quelle für den Vorwurf, der Rationalismus bringe politische Katastrophen hervor, speist sich aus den Werken von de Maistre und Louis de Bonald. Sie waren wirksame Propagandisten, die erfolgreich den Mythos von der direkten Verbindung zwischen der Tätigkeit der Aufklärungsphilosophen des 18. Jahrhunderts und der revolutionären Schreckensherrschaft in Frankreich verbreiteten. Es ist erstaunlich, in welchem Ausmaß diese unüberzeugende Vorstellung auch noch auf spätere Antiliberale wirkte. So finden die Thesen der katholischen Anti-Aufklärer auch noch, ob bewußt oder unwillentlich, in Christopher Laschs Argumenten Widerhall. Auch er ist der Ansicht, der »revolutionäre Terror« sei »vielleicht das dauerhafteste Erbe der Aufklärung« gewesen. Kaum war die Vorstellung von der »Dialektik der Aufklärung« einmal entstanden, konnte sie sich wegen des Anscheins einer paradoxen Tiefsinnigkeit offenbar ganz allein erhalten. Unger, der ein eher befangener Erbe dieser katholischen Tradition des 19. Jahrhunderts ist, stellt ebenfalls eine verborgene Ähnlichkeit zwischen Rationalität und Brutalität fest. Er schreibt schlicht: »Der Legalismus und der Terrorismus, die Verpflichtung auf Gesetze und die Verführung zur Gewalt, sind miteinander rivalisierende Brüder, aber sie sind nichtsdestotrotz Brüder.«[1] Foucaults These, daß die physische und psychische Mißhandlung der Geisteskranken eine logische Konsequenz der modernen Idee der Vernunft sei, ist ein weiteres und noch bekannteres Beispiel dieser verbreiteten Ansicht.

Die Argumente für eine Dialektik der Aufklärung nehmen in Amerika viele Formen an. Einer Version zufolge zerstört der Liberalismus die Religion und lenkt den angeborenen Idealismus des Menschen auf die Bahnen politischer Utopien, d. h. auf die Bahnen jener revolutionären Gewalt, die die liberalen Institutionen zerstört. Das keinen religiösen Einschränkungen unterliegende Individuum wird zum Amokläufer. Einer anderen Version zufolge führt der wissenschaftliche Fortschritt zu einer Spezialisierung und diese zur Vernachlässigung des wahrhaft Bedeutenden, was wiederum zur Aushöhlung der Zivilisation und somit zum Ende des Fortschritts führe.

MacIntyres Version der Dialektik der Aufklärung steht stellvertretend für viele andere. Wer eine angeborene Gruppenidentität und unhinterfragbare religiöse Überzeugungen leugnet, so behauptet er, kann nichts an deren Stelle setzen. Kant versuchte neben vielen anderen, universale moralische Prinzipien aufzustellen, die sich auf, unabhängig von ihrem kulturellen Erbe und ihrer sozialen Herkunft, alle rationalen menschlichen Wesen bezogen. Aber dieser Universalismus verlangte dem Menschen zu viel (oder zu wenig?) ab und war zum Scheitern verurteilt. Nach dem unweigerlichen Scheitern der liberal-kosmopolitischen Ethik wurde der durchschnittliche »nach-aufklärerische Mensch« unweigerlich dem Nihilismus in die Arme getrieben, da er seinem traditionellen Kokon entrissen und der traditionellen Führung in moralischen Fragen beraubt war. Die Fähigkeit der Vernunft, moralische Normen zwar zerstören, nicht aber schaffen zu können, erklärt, warum Nietzsche in so kurzem Abstand auf Kant folgte.[2]

Ähnlich wie de Maistre wirft Unger der empirischen Wissenschaft vor, sie erniedrige den Menschen. Er erklärt auch, der Liberalismus sei »als Revolte gegen die alten Behauptungen und Machtansprüche der Theologie« entstanden. Daher habe der militante Säkularismus die Dialektik der Aufklärung hervorgebracht. Mit der Entleerung des Himmels habe der Liberalismus zugleich den Weg für die »Entgöttlichung der Menschheit« geebnet.[3] Unger bezichtigt Marx dieser Sünde, so wie Maistre sie bei Robespierre beklagt hatte. Der Liberalismus, so lautet der Vorwurf, führt zwangsläufig zu ungeheurer menschlicher Arroganz und schließlich zum Terror.

Wie ernst muß man den Vorwurf tatsächlich nehmen, daß die Aufklärung, wenn sie zu weit getrieben wird, zu Schrecklichem führen muß? Diese Schlußfolgerung ist nicht gar so überzeugend, wie die Antiliberalen gerne vorgeben. Zunächst einmal entstand die Schreckensherrschaft 1793/94 in Frankreich erst, nachdem die liberalen Kräfte *besiegt* worden waren. Den Liberalismus anstelle des Jakobinertums zu beschuldigen heißt beinahe, das Opfer zum Täter zu machen.[4] Überdies fiel es den französischen Liberalen in ihren Schriften nach 1793 nicht schwer, Robespierre mit aufklärerischen Kategorien zu kritisieren: Er sei ein säkularer Priester, ein Fanatiker, ein Enthusiast. Tatsächlich wiesen die führenden Jakobiner sehr wenige exzessive – oder auch nur bescheidene – Züge von Rationalität auf. Genauer betrachtet, kommt die konterrevolutionäre Gleichsetzung von Freiheit und Terror, von Vernunft und Barbarei einem *post hoc, ergo propter hoc*-Fehlschluß gleich. Obwohl der Terror der Aufklärung folgte, hat er andere Gründe als den Erfolg der Aufklärung. Möglicherweise entstand er sogar, weil es der Aufklärung nicht gelang, Wurzeln zu schlagen.

Dem Liberalismus wird weiterhin der Vorwurf gemacht, mit der Aushöhlung der Religion und der Skepsis gegenüber religiösen Normen das gesellschaftliche Vertrauen der Menschen untereinander zerstört zu haben. Um diesem Vorwurf zu begegnen, müssen wir fragen, wann und wo denn das Vertrauen zwischen den Menschen in einer Gesellschaft gedieh? Wie stabil und geordnet waren denn die traditionellen Gemeinschaften, die die Religion »zusammenschmolz«? Während der vielen Jahrhunderte des Mittelalters waren die meisten Menschen, so scheint es, überzeugte Gläubige, und die Tradition hatte sie fest im Griff. Dennoch war ihr Leben alles andere als idyllisch und friedlich. Man kann nicht behaupten, daß sie niemals revoltierten oder daß die Urheber der Inquisition bzw. der Bartholomäusnacht säkularisierte Menschen gewesen seien, die ihren moralischen Halt im überlieferten Glauben verloren hätten. Die Fragen beantworten sich schon von ganz alleine und zeigen, daß die Unterscheidung zwischen Glauben und Unglauben nicht nahtlos mit der Unterscheidung von gemäßigtem und maßlosem Verhalten übereinstimmt, wie die Antiliberalen oft annehmen. Der Grund dafür ist ein ganz einfacher. Religiöse wie nichtreligiöse Menschen haben eine etwa gleich große Neigung, sich der Gewalt zu bedienen. Man kann allerhöchstens behaupten, daß der religiöse Skeptizismus eher als die Religion die Funktion eines gesellschaftlichen Beruhigungsmittels erfüllen kann, wie Nietzsche erklärt.[5] Hat man jemals einen gefährlichen Skeptiker getroffen? (Montaigne, um nur ihn herauszugreifen, war kein bedrohlicher Mensch.) Umgekehrt ist Gewißheit niemals ganz ungefährlich gewesen, und Zweifel waren wohl selten gefährlicher als Fanatismus und Grausamkeit. Die meisten

Menschen sind ohnehin gar nicht in der Lage, sich über lange Zeit eines Urteils zu enthalten. Der Skeptizismus ist, psychologisch betrachtet, eine instabile Einstellung, die nur schwer dauerhaft durchzuhalten ist. Aus diesem Grunde wird Massenskeptizismus sich wohl nie zu einem großen gesellschaftlichen Problem auswachsen. Davon zumindest geht der Liberalismus aus: Blinder Glaube und leidenschaftliche Gewißheit werden immer für größere Probleme sorgen als der Zweifel.

Schließlich erheben die Antilliberalen noch den Vorwurf der Spezialisierung: Der Liberalismus habe für eine Verarmung des menschlichen Lebens gesorgt, indem er eine beinahe ausschließliche Konzentration auf eintönige Arbeit und damit eine allgemeine Vernachlässigung der wichtigsten Fragen gefördert habe. Die beste Antwort auf diesen Vorwurf liefert Adam Smiths *Der Wohlstand der Nationen*. Die liberalen Theoretiker waren sich der problematischen Begleiterscheinungen bestimmter Entwicklungen durchaus bewußt, die sie aber dennoch, alles in allem, weiterhin förderten. Nach Smith hatte die Arbeitsteilung, die durch die Öffnung neuer Märkte angeregt wurde, die die hergestellten Güter aufnehmen konnten, sowohl Vor- als auch Nachteile für die Menschen. Seine Beschäftigung mit diesem Thema ist ein gutes Beispiel für den hohen Grad an Realismus der liberalen Tradition, die ihre antiliberalen Kritiker zu Unrecht übergehen. Die Arbeitsteilung führte zu einem enormen Anstieg der Produktivität, übertrug dem einzelnen eine höhere Verantwortung und stattete ihn mit einer besseren Kompetenz aus, seine Arbeit zu erledigen. Aber sie hat auch noch andere Aspekte: »Jemand, der tagtäglich nur wenige einfache Handgriffe ausführt, die zudem immer das gleiche oder ein ähnliches Ergebnis haben, hat keinerlei Gelegenheit, seinen Verstand zu üben. Denn da Hindernisse nicht auftreten, braucht er sich auch über deren Beseitigung keine Gedanken zu machen. So ist es ganz natürlich, daß er verlernt, seinen Verstand zu gebrauchen, und so stumpfsinnig und einfältig wird, wie ein menschliches Wesen nur eben werden kann.« Wirtschaftlicher Fortschritt wird um den Preis der »geistigen Trägheit« der Arbeiter, ja sogar um den Preis ihrer »geistigen Verstümmelung, Verformung und Zerstörung« erreicht. Übermäßig stark spezialisierte Arbeiter sind »unfähig, Gefallen an einer vernünftigen Unterhaltung zu finden oder sich daran zu beteiligen«, sie können ihre persönlichen Pflichten nicht beurteilen und wissen nichts über »die wichtigen und weitreichenden Interessen ihres Landes«.[6] Natürlich plädierte Smith in bezug auf diese Probleme nicht für die Abschaffung der Arbeitsteilung; statt dessen schlug er ein staatlich subventioniertes Bildungswesen vor. Dieser Vorschlag ist ein geeignetes Symbol für die wirkliche Dialektik der Aufklärung, für den liberalen Versuch nämlich, liberale Probleme mit liberalen Mitteln zu lösen, und zwar ganz im Gegensatz zu dem, was den Antiliberalen vorschwebt.

Die Beschuldigung der modernen Wissenschaft

Ein wissenschaftlicher Denkansatz, wie Smith ihn vertrat, fördert die Loslösung von geschlossenen Gemeinschaften. Kaum überraschend daher, daß viele der oben diskutierten Antiliberalen ein tiefes Mißtrauen gegenüber der Wissenschaft zum Ausdruck bringen und oftmals den Liberalismus als politischen Ausdruck der wissenschaftlichen Weltsicht bezeichnen.[7] Maistre und Schmitt äußern sich in diesem Sinne, aber auch MacIntyre, Unger und Strauss. Ihr Hader mit der wissenschaftlichen Rationalität, der dem Marxismus völlig fremd ist, ist ein wesentlicher Aspekt ihrer Abneigung gegen die liberale Politik und liberale Ideen. Die Wissenschaft ist sinnzerstörend, so behaupten sie, oder beraubt die Menschen zumindest ihrer trostreichen Illusionen. Weil die Wissenschaft universelle Gültigkeit für sich beansprucht, löst sie die Menschen aus ihren überkommenen Lebensweisen. Am meisten aber stören sich die Antiliberalen an der ihrer Meinung nach von der Wissenschaft vorgenommenen Vergöttlichung des Menschen. Die Wissenschaftler, so verkünden die Antiliberalen, versuchen, Gott zu spielen. Nach Heidegger beispielsweise »spreizt sich der Mensch« im technischen Zeitalter »in die Gestalt des Herrn der Erde« auf.[8] Solschenizyn bringt, diesem Denken nah verwandt, die wissenschaftliche Revolution mit dem »Anthropozentrismus« in Verbindung. Der moderne Rationalismus, der in der Naturwissenschaft kulminiert, spricht dem Subjekt Souveränität zu und geht davon aus, »daß der Mensch über allem steht«. Die Sünde der Wissenschaft liegt in ihrem impliziten Humanismus begründet, der darauf beruht, daß »Ich – der Mensch, großgeschrieben – die Krone der Schöpfung bin«.[9] (Auf die Schwachpunkte dieses Vorwurfs sind wir bereits weiter oben eingegangen.)

Unger wirft der Wissenschaft vor, sie verleite den liberalen Bürger dazu, die Natur nur als »einen Vorrat von Mitteln zu seiner Bedürfnisbefriedigung« anzusehen, als eine Ansammlung »externer Objekte, deren Wert in ihrer Fähigkeit liegt, die menschlichen Bedürfnisse zu befriedigen«. Damit spricht er für alle anderen Antiliberalen. Die Wissenschaft ist nichts anderes als ein Machtkampf, weniger durch Neugierde über die Welt vorangetrieben als durch das Bedürfnis, »Ereignisse im voraus zu erkennen oder sie zu kontrollieren«.[10] Es überrascht daher auch wenig, wenn der »wissenschaftliche Fortschritt die Fremdheit der natürlichen Welt noch vergrößert statt verringert«. Im liberal-wissenschaftlichen Denken »steht der Mensch als großer Manipulator der Natur und der Gesellschaft gegenüber«. Er sieht keine Grenzen und fühlt keine Ehrfurcht, eine schlechthin unerträgliche Haltung. Die Gefahren, diese Einstellung mit der Gentechnologie zum äußersten zu treiben, sind evident: »Sogar Geburt, Tod und die physischen Formen des menschlichen Lebens können entsprechend den angestrebten Zielen verändert werden.«[11] Die unkontrollierte Ausbreitung der Technik, die natürliche Folge der Wissenschaft, zeigt, daß der moderne Rationalismus »die Heiligkeit der Natur« nicht respektiert. Die Technik ist außerdem moralisch verwerflich: »Die Technik ist das Instrument und der äußere Ausdruck der manipulativen Beziehung zur Natur und zur Gesellschaft.« Die größte Erniedrigung besteht in der »Unterwerfung der Natur unter den menschlichen Willen«.[12]

Diese Äußerungen Ungers könnten genausogut von jedem beliebigen Antiliberalen stammen. Keiner von ihnen, das sollte erwähnt werden, macht irgendeinen Unterschied zwischen den einzelnen Wissenschaften. In ihrem Generalangriff auf die Wissenschaften erläutern sie nicht, ob sie an die theoretische Physik, die Meteorologie, die Evolutionsbiologie, die Geologie oder die Medizin denken. Aber immer wieder verkünden sie, daß die moderne Wissenschaft moralisch verwerflich sei und unfähig, dem Menschen zu sagen, wie er leben oder was er tun solle. Manchmal gehen sie sogar noch weiter und behaupten, daß die Wissenschaft an sich unmoralisch sei.

Ist die Behauptung wirklich überzeugend, die Wissenschaft trete großspurig und mit prometheischer Selbstüberschätzung auf?[13] Wohl kaum. Die Aufklärung erkannte durchaus die Grenzen der Vernunft und des Wissens und lehrte Bescheidenheit angesichts der Tatsachen. Weil die liberalen Theoretiker dieser Tradition angehörten, glaubten sie, der Mensch sei ein beschränktes Wesen, das nicht alles wissen und sich irren kann. Die wissenschaftliche Methode war, ähnlich wie die Formalitäten des verfahrensrechtlichen Liberalismus, teilweise darauf angelegt, die Schwächen und die Unvollkommenheit des menschlichen Verstandes auszugleichen.

Das Hauptthema eines Werkes wie Voltaires *Dictionaire philosophique portatif* ist die Unfähigkeit der Vernunft, Antworten auf bestimmte bedeutende Fragen, wie etwa die nach dem Wesen der Materie und der Seele, zu finden. Die Versuche der Scholastik, zum Wesen der Dinge vorzudringen, mußten scheitern, weil sie zu große Erwartungen an die kognitiven Fähigkeiten des Menschen stellte. Im Unterschied dazu fordert und produziert die Wissenschaft die Fähigkeit, unser unvermeidliches Nichtwissen zu tolerieren. Die Anhänger der wissenschaftlichen Revolution betrachteten Bescheidenheit als eine intellektuelle Pflicht, denn der Verstand wird sich immer irren können. Von etwas überzeugt zu sein ist noch kein Beweis dafür, daß es Gewißheit gibt.[14] Wir sollten unseren Kritikern stets Gehör schenken, denn sie könnten recht haben. Aber Hochmut kann man mit Fug und Recht jenen religiösen Manipulatoren vorwerfen, die sich als Inkarnation der Weisheit aufspielen und glauben, sie könnten dem einzelnen vorschreiben, wie seine Seele zu retten sei. Nicht Galilei oder Newton, sondern die Bibel fordert die Menschen auf, sich die Natur untertan zu machen und sie für ihre Zwecke zu benutzen (Genesis, 1, 28). Und schließlich waren die Ärzte, die vorsichtig, aber beharrlich mit Impfstoffen gegen die Pocken experimentierten, mitnichten so größenwahnsinnig und so überheblich, wie uns die Antiliberalen, aus welchen Gründen auch immer, glauben machen möchten.

Kapitel 17
DIE ENTSTELLUNG DER BEGRIFFLICHKEIT

Die Antiliberalen reißen das liberale Denken nicht nur aus seinem Zusammenhang, sondern erfinden sogar einen Kontext, der die Bedeutung der liberalen Grundsätze verfälscht. Den Schlußstein des antiliberalen Angriffs auf die Geschichte des Liberalismus bildet daher die Entstellung der Begrifflichkeit. Polemische und gegen den Liberalismus eingenommene Kritiker entstellen die Bedeutung ganz zentraler liberaler Ideen immer wieder, indem sie die Gegenbegriffe, die ursprünglich den liberalen Prinzipien Bedeutung verliehen, durch Antonyme ersetzen, die die frühen liberalen Theoretiker entweder gar nicht beachteten oder sogar ausdrücklich ablehnten. So unterziehen zum Beispiel die antiliberalen Kritiker die liberale Idee des Wettbewerbs regelmäßig einem unvorteilhaften Vergleich mit der Nächstenliebe. Aber für die klassischen Liberalen lautete der zentrale Gegenbegriff zum Wettbewerb nicht etwa Liebe, sondern: Monopol. Und wie jeder weiß, der das Verhältnis, sagen wir, eines irischen Großgrundbesitzers zu den Bauern seines Ortes untersucht hat, haben Monopole mit Liebe nicht das allergeringste zu tun. Indem die Antiliberalen also die Begriffe austauschten, gegen die die liberalen Begriffe anzugehen versuchten, machten sie die moralische und politische Motivation für die ursprüngliche liberale Verteidigung des Prinzips des Wettbewerbs unkenntlich. Mit Hilfe dieses begrifflichen Kunstgriffs, so könnte man sagen, haben das 19. und das 20. Jahrhundert zusammengewirkt, um das 17. und 18. Jahrhundert unverständlich zu machen.

Die Beispiele für den Austausch von Gegenbegriffen sind Legion, und sie sind es wert, näher betrachtet zu werden. Zunächst einmal stellen die Antiliberalen fälschlicherweise dem Skeptizismus die moralische Weisheit gegenüber. Die ursprünglichen Gegenbegriffe zum liberalen Zweifel waren jedoch falsche Gewißheit und Enthusiasmus. Das Privateigentum wird von den Antiliberalen zu seinem Nachteil mit der Barmherzigkeit verglichen, während die Liberalen selbst es als Alternative zur Eigentumskonfiskation durch die königlichen Herrscher betrachteten. Instrumentelle Einstellungen stellen die Antiliberalen kritisch moralischen Haltungen gegenüber. Wenn man sie aber, wie im 17. und 18. Jahrhundert, der Verschwendung und dem Statusdenken gegenüberstellt, erscheinen sie gleich wesentlich attraktiver. Ähnlich abträglich werden auch Rechte und Pflichten verglichen, eine Gegenüberstellung, die Rechte als engstirnig und eigennützig erscheinen läßt. Die ursprünglichen Gegenbegriffe zu den persönlichen Rechten aber waren Tyrannei, Sklaverei und Grausamkeit. Warum man aber den liberalen Kreuzzug gegen die Unterdrückung als egoistisch betrachten sollte, haben die Antiliberalen nie einsichtig machen können.

In ihrem Versuch, die liberale Theorie in Verruf zu bringen, kontrastieren die Antiliberalen auf unfaire Weise die Begriffe Vertrag bzw. Tausch mit einem wechselseitigen Altruismus. Aber der Gegenbegriff zu Tausch war nicht Solidarität, sondern eine Beziehung, in der eine Seite der anderen vollständig ausgeliefert war.[1] Ähnlicher Art ist die von den Kritikern des Liberalismus vorgenommene Gegenüberstellung von Kompromissen zwischen verschiedenen Interessen und rationalem Konsens, bei der sich die Frage stellen muß, wie sich überhaupt jemals jemand für die erste Alternative entscheiden konnte. Aber der ursprüngliche Gegenbegriff zu einem Kompromiß zwischen verschiedenen Interessen lautete nicht rationale Übereinstimmung, sondern Bürgerkrieg.

Wenn man die Befriedigung verschiedener Interessen mit einem sich aus Idealen speisenden wechselseitigen Morden vergleicht, dann erscheint sie jedoch gar nicht so unwürdig. Und genauso erschien sie den Liberalen im Europa des 17. und 18. Jahrhunderts.

Die Antiliberalen prangern die angeblich liberale Maxime »Ich kann tun, was immer ich will« als nihilistische Selbstgefälligkeit an und kontrastieren sie irreführend mit der vertrauenerweckenden Regel: »Ich werde tun, was die Moral verlangt.« Aber ursprünglich stand der Maxime »Ich tue, was ich will« der Satz gegenüber »Ich muß tun, was immer mein Herr oder meine gesellschaftliche Stellung von mir verlangen«. Die Antiliberalen vergleichen die liberale Freiheit mit Herrschaft im allgemeinen, aber die Liberalen wendeten sich lediglich gegen willkürliche Herrschaft. Eine durch Gesetze bestimmte Herrschaft betrachteten sie als die unerläßliche Voraussetzung für die Herstellung und Erhaltung einer gerechten Gesellschaftsordnung. Schließlich setzen die Antiliberalen den liberalen Individualismus durch den Vergleich mit Gemeinschaften schlechthin herab. Der Individualismus richtete sich jedoch niemals gegen alle Formen der Gemeinschaft, sondern lediglich gegen erdrückende und autoritäre Formen wie Sekten, Clans, ein Kastensystem und engstirniges Dorfleben.[2] Weil die Liberalen das Ausmaß an Fremdenfeindlichkeit und Intoleranz verringern wollten, strebten sie die Erleichterung des freien Ausdrucks der kulturellen Identität in heterogenen Gesellschaften an. Keineswegs gemeinschaftsfeindlich eingestellt, strebten sie daher ganz im Gegenteil eine spezifische Form von Gemeinschaft an, in der die Bürger jene Zusammenarbeit, Interaktion und wechselseitige Anregung genießen konnten, die ein System von für alle gleichermaßen gültige Persönlichkeitsrechten erst ermöglichte.

Weil die Antiliberalen die Gegenbegriffe zu den zentralen liberalen Begriffen durch andere ersetzen, machen sie es schwer, die Vergangenheit überhaupt zu verstehen. Sie entstellen die Motive der intelligenten und reformerisch gesinnten Theoretiker. Indem sie den Liberalismus aus seinem ursprünglichen Zusammenhang herausreißen, entradikalisieren sie ihn und verstellen seine ursprüngliche Attraktivität. Die bedeutendsten Opfer dieser Auswechslung der Gegenbegriffe sind wahrscheinlich die zentralen Kategorien des *Eigeninteresses* und der *Selbsterhaltung*. Um diese Begriffe zu diskreditieren, stellen die Antiliberalen sie einem wohltätigen Interesse an den eigenen Mitmenschen, dem Gemeinschaftsdenken und der Hingabe an moralische Ideale gegenüber. Beinahe niemand geht auf die Gegenbegriffe ein, die den liberalen Autoren zuerst in den Sinn gekommen wären – und die sich übrigens auch dem gesunden Menschenverstand als erste aufdrängen: Selbsthaß, Selbstzerstörung, Selbstkasteiung, Selbstauslöschung und *incuria sui* – die Unfähigkeit, sich für sich selbst zu interessieren. Auch sie sind »Gewohnheiten des Herzens«. Das Konzept des Eigeninteresses, das dem gemeinsamen Angriff von religiösen, autoritären, romantischen, militaristischen und sozialistischen Denkrichtungen ausgesetzt blieb, war bis Ende des 19. Jahrhunderts gänzlich unverdient in Verruf geraten. Am merkwürdigsten daran ist, daß heute der Begriff des Eigeninteresses gewöhnlich als das Gegenteil zum Gemeinnutz dargestellt wird, als ob etwas für sich selbst zu tun notwendigerweise schon einen Mangel an Patriotismus oder den Verrat an seinen Mitmenschen bedeutete.

Entgegen der vorherrschenden Mythologie hat es keinen einzigen Liberalen gegeben, der das Eigeninteresse als *Alternative* zum Gemeinnutz dargestellt hätte. Alle Liberalen zeigten sich zutiefst besorgt über »unheilvolle Interessen«, d.h. private Interessen im Unterschied zu einer gerechten Behandlung aller Menschen. Sie priesen das Eigeninteresse nur, solange es von einer Norm der Gerechtigkeit reguliert wurde, und sogar dann nur, wie Albert O. Hirschman nachgewiesen hat, weil sie es als eine praktische Alternative zu verschiedenen bösartigen Leidenschaften und Vorstellungen sowie der betrügerischen Zurschaustellung wohltätiger Motive betrachteten.[3] Um die vergleichsweise freundliche Einstellung der Liberalen zum Eigeninteresse zu verstehen, müssen wir uns nur nähere Gedanken über die ursprünglichen Gegenbegriffe dieser Vorstellung machen. Die Liberalen hofften mit diesem Begriff nicht nur, religiösen Selbsthaß und selbstverleugnenden Gehorsam gegenüber Gottes unergründlichem Willen zu überwinden, sondern darüber hinaus auch wichtige Gegenbegriffe wie Privilegien, Bevormundung, Blutrache, Neid, militärischen Ruhm und Staatsverherrlichung.[4] Die Liberalen, die sich wohlwollend über das Eigeninteresse äußerten, traten damit nicht für radikalen Eigennutz ein. Sie wollten statt dessen lediglich zu bedenken geben, daß der einzelne sich in einer nichtaggressiven und gewaltfreien Weise selbst behaupten sollte.

Ich möchte nicht unerwähnt lassen, daß die Ersetzung der Gegenbegriffe auch eine Widerspiegelung tiefgreifender gesellschaftlicher Transformationen sein kann. Sie ist nicht nur ein intellektueller Fehlschluß. Nicht immer geht sie auf die Beschränktheit und die Manipulation der Antiliberalen zurück, sondern sehr oft ist sie einfach das Ergebnis der Sprachentwicklung oder der Sorgen der Menschen. In vielen Fällen kann man sie historisch erklären und verstehen. So wurde etwa die Gegenüberstellung von Markt und Barbarei, im 17. und 18. Jahrhundert beinahe von allen Autoren anerkannt, im 19. Jahrhundert unmodern. Die Antithese zwischen Kommerz und Barbarei verlor wegen der industriellen Revolution ihre ursprüngliche Selbstevidenz, denn die zivilisierten Industriegesellschaften begannen ihrerseits, einige unangenehme »barbarische« Züge aufzuweisen. Der Allgemeinplatz der Aufklärung, Handel würde Kriege und Tyrannei ersetzen, wurde auch durch alle späteren Erfahrungen unsanft widerlegt. Obwohl also das 19. Jahrhundert das 18. falsch interpretierte, sind diese Mißverständnisse gelegentlich als Ausdruck veränderter Verhältnisse zu begreifen. Aber selbst wenn historiographische Entstellungen sich überzeugend erklären lassen, bleiben sie Entstellungen.

Schließlich könnte die Ersetzung der Gegenbegriffe noch ein Hinweis darauf sein, daß der Liberalismus zwar in der Vergangenheit eine bedeutende historische Rolle gespielt hat, diese aber heute eingebüßt hat. Er half, Aberglauben zu überwinden, Herrschaftsmonopole abzuschaffen, mit grausamen Traditionen zu brechen usw. Aber hat der Liberalismus noch eine Daseinsberechtigung, nachdem seine ursprünglichen Feinde besiegt wurden? Darauf gibt es eine sehr einfache Antwort: Zu den alten Feinden des Liberalismus, von denen ihm eine beträchtliche Anzahl erhalten blieben, gesellen sich täglich neue. Religiöser Fanatismus ist nicht von der Erdoberfläche verschwunden, genausowenig wie autoritäre Regierungen, grausame Rechtsprechung, politische Zensur, Wahlmanipulation und Unterdrückung von Minderheiten. Der Sieg über den Faschismus und der Zusammenbruch des Kommunismus haben die Welt nicht in die Hände des Liberalismus gegeben. Grund genug, sich über die antiliberalen Kräfte Klarheit zu verschaffen, mit denen der Liberalismus in der Vergangenheit konfrontiert war und auch in Zukunft konfrontiert sein wird.

SCHLUSS

Die vorliegende Untersuchung ist bedauerlicherweise ausgesprochen selektiv und unvollständig geblieben. Die wenigen hier analysierten Theoretiker repräsentieren bei weitem nicht alle bedeutenden Schulen bzw. Lager des nichtmarxistischen Antiliberalismus. Aber die detaillierte Untersuchung ihrer Schriften scheint meine ursprüngliche These zu stützen. Wenigstens in diesen Inkarnationen zeigt der nichtmarxistische Angriff auf das liberale Denken genügend Übereinstimmungen, um als Denkrichtung gelten zu können. Seine Vertreter teilen die gleichen Animositäten und kreisen ständig um die immer wieder gleichen zentralen Ideen. Wenn man ihre Bücher nebeneinanderlegt, ähneln sie eher einer durchgehenden Argumentation als einer Reihe unterschiedlicher Klagen. Wie der Liberalismus selbst – und wohl die meisten bedeutenden Denkrichtungen – weist der nichtmarxistische Antiliberalismus trotz seiner übergreifenden Einheitlichkeit eine beträchtliche Variationsbreite auf. Von vielen Autoren formuliert und umformuliert, hat sich der Antiliberalismus im Laufe der Zeit und von Land zu Land unterschiedlich entwikkelt. Diese Variationen aber vertragen sich ohne weiteres mit einer augenfälligen historischen Kontinuität und Ähnlichkeit der Angriffe, die – ob nun unabhängig voneinander oder voneinander beeinflußt – in verschiedenen nationalen Kulturen gegen den Liberalismus stattgefunden haben.

Schluß

Einheit und Vielfalt innerhalb der antiliberalen Tradition

Die Antiliberalen in dem von mir definierten Sinn nehmen eine pessimistische oder vielmehr eine »pathogenetische« Einstellung zur Entstehung der modernen Welt ein. Sie stellen sich selbst als unerbittliche Kritiker dar, die den Liberalismus mit Stumpf und Stil beseitigen wollen und ihn vorgeblich von einem Standpunkt aus kritisieren können, der vom liberalen Denken gänzlich »unbefleckt« geblieben ist. Sie drängen keineswegs – wie viele Liberale selbst – darauf, daß die liberalen Gesellschaften gerechter oder demokratischer werden und beispielsweise den Armen reale Chancengleichheit einräumen sollten. Ganz im Gegenteil, gewöhnlich führen sie die Krankheiten ihrer Gesellschaften auf die Infektion mit den theoretischen Irrtümern einer egalitär-demokratischen Philosophie zurück, die irgendwann in der Vergangenheit stattgefunden habe. Derart verknüpfen sie ihre Entlarvung der Fehler des Liberalismus mit einer Kampagne für die Rettung der Gesellschaft. Als Demontierer einer intellektuell fehlerhaften Denkrichtung geben sie sich nicht damit zufrieden, die Theorien ihrer liberalen Feinde anzufechten, sondern wollen uns, den Rest der Menschheit, zu einer gesünderen, profunderen, traditionsverhafteteren, vielleicht sogar zu einer spannenderen Welt hinführen.

Um verschiedene Varianten der gebräuchlichsten Kritikpunkte des Antiliberalismus herauszuarbeiten, habe ich mich auf zwei Typologien gestützt. Einige Antiliberale, so lautete meine Argumentation, sind im »strikten« oder »starken« Sinne antiliberal, andere eher »gemäßigt« oder »sanft«. Die Antiliberalen der ersten Gattung kritisieren den Liberalismus, weil er die unerbittliche Realität übersehe, die Antiliberalen der zweiten Gruppe, weil er verheißungsvolle Möglichkeiten ignoriere. Darüber hinaus werfen manche Kritiker dem Liberalismus vor, er lockere gesellschaftliche Zwänge, andere wiederum argumentieren, er verschärfe sie. Die ersten sind Antiindividualisten, die zweiten Superindividualisten. Obwohl sie manchmal, wenn auch auf etwas unglückliche Weise, zusammengehen, ziehen die Anti- und die Superindividualisten doch an verschiedenen Strängen. Der Unterschied zwischen ihnen liegt auf der Hand. Den Antiindividualisten mißfällt die Freizügigkeit des Liberalismus, den Superindividualisten sein Konformismus. Die Antiindividualisten beschweren sich über einen erschreckenden Mangel an Zwängen in liberalen Gesellschaften, während die Superindividualisten vor einem Übermaß an Beschränkungen und Zwängen warnen. Die ersten behaupten, der liberale Mensch sei ungläubig bzw. allzu frei; die letzteren, er sei langweilig bzw. nicht frei genug. Die Antiliberalen der ersten Gruppe preisen konventionelle soziale Rollen, weil sie moralische Orientierung und ein Zugehörigkeitsgefühl bieten. Die Angehörigen der zweiten Gruppe verurteilen soziale Rollen als unwahrhaftige Masken. Die Superindividualisten, die nach tiefer Wahrhaftigkeit und heroischer Selbstentfaltung streben, vertreten die Ansicht, die liberale Rechtsordnung erdrücke den einzelnen mit Regulierungen sowie verfahrensrechtlichen Prozeduren und ersticke ihn unter alltäglichen Banalitäten. Die Antiindividualisten hingegen, die sich nach Sicherheit und Zugehörigkeit sehnen, werfen dem Liberalismus vor, er habe alle normativen Beschränkungen und trostspendenden sozialen Bindungen aufgelöst und mache die Menschen richtungs- und bindungslos. Schließlich bringen die Superindividualisten den Liberalismus mit dem Ende aller nonkonformistischen Bedenken und abweichenden Meinungen in Verbindung, während die Antiindividualisten ihn für den Verfall jedes wirklichen Konsens verantwortlich machen.

Wir wollen uns den Antiindividualisten der »strikten« und der »gemäßigten« Ausprägung noch etwas genauer zuwenden. Die hartgesottenen, aber auch die umgänglichen Feinde des Individualismus behaupten, die Liberalen nähmen die Bedeutung des Gruppenlebens nicht wahr. Sie bemängeln das jedoch aus verschiedenen Gründen und denken auch an verschiedene Gruppen. Die »strikten« Antiliberalen, zu denen etwa Schmitt zählt, betrachten Gruppen als eine Gefahrenquelle. »Gemäßigte« Antiliberale, wie etwa MacIntyre, betrachten Gruppen hingegen als eine wärme- und sinnspendende Quelle. Die ersten konzentrieren sich auf die unerbittlichen Realitäten, die der kosmopolitische Liberalismus ignoriere, obwohl er sich damit selbst in Gefahr bringe. Die letzteren betonen die moralisch tröstenden Bindungen, die der kosmopolitische Liberalismus verachte und dadurch aushöhle. Die »Hardliner« betrachten gewalttätige Konflikte zwischen in sich solidarischen Gruppen als eine der Hauptrealitäten des politischen Lebens. Die gemäßigten bzw. kommunitaristischen Vertreter hingegen romantisieren die »Wurzeln« oder die »Verwurzelung des Menschen«, ohne allzu viele Gedanken darauf zu verschwenden, welche Probleme sich zwischen rivalisierenden und einander feindlich gesinnten Gemeinschaften ergeben können. Die »strikten« Antiindividualisten denken in einem Schema von Außenseitern versus Zugehörige und übersehen nie die Schattenseite der Solidarität, nämlich die Vernachlässigung der Menschen, die nicht der Gruppe angehören, was sich bis zur Feindseligkeit steigern kann. Sie erkennen, daß Gruppen, die sich auf die Treue ihrer Mitglieder verlassen, auch der Gefahr des Verrats ausgesetzt sind. Die gemäßigten Kritiker des Individualismus stellen sich die von ihnen geliebte Gemeinschaft friedlich, angesiedelt in einer menschenleeren Gegend, vor. Sie schenken dem Schicksal der Menschen, die nicht dieser Gemeinschaft angehören, keine Beachtung und ignorieren gewalttätige Konflikte zwischen einander feindlich gesinnten Gruppen. Aber diese Auslassungen sind eher unschuldigen als bösartigen Ursprungs. In ansprechender Weise und in stillschweigender Entgegnung auf den Faschismus demilitarisieren die »gemäßigten« Kommunitaristen die Ideale der »Tapferkeit« und der »Gemeinschaft« und benutzen diese gemäßigten Vokabeln anstelle der von ihren Vorgängern benutzen Begriffe »Männlichkeit« und »Volk«. Aus diesem Grunde erscheinen sie naiv und harmlos, was dem »strikten« Antiindividualisten nie gelingt.

In den Angriffen der Superindividualisten hingegen wird dem Liberalismus nachgesagt, er ignoriere Größe, Selbstverwirklichung, Tapferkeit, die Entfaltung des menschlichen Potentials und die Möglichkeit der freien Selbstentfaltung. Die »strikten« Superindividualisten, wie etwa Strauss, behaupten, die Talente der Vortrefflichen verkümmerten in einer liberalen Gesellschaft, da die in ihr herrschenden egalitären Normen forderten, daß niemand sich selbst zu einer Ausnahme mache. Die Superindividualisten ordnen die richtige Handlung, auf die die Liberalen besonderen Wert legen, einem persönlichen Ideal des guten Lebens unter, das nur einige wenige Menschen erreichen können. Die eher »gemäßigten« Superindividualisten, wie Unger, protestieren zwar auch im Namen der Selbstverwirklichung und des Ausdrucks der eigenen Persönlichkeit gegen die Gesetzesherrschaft, aber ebenso großzügig wie naiv schlagen sie vor, jeder solle ein Held sein, Überlegenheit könne es auch ohne Unterlegenheit geben. Daher bedenken sie nie die Schattenseite eines heldenhaften Lebens und das Schicksal derjenigen, die keine Helden sind. Die »gemäßigten« Superindividualisten siedeln die Unterscheidung zwischen dem »guten« und dem »schlechten Leben« auf einer moralischen Ebene an, die der liberalen Unterscheidung zwischen »richtigen« und »falschen Handlungen« überlegen sei. Aber anders als die strikten Superindividualisten sind sie sich nicht im klaren über die antiegalitären Implikationen der Unterscheidung eines guten von einem schlechten Leben. Sie nehmen nicht zur Kenntnis, daß diese

Unterscheidung, wenn man sie ernsthaft zur Grundlage einer politischen Ordnung erhebt, die politische Unterlegenheit all jener mit sich bringt, die »das Gute« nicht verstehen können oder nicht in der Lage sind, es in ihrem Leben zu verwirklichen. Daher erscheinen sie naiv oder harmlos, was den »strikten« Superindividualisten nie gelingt.

Diese beiden Gruppen von Dichotomien erweisen sich als hilfreicher Ausgangspunkt, um die hier untersuchten Theoretiker einzuordnen und zu vergleichen. Um die Einheitlichkeit und zugleich die Variationen innerhalb der antiliberalen Denkrichtung gründlicher zu erforschen, bietet sich die Frage an, wie diese Kulturkritiker auf die unterschiedlichsten kontroversen Themen reagieren würden. Wie stehen sie zum Hedonismus und zum Konsumismus, zur Wissenschaft und Technik? Andere wichtige Themen, zu denen man ihre Ansichten untersuchen kann, sind der Kosmopolitismus, ethnische Identität, das Heilige, Ehrfurcht, Autorität, Gewalt und Opfer.

Wenn wir uns diese Liste vor Augen halten, können wir uns an eine detailliertere vergleichende Analyse machen. Schmitt z. B. ist für Autorität, während Unger sie ablehnt. MacIntyre ist religiös und glaubt, wir Menschen bräuchten den göttlichen Beistand, um unsere natürlichen Tugenden zu vervollkommnen, Strauss hingegen würde sich beiden Ansichten widersetzen. Schmitt bevorzugt den Typus des entschieden handelnden Mannes, Strauss den des tiefen Denkers. MacIntyre preist die überkommenen Traditionen, Unger verachtet sie. Maistre beschäftigt sich ununterbrochen mit dem Thema Gewalt, wohingegen die Kommunitaristen suggerieren, es gäbe gar keine Zwänge. Unger macht sich Sorgen über die Unterordnung des Individuums unter eine Gruppe, MacIntyre verschwendet keinen Gedanken an dieses Thema. Maistre greift folgerichtig und logisch konsequent die Abstraktheit der liberalen Rechte an, um die Norm der Gleichheit zu diskreditieren. MacIntyre und Unger greifen hingegen die Abstraktheit der liberalen Rechte an und verteidigen, logisch inkonsequent, die Norm der Gleichheit. Tatsächlich werden die Differenzen zwischen den Antiliberalen immer größer, je mehr wir ins Detail gehen.

Aber auch ihre Gemeinsamkeiten treten immer mehr in den Vordergrund. Trotz augenfälliger Unterschiede sind den oben diskutierten Antiliberalen ein Argumentationsstil und ein und derselbe Feind gemeinsam. Sie alle verdammen die moderne Gesellschaft, verachten den hedonistischen Materialismus und den abstrakten Universalismus. Sie alle bringen den Liberalismus mit geistiger Verarmung und Sinnverlust in Verbindung. Sie alle, und da machen auch die Superindividualisten keine Ausnahme, behaupten, die moderne Wissenschaft stelle eine erbärmliche Vergöttlichung des Menschen dar. Und sie alle denken, vor allem grobe theoretische Irrtümer seien für einschneidende gesellschaftliche Mängel verantwortlich. Zudem setzen sie ihre vermeintliche Entlarvung dieser theoretischen Irrtümer mit den Bemühungen um gesellschaftliche Errettung gleich. Die meisten von ihnen würden Solschenizyns Warnung vor der »fürchterlichen Verirrung der Aufklärung« zustimmen, womit »die Misere eines autonomen, irreligiösen humanistischen Bewußtseins« gemeint ist. Der säkularisierte Humanismus sei die Wurzel des liberalen Übels. Zu Beginn der Neuzeit habe »eine umfassende Emanzipation vom moralischen Erbe der christlichen Jahrhunderte stattgefunden, vom Erbe der vorangegangenen tausend Jahre«. Auf diese »Abweichung« führen die meisten Antiliberalen die abstoßenden Übel der liberalen Gesellschaft zurück.

Natürlich ist Solschenizyn eine außergewöhnliche Figur, denn anders als die im vorliegenden Buch diskutierten Autoren ist sein Denken von russischen Kritikern der westlichen Zivilisation aus dem 19. Jahrhundert geprägt. Dennoch strotzen seine Werke vor Formulierungen, die auch solchen Lesern merkwürdig bekannt vorkommen, die mit dem slawischen Gedankengut ganz und gar nicht vertraut sind. Betrachten wir als letztes Beispiel seinen Angriff auf die materialistische Euphorie: »Wir sind rettungslos in unsere sklavische Bewunderung alles dessen, was angenehm, bequem, materialistisch ist, verstrickt – wir beten Gegenstände, Waren an.« Wegen des humanistischen Liberalismus »ist alles das, was über das körperliche Wohlergehen und die Anhäufung materieller Gegenstände hinausgeht, alle feiner und höher gearteten menschlichen Bedürfnisse und Eigenschaften, aus dem Verantwortungsbereich des Staates und des Wohlfahrtssystems ausgeschlossen worden, als hätte das menschliche Leben keine tiefere Bedeutung.«[1] Genau diese These findet sich auch, erstaunlich ähnlich formuliert, in den Werken von de Maistre, Schmitt, Strauss, MacIntyre und Unger wieder. Ihre bemerkenswerte Übereinstimmung zu diesem Thema, sowohl im Denken als auch in der Sprache, legt die Vermutung nahe, daß die Antiliberalen trotz der vielen Unterschiede, die zwischen ihnen bestehen, eng verwandt miteinander sind, oder anders gesagt, daß sie Vertreter ein und derselben Denkrichtung sind. Sie sind ein Sprachrohr dieser Denkrichtung, ob sie es wissen oder nicht.

Ein neuer Blick auf den Liberalismus

Wie kritisch eine Untersuchung dieser widerstandsfähigen und variationsreichen Denkrichtung auch sein mag, sie kann nicht nur darin bestehen, ihre Thesen auseinanderzunehmen und sie zu widerlegen. Indem man Entgegnungen auf die Hauptvorwürfe gegen die liberale Theorie formuliert, wie sie von deren erbarmungslosesten Kritikern vorgebracht werden, kann man viel über den Liberalismus selbst erfahren. Mehr noch, man kann lernen, ihn mit neuen Augen zu sehen.

Maistre etwa lehrt uns, die metaphysische Radikalität des Liberalismus zu schätzen. Vom Standpunkt einer vorliberalen bzw. christlichen politischen Theorie aus erklärt er das Konzept der menschlichen Selbstbestimmung für inkohärent. Die Menschheit sei von Natur aus heteronom. Die Macht, bindende Verpflichtungen zu bewirken, beinhalte immer auch schon die Macht, diese Verpflichtung zu lösen. Diese Maxime bedeutet zugleich, daß eine Gesellschaft sich nicht wirksam selbst verpflichten kann. Nur eine übermenschliche Kraft kann die Menschen dazu zwingen, sich selbst zu beschränken, ihre Versprechen zu halten und dem Gesetz zu gehorchen. Der liberale Konstitutionalismus repräsentiert von diesem Standpunkt aus betrachtet das hoffnungslose Unterfangen, sich selbst an den Haaren aus dem Sumpf zu ziehen, den vergeblichen Versuch hochmütiger Menschen, sich selbst an einen politischen Rahmen zu binden, ohne die Hilfe einer kosmischen Kraft bzw. eines »zwingenden Gottes«.

Maistre hatte unrecht mit seiner Voraussage, die Säkularisierung werde zu einer lächerlichen Instabilität und dem schnellen Verfall aller konstitutionellen Systeme führen, aber er hatte recht, als er die Kühnheit und die Originalität der liberalen Idee hervorhob. Ohne in besonderer Weise auf die Hilfe Gottes oder religiöse Mythen zurückzugreifen, ist es Menschen mit unvollkommener Vernunft gelungen, sich gemeinsam und vergleichsweise dauerhaft zu beschränken, sich selbst auf einen nur schwer veränderlichen Verfassungsrahmen zu verpflichten, und das alles, um Zusammenarbeit, Zusammenleben und gemeinsame Ziele zu fördern. Wie de Maistre erkannte, war niemals zuvor Herrschaft auf diese Weise legitimiert worden. Die Herrscher und die Gesetze einer derartigen Gesellschaft werden nicht deshalb akzeptiert, weil sie sakrosankt oder unveränderlich wären; ganz im Gegenteil, sie werden akzeptiert, *weil sie verändert werden können.*[2] De Maistres verächtliche Bemerkungen lenken unsere Aufmerksamkeit auf den Wagemut und die Unvorhersehbarkeit dieser ganz und gar neuartigen Grundlage für politischen Konsens.

Wer etwas über den Liberalismus erfahren will, kann auch aus der kritischen Lektüre Schmitts eine Menge lernen. Seine unerbittliche Betonung der militärischen Schwäche der liberalen Staaten macht uns auf das genaue Gegenteil aufmerksam, auf ihre beachtliche Fähigkeit nämlich, Ressourcen für militärische wie auch für andere kollektive Ziele zu mobilisieren. Parlamentarische Regierungen, so beweist die Geschichte, vermögen weit mehr, als alles zu zerreden. Auch Schmitts Neigung, den Liberalismus mit Anarchie in Verbindung zu bringen, erinnert uns, ohne daß dies seiner Intention entspräche, an die positive Haltung, die alle klassischen Liberalen gegenüber der staatlich ausgeübten Herrschaft des Gesetzes einnahmen. Seine Behauptung, der Zweck liberaler Verfassungen sei ausschließlich, im Namen von Persönlichkeitsrechten den Staat zu schwächen, veranlaßt uns, das Gegenteil zu betonen: Liberale Verfassungen versuchen, die Macht des Staates so zu gestalten, daß ein möglichst freier Informationsaustausch gewährleistet ist und möglichst durchdachte, angemessene Entscheidungen getroffen werden. Auch Schmitts Verknüpfung des Liberalismus mit der Vorstellung von »endlosen Diskussionen« weist uns im Gegenteil auf die klarsichtige, praktische Natur der meisten liberalen Ziele hin, auf ihr Bestreben etwa, Korruption innerhalb der Regierung so weit wie möglich zu verhindern. Und schließlich hilft seine wiederholte Behauptung, die liberale Politik gründe auf einer optimistischen Anthropologie bzw. einer Verleugnung der Erbsünde, den speziellen Pessimismus zu erkennen, der den Kern des liberalen Konstitutionalismus ausmacht. Die Liberalen sind keine Optimisten, sondern umfassende Pessimisten: nicht nur die Beherrschten, sondern auch die Herrscher müssen beherrscht werden.

Die Radikalität des liberalen Säkularismus wird uns erneut bewußt, wenn wir Strauss' Thesen bedenken. Entgegen der traditionellen politischen Theorie, die die einheitsstiftende Kraft des religiösen Glaubens betonte, behaupteten die Liberalen, daß eine Gesellschaft durch säkulare Normen und gemeinsame Interessen »zusammengehalten« werden könne. Die von den Liberalen propagierte offene Gesellschaft hat dann auch, um nur das mindeste zu sagen, die gleiche unvollkommene Fähigkeit zur Selbstverteidigung unter Beweis gestellt wie die geschlossenen Gesellschaften der Vergangenheit. Ohne es zu beabsichtigen, bringt Strauss uns zu der Erkenntnis, welche zentrale Bedeutung für das liberale Denken dem Verbot zukommt, sich selbst von den allgemeinen Gesetzen auszunehmen. Er hielt es für ein Anzeichen moralischer Verkümmerung, allen Menschen, also auch den philosophischen Übermenschen, ein einheitliches Wertesystem aufzuerlegen. Aus diesem Grunde interpretierte er die liberale Norm der Unparteilichkeit dann auch als moralischen Nihilismus. Seine Ansicht bedeutet zwangsläufig, daß wir Moral mit einer Bevorzugung der Philosophen gegenüber den Nicht-Philosophen, der Starken gegenüber den Schwachen gleichzusetzen haben. Strauss ist für eine Untersuchung des Liberalismus insofern bedeutsam, als er, ohne es zu wollen, die zentrale Rolle der Norm der Unparteilichkeit für das liberale Denken und die liberale Gesellschaft offengelegt hat. Durch ihn verstehen wir auch den psychologischen Reiz von Überlegenheitsgefühlen, denen der Liberalismus kein Ventil bietet. Entgegen seinen Intentionen zeigt uns Strauss' Kritik am Wertepluralismus, daß die liberalen Gesellschaften ein bescheidenes Maß an Streben nach Überlegenheit bieten, solange es nicht ausschließlich wird und nicht zur politischen Herrschaft einiger Menschen über alle anderen führt.

MacIntyres Vorliebe für Konsens wiederum macht darauf aufmerksam, daß die Liberalen sowohl für den politischen Meinungsstreit als auch für die Privatisierung religiöser Dispute eintraten. Sein lebhafter Antiindividualismus lenkt unsere Aufmerksamkeit auf etwas, was wir sonst möglicherweise vergessen hätten: die dem Menschen eigene Neigung, sich Mehrheiten und einem Gruppendenken anzuschließen, gegen die alle liberalen Klassiker entschieden ankämpften. Seine Kritik an der Abstraktheit persönlicher Rechte verdeutlicht noch einmal die enge Verknüpfung von Individualismus und Universalismus im liberalen Denken. Ganz anders als Schmitt stellt MacIntyre nie die Frage nach dem Verhältnis verschiedener Gemeinschaften zueinander. Weil er sich über diese wichtige Thematik ausschweigt, lenkt er unsere Aufmerksamkeit erst recht darauf und hilft uns zu verstehen, warum die Liberalen zögerlich waren, wenn es galt, unbegrenzte Loyalität zum eigenen Clan einzufordern. Die radikalen Kommunitaristen verlangen, daß man im Notfall für sein Vaterland zu sterben habe. Das klingt ehrenwert, schließt aber auch mit ein, daß man andere Patrioten umbringt, die ihrerseits ihr Vaterland verteidigen. Im Unterschied dazu mögen sich liberale Bürger zwar ihrem Vaterland gegenüber verpflichtet fühlen, aber sie neigen nicht zu Blutsbrüderschaft und sind nicht erpicht darauf, ihr Leben zu opfern oder ihre Mitmenschen für deren Zielsetzungen umzubringen. (Hingegen sind sie möglicherweise willens, für universalistische Werte wie etwa die Freiheit und Würde des Individuums, die Gleichheit vor dem Gesetz und demokratische Selbstbestimmung zu sterben.)

Unger schließlich lehrt uns, trotz aller gegenteiligen Beteuerungen aus den Mündern der Konservativen, in welchem Maße der Liberalismus eine Philosophie der Begrenzung und der Selbstbeschränkung ist. So verlangen etwa die liberalen Normen, daß die Menschen einigen ihrer stärksten Neigungen nicht nachgeben, wozu auch das Bedürfnis zählt, seinen Feinden physische Schmerzen zuzufügen. Indem Unger sich ausführlich und in aller Breite über die einschränkenden Merkmale der liberalen Gesellschaft äußert, gibt er uns Argumente gegen jene Kritiker des Liberalismus an die Hand, die behaupten, der Liberalismus habe erbarmungslos alle stabilisierenden Grenzen aufgehoben. Ungers »superliberale« Bestrebungen zeigen deutlich, wie falsch die traditionelle katholische Vorstellung ist, der Liberalismus habe alle Beschränkungen aufgehoben und die Menschen ohne Führung dem Chaos unendlicher Wahlmöglichkeiten ausgeliefert.

Alles in allem also leisten noch die schärfsten Kritiker des Liberalismus einen wichtigen Beitrag zum Selbstverständnis und sogar zum Selbstvertrauen der Liberalen. Trotz all ihrer Anstrengungen ist den nichtmarxistischen Antiliberalen der Nachweis nicht gelungen, daß der Liberalismus besonders verderbt oder entwürdigend ist. Für viele Probleme der Gegenwart, etwa für die gewaltsame Verteidigung nationaler Grenzen, hält der klassische Liberalismus keine praktischen Lösungen bereit. Ihn aber deswegen schon für die immerwährende »Krise der Gegenwart« allein verantwortlich zu machen, ist weder besonders realistisch noch besonders hilfreich. Unbestreitbar gibt es heute etwa in der amerikanischen Gesellschaft Aspekte, die zu Recht Angst oder sogar Wut hervorrufen, wozu die kläglichen Zustände in den Innenstädten oder die allseits bekannten Schwächen des Sozialstaates zählen. Aber wie viele dieser Schwächen hat der Liberalismus *verursacht*? In dem Maße, in dem der Ultraliberalismus (im Unterschied zum Liberalismus) ausdrückliche und dogmatisch staatliche Eingriffe in den Markt ablehnt, erschwert er möglicherweise die Lösung bestimmter gesellschaftlicher Probleme unnötig. Und dennoch ist der Schaden, den der Ultraliberalismus der amerikanischen Gesellschaft zugefügt haben mag, im Vergleich zu dem Schaden, den der Rassismus, ein klassischer Ausdruck des antiliberalen Denkens, verursacht hat, noch immer gering. In einer Welt, in der Regionalismus und Fremdenfeindlichkeit erneut aufbrechen, werden die negativen Seiten der Solidarität immer deutlicher. Die zeitgenössischen Kritiker des Universalismus der Aufklärung, die einer alten Auseinandersetzung verhaftet bleiben, sind heute gezwungen, höchst unterschiedliche Gesellschaften in den Blick zu nehmen, in denen sich archaische Gruppenloyalitäten mit antiwestlichem Denken zu einer explosiven antiliberalen Mischung verbunden haben. Wir können mit einiger Sicherheit vorhersagen, daß ihr Antiliberalismus immer »gemäßigter« bzw. unpolitischer und verschwommener werden wird, je länger sie über diese Phänomene nachdenken.

ANMERKUNGEN

Vorwort

1 Ein in diesem Tenor geschriebenes und ähnlich einflußreiches Werk hat Michael Sandel verfaßt: *Liberalism and the Limits of Justice*, Cambridge 1982. Sandel schmückt seine Kritik an John Rawls' Position, die er für eine Kritik an den amerikanischen Verhältnissen hält, mit poetischen Lobeshymnen auf die »Treue« und die »Zugehörigkeit« zu »einer Familie oder Gemeinschaft, einer Nation oder einem Volk« aus und kritisiert den Liberalismus im allgemeinen dafür, daß er ethnische, religiöse und soziale Bindungen auflöse.

2 Auf Schmitts Werk werde ich im zweiten Kapitel ausführlich eingehen. Zu Giovanni Gentile siehe: *Che cosa è il fascismo*, Florenz 1926, und *Genesi e struttura della società*, Florenz 1946.

3 Alasdair MacIntyre, *Der Verlust der Tugend. Zur moralischen Krise der Gegenwart*, Frankfurt a.M. 1987 (amerikanische Ausgabe 1981), S. 43; Roberto Unger, *Knowledge and Politics*, New York 1975, S. 20, 229; Giovanni Gentile, *Genesi e struttura della società*, S. 65.

4 MacIntyre, *Der Verlust der Tugend*, S. 230; Unger, *Knowledge and Politics*, S. 211; Charles Maurras, *De la Politique naturelle au nationalisme intégrale*, Paris 1972, S. 103. Maurras' antiliberale Schmährede ist erstaunlich langlebig, sie taucht sogar heutzutage noch beinahe wörtlich in den Überlegungen einiger naiver amerikanischer Journalisten wieder auf, die sich über die unbefleckte faschistische Herkunft ihrer Gedanken völlig im unklaren sind: »Der Rationalismus des 18. Jahrhunderts versuchte, sich die Menschheit losgelöst von angeblich so unwesentlichen Merkmalen wie der Zugehörigkeit zu einer Kultur, einer Ethnie oder einer Klasse vorzustellen.« (George Will, *Statecraft as Soulcraft*, New York 1983, S. 143).

5 MacIntyre, *Der Verlust der Tugend*, S. 85; Sandel, *Liberalism and the Limits of Justice*, S. 180.

Anmerkungen

Einleitung

1 Ein gutes Beispiel für diese Haltung ist Carl Schmitts Behauptung: »Amerikanische Finanzleute und russische Bolschewisten finden sich zusammen im Kampf für das ökonomische Denken.« (Carl Schmitt, *Römischer Katholizismus und politische Form*, München 1925, S. 22).

2 Zeev Sternhell, *Neither Right nor Left: Fascist Ideology in France*, Berkeley 1986; siehe auch ders., *Maurice Barrès et le nationalisme français*, Paris 1972; *La droite révolutionnaire: Les origines françaises du fascisme 1885–1914*, Paris 1978, und das mit Mario Sznajder und Maia Asheri gemeinsam verfaßte *Naissance de l'ideologie fasciste*, Paris 1989; Andrzej Walicki, *The Slavophile Controversy: History of a Conservative Utopia in Nineteenth-Century Russian Thought*, Oxford 1975; ders., *A History of Russian Thought: From the Enlightenment to Marxism*, Stanford 1979.

3 Der Erfolg des autoritären Sozialismus in Entwicklungsländern mag sich zum Teil aus der Vereinigung von Traditionalismus und Modernität im Marxismus erklären: Sein »Neotraditionalismus« ist modern genug, um auf Geburt beruhende Herrschaftsmonopole zurückzuweisen, und archaisch genug, um die althergebrachte Ablehnung neuer ökonomischer Ungleichheiten beizubehalten.

4 Adam Smith, *Der Wohlstand der Nationen. Eine Untersuchung seiner Natur und seiner Ursachen*, übersetzt und mit einer Würdigung von H. C. Recktenwald, München 1974, S. 14. Dieses Argument ist das klassische Beispiel für das von John Rawls aufgestellte »Unterschiedsprinzip«, jene liberale Norm, derzufolge Ungleichheiten nicht in Analogie zu einer kosmischen Werte- oder Seinshierarchie gerechtfertigt sind, sondern nur durch die spürbaren Vorteile, die sie den benachteiligtsten Mitgliedern einer Gesellschaft bringen. (Das liberale Ideal einer von Armut wie Abhängigkeit befreiten Gesellschaft ist bis heute zweifelsohne nur sehr unvollkommen verwirklicht.)

5 Eine genauere Darstellung der liberalen Denkrichtung bieten meine Bücher: *Benjamin Constant and the Making of Modern Liberalism*, New Haven 1984; *Rediscovering Liberal Democracy*, Chicago 1994.

6 Francis Coker, Some Present-Day Critics of Liberalism, in: *American Political Science Review*, 47, März 1953, S. 12.

7 Alexander Solschenizyn, *Warning to the West*, New York 1976, S. 79, 127, 146 (dt. Ausgabe: *Warnung: Die tödliche Gefahr des Kommunis-*

mus, Frankfurt a.M., Berlin, Wien 1980); *A World Split Apart*, New York 1978, S. 47, 51, 53, 57.

8 Siehe dazu etwa Alasdair MacIntyre, *Der Verlust der Tugend*, Frankfurt a.M. 1987, S. 267 und Roberto Unger, *False Necessity*, Cambridge 1987, S. 581.

Kapitel 1

1 Joseph de Maistre, Quatre chapitres sur la Russie, in: *Œuvres complètes*, Lyon 1884, Bd. 8, S. 291.

2 Joseph de Maistre, *Betrachtungen über Frankreich*, hrsg. und mit einem Nachwort versehen von Günter Maschke, Wien und Leipzig 1991 (1797).

3 Ders., *Les Soirées de Saint-Pétersbourg*, Paris 1980, Bd. 1, S. 351, 373; Bd. 2, S. 91.

4 Isaiah Berlin, Joseph de Maistre und die Ursprünge des Faschismus, in: *Das krumme Holz der Humanität: Kapitel der Ideengeschichte*, hrsg. von Henry Hardy, Frankfurt a.M. 1992, S.123–221. (Das Zitat ist in der überarbeiteten deutschen Fassung nicht wörtlich enthalten.)

5 Carl Schmitt, *Politische Romantik*, Berlin 1968, 3. Aufl., S. 169 (1. Aufl. 1919).

6 Joseph de Maistre, *Soirées*, Bd. 2, S. 167; Betrachtungen; S. 12, 15, 19, 98f., 116; Jacques Godechot, *The Counter-Revolution*, London 1972, S. 94; vgl. *Soirées*, Bd.2, S. 166; de Maistre, *Betrachtungen*, S. 18.

7 Richard Lebrun berichtet von seinen persönlichen Bemühungen, in de Maistres privaten Schriften, seinen Tagebüchern, Briefen und in seinem Frühwerk Spuren einer liberalen Einstellung zu finden (*Joseph de Maistre: An Intellectual Militant*, Montreal 1988). Dabei gelingen ihm einige interessante Nachweise. Maistre schrieb gelegentlich wohlwollend über eine gemäßigte Monarchie und eine den Sitten und Gebräuchen entsprechende Gesetzgebung, die durch erbliche politische Ämter ergänzt wird und gemäßigten Reformen zugänglich ist. Diese Vorstellung verträgt sich mehr oder weniger mit derjenigen Montesquieus. Allerdings geht dieser gemäßigte Standpunkt in den meisten Schriften de Maistres in seinem genauen Gegenteil unter. Seine zu Recht berühmten Werke sind auch nicht halbwegs so unausgegoren und gemäßigt, wie Lebrun uns in seinem

vergeblichen Bemühen, den Ruf seines Helden zu retten, glauben machen will.

8 Soirées, Bd. 2, S. 109; *Études sur la souveraineté*, in: *Œuvres complètes*, Bd. 1, S. 346; *Souveraineté*, S. 376; ebda., S. 355.

9 Louis de Bonald, Théorie du pouvoir politique et religieux dans la société civile, in: *Œuvres complètes*, Bd. 1, S. 123.

10 *Souveraineté*, S. 329; *Soirées*, Bd. 2, S. 12; *Souveraineté*, S. 316–318, 321.

11 *Souveraineté*, S. 313; *Betrachtungen*, S. 25; *Versuch über Ursprung und Wachsthum der politischen Constitutionen und anderer menschlicher Einrichtungen*, aus dem Französischen von Albert von Haza, Naumburg 1822, S. 116 (*Essai sur le principe générateur des constitutions politiques*, 1814).

12 de Maistre, *Eclaircissement sur les sacrifices*, in: *Œuvres complètes*, Bd. 5, S. 326; *Souveraineté*, S. 357; *Betrachtungen*, S. 115, 54, 27; *Versuch*, S. 113; Soirées, Bd.2, S. 227; »Mörderischer Egoismus greift den Gemeinschaftsgeist unerbittlich an und treibt ihn zum Rückzug« (*Souveraineté*, S. 409).

13 Carl Schmitt, *Politische Romantik*, Berlin 1968 (Nachdruck der 2. Auflage 1925, 1. Aufl. 1919), S. 160, 168, 161, 176, 203, 90; Schmitt, *Politische Theologie. Vier Kapitel zur Lehre von der Souveränität*, München und Leipzig 1934, S. 83; siehe auch Schmitts Rezension über die deutsche Übersetzung der *Considérations* und *Le Principe générateur* in der *Zeitschrift für die gesamte Staatswissenschaft* (1925), S. 727 f.

14 *Souveraineté*, S. 424; *Du Pape*, in *Œuvres complètes*, Bd. 2, S. 338 f., 168; *Souveraineté*, S. 324; *Soirées*, Bd. 1, S. 108; *Du Pape*, S. 6.

15 *Versuch*, S. 90; *Soirées*, Bd. 1, S. 68 f., *Du Pape*, S. 167.

16 *Betrachtungen*, S. 87, 97; *Soirées*, Bd. 1, S. 68 f.; *Du Pape*, S. 167; *Soirées*, Bd. 1, S. 13; *Souveraineté*, S. 449.

17 *Soirées*, Bd. 1, S. 21; vgl. S. 35; *Du Pape*, S. 170.

18 *Betrachtungen*, S. 40; *Soirées*, Bd. 1, S. 288; *Versuch*, S. 116; *Soirées*, Bd. 2, S. 109.

19 *Soirées*, I, S. 76; *Versuch*, S. 47.

20 *Du Pape*, S. 342; siehe auch Judith Shklar, *After Utopia*, Princeton 1957, S. 19, 21.

21 *Betrachtungen*, S. 97; *Soirées*, Bd. 1, S. 287; *Souveraineté*, S. 320, 375; *Soirées*, Bd. 1, S. 12.

22 *Versuch*, S. 95, 61; *Souveraineté*, S. 329, 425; *Betrachtungen*, S. 112; *Quatres chapitres sur la Russie*, S. 290; *Souveraineté*, S. 353; *Versuch*, S. 18.

23 *Versuch*, S. 60 f., 67 ff.; »Es gibt geheimnisvolle Gesetze, deren Geheimnis man besser nicht enthüllt, die in religiöses Schweigen gehüllt und als Mysterium verehrt werden müssen« (Massimo Boffa, Maistre, in: *A Critical Dictionary of the French Revolution*, hrsg. von François Furet und Mona Ozouf, Cambridge, Mass. 1989, S. 969).

24 Ebda., S. 970; *Betrachtungen*, S. 48, 36, 58; *Versuch*, S. 19; *Souveraineté*, S. 354 f.

25 Soirées, Bd. 1, S. 15, 277, 225; Bd. 2, S. 1185; Bd.1, S. 214; *Versuch*, S. 78.

26 *Soirées*, Bd. 1, S. 272; Bd. 2, S. 108; Bd. 1, S. 11, 214, 224, 108; *Quatre chapitres sur la Russie*, S. 297–308.

27 *Soirées*, Bd. 1, S. 290, 374; Bd. 2, S. 180; *Souveraineté*, S. 416; *Betrachtungen* S. 45.

28 *Betrachtungen*, S. 52; *Soirées*, Bd. 2, S. 128; *Versuch*, S. 78; *Betrachtungen*, S. 65.

29 *Souveraineté*, S. 408.

30 Die einfallsreiche Behauptung, daß der Liberalismus zu einer Verschärfung der persönlichen Ängste führen würde, ist – auch wenn sie sich angeblich auf Lockes Theorie der dem Menschen angeborenen »Ruhelosigkeit« gründen läßt – nicht weniger zweifelhaft. Wolin stellt fest: »Der ängstliche Mensch ist erst vom Liberalismus geschaffen worden« (Sheldon Wolin, *Politics and Vision*, Boston 1960, S. 324). Tatsächlich kann man jedoch von der Toleranz gegenüber politischen Meinungsverschiedenheiten und Auseinandersetzungen, die für liberale Gesellschaften kennzeichnend ist, darauf schließen, daß sie – wenn überhaupt – nur in sehr geringem Maße von Urängsten besetzt sind. Im Vergleich zu den traditionellen Alleinherrschern lassen sich die liberalen Herrscher von Widersprüchen nur sehr schwer aus der Fassung bringen. Außerdem setzt die öffentliche Bereitschaft, die Regierung zu kritisieren, ein grundsätzliches Vertrauen voraus, daß solche Angriffe nicht zum Zusammenbruch der notwendigen gesetzesvollziehenden Kräfte der Gesellschaft führen. (Adam Smith, *Der Wohlstand der Nationen. Eine Untersuchung seiner Natur und seiner Ursachen*, München 1974, S. 673).

31 *Soirées*, Bd. 2, S. 163; *Betrachtungen*, S. 115.

32 *Souveraineté*, S. 376; *Soirées,* Bd. 2, S. 172.

33 *Souveraineté*, S. 376, Hervorhebung des Autors.

34 *Soirées*, Bd. 1, S. 87; *Souveraineté*, S. 359; *Betrachtungen*, S. 98; *Soirées,* Bd. 2, S. 116; *Versuch*, S. 50 f. Das Herzstück der Maistreschen *Be-*

trachtungen besteht laut Schmitt in der »Ablehnung des Gedankens, Recht und Staat wären Dinge, die aus planmäßiger Tätigkeit der einzelnen Menschen entstehen« (Carl Schmitt, *Politische Romantik*, S. 153). Gewöhnlich erreichen nämlich planende Menschen gerade das Gegenteil dessen, was sie beabsichtigen: »Man kann sogar beobachten, daß die Vorsehung das Trachten des Volkes nach einem Ziel absichtlich dazu benutzt, [...] um es von seinem Ziel abzubringen.« (*Betrachtungen*, S. 91); vgl. dazu auch *Du Pape*, S. 175 und *Souveraineté*, S. 351 f. Albert O. Hirschmann liefert in seinem Buch *Denken gegen die Zukunft. Die Rhetorik der Reaktion* (München 1992) eine brillante Analyse der Grundstruktur dieses langlebigen konservativen Arguments und weist dabei ausdrücklich mehrfach auf de Maistre hin.

35 Um zu erklären, warum der Mensch sich niemals, wie die Liberalen es wünschen, selbst regieren könne, führt de Maistre eine terminologische Unterscheidung zwischen »règlement« (Verhaltensregel) und »loi« (Gesetz) ein. Eine *Verhaltensregel* ist ein Vertrag oder ein Abkommen, das verschiedene Individuen oder Gruppen miteinander abschließen. Ein solches Abkommen wird von ganz alleine eingehalten, es bedarf keines äußeren Zwanges, weil die beteiligten Parteien aus Eigeninteresse ihre Versprechen einhalten. Das bedeutet aber auch, daß sie ihre Versprechen nur solange aufrechterhalten werden, wie es ihnen gefällt, und nicht einen Augenblick länger. Wenn man bedenkt, wie unbeständig und wechselhaft der Mensch veranlagt ist, ist dieses Abkommen offensichtlich höchst gefährdet und sicherlich nicht geeignet, die Grundregeln aller gesellschaftlichen Beziehungen zu sichern. Ein *Gesetz* ist einem Abkommen in einem entscheidenden Punkt überlegen: Es ist ein Abkommen, das von allen beteiligten Parteien eingehalten wird, weil ein Treuebruch oder ein Abweichen vom ursprünglichen Versprechen von einer übermächtigen höheren Macht bestraft wird. Eine derartig übergewaltige Macht aber kann der säkulare Liberalismus nicht ersinnen. Der verfassunggebende Liberalismus versuche, aus eigener Kraft ein höheres Gesetz zu erschaffen, das dem Willen des Volkes überlegen sei, während er gleichzeitig bestreite, es könne irgendeine Macht geben, die dem Willen des Volkes überlegen sei (*Betrachtungen*, S. 18 f.).

36 Maistre greift die Idee, die repräsentative Regierung sei eine Form der Herrschaft des Volkes, aber auch mit eher empirischen Argumenten an; sogar in der demokratischsten Form der repräsentativen Regierung bleibe »das Volk von der Regierung völlig ausgeschlos-

sen«. Frankreich werde stets von Paris aus regiert, und zwar nur von einer ausgesuchten und kleinen Gruppe. »In jeder Republik von einer bestimmten Größe ist das, was sich Freiheit nennt, nichts als das Opfer der meisten Menschen für die Unabhängigkeit und den Stolz einiger weniger.« Oder in einer anderen Formulierung: »Eine Republik ist ihrem Wesen nach eine Regierungsform, die der kleinsten Zahl, Souverän genannt, die meisten Rechte zugesteht, und sie der größten Zahl, den Bürgern, wegnimmt.« Diese zynische »Elite«-theorie von Demokratie, die an Gaetano Mosca anklingt, verträgt sich nicht unbedingt mit Maistres Ansicht, daß Demokratie sich nicht von Anarchie unterscheiden lasse (*Betrachtungen*, S. 42, 162; *Souveraineté*. S, 452, 501, 466).

37 *Betrachtungen,* S. 63, 69 f.; *Souveraineté*, S. 352; *Betrachtungen,* S. 69.

38 *Betrachtungen,* S. 35.

39 *Soirées*, Bd. 2, S. 13 f.

40 Ebda., S. 32–34, 36.

41 Ebda., S. 13, 25, 18.

42 *Souveraineté*, S. 332.

43 *Soirées*, Bd. 2, S. 2; Bd. 2, S. 27; *Betrachtungen*, S. 28.

44 *Soirées*, Bd. 1, S. 32–34.

45 Auch in einer weiteren Hinsicht muß de Maistres sogenannter Realismus fragwürdig erscheinen. Gegen Ende seines Lebens veröffentlichte er, der berühmte Verteidiger politischer Autorität, ein Werk, in dem er die Ansicht vertrat, der Papst solle im gesamten katholischen Europa die Macht haben und alle Bürger von der Treuepflicht gegenüber ihrem Monarchen befreien (*Du Pape* [1819], in: *Œuvres complètes*, Bd. 2). Dieses Vorhaben kann gegen Ende des 19. Jahrhunderts schwerlich als Ausdruck bodenständiger Realpolitik gelten.

46 Edmund Burke, *Betrachtungen über die französische Revolution*, Zürich 1987, S. 184.

47 Jeremy Bentham, Principles of Legislation, in: *The Theory of Legislation*, Bombay 1979, S. 5; David Hume, Of the Populousness of Ancient Nations, in: *Essays Moral, Political and Literary*, Indianapolis 1985, S. 377, 464.

48 Michael Howard, *War and the Liberal Conscience*, New Brunswick 1989.

49 *Soirées*, Bd. 2, S. 10; *Souveraineté*, S. 449.

50 *Soirées*, Bd. 1, S. 22, 25; Bd. 2, S. 23 f.

51 Ebda., Bd. 2, S. 4 f.

52 Ebda., S. 14; *Betrachtungen*, S. 28.
53 *Eclaircissement sur les sacrifices*, S. 300; *Betrachtungen*, S. 35.
54 Viele Interpreten haben darauf aufmerksam gemacht, wie unorthodox de Maistres christlicher Glaube war: »Sein Christentum ist ein Christentum ohne Nächstenliebe, ja sogar ein Christentum ohne Christus als Erlöser und Versöhner. Christus ist nichts weiter als das von der gekränkten Gottheit verlangte blutige Opfer wie Iphigenie oder Jephtas Tochter« (Georg Brandes, *Hauptströmungen der Literatur des 19. Jahrhunderts*, Bd. 2, 3: Die Reaktion in Frankreich, Berlin 1924, S. 93).
55 *Soirées*, Bd. 1, S. 68; Maistre schreibt: »[...] wir sind durch die neuere Philosophie verdorben, nach der *alles gut* ist, wo doch alles vom Bösen befleckt und *alles böse* ist, da nichts an seinem rechten Platze ist.« (Betrachtungen, S. 35).
56 *Soirées*, Bd. 2, S. 18, 25; *Betrachtungen*, S. 33.
57 *Betrachtungen*, S. 23, 33; *Soirées*, Bd. 2, S. 84 f.; Bd. 1, S. 226, 228.
58 *Soirées*, Bd. 1, S. 20, 36, 27, 229; zur Darstellung der liberalen Unterscheidung von Ungerechtigkeit und Unglück siehe Judith Shklar, *Über Ungerechtigkeit*, Berlin 1992.
59 *Soirées*, Bd. 1, S. 27, 290, 228; Bd. 2, S. 82.
60 Ebda., Bd. 1, S. 20–22, 194, 202.
61 Isaiah Berlin, *The Hedgehog and the Fox*, New York, o.J., S. 76.
62 *The Federalist Papers*, #1, S. 33.
63 *Betrachtungen*, S. 17.

Kapitel 2

1 *Telos*, Quarterly Journal of Radical Social Theory, Heft 72 (Sommer 1987), S. 14. Eine sogar noch wohlgesonnenere Einführung in Schmitts Denken liefert Günther Maschke, Drei Motive im Anti-Liberalismus Carl Schmitts, in: *Carl Schmitt und die Liberalismuskritik*, hrsg. von Klaus Hansen und Hans Lietzmann, Opladen 1988, S. 55–79.
2 Carl Schmitt, Der bürgerliche Rechtsstaat, in: *Abendland*, Sept. 1928, S. 202. In diesem Sinne argumentierend behauptet Schmitt weiterhin widersprüchlich, der Liberalismus sei zugleich machtlos und zerstörerisch. Er könne die Unterscheidung von Freund und Feind nicht

durch eine politische Einheit ersetzen, aber andererseits Deutschland anhaltend verletzen, indem er das deutsche Denken im Interesse aggressiver alliierter Mächte einem naiven Pazifismus, Humanismus und allen möglichen staatsfeindlichen Versuchungen aussetze.

3 Schmitt, Wesen und Werden des faschistischen Staates (1929), in: *Positionen und Begriffe im Kampf mit Weimar – Genf – Versailles*, Hamburg 1940, S. 114; Schmitt, *Staatsgefüge und Zusammenbruch des zweiten Reiches: Der Sieg des Bürgers über den Soldaten*, Hamburg 1934, S. 49.

4 Die Verfassung der Freiheit, in: *Deutsche Juristen-Zeitung*, Heft 19, 1. Oktober 1935, S. 1133; Neutralität und Neutralisierungen (1939), in: *Positionen und Begriffe*, S. 275, 293; Der Führer schützt das Recht, in: ebda., S. 199. Zu Schmitts tiefer Feindschaft gegenüber dem Föderalismus, der seiner Ansicht nach das Wilhelminische Reich daran hinderte, ein wirklicher Staat zu werden, siehe seinen Aufsatz »Reich-Staat-Bund« (1933), in: *Positionen und Begriffe*, S. 196.

5 Die deutsche Rechtswissenschaft im Kampf gegen den jüdischen Geist, in: *Deutsche Juristen-Zeitung*, 41. Jg. 1936, Heft 20, S. 1193 bis 1199. Nicolaus Sombart ist kürzlich der Nachweis gelungen, daß es sich bei Schmitts Antisemitismus nicht nur um politischen Opportunismus in der Zeit zwischen 1933 und 1936 gehandelt habe: Nicolaus Sombart, *Die deutschen Männer und ihre Feinde: Carl Schmitt, ein deutsches Schicksal zwischen Männerbund und Matriarchatsmythos*, München 1991. Sombarts überzeugendem Nachweis in diesem Punkt kann selbst seine kontroverse und, wie ich finde, willkürliche oder sogar exzentrische psychoanalytische Deutung Schmitts keinen Abbruch tun.

6 Interrogation of Carl Schmitt by Robert Kempner, in: *Telos*, Heft 72, Sommer 1987, S. 103 f.

7 Schmitt, *Der Begriff des Politischen*, Berlin 1963 (1. Aufl. 1932).

8 Seine »Erklärung« scheint ganz ähnlich zu lauten wie die de Maistres: Das Leben *ist* ganz einfach Kampf.

9 Schmitt, *Ex Captivitate Salus. Erfahrungen der Zeit 1945/47*, Köln 1950, S. 90.

10 Meiner Ansicht nach war Schmitt nur insofern von Hobbes beeinflußt, als er es von de Maistre war. Er befürwortete, um nur ein Beispiel zu nennen, de Maistres wenig überzeugende Ansicht, daß »jede Herrschaft absolut ist; von dem Augenblick an, da jeder ihr unter dem Vorwand entgegentreten kann, daß sie sich irre oder ungerecht

sei, von diesem Augenblicke an gibt es keine Herrschaft mehr« (de Maistre, *Du Pape*, in: *Œuvres complètes*, Lyon 1884, Bd. 2, S. 2, S. 170). Diese Ansicht wiederum klingt an Hobbes an.

11 Staatsethik und pluralistischer Staat (1930), in: *Positionen und Begriffe*, S. 144.

12 »Die Ausnahme ist interessanter als der Normalfall [...] In der Ausnahme durchbricht die Kraft des wirklichen Lebens die Kruste einer in Wiederholung erstarrten Mechanik.« (*Politische Theologie. Vier Kapitel zur Lehre von der Souveränität*, München und Leipzig, 2. Auflage, 1934, S. 22).

13 Das Zeitalter der Neutralisierungen und Entpolitisierungen (1929), in: *Positionen und Begriffe*, S. 123; Leo Strauss, Anmerkungen zu Carl Schmitt, Der Begriff des Politischen, wiederabgedruckt in: Heinrich Meier, *Carl Schmitt, Leo Strauss und »Der Begriff des Politischen«. Zu einem Dialog unter Abwesenden*, S. 107 f., S. 121.

14 Das Zeitalter der Neutralisierungen und Entpolitisierungen, in: *Positionen und Begriffe*, S. 131.

15 Dieser zweite Aspekt seines Denkens prädestinierte Schmitt ganz offensichtlich für eine Zusammenarbeit mit den Nationalsozialisten, sobald sie an die Macht gekommen waren. George Orwells Analyse hilft einem zu verstehen, was Schmitt an der NSDAP interessiert haben muß: »Während der Sozialismus und – wenn auch widerwilliger – der Kapitalismus dem Menschen verheißen ›Euch wird es gut gehen‹, bietet Hitler ihnen ›Kampf, Gefahr und Tod‹ an.« (George Orwell, Rezension von *Mein Kampf*, in: *Collected Essays, Journalism and Letters*, Harmondsworth 1970, Bd. 2, S. 29.)

16 Joseph Benderskys ansonsten unverzichtbare Biographie *Carl Schmitt: Theorist for the Reich* (Princeton 1983) ist in bezug auf dieses und andere heikle Themen mit einiger Vorsicht zu genießen, weil der Autor sich an Schmitts Selbsteinschätzung nach Kriegsende orientiert.

17 Nähere Erläuterungen zu Schmitts eigenem Romatizismus bei: Karl Löwith (pseud. Hugo Fiala), Politischer Dezisionismus, in: *Internationale Zeitschrift für Theorie des Rechts*, Heft 2, 1935, S. 101–123.

18 Max Weber, Politik als Beruf, in: Max Weber, *Gesamtausgabe*, hrsg. von Horst Baier, Rainer M. Lepsius et. al., Abt. I, Bd. 17, Tübingen 1992.

19 Der »politische Haß, die Empörung über das Unrecht der Fremdherrschaft«, schreibt Schmitt, »fehlt in jeder romantischen Äuße-

rung« (*Politische Romantik*, S. 129). Dieses Zitat entstammt dem dritten Kapitel, das 1920 als selbständige Veröffentlichung erschien und in die Buchausgabe von 1925 aufgenommen wurde.

20 *Der Begriff des Politischen*, S. 31, 55.

21 Ortega y Gasset, *Der Aufstand der Massen*, in: *Gesammelte Werke*, Bd. 3, Stuttgart 1978, S. 60.

22 *Politische Romantik*, S. 172.

23 Ähnlich schreibt Solschenizyn: »Der Radikalismus hat den Liberalismus zwangsläufig beiseite geschoben; der Radikalismus wiederum mußte sich dem Sozialismus unterwerfen, und der Sozialismus konnte sich gegen den Kommunismus nicht zur Wehr setzen« (*A World Split Apart*, New York 1978, S. 55). Die »Unvermeidlichkeit«, die einige Antiliberale dem kommunistischen Sieg über den »toleranten« Liberalismus zuschreiben, spiegelt möglicherweise ihren tiefsitzenden Wunsch nach dessen Bestrafung wider.

24 Dieser reduktionistische Moralbegriff geht auf Thrasymmachos in Platons *Politeia* zurück und auf Nietzsche, diesen Anti-Hobbes schlechthin, der in seiner *Genealogie der Moral* die These vertritt, die Idee der Gerechtigkeit sei eine Waffe, mit der auf Rache sinnende Juden und Christen gegen ihre verhaßten Feinde, die vornehmen Heiden, angegangen seien.

25 *Staat, Bewegung, Volk. Die Dreigliederung der politischen Einheit*, Hamburg 1933, S. 36.

26 Siehe: Jürgen Habermas, Der Schrecken der Autonomie. Zu zwei frühen Publikationen des deutschen Staatsrechtlers Carl Schmitt, in: *Babylon, Beiträge zur jüdischen Gegenwart*, Heft 1, Okt. 1986, S. 108 bis 117.

27 *Der bürgerliche Rechtsstaat*, S. 202.

28 Schmitt erläutert weiterhin, Meinungen, die in der abgeschlossenen Wahlkabine abgegeben würden, verdienten nicht, »öffentliche Meinung« genannt zu werden: »Denn die konsequente Durchführung der geheimen Einzelabstimmung verwandelt den Staatsbürger, den citoyen, also die spezifisch [...] politische Figur in einen Privatmann, [...] der eine Privatmeinung äußert.« »Die Methode der geheimen Einzelabstimmung ist aber nicht demokratisch, sondern ein Ausdruck des liberalen Individualismus.« Schmitt fährt fort: »Geheime Einzelabstimmung bedeutet, daß der abstimmende Staatsbürger im entscheidenden Augenblick isoliert wird.« Daher ist »[...] die Verbindung von versammeltem Volk und Abstimmung völlig zerris-

sen. Das Volk wählt und stimmt nicht mehr als Volk« (*Verfassungslehre*, 3. Aufl., Berlin 1957, [1. Aufl. 1928], S. 245 f., 244, 245). »Das Merkwürdige ist: in unserer demokratischen Verfassung erscheint nirgends das versammelte Volk«; das aber sei zutiefst antidemokratisch, denn »es gibt kein Volk ohne Öffentlichkeit« (Der bürgerliche Rechtsstaat, S. 202). Schmitt gesteht zu, daß die Akklamation einzelnen Drahtziehern, die Minderheiten psychologisch manipulieren und strategisch plazieren können, enorme Entscheidungsgewalt verleiht.

29 *Verfassungslehre*, S. 83 f., 244, 279, 81.

30 Man könnte also auch sagen, daß Schmitt plebiszitäre Techniken nur deswegen befürwortete, weil sie eine autoritäre Herrschaft begründen konnten; seine Bekenntnisse zur Demokratie waren nicht ernst gemeint. Das versteht sich schon dann von ganz allein, wenn man sich daran erinnert, daß er de Maistres Auffassung, die Demokratie sei das politische Äquivalent zum Atheismus und daher in sich böse, gänzlich teilte.

31 Siehe u. a. *Politische Theologie*, S. 79.

32 *Der Leviathan in der Staatslehre des Thomas Hobbes: Sinn und Fehlschlag eines politischen Symbols*, Köln 1982; Die vollendete Reformation. Zu neuen Leviathan-Interpretationen, wiederabgedruckt in: ebda, S. 137–178.

33 Zu seiner früheren Ansicht siehe: Der Weg des deutschen Juristen, in: *Deutsche Juristen-Zeitung* 39, 1934, S. 693.

34 *Der Leviathan*, S. 18.

35 *Der Leviathan*, S. 17 f.

36 *Der Begriff des Politischen*, S. 27.

37 Hobbes, *Leviathan*, Harmondsworth 1968, Kap. 42, S. 550.

38 Der *Leviathan*, S. 86.

39 Ebda., S. 86, 92 f.

40 Der Liberalismus gewährleistet beispielsweise, daß die politischen Entscheidungsträger sich peinlichen oder lästigen, aber letztlich nützlichen Informationen ausgesetzt sehen; er bringt den Staat auch dazu, bei der Lösung von Problemen, die die Allgemeinheit betreffen, alle Bürger zu beteiligen, also dezentrale Entscheidungshilfen heranzuziehen.

41 Schmitt, *Land und Meer. Eine weltgeschichtliche Betrachtung*, Köln 1981 (1. Aufl. 1944).

42 Ebda., S. 88 f.

43 Ebda., S. 16.

44 Ebda., S. 71, 75.

45 Auch an dieser Stelle bringt Schmitt erneut den »Dezisionismus« nicht mit der Unterdrückung von Anarchie und der Schaffung einer gesellschaftlichen Ordnung in Verbindung, sondern mit Männlichkeit, menschlicher Freiheit und einer existentiellen Flucht vor der Sinnlosigkeit.

46 Locke, *Zwei Abhandlungen über die Regierung*, hrsg. und eingeleitet von Walter Euchner, Frankfurt a.M. 1992. II, 30, S. 218.

47 *Land und Meer*, S. 89; auch hier ist die marxistische Übernahme des Besitzes an Produktionsmitteln verglichen mit »der planetarischen Raumrevolution«, die die weltweite Seeherrschaft Englands begleitet, nur ein unbedeutendes Ereignis.

48 *Hamlet oder Hekuba. Der Einbruch der Zeit in das Spiel*, Stuttgart 1985, S. 54f. (1. Aufl. 1956).

49 *Land und Meer*, S. 104.

50 *Der bürgerliche Rechtsstaat*, S. 203.

51 *Politische Theologie*, S. 20.

52 *The Federalist Papers*, #51, hrsg. von Clinton Rossiter, New York 1961, S. 322.

53 John Locke, *Zwei Abhandlungen über die Regierung*, II, 159, S. 301 f.; Blackstone, *Commentaries*, Bd. 1, S. 244, 238.

54 Schmitt, *Der Nomos der Erde im Völkerrecht des Jus Publicum Europaeum*, Berlin 1974 (1. Aufl. 1950).

55 Leo Strauss, Anmerkungen zu Carl Schmitt, Der Begriff des Politischen, in: Heinrich Meier, *Carl Schmitt, Leo Strauss und »Der Begriff des Politischen«. Zu einem Dialog unter Abwesenden*, Stuttgart 1988, S. 99–135.

Kapitel 3

1 Leo Strauss, Anmerkungen zu Carl Schmitt, Der Begriff des Politischen, in: *Archiv für Sozialwissenschaft und Sozialpolitik*, 67. Bd, 6. Heft, August/September 1932, S. 732–749. Wiederabgedruckt in: Heinrich Meier, *Carl Schmitt, Leo Strauss und »Der Begriff des Politischen«. Zu einem Dialog unter Abwesenden*, Stuttgart 1988, S. 97–128, hier S. 125.

2 Strauss, *Thoughts on Machiavelli*, Glencoe, Ill. 1985, S. 120; *The Re-*

birth of Classical Political Rationalism, hrsg. von Thomas Pangle, Chicago 1989, S. 90 f., 17, 31, 234, 239, 245; Vorwort zu Strauss' *Spinoza's Critique of Religion*, New York 1965, S. 9 (Strauss, *Die Religionskritik Spinozas als Grundlage seiner Bibelwissenschaft, Untersuchungen zu Spinozas theologisch-politischem Traktat*, Berlin 1930); The Crisis of Our Time, in: *The Predicament of Modern Politics*, hrsg. von Harold Spaeth, Detroit 1964, S. 43.

3 Shadia Drury weist darauf in ihrem hervorragenden und klaren Überblick über Strauss' Werk hin (*The Political Ideas of Leo Strauss*, New York 1988), dem ich und alle an Strauss' Interessierten viel zu verdanken haben.

4 Strauss, *Liberalism Ancient and Modern*, New York 1968, S. 100.

5 Strauss, *The Rebirth of Classical Political Rationalism*, S. 234; *Persecution and the Art of Writing*, Glencoe, Ill. 1952, S. 24; *Naturrecht und Geschichte*, Stuttgart 1956, S. 272, 230 (amerikan. Ausgabe: *Natural Right and History*, Chicago 1953); *What Is Political Philosophy?*, Glencoe, Ill. 1959, S. 221 f.

6 *Thoughts on Machiavelli*, S. 231.

7 *Naturrecht und Geschichte*, S. 83; *Liberalism Ancient and Modern*, S. 85; *Persecution and the Art of Writing*, S. 36.

8 Vorwort zu *Spinoza's Critique of Religion*, S. 11.

9 Allan Bloom, *Der Niedergang des amerikanischen Geistes. Ein Plädoyer für die Erneuerung der westlichen Kultur*, Hamburg 1988, S. 372 (New York 1987).

10 *Naturrecht und Geschichte*, S. 117.

11 *What Is Political Philosophy*, S. 222.

12 Strauss, *Xenophon's Socrates*, Ithaka 1972, S. 178; wie Strauss in einem Privatbrief vom 22. April 1957 schrieb: »Ich glaube nicht daran, daß Sokrates sich mit dem *Volk* unterhalten hat.« Und in einem anderen Zusammenhang: »Die Beziehung des Philosophen zum Volk wird von einem bestimmten Rhetorikertypus hergestellt, der Angst vor einer Bestrafung nach dem Tod erweckt« (*On Tyranny*, hrsg. von Victor Gourevich und Michael Roth, New York 1991, S. 275).

13 *Naturrecht und Geschichte*, S. 117

14 Ebda., S. 109; *On Tyranny*, S. 35; *What Is Political Philosophy?*, S. 222, 18.

15 Strauss, *The City and Man*, Chicago 1964, S. 111.

16 Nach Strauss' Ansicht sind »die Naturwissenschaft oder die Philosophie wesentlich universal. Die Wissenschaft und die Philosophie

schwächen notwendigerweise die nationalen ›Philosophien‹ und damit die Bindung der Bürger an die besondere Lebensweise oder die Sitten ihrer Gemeinschaft. Dies bedeutet mit anderen Worten, daß die Gesellschaft vom Geiste des Patriotismus belebt sein muß, von einem Geiste, welcher mit nationalen Haßgefühlen keineswegs unvereinbar ist, während die Wissenschaft wesentlich kosmopolitisch ist.« (*Naturrecht und Geschichte*, S. 268). Dieser Kontrast zwischen traditionellem Fremdenhaß und einem wissenschaftlichen Ansatz hilft zu verstehen, warum die Antiliberalen so häufig die Wissenschaft eng mit dem politischem Liberalismus in Verbindung bringen.

17 *The Rebirth of Classical Political Rationalism*, S. 12.

18 *What Is Political Philosophy?*, S. 22.

19 Ebda., S. 93.

20 *Naturrecht und Geschichte*, S. 210.

21 In der Terminologie von John Rawls würde das heißen, daß Strauss vom absoluten Vorrang des Guten vor dem Bösen ausgeht.

22 Anmerkungen zu Carl Schmitts »Begriff des Politischen«, S. 125; *Naturrecht und Geschichte*, S. 78, 260 f.

23 Oder anders gewendet: Sowohl Schmitt als auch Strauss hielten den Liberalismus für eine Vermeidungsstrategie bzw. für unwahrhaftig. Schmitt betrachtete ihn als eine Methode, Konflikten aus dem Wege zu gehen, und Strauss als eine Verdrängung der Ungleichheit. In Schmitts *Ex Captivitate Salus* (S. 50 f.) findet sich eine Anspielung auf die »esoterische« Wahrheit, die nur einige Eingeweihte kennen. [Vgl. hierzu anders Heinrich Meier, *Carl Schmitt, Leo Strauss und »Der Begriff des Politischen«. Zu einem Dialog unter Abwesenden*, Stuttgart 1988, S. 72 f.: Schmitt »unterscheidet zwei fundamental verschiedene ›Haltungen‹ gegenüber dem Krieg, die ›agonale‹ einerseits und die ›politische‹ andererseits. [...] Der große metaphysische Gegensatz agonalen und politischen Denkens tritt in jeder tieferen Erörterung des Krieges zutage. Aus neuester Zeit möchte ich hier das großartige Streitgespräch zwischen Ernst Jünger und Paul Adams (Deutschlandsender, 1. Febr. 1933) nennen [...] Hier vertrat Ernst Jünger das ›agonale‹ Prinzip (›der Mensch ist nicht auf den Frieden angelegt‹), während Paul Adams den Sinn des Krieges in der Herbeiführung von Herrschaft, Ordnung und Frieden sah.« (*Begriff des Politischen*, 3. Fassung, Hamburg 1933, S. 10). Meier fährt fort, Schmitt habe sich in dieser Kontroverse auf die Seite Adams gestellt. (A. d. Ü.)]

24 *On Tyranny*, S. 95; siehe *Naturrecht und Geschichte* (S. 117) über Strauss' Ansichten zu »dem völlig unnatürlichen Leben«, zu dem die gewöhnlichen Männer und Frauen verurteilt seien.

25 *Naturrecht und Geschichte*, S. 117.

26 *The Rebirth of Classical Political Rationalism*, S. 64; *Persecution and the Art of Writing*, S. 36.

27 Mit anderen Worten: Es »bedarf zu seiner Verwirklichung keiner wunderbaren oder nicht-wunderbaren Veränderung in der menschlichen Natur. Es bedarf nicht der Abschaffung oder Ausrottung dieses Übels oder jener Unvollkommenheit, die zum Wesen des Menschen und des menschlichen Lebens gehören.« (*Naturrecht und Geschichte*, S. 143).

28 *The Rebirth of Classical Rationalism*, S. 888.

29 Von MacIntyre wird das nächste Kapitel handeln.

30 Für die Christen, die sich auf Erlösung und die beseligende Gottesschau konzentrieren, kann »die Bestimmung des Menschen nicht in der philosophischen Forschung bestehen« (*Naturrecht und Geschichte*, S. 169). Strauss wendet hier im wesentlichen einen im 18. Jahrhundert verbreiteten Gedanken gegen die Aufklärung selbst; schon Hobbes und Gibbon waren davon ausgegangen, daß die Christianisierung des Römischen Reiches unter Konstantin nicht nur zum Verschwinden religiöser Toleranz, sondern auch zum nachlassenden Ansehen von Wissenschaft und Intelligenz und zum Ende der freien Forschung beigetragen habe.

31 *Persecution and the Art of Writing*, S. 21; The Mutual Influence of Theology and Politics, in: *The Independent Journal of Philosophy*, Heft 3, 1979, S. 113.

32 Siehe Anm. 42.

33 Ein anderes augenfälliges Paradox, wenngleich kein Widerspruch, besteht in Strauss' Angriff auf den Historismus, obwohl es kaum eine Lehre gibt, die historistischer wäre als die Theorie von den Geheimschriften. Sie besagt immerhin, daß die Philosophen stets die Behörden hintergehen mußten, sich den jeweiligen Gegebenheiten anpaßten, auf die Krisen in ihrem jeweiligen Umfeld reagierten, die Eliten beschwichtigten und schließlich die talentiertesten Jugendlichen von der Politik abzuhalten und zu einem kontemplativen Leben zu verführen versuchten (*The Rebirth of Classical Rationalism*, S. 62). Daher bestimmt der Kontext, innerhalb dessen die Philosophen schrieben, den Inhalt und die Form ihrer Gedanken – und

dennoch änderten sich ihre »höchsten und reinsten Gedanken« von einem Jahrtausend zum anderen kaum.

34 Friedrich Nietzsche, *Der Wille zur Macht, Versuch einer Umwerthung aller Werthe*, Musarion, München 1926, Abschn. 963, S. 319; *Jenseits von Gut und Böse*, in: Friedrich Nietzsche, *Werke. Kritische Gesamtausgabe*, hrsg. von Giorgio Colli und Mazzino Montinari, Bd. VI, 2, Berlin 1968, Abschn. 40, S. 54; Abschn. 30, S. 44.

35 *Jenseits von Gut und Böse*, Abschn. 30, S. 44. Zarathustra sagt wie Strauss: »Denn so redet mir die Gerechtigkeit: ›die Menschen sind nicht gleich‹. Und sie sollen es auch nicht werden!« (*Also sprach Zarathustra. Ein Buch für Alle und Keinen*, in: Friedrich Nietzsche, *Werke. Kritische Gesamtausgabe*, hrsg. von Giorgio Colli und Mazzino Montinari, Bd. VI, 1, Buch 2, Abschn. 7, Berlin 1968, S. 126.)

36 *Also sprach Zarathustra*, Vorrede, S. 19 f.

37 *The Rebirth of Classical Political Rationalism*, S. 28 f., 38; *Naturrecht und Geschichte*, S. 113, 78; *The Rebirth of Classical Political Rationalism*, S. 251.

38 *The Rebirth of Classical Political Rationalism*, S. 100.

39 *What Is Political Philosophy?*, S. 36. Zugegebenermaßen unterschied auch Schmitt zwischen »wesensverschiedenen Menschentypen«, aber er dachte dabei an den Dualismus von entschiedenen und unentschlossenen Menschen, von Soldat und Bürger (*Staatsgefüge und Zusammenbruch des zweiten Reiches: Der Sieg des Bürgers über den Soldaten*, Hamburg 1934, S. 13.) Strauss' Dichotomie von »stark« und »schwach«, von Held und Antiheld war natürlich nicht kriegerisch, sondern intellektuell gemeint.

40 *The Rebirth of Classical Political Rationalism*, S. 102, 29.

41 Georg Simmel hilft uns vielleicht, die subtile psychologische Anziehung, die Strauss auf einige seiner Anhänger ausübte, zu verstehen, indem er darauf hinweist, wie sehr die Geheimnistuerei die Selbstachtung desjenigen stärkt, der das Geheimnis wahrt: »Das Geheimnis ist von der Möglichkeit und der Versuchung des Verrats umgeben; und die äußere Gefahr des Entdeckt-Werdens ist verbunden mit der inneren Gefahr, daß man sich selbst verraten könnte, die wie ein faszinierender Abgrund ist.« (»Secrecy«, *The Sociology of Georg Simmel*, hrsg. von Kurt H. Wolff, New York 1964, S. 334).

42 John G. Gunnell hat mit aller Deutlichkeit auf diese Tatsache hingewiesen: Political Theology and Politics: The Case of Leo Strauss and Liberal Democracy, in: *The Crisis of Liberal Democracy*, hrsg.

von Kenneth L. Deutsch und Walter Soffer, Albany 1987, S. 68–88; siehe auch ders., The Myth of the Tradition, in: *American Political Science Review*, 72, 1978, S. 122–134; *Political Theory: Tradition and Interpretation*, Cambridge, Mass. 1979; Strauss before Straussianism: The Weimar Conversation, in: *The Vital Nexus* 1, Mai 1990, S. 73–104.

43 *On Tyranny*, S. 96; *Das Erkenntnisproblem in der philosophischen Lehre Fr. H. Jacobis*, maschinenschr. Manuskript, Staatsbibliothek Preußischer Kulturbesitz, Berlin, S. 7, 63.

44 *What Is Political Philosophy?*, S. 224; *The Rebirth of Classical Political Rationalism*, S. 68.

45 David Hume, Über Verfeinerung in den Künsten, in: *Politische und ökonomische Essays*, Bd. 2, Hamburg 1988, S. 201.

46 Max Weber, Wahlrecht und Demokratie in Deutschland (1917), in: *Gesammelte Politische Schriften*, hrsg. von Johannes Winckelmann, 2. Aufl., Tübingen 1958, S. 273.

47 Hannah Arendt, *Vita Activa oder Vom tätigen Leben*, Stuttgart 1960, S. 18, 20.

48 *On Tyranny*, S. 203; *Liberalism Ancient and Modern*, S. 107; *The Rebirth of Classical Political Rationalism*, S. 66; *The City and Man*, S. 125.

49 Vgl. John Rawls, *Eine Theorie der Gerechtigkeit*, Frankfurt a.M. 1975, S. 35.

50 Wenn man Nietzsches Unterscheidung anwendet, ist Strauss' Philosoph kein »Hirt«, sondern ein »Herr«: »ersterer [ist] *Mittel* zur Erhaltung der Heerde; letzterer *Zweck*, weshalb die Heerde da ist.« (*Der Wille zur Macht*, §902, S. 286).

51 *The Rebirth of Classical Political Rationalism*, S. 241; *Naturrecht und Geschichte*, S. 117.

52 Strauss argumentiert nicht nur, wie Schmitt, daß der Liberalismus politisch zu schwach sei, militanten egalitären Bewegungen wie dem Bolschewismus zu widerstehen. Er vertritt die einigermaßen obskure These, daß der Liberalismus aufgrund der ihm innewohnenden Logik zum Kommunismus *führe*.

53 *On Tyranny*, S. 211; *Naturrecht und Geschichte*, S. 139; *The City and Man*, S. 51; *Liberalism Ancient and Modern*, S. 131; *On Tyranny*, S. 96.

54 Max Weber, Der Sinn der »Wertefreiheit« der soziologischen und ökonomischen Wissenschaften, in: *Gesammelte Aufsätze zur Wissenschaftslehre*, hrsg. von Johannes Winckelmann, 6. Aufl., Tübingen 1985, S. 489–540.

55 *The Rebirth of Classical Political Rationalism*, S. 60; *What Is Political Philosophy?*, S. 21.

56 *Naturrecht und Geschichte*, S. 42; *Liberalism Ancient and Modern*, S. 5.

57 *On Tyranny*, S. 178; *What Is Political Philosophy?*, S. 37.

58 Alexis de Tocqueville, *Der alte Staat und die Revolution*, München 1978 [1856], S. 145.

59 *Thoughts on Machiavelli*, S. 10; *What Is Political Philosophy?*, S. 221.

60 *The Rebirth of Classical Political Rationalism*, S. 25.

61 Eine einfallsreichere und bodenständigere Annäherung an dieses Thema bietet Annabel Pattersons »neue Einleitung« in der Taschenbuchausgabe ihres Werkes *Censorship and Interpretation: The Conditions of Writing and Reading in Early Modern England*, Madison 1990; David Wooton, Paolo Sarpi: *Between Renaissance and Enlightenment*, Cambridge 1983; Perez Zagorin, *Ways of Lying: Dissimilation, Persecution, and Conformity in Early Modern Europe*, Cambridge, Mass. 1990. Daß die Esoterik bis zum 18. Jahrhundert bereits eine exoterische Lehre geworden war, beweist auf unterhaltsame Art der Artikel über »Fraud: Should Pious Frauds Be Practiced on the People« in: Voltaires *Philosophical Dictionary*, Harmondsworth 1983, S. 212–215 [*Dictionnaire philosophique portatif*, 1764].

62 Die enge Verknüpfung von »l'illuminisme« mit »les Juifs« taucht auch bei Joseph de Maistre auf, *Quatre Chapitres sur la Russie*, in: *Œuvres complètes*, Lyon 1884, S. 335 f., 345.

63 *Persecution and the Art of Writing*, S. 14.

64 *Naturrecht und Geschichte*, S. 217.

65 Kojève warnte vor dem unkritischen Gruppendenken, das leicht dann entsteht, wenn sich einige Philosophen mit ihren Geheimnissen absondern und öffentliche Debatten scheuen (Tyrannis und Weisheit, wiederabgedruckt in: *Über Tyrannis*, S. 145–193, S. 169); und Kant gab zu bedenken: »[...] so schädlich ist es, Vorurtheile zu pflanzen, weil sie sich zuletzt an denen selbst rächen, die oder deren Vorgänger ihre Urheber gewesen sind« (Beantwortung der Frage: »Was ist Aufklärung«, in: *Kants Werke. Akademie-Textausgabe*, Berlin 1968, Bd. VIII, S. 36).

66 Obwohl Strauss genauso gegen den Kosmopolitismus eingestellt war wie Alasdair MacIntyre, war er Kommunitarist nur in bezug auf die Massen, nicht in bezug auf eine philosophische Elite. Er kritisierte Heidegger und Schmitt. Er betrachtete öffentlichen Druck als abträglich für persönliche Vortrefflichkeit. Er hielt eine liberale

Demokratie zwar für moralisch verwerflich, aber für sicherer – für Philosophen wie ihn selbst – als jedes andere System, das unter modernen Bedingungen entstehen konnte. Gewiß, er hielt den Horizont des Liberalismus für beschränkt – aber gehört er deswegen schon zu der antiliberalen Tradition, die im vorliegenden Buch diskutiert wird? Seine Schüler werden das bestreiten. Ich stehe dafür. Er ist allein deshalb schon Teil der Tradition des Antiliberalismus, weil er das liberale Denken nicht nur teilweise, sondern grundsätzlich kritisiert. In seinen Bemerkungen zu Schmitts *Der Begriff des Politischen* schreibt Strauss, man müsse seine Ansichten darlegen, ohne von den Elementen des liberalen Denkens selbst Gebrauch zu machen. (Sein Rückgriff auf den Platonismus kann als Versuch gelten, dies zu erreichen.) Strauss' radikale Infragestellung des Liberalismus, sein textueller Ansatz der Gesellschaftsanalyse, seine Ablehnung kosmopolitischer und egalitärer Normen und seine Fixierung auf »die große Krise« der Moderne – all diese Elemente seines Denkens beweisen, wie eng er mit den anderen hier untersuchten Antiliberalen verwandt ist. Es ließe sich auch noch auf die esoterischen Elemente verweisen, die er mit de Maistre und Nietzsche teilte, sowie auf einige interessante Ähnlichkeiten zwischen Strauss und Schmitt.

Die Ähnlichkeit, die bedeutende Unterschiede natürlich nicht ausschließt, geht über diese drei Beispiele aber noch hinaus. Obschon Strauss ein Ikonoklast war, ordnet er sich doch in eine größere Tradition ein. Ein deutlicher Hinweis darauf, daß sein Denken nicht nur originell, sondern auch repräsentativ für eine umfassendere Denkrichtung ist, liefert uns ausgerechnet Roberto Unger. Auf den ersten Blick scheint zwischen keinen der hier behandelten Autoren ein größerer Unterschied zu bestehen als zwischen Strauss und Unger. So warnt Unger beispielsweise immer wieder vor »der Gefahr einer elitären Einstellung« und nennt als ein besonders abstoßendes Merkmal der liberal-bürokratischen Gesellschaft »die Macht, die die Begabten über die weniger Talentierten ausüben«. Strauss hingegen hat keine Einwände gegen eine elitäre Haltung, er bringt vielmehr den genau entgegengesetzten Vorbehalt gegen die liberale Gesellschaft vor: Sie befinde sich gerade deswegen im Niedergang, weil sie die wertvolleren Menschen nicht ehre. Unger hingegen hofft, daß moralisch reine und heroische Anstrengungen, die »Dominanz« in einer Gesellschaft zu beseitigen, auf ganz natürliche Weise zu

einem »Weltstaat« führen würden (*Knowledge and Politics*, S. 257, 266, 173, 284); nichts fürchtete Strauss mehr als dies.
Von diesen oberflächlichen Unterschieden einmal abgesehen, fallen aber überraschende Ähnlichkeiten zwischen beiden Theoretikern auf. Sie teilen beispielsweise eine zentrale Prämisse, die in Ungers Worten lautet: »Überzeugungen, die zu einer bestimmten Zeit nur in den Köpfen einiger weniger Denker herrschen, können zu einer anderen Zeit Leitvorstellungen einer Gesellschaft werden.« Der Liberalismus »war zuerst das alleinige Eigentum einer kleinen Schar von Denkern«, wurde aber dann »zunehmend zum Allgemeingut größerer sozialer Gruppen und die Grundlage der modernen Sozialwissenschaft«. Wie stets, hat dieses Strauss'sche Prinzip auch in diesem Fall eine verklärende Wirkung; indem es gesellschaftliche Probleme als die logische Konsequenz politischer Ideen darstellt, wird jeder, der sich mit der Geschichte politischer Theorien beschäftigt, zu einem Experten für die Krise des Westens.
Unger zieht seine Leser ebenso wie Strauss in den Bann, indem er sich auf ein vergessenes Wissen bezieht, das er aus »der Philosophie der Antike« ausgegraben hat. Seine gewagte Kritik am Liberalismus hat »vorliberale« Wurzeln. Auch ihm ist es gelungen, verlorengegangenes Wissen wiederzufinden, obwohl es von »der modernen Naturrechtslehre« entstellt und unterdrückt wurde. Der Liberalismus habe alte Wahrheiten »beinahe eingestampft«, die sich »in den metaphysischen Gedankensystemen des antiken und mittelalterlichen Europa« finden, auch »Platons Ethik«. Die Philosophie Platons sei allerdings »unserem heutigen Denken fremd«; Unger will unseren intellektuellen und moralischen Blick also radikal verändern und in eine neue Richtung lenken, damit wir wieder begreifen lernen, was »die Antike« einst wußte (*Knowledge and Politics*, S. 149, 5, 76, 41, 71, 111, 113, 31, 32, 41, 143).
Zu diesem seit langem unterdrückten Wissen gehören der ewige Konflikt zwischen der Philosophie und der Politik sowie »die antike Überzeugung, daß die Philosophie die ausgezeichnetste Tätigkeit des Menschen ist«. Die wichtigste Einsicht sei, »der Glaube daran, daß es eine allen Menschen gemeinsame Natur des Menschen gibt, die von der Gesellschaft, der sie zugehören, und der Zeit, in der sie leben, unabhängig ist« (*Knowledge and Politics*, S. 294, 200, 193). Zwei wichtige Lehren könnten aus der antiken Vorstellung von einer unveränderlichen menschlichen Natur gezogen werden.

Die erste Lehre lautet, daß es widersinnig sei, »das Gute« in einem radikal hedonistischen Sinne als die Befriedigung körperlicher Bedürfnisse zu definieren, und zwar aus dem einfachen Grund, weil, sobald ein Bedürfnis befriedigt wird, auch schon ein neues entsteht. Mit anderen Worten: Die menschliche Natur sorgt dafür, daß materialistische Bestrebungen immer vergeblich bleiben werden (*Knowledge and Politics*, S. 67). Dasselbe sagt Strauss: Eine hedonistische Theorie des Guten habe eine hedonistische Gesellschaft hervorgebracht, in der die Menschen zu der freudlosen Suche nach der Freude verdammt seien. Dieser Verfall der Massen an den Hedonismus hätte sich nicht ereignen können, wenn die Philosophen die antiken Lehren über die menschliche Natur nicht hätten in Vergessenheit geraten lassen.
Die zweite entscheidende Einsicht des antiken Denkens war, wie auch Strauss glaubt, die Vorstellung von einer natürlichen Rangfolge der Bedürfnisse. Das Verbrechen des modernen Liberalismus ist seine in einem Anflug von Egalitarismus verkündete Ansicht, daß alle Bedürfnisse gleich wertvoll seien. Den Liberalen zufolge »gibt es nichts, was die Ziele eines Menschen wertvoller machte, als die Ziele eines anderen Menschen; alle haben es gleichermaßen verdient, an ihr Ziel zu kommen« (*Knowledge and Politics*, S. 51, 66). Dem wäre nicht so, wenn einige Bedürfnisse anderen von Natur aus überlegen wären, wie »die Alten« glaubten. Um Strauss zu zitieren: Wenn die Sehnsucht zu philosophieren von Natur aus der Sehnsucht nach Ehre oder Reichtum überlegen wäre, dann könnte der Mensch sich von der Natur leiten lassen, um herauszufinden, wie er leben und was er tun solle.
Aber die Liberalen gehen nicht davon aus, daß das menschliche Gute von der Natur festgeschrieben ist. Sie halten es statt dessen für eine Angelegenheit der persönlichen Vorliebe oder der Entscheidung. Um eine Alternative zum liberalen Prinzip der Wertesubjektivität zu finden, verweist Unger uns auf »die Philosophie der Antike«, auf Platon, der »das entgegengesetzte Modell« vertrat, d. h. »die Idee von der Objektivität der Werte«, denn »objektive Werte sind Verhaltensmaßstäbe und Ziele, die unabhängig von der menschlichen Willensentscheidung existieren«. Wenn wir solche Werte wahrnehmen könnten, »würden sie zur wahren Grundlage einer Gesellschaftsordnung« (*Knowledge and Politics*, S. 76). Auch das klingt nach Strauss, es *ist* sogar Strauss. Allerdings fügt Unger an die Lehre von der Werteobjektivität an : »Ich halte sie für falsch.« Außerdem

tut er kund, er habe nicht vor, »zu der klassischen Vorstellung einer dem Menschen angeborenen Natur, die vom Lauf der Geschichte völlig unberührt bleibt«, zurückzukehren (*Knowledge and Politics*, S. 77, 246). Obwohl er aber den Begriff, einer unveränderlichen menschlichen Natur und einer Werteobjektivität zurückweist, hält Unger unverständlicherweise an seiner Kritik der liberalen Theorie fest, die ganz und gar auf diesen Ideen fußt. Diese Inkohärenz oder »Schwäche« unterscheidet ihn von Strauss. Beide kritisieren eine universalistische Moral, die im Namen der persönlichen Selbstverwirklichung auftritt. Aber Strauss bleibt konsequent und steht auch zu den antiegalitären Konsequenzen seines Platonismus. Unger hingegen bricht vorher ab und gibt vor, seine Art von Heroismus hätte weder Opfer noch Verlierer. Diese wichtigen Unterschiede sollten uns jedoch nicht von einer außerordentlichen Übereinstimmung ablenken: Unger und Strauss beschreiben die Kernpunkte der »Krise« der Moderne in beinahe identischen Begriffen. Aus diesem Grunde sollte man ihre Schriften zusammen untersuchen, als zwei Variationen eines gemeinsamen Themas, als zwei Versionen einer einzigen Tradition: des Antiliberalismus.

Kapitel 4

1 Alasdair MacIntyre, *Three Rival Versions of Moral Enquiry: Encyclopedia, Genealogy, and Tradition*, Notre Dame 1990, S. 133. MacIntyres Sehnsucht nach der verlorengegangenen gesellschaftlichen Praxis der Esoterik wird dann noch interessanter, wenn man sie mit seinen anderen an Strauss anklingenden Thesen vergleicht. Wie Strauss beschreibt er beispielsweise die Säkularisierung als die Hauptursache der »Krise« der Moderne. Er behauptet, der gesellschaftliche Konsens beruhe auf vorrationalen Gewohnheiten und Identifikationen und lobt gleichzeitig Sokrates und Platon, weil sie »die Überzeugungen der durchschnittlichen Athener über die Polis« in Frage stellen konnten. Weiterhin kritisiert er die Sozialwissenschaften für ihre überhebliche Leugnung »der Permanenz der *Fortuna*«. Am eindrucksvollsten ist seine Behauptung, daß die beste Stadt »eine hierarchische Ordnung« aufrechterhalten wird. Er vertritt eine pädagogisch fundierte, keine auf Macht basierende Hierarchie, in der gute

Bürger die Jüngeren die Tugend lehren. Das letzte Ziel der Polis, ihr höchstes Gut, ist die philosophische Kontemplation. Nur einige wenige können ihre Seelen vervollkommnen, indem sie der Gottheit nacheifern. MacIntyre ist niemals ein Nietzscheaner gewesen, aber mit seiner Behauptung, daß die Stadt nur »für dasjenige im Menschen existiert, das sie mit dem Göttlichen verbindet«, geht er genau wie Strauss davon aus, daß die Nichtphilosophen zum Wohle der Philosophen existieren. (MacIntyre, *Whose Justice? Which Rationality?*, S. 124; *Der Verlust der Tugend*, Frankfurt a.M. 1987, S. 145; *Whose Justice? Which Rationality?*, S. 105, 143. Allerdings könnte man sagen, daß diese antiegalitären Abschnitte im Widerspruch zu MacIntyres grundsätzlichem Ansatz stehen.)

2 MacIntyre, *Three Rival Versions of Moral Enquiry*, S. 141.

3 Dieses Thema teilt er mit einigen deutschen Romantikern, siehe etwa Friedrich Schiller, *Über die ästhetische Erziehung des Menschen*, Stuttgart 1973, S. 18.

4 Alasdair MacIntyre, *Der Verlust der Tugend. Zur moralischen Krise der Gegenwart*, Frankfurt a.M. 1987 (amerikanische Ausgabe 1981), S. 40, 10, 342.

5 Ebda., S. 17, 350, 16, 17.

6 Ebda., S. 10, 318, 349, 303, 339, 10.

7 Dieser Bestandteil des antiliberalen Katechismus findet sich auch in der Enzyklika von Papst Pius XI., *Divini Redemptoris* vom 19. März 1937, die die »liberale Wirtschaftsordnung« beschuldigt, die Religion zu untergraben und daher die Arbeiter für den Kommunismus anfällig zu machen. Sie erklärt gleichfalls, daß »der liberale Individualismus [...] die Gesellschaft dem egoistischen Nutzen des Individuums unterordnet.«

8 *Der Verlust der Tugend*, S. 233 f.

9 Ebda., S. 305, 210.

10 Ebda., S. 39, 210, 301.

11 Ebda., S. 19, 60, 149 f., siehe auch S.325. Man beachte auch, daß MacIntyres Betonung von »Erzählungen« ebenfalls einen impliziten Zweifel an der Tragfähigkeit rationaler Argumente enthüllt.

12 Er greift Pascal und den Jansenismus vom Standpunkt Thomas von Aquins an, weil sie eine Theologie entwickelt hatten, die mit der modernen Wissenschaft verträglich war, und behauptet hatten, »die Kraft der Vernunft wurde durch den Sündenfall des Menschen zerstört« (*Der Verlust der Tugend*, S. 78).

13 Ebda., S. 65, 97, 255 (Hervorhebung des Autors), 344 (Hervorhebung des Autors), 56, 63, 64, 170f., 65.

14 Ebda., S. 128, 87, 51, 22, 53, 184.

15 Ebda., S. 197, 222, 231.

16 MacIntyre betont den Übergang vom Glauben zum Unglauben in der frühen europäischen Neuzeit zu stark und unterschätzt den Wandel von religiöser Homogenität zu religiösem Pluralismus. Schmitt war da wesentlich realistischer, wenn er die Entstehung mehrerer Konfessionen stärker als den Atheismus für die moralische Unordnung des neuzeitlichen Europa verantwortlich machte. Die Philosophie der Neuzeit flüchtete sich von der Theologie in die Wissenschaftlichkeit, weil die Theologie weithin als »Streitgebiet« galt, in dem die Dispute rational nicht mehr zu lösen waren (Schmitt, Das Zeitalter der Neutralisierungen und Entpolitisierungen, in: *Der Begriff des Politischen*, 3. Aufl. Berlin 1963, Text von 1932, S. 88). Schmitt betrachtete also, kurz gesagt, die Säkularisierung als eine Reaktion auf das Problem eines moralischen Konflikts, während MacIntyre der weit weniger überzeugenden Ansicht ist, daß die Säkularisierung diesen Konflikt erst verursachte.

17 *Der Verlust der Tugend*, S. 74, 81 f., 159, 86, 341, 86.

18 Obwohl Roberto Unger sich weniger stark mit dem Glauben auseinandersetzt, stimmt er mit MacIntyre darin überein, daß die Religion sich als das beste Mittel erweisen könnte, die Trennung von Tatsachen und Werten zu überwinden: »Der Unterschied zwischen Verstehen und Werten ist dem religiösen Bewußtsein fremd, denn seine Überzeugungen von der Welt sind zugleich Beschreibungen und Ideale.« Mehr noch, »die Ansicht, daß das Verstehen dessen, was wir tun sollten, zum Verstehen dessen gehört, wie die Welt wirklich ist, ist ein allgemein anerkanntes Merkmal religiöser Vorstellungen.« Religiöse Traditionen liefern uns zugleich ein Bild von der Welt und sagen uns, wie wir uns zu benehmen haben: »Die Religion beginnt mit der Vorstellung, daß das Reich der Werte auf bestimmte Weise in der Realität der Dinge verankert ist.« Anders gesagt, erklären religiöse Traditionen, wie die Welt aufgebaut *ist* und wie wir handeln *sollten*: »Eine Theologie legt eine bestimmte Sicht der Welt dar und definiert zugleich ein Ideal des Guten« (*Knowledge and Politics*, S. 41, 157 f., 41, 248, 112, 109). Die Säkularisierung hat daher dem menschlichen Geist eine fürchterliche Wunde zugefügt, nämlich die »Sehnsucht«, immun gegen die »Vernunft« zu werden.

19 *Der Verlust der Tugend*, S. 89, 16.
20 Ebda., S. 325, 342, 86, 151.
21 Ebda., S. 335, 152.
22 Ebda., S. 13, 57, 131.
23 Ebda., S. 133 f., 145, 143.
24 Ebda., S. 85 f.
25 Man könnte natürlich gegen MacIntyre einwenden, daß Achilles' Schwanken Anzeichen dafür ist, daß er an der Heldenethik und daran zweifelt, ob er die ihm gesellschaftlich vorgeschriebene Rolle spielen sollte.
26 *Der Verlust der Tugend*, S. 164, 288, 175.
27 Ebda., S. 164, 166, 54.
28 Ebda., S. 151.
29 Ebda., S. 294, 255.
30 Ebda., S. 77, 218.
31 Ebda., S. 247.
32 Ebda., S.85. Während Gesellschaften sich wandeln, verändern sich auch die Vorstellungen vom »Ich«. So leuchtet es etwa immer weniger ein, dem »Ich« irgendwelche permanenten Merkmale zuzuschreiben, wenn es eine immer größer werdende soziale und berufliche Mobilität innerhalb einer Generation und zwischen den verschiedenen Generationen gibt. Im Verlauf der Neuzeit können wir daher eine Entwicklung feststellen von einem Begriff des Ich als einem Wesen mit festen Merkmalen, etwa mit einem angeborenen *Telos* oder der Erbsünde, hin zu einem »offenen« Konzept des Ich. Im »Übergang in die Moderne«, so erklärt MacIntyre, »wurde das eindeutig moderne Selbst erfunden«. Heute »ist das Selbst nichts, kein Wesen, sondern eine Anhäufung ständig offener Möglichkeiten«. Daher kann es sich fortwährend an wechselnde soziale Erwartungen anpassen. Wenn man die große Rollenmobilität bedenkt, ist es sehr nützlich, daß »ich aus der Sicht des Individualismus das bin, was ich zu sein gewählt habe«. MacIntyre begnügt sich selbstredend nicht damit, begriffliche Veränderung rein soziologisch zu erklären, er muß dazu auch eine moralische Stellungnahme abgeben. Denn vorsichtig, wenn auch gewiß denunziert er das, was er zunächst entdeckt hat: »Dieses demokratisierte Selbst, das keine notwendige soziale Identität hat, kann jede Rolle annehmen oder jeden Standpunkt beziehen, weil es für sich genommen nichts *ist.*« (*Der Verlust der Tugend*, S. 88, 294, 53) Das ist aller-

dings eher eine priesterliche Ermahnung als eine historische Beobachtung.

33 Ebda., S. 230.

34 Ebda., S. 293.

35 Ebda., S. 294.

36 Ebda., S. 212 f., 230, 47, 103 f., 148, 50, 194 f., 55 (Hervorhebung des Autors).

37 Ebda., S. 118 f., 332, 210, 316, 318, 9.

38 MacIntyre selbst bestreitet natürlich ausdrücklich, Pessimist zu sein: »[...] erweist sich auch der Pessimismus als ein weiterer kultureller Luxus, dessen wir uns entledigen müssen, um in dieser schweren Zeit überleben zu können« (ebda., S. 18).

39 Ebda., S. 336 f., 316, 18, 350.

40 Benjamin Barber, »The World We Have Lost«, in: *The New Republic*, 13. September 1982, S. 27–32.

41 *Der Verlust der Tugend*, S. 218.

42 Ebda., S. 333, 345.

43 Ebda., S. 24, 341, 151.

44 Ebda., S. 34.

45 Charles Larmore vertritt diese These überzeugend in: *Patterns of Moral Complexity*, Cambridge 1987, S. 36–39.

46 *Der Verlust der Tugend*, S. 288, 161 f., 314, 342, 182; MacIntyre definiert Freundschaft unverständlicherweise als Zusammenarbeit zwischen Mitgliedern eines Teams. »Freundschaft ist definiert im Sinne einer gemeinsamen Treuepflicht gegenüber dem Guten und dem Streben nach ihm.« (ebda., S. 210) Die liberale Gesellschaft ist dekadent, so sagt er implizit, weil sie eine Treuepflicht gegenüber Menschen verspürt, deren Ziel sich von ihrem eigenen unterscheidet.

47 Ebda., S. 217, 210.

48 J. B. Schneewind, Moral Crisis and the History of Ethics, in: *Contemporary Perspectives on the History of Philosophy*, Bd. 8, Midwest Studies in Philosophy, hrsg. von P. French, T. Uehling und H. Wettstein, Minneapolis 1983, S. 529.

49 *Der Verlust der Tugend*, S. 177, 182; Aristoteles ist »diesem Aspekt der Tragödie gegenüber blind« (ebda., S. 218 f.).

50 Ebda., S. 236, 222, 236, 247, 234, 235.

51 Ebda., S. 232.

52 Alasdair MacIntyre, *Whose Justice? Which Rationality?*, Notre Dame

1988, S. 352. Eine wohlmeinendere Rezension dieses Buches liefert Charles Larmore, *The Journal of Philosophy*, 1989, S. 437–442.

53 Ders., *Three Versions of Moral Enquiry*, S. 193, 171; *Whose Justice? Which Rationality?*, S. 334.

54 *Whose Justice? Which Rationality?*, S. 343.

55 Ebda., S. 12.

56 *Three Versions of Moral Enquiry*, S. 117; *Whose Justice? Which Rationality?*, S. 178.

57 *Whose Justice? Which Rationality?*, S. 5, 392.

58 Ebda., S. 97.

59 Ebda., S.141, 210, 141.

60 Ebda., S. 140f.

61 Ebda., S. 397.

62 *Der Verlust der Tugend*, S. 169, 180.

63 *Whose Justice? Which Rationality?*, S. 230, 220, 124.

64 Vgl. Locke, *Zwei Abhandlungen über die Regierung*, II, 103, 158, S. 264, 300.

65 *Three Rival Versions of Moral Enquiry*, S. 127, 200.

66 *Whose Justice? Which Rationality?*, S. 105; *Three Rival Versions of Moral Enquiry*, S. 121; 125.

67 Ernest Gellner, The Belief Machine, in ders.: *The Devil in Modern Philosophy*, London 1974, S. 195.

68 *Three Rival Versions of Moral Enquiry*, S. 17, 116; *Whose Justice? Which Rationality?*, S. 81, 285.

69 John Stuart Mill, *Die Freiheit*, Leipzig 1928, S. 30.

70 *Whose Justice? Which Rationality?*, S. 402.

71 *Three Rival Versions of Moral Enquiry*, S. 181, 5.

72 Ebda., S. 25, 30, 124. Da die Glaubenswahrheiten unveränderlich sind, muß die Dynamik, die MacIntyre der thomistischen Tradition zuschreibt, von dem Bedürfnis ihres Gründers nach ständiger Korrektur herrühren.

73 *Whose Justice? Which Rationality?*, S. 43f.

74 Ebda., S. 345.

75 *Three Rival Versions of Moral Enquiry*, S. 28.

76 »Humes Anglicizing Subversion« ist das beachtlichste Kapitel in *Whose Justice? Which Rationality*? Denn hier verteidigt MacIntyre nicht den Rationalismus, sondern den Nationalismus. Allein die Boshaftigkeit, mit der er Hume angreift, ist erstaunlich. Weil er sich so sehr darum bemüht, die Bedeutung von Loyalität in einer Gesell-

schaft zu stärken, beschäftigt sich MacIntyre auch über Gebühr mit dem Thema Landesverrat. Er beschwert sich gereizt darüber, daß Hume mit der »herrschenden schottischen Tradition« gebrochen habe und beinahe die »besondere schottische kulturelle Identität« zerstört habe, obwohl er in Schottland geboren wurde. Hume sei ein Wendehals, ein Anglophiler gewesen, ein niederträchtiger Deserteur aus seiner »ererbten Kultur«. Als »kompromißloser Assimilationist« habe er englische Manieren und den englischen Akzent nachgeäfft und sogar »seinen Namen anders geschrieben«. Er fand das schottische Recht »abscheulich«, weigerte sich, im schottischen Dialekt verfaßte Gedichte zu lesen, und schrieb über Schottland, »als wäre es ein fremdes Land« – überhaupt, so MacIntyre, zeigte er nicht die geringste Anhänglichkeit an seine Herkunft. Aber trotz dieses Verrats sei es Hume niemals gelungen, wie ein Engländer zu klingen, seine Redeweise sei immer etwas merkwürdig geblieben. MacIntyre lehnt selbst noch Humes Bewerbung auf den Lehrstuhl für Ethics and Pneumatical Philosophy in Edinburgh ab: »Es war richtig, Hume aus jedem Bereich der Erziehung der Jugend auszuschließen« (ebda., S. 259, 283, 320, 322). Obwohl MacIntyre so sehr gegen Illoyalität ist, erwähnt er interessanterweise niemals jene katholischen Priester, die in der gesamten Epoche des neuzeitlichen Europas nichts dabei fanden, sich in den Dienst fremder Herrscher zu stellen.

77 In Montesquieus Worten ist »die Liebe zum Vaterland« keine »christliche Tugend« (*Vom Geist der Gesetze*, hrsg. von Ernst Forsthoff, Bd. 1, Tübingen 1992, S. 3). Auch Tocqueville erklärt, warum Religiosität und ein ethnischer Chauvinismus nur sehr schwer zu versöhnen sind, denn »Religionen sind ihrem Wesen nach gewohnt, den Menschen nur als solchen zu berücksichtigen, inwiefern die Gesetze, Gebräuche und Traditionen eines Landes das Allgemeinmenschliche in besonderer Weise modifiziert haben mögen« (*Der alte Staat und die Revolution*, München 1978, S. 28).

78 *Whose Justice? Which Rationality?*, S. 210, 393 f.; *Der Verlust der Tugend*, S. 184.

79 *Der Verlust der Tugend*, S. 211, 219, 298, 192.

Kapitel 5

1 Carl Schmitt, Das Zeitalter der Neutralisierungen und Entpolitisierungen, (1929), wiederabgedruckt in: *Der Begriff des Politischen*, Text von 1932 mit einem Vorwort und drei Corollarien, 3. Aufl., Berlin 1963, S. 79–95, hier: S. 83f.

2 Carl Schmitt, *Theodor Däublers »Nordlicht«. Drei Studien über die Elemente, den Geist und die Aktualität des Werkes*, Berlin 1991, S. 62 (1. Aufl. 1916); *Römischer Katholizismus und politische Form*, München 1925, S. 20f.

3 Martin Heidegger, Die Frage nach der Technik, in: *Vorträge und Aufsätze*, 5. Aufl., Pfullingen 1985, S. 9–40., hier: S. 16f., 18, 18f., 25, 19. In einer berühmten Bemerkung räumt Heidegger zwar ein, daß der Rhein weiterhin ein Strom der Landschaft bleibe, aber »nicht anders denn als bestellbares Objekt der Besichtigung durch eine Reisegesellschaft, die eine Urlaubsindustrie dorthin bestellt hat« (ebda., S. 19f.).

4 Christopher Lasch, *The True and Only Heaven: Progress and Its Critics*, New York 1991, S. 225, 23, 518, 171, 22, 279, 508.

5 Ebda., S. 507, 31, 495.

6 Ebda., S. 524.

7 Ebda., S. 521.

8 Ebda., S. 335, 220. Lasch argumentiert interessanterweise, daß der Marxismus noch in anderer Hinsicht vom Sozialismus infiziert sei: Marx habe den Kapitalismus verachtet, weil er die volle Entfaltung des *Individuums* behindere (ebda., S. 152).

9 Ebda., S. 14.

10 Vgl. Sheldon Wolin, *Politics and Vision*, Boston 1960, S. 317.

11 *The True and Only Heaven*, S. 516, 90, 89, 522, 80.

12 Die gesamte Argumentation spiegelt Strauss' scharfe Verurteilung »der freudlosen Suche nach Freude« wider, zu der uns offenbar die liberalen Theoretiker verurteilt haben (*Naturrecht und Geschichte*, S. 262). Roberto Unger verurteilt die liberalen Gesellschaften ganz ähnlich lautend wegen ihres »tödlichen Hedonismus des Konsums« (*Knowledge and Politics*, S. 59).

13 *The True and Only Heaven*, S. 528.

14 Ebda., S. 446, 239, 39, 239, 527; siehe aber dazu Genesis 1, 28, wo der Mensch aufgefordert wird, sich die Erde untertan zu machen.

15 Ebda., S. 467.

16 Wie wir im nächsten Kapitel sehen werden, gibt es auch Antiliberale, die – sich eher auf Nietzsche als auf Heidegger berufend – die liberale Gesellschaft kritisieren, weil sie in dieser Beziehung nicht »flexibel« genug sei.

17 *The True and Only Heaven*, S. 528.

18 Ebda., S. 489 f.

19 Ebda., S. 491. In früheren Werken bringt Lasch seine Bejahung der Fortpflanzung als des natürlichen Zwecks des Geschlechtsverkehrs zum Ausdruck, indem er »die Faszination des Oralsexes«, der seine Zeitgenossen angeblich erlegen sind, kritisiert (*The Culture of Narcissism*, New York 1991, S. 50; *Haven in a Heartless World*, S. 183). Man kann diese fromme Berufung auf das »Naturgesetz« ohne weiteres mit Schmitts und Strauss' Berufung auf die Natur vergleichen.

20 Leo Strauss, *Naturrecht und Geschichte*, S. 268. (A.d.Ü.: Strauss gibt an dieser Stelle Rousseaus *Abhandlung von 1750 für die Akademie in Dijon* und deren Wissenschaftsbegriff wieder.)

21 Allerdings erklärt er nicht, warum sie sich dafür interessieren sollte, seine Bücher zu lesen.

22 *The True and Only Heaven*, S. 487.

23 Ebda., S. 495.

24 Ebda., S. 466 f.

25 Ebda., S. 478, 506, 409.

26 Ebda., S. 402 f.

27 Ebda., S. 395, 387, 405, 406, 409.

28 Ebda., S. 354 f., 226, 360, 531, 335, 532, 328, 345.

29 Ebda., S. 303, 346, 226, 360, 531, 335, 532, 328, 345.

30 Ebda., S. 226, 213.

31 Ebda., S. 321.

32 Ebda., S. 305.

33 Schmitt, Das Zeitalter der Neutralisierungen und Entpolitisierungen, in: *Positionen und Begriffe*, S. 131.

34 Lasch, *The Culture of Narcissism*, S. 42.

35 *The True and Only Heaven*, S. 355.

36 Ebda., S. 531.

37 Ebda., S. 402, 529.

38 Ebda., S. 532.

Anmerkungen

Kapitel 6

1 Alasdair MacIntyre, *Three Rival Versions of Moral Enquiry*, Notre Dame 1990, S. 32–57, 170–215.
2 Roberto Mangabeira Unger, *Politics, A Work in Constructive Social Theory*, Cambridge 1987. Dieses Buch besteht aus drei Bänden mit den Titeln: Bd. 1: *Social Theory: Its Situation and Task*; Bd. 2: *False Necessity: Anti-Necessitarian Social Theory in the Service of Radical Democracy*; Bd. 3: *Plasticity into Power: Comparative-Historical Studies on the Institutional Conditions of Economic and Military Success.* (Im folgenden als Kurztitel aufgeführt.)
3 Roberto Mangabeira Unger, *Knowledge and Politics*, New York 1975.
4 Ebda., S. 53, 195, 61 f., 153, 152. Die liberale Ontologie kann man in dem Satz »das Sein ist nicht unantastbar« zusammenfassen; sie geht von der unfrommen Annahme aus, daß »die manipulative Einstellung zur Welt die Form einer Leugnung der Unveränderlichkeit von Natur und Gesellschaft annimmt« (S. 159, 152), und diese Haltung bringt eine ungeheuere Hybris zum Ausdruck.
5 Ebda., S. 227 (Hervorhebung des Autors), 194.
6 Ebda., S. 206, 202, 101 f., 97, 102 f., 96, 275, 171.
7 Ebda., S. 232.
8 Ebda., S. 233, 232; Zugegebenermaßen klingt Ungers Stil hier ein wenig ominös: »Die Merkmale des durchschnittlichen Lebens, die es profan und prosaisch machen, *müssen* verändert werden« (S. 233, Hervorhebung des Autors). Wer wird uns wohl daran hindern, in Prosa miteinander zu sprechen? Und wie? Und braucht es dafür unsere Zustimmung? Ungers offensichtliche Verträumtheit macht wenigstens deutlich, daß er weder Zwang noch Gewalt angewendet wissen möchte.
9 Ebda., S. 192.
10 Ebda., S. 252, 274, 316, 11, 15, 40 f.
11 Ebda., S. 5, 88, 102, 290, 133.
12 Ebda., S. 289, 106, 252, 27, 119, 4, 137.
13 Ebda., S.24, 149, 6, 281.
14 *Knowledge and Politics*, S. V, 4, 23, 141, 231, 250, 59, 149, 229, 118, 151. Diese Intellektualisierung geht sogar soweit, daß ein geschickter Bewunderer von *Knowledge and Politics* seine Kritik an John Rawls' *Theorie der Gerechtigkeit* so darstellen kann, als sei sie zugleich eine Kritik an der amerikanischen Gesellschaft. (Siehe

Michael Sandel, *Liberalism and the Limits of Justice*, Cambridge 1982).

15 *Knowledge and Politics*, S. 28, 74, 77, 120, 212, 197.

16 Ebda., S. 145, 140, 103, 140.

17 Ebda., S. 146 (Hervorhebung des Autors), 198, 197.

18 Ebda., S. 58, 69, 140. Überraschenderweise »bringt die Schizophrenie die verborgene Wahrheit über die moralische Befindlichkeit ans Tageslicht, die die liberale Psychologie beschreibt« (S. 58).

19 Ebda., S. 195, 231.

20 Ebda., S. 63, 30, 40, 80, 119, 124, 8, 63, 67, 301, 88.

21 Ebda., S. 128, 81, 211, 76, 78, 81.

22 Ebda., S. 123, 129, 63.

23 Unger geht ganz selbstverständlich davon aus, daß die Kategorie »Gruppe« soziologisch sehr viel komplizierter als die Kategorie »Individuum« ist. Aber das ist ganz und gar nicht selbstverständlich. Die interessantesten Formen sozialer Interaktion (Liebe, Wissenschaft, Religion, Recht, Erziehungswesen, Unterhaltungskultur usw.) überschreiten Gruppengrenzen, auch nationale, und werden nicht gänzlich von den Normen einer einzelnen Gruppe kontrolliert.

24 Hume, That Politics May Be Reduced to a Science, in: *Essays Moral, Political, and Literary*, Indianapolis 1985, S. 25 (dt.: Daß Politik sich auf eine Wissenschaft reduzieren lasse, in: *Politische und ökonomische Essays*, Bd. 1, Hamburg 1988).

25 *The Federalist Papers*, #51, hrsg. von Clinton Rossiter, New York 1961, S. 438.

26 *Knowledge and Politics*, S. 82.

27 Ebda., S. 39.

28 Ebda.

29 Ebda., S. 303.

30 Ebda., S. 111, 81.

31 Unger selbst erwähnt die Möglichkeit von irrationalen Formen des gesellschaftlichen Konsenses, subsumiert aber diese pathologische Form unter »Unterdrückung«. Diese Annahme zeigt, daß er weiterhin an einer verbliebenen marxistischen Neigung zu konspirativem Denken leidet (*Knowledge and Politics*, S. 242 f.).

32 Ebda., S. 120, 119, 135, 50, 97, 52.

33 Ebda., S. 53, 52, 68.

34 Ebda., S. 86, 78, 79.

35 Ebda., S. 68, 53, 88, 135, 54.

36 Ebda., S. 165, 86, 87.

37 Ebda., S. 107, 42.

38 Übrigens unterschieden die Liberalen Vernunft von Begehren auch, um zu zeigen, daß überlegene Verstandeskräfte nicht das Recht zu herrschen verleihen, weil nicht schon sie Garantie eines guten Willens sind. Man kann auch den liberalen »Reduktionismus«, also das Prinzip, daß das Ganze gleich der Summe seiner Teile ist, ähnlich darstellen. Die Tendenz der Liberalen, die Gruppe als reines »Mittel« für die Zwecke des Individuums zu betrachten, sollte man ebenfalls politisch verstehen. Denn in den vorliberalen europäischen Gesellschaften wurde immerhin die überwiegende Mehrheit der Individuen als entbehrliches Mittel für die Zwecke einer Elite betrachtet, die sich selbst mit einer zweckmäßigen Synekdoche als Äquivalent des Ganzen bezeichnete. Diesem Muster wurde durch die Entheiligung des »Ganzen« und seiner Reduzierung auf die Summe seiner Teile entgegengewirkt; zugleich brach man damit die aristokratische Vorherrschaft. Unnötig zu sagen, daß diese argumentative Strategie die Liberalen nicht auf den naiven Glauben verpflichtete, eine Gesellschaft könne nur solche Eigenschaften haben, die ihre einzelnen Mitglieder auch schon vorher, gleichsam in Isolation, aufwiesen.

39 *Knowledge and Politics*, S. 151, 268, 271, 151.

40 Ebda., S. 289.

41 Ebda., S. 278. Am abscheulichsten sei die Erzwingung gemeinsamer Normen »ohne Rücksicht auf die Mittel, mit Hilfe derer sie bewerkstelligt wird«. Dieser Satz weist nicht nur darauf hin, daß Unger sich innerlich mit der Unterscheidung von Zweck und Mittel versöhnt hat, sondern auch, daß er unterschwellig, trotz aller Bekundungen des Gegenteils, der Ansicht ist, daß der Liberalismus sich zu »nicht-instrumentellen Regeln« bekennt, »um zu entscheiden, was als zulässiges Mittel zu gelten hat« (S. 135).

42 Ebda., S. 77, 140, 194, 140.

43 Ebda., S. 229. Warum »hypothetisch«? War der Faschismus etwa nur ein Gedankenexperiment?

44 Ebda., S. 290.

45 Ebda., S. 167, 318, 281 f., 279, 140, 277, 272, 272, 279. Man muß allerdings einräumen, daß Unger diese These nicht durchgängig vertritt, sondern an anderer Stelle sagt, daß die Grenzen nicht »fest« sein dürfen (S. 274).

46 Ebda., S. 280, 188, 267, 188, 220, 225, 242–244, 261.

47 Ebda., S. 184, 173, 204, 280, siehe auch S. 283.

48 Ebda., S. 178. Nebenbei bemerkt zeigt Ungers Bevorzugung der egalitären Gemeinschaft recht deutlich, wie sehr er mit zweierlei Maß mißt. Er kann keine rationale Begründung für seine Norm der Gleichheit anführen, die nicht auch schon von Liberalen, die er verachtet, vorgebracht worden wäre.

49 Ebda., S. 249, 252.

50 Ebda., S. 260, 224, 284, 224, 260, 290. Diese Formulierung weist auf die christlichen Ursprünge von Ungers Anti-Utopismus hin: Christus wird erst am Ende der Geschichte wiederkehren.

51 Ebda., S. 237; siehe auch S. 221, 242.

52 Ebda., 286.

53 *Plasticity into Power*, S. 2; *False Necessity*, S. 293, 563, 566; *Plasticity into Power*, S. 81; *False Necessity*, S. 468, 303, 451. Ungers Superindividualismus führt schon in *Knowledge and Politics* dazu, daß er »das Einnehmen von Rollen« im allgemeinen als »universelles Theater« bezeichnet. Er haßt »die Unantastbarkeit der jeweiligen Stellung und ihrer Pflichten«. Er setzt gesellschaftliche Rollen und die Anpassung an die Normen der Gemeinschaft mit Inauthentizität und moralischer Heuchelei gleich. In diesem Punkt wird seine Differenz zu MacIntyre am deutlichsten: Er schreibt verächtlich über Rollen als Masken. Den Erwartungen nachzugeben, die andere in einen setzen, bedeutet, die persönliche »Einzigartigkeit« zu verwischen. Über gesellschaftliche Rollen allgemein sagt er: »Alle Rollen scheinen dies nicht nur zu sein, sondern sind es auch mehr oder weniger, nämlich eine Verminderung dessen, was ich als die Eigenschaften des Ich beschreiben werde.« Ausdrücklich weist er die Vorstellung zurück, daß »jede Form, uns als Menschen zu entfalten, untrennbar mit einer bestimmten Form des gesellschaftlichen Lebens verbunden ist«. Der einzelne muß jenseits seiner sozialen Rollen existieren, wenn er nicht »die Idee einer virtuell vielseitigen Persönlichkeit« aufgeben will. Nichts ist unmoralischer als eine Situation, in der »die Person vollständig von ihrer konkreten sozialen Position eingenommen und mit ihr identifiziert wird« (*Knowledge and Politics*, S. 195, 20, 26, 179, 60–62, 229, 156, 174, 194, 179, 223). In einer sozialen Farce gefangen, verliert der einzelne seine Mehrdimensionalität. Wer den Gruppennormen folgt, opfert seine Lebensfreude.

54 *Social Theory*, S. 12, 206; *Plasticity into Power*, S. 160, 2; *Social Theory*, S. 16; *False Necessity*, S. 589.
55 *Social Theory*, S. 150, 197, 169.
56 Ebda., S. 47.
57 Ebda., S. 158.
58 *False Necessity*, S. 579.
59 Ebda., S. 613.
60 John Locke, *Zwei Abhandlungen über die Regierung*, hrsg. von Walter Euchner, Frankfurt a.M., 5. Aufl. 1992., II, 103, S. 264.
61 *False Necessity*, S. 364, 12; *Social Theory*, S. 24, 1; *False Necessity*, S. 528.
62 Ebda., S. 566, *Plasticity into Power*, S. 11; *False Necessity*, S. 35; *Social Theory*, S. 214; *False Necessity*, S. 564, 519, 562.
63 *Knowledge and Politics*, S. 267, 237, 188, 229, 177, 319.
64 *False Necessity*, S. 537, 568, 594.
65 Ebda., S. 291.
66 Ebda., S. 513; *Social Theory*, S. 138, 196, 171, 5.
67 *False Necessity*, S. 12, *Social Theory*, S. 12; *False Necessity*, S. 584.
68 *Social Theory*, S. 214; *False Necessity*, S. 566, 583.
69 *False Necessity*, S. 625, 56.
70 Ebda., S. 454, 459, 462.
71 Ebda., S. 323, 87–89; *Plasticity into Power*, S. 22.
72 *Social Theory*, S. 118, 139, 127.
73 *False Necessity*, S. 111, 413; *Social Theory*, S. 75.
74 *False Necessity*, S. 12; *Social Theory*, S. 118.
75 *False Necessity*, S. 25.
76 Ebda., S 127; *Social Theory*, S. 158, 212; *False Necessity*, S. 569, 562, 528; *Social Theory*, S. 233.
77 *False Necessity*, S. 56, 572.
78 *Social Theory*, S. 184f.; *False Necessity*, S. 277.
79 In seinem früheren Buch hatte Unger schon Jugendliche kritisiert, die »sich einbilden, sie seien die Inhaber der größtmöglichen Bandbreite an Lebenssituationen, und den Kult der ›Erlebnisfülle‹ praktizieren« (*Knowledge and Politics*, S. 224). Daß es eine unübersehbare Ähnlichkeit zwischen der Einstellung dieser Jugendlichen und Ungers eigener Einstellung gibt, mag erklären, warum er immer wieder das Bedürfnis verspürt, sich von der infantilen Linksorientierung abgrenzen zu müssen.
80 Gewiß hat die Gleichsetzung von Freiheit mit willkürlichen Zerstörungsakten in manchen Zusammenhängen mehr psychologische

Überzeugungskraft als in anderen. Wahrscheinlich fühlt sich Unger zu dieser inkohärenten Ansicht unter anderem wegen der historischen Dominanz festverankerter Eliten in Südamerika hingezogen; und darauf wahrscheinlich bezieht sich auch Rortys erbauliche Behauptung, Ungers »natürliches Publikum liegt wahrscheinlich in der Dritten Welt – wo sein Buch möglicherweise irgendwann eine neue nationale Romantik ermöglichen wird« (Richard Rorty, *Essays on Heidegger and Others*, Cambridge 1991, S. 187).

81 *False Necessity*, S. 529.

82 William Blackstone, *Commentaries on the Laws of England*, Chicago 1977, Bd. 2, S. 11.

83 *False Necessity*, S. 365. Unger hatte schon in seinem vorherigen Buch die reine Vorstellung »einer vom Gesetz beherrschten Gesellschaft« mit Hohn und Spott überschüttet. Er ähnelt Schmitt aber noch in anderer Hinsicht. Wie Schmitt verkündet Unger, daß der liberale Legalismus ein heuchlerischer Betrug sei. Die Gesetzesherrschaft sei, genauer betrachtet, das Recht jener Individuen und Gruppen, die sich in der strategisch günstigen Position befänden, das Recht zu machen, zu interpretieren und zu benutzen. Unger greift sich sogar Schmitts Erzfeind, Hans Kelsen, als typischen Liberalen heraus. Kelsen habe der absurden Vorstellung angehangen, daß abstrakte Gesetze das Problem »der ewigen Feindschaft zwischen den Menschen« lösen könnten. Allgemeiner formuliert Unger: »Die Gesellschaft wird, so sieht es der Liberale, von Gesetzen zusammengehalten. Die Gesetze sind die wichtigsten Instrumente, um Ordnung und Freiheit zu gewährleisten.« Sie seien aber ganz und gar nicht angemessen, um die soziale Ordnung aufrechtzuerhalten, daher könne »das Programm, durch unpersönliche Gesetze Ordnung zu schaffen«, nicht ausgeführt werden, und das überrasche auch nicht. Abgesehen von diesen Themen, die auch Schmitt beschäftigten, war Unger aber in einer Hinsicht ausgesprochen gegen Schmitt eingestellt: Er kritisierte die Liberalen wegen ihrer Ansicht, daß »das Gute außerhalb des Willens keinen Platz habe«. Er wollte unbedingt eine rationale Begründung für Entscheidungen liefern und über »unbegründbare Entscheidungen« hinausgehen. So schreibt er etwa, daß »Werte einen kognitiven Inhalt haben und nicht nur eine Angelegenheit der Vorliebe oder der Laune sind« (*Knowledge and Politics*, S. 63, 56, 303 f., 67, 83, 169, 68, 103). In *Politics* jedoch hat er diesen Standpunkt bereits aufgegeben und kommt aus diesem Grunde Schmitt

noch näher als zuvor. Unter anderem ist er deswegen ein Superliberaler geworden, weil er zum ethischen Voluntarismus konvertiert ist. Unger, der Superliberale, behauptet nun tatsächlich wie Schmitt, daß wir »es nie schaffen können, unsere normativen Ideen von einem großen und unauslöschlichen Rest an Entscheidung zu befreien«. Daher ist interessant, daß auch er ein Leben mit hohen Risiken empfiehlt und starken Politikern rät, »die Entscheidungsinitiativen« zu ergreifen (*False Necessity*, S. 360, 447).

84 *Social Theory*, S. 152.

85 *Plasticity into Power*, S. 93.

86 Locke, *Zwei Abhandllungen über die Regierung*, II, 57, S. 234.

87 *Plasticity into Power*, S. 212.

88 Ebda., S. 162, 165; *False Necessity*, S. 581, 336.

89 *False Necessity*, S. 570, 296; MacIntyre, *Three Versions of Moral Enquiry*, S. 43; *False Necessity*, S. 52; *Plasticity into Power*, S. 70, 73.

90 *False Necessity*, S. 209, 584, 595.

91 *Plasticity into Power*, S. 212.

92 *Social Theory*, S. 118; *False Necessity*, S. 510, 1.

93 *Social Theory*, S. 205.

94 *False Necessity*, S. 73.

Kapitel 7

1 Siehe Amy Gutmann, Communitarian Critics of Liberalism, in: *Philosophy and Public Affairs*, Heft 14, Sommer 1985, S. 308–322. (dt.: Die kommunitaristischen Kritiker des Liberalismus, in: *Kommunitarismus. Eine Debatte über die moralischen Grundlagen moderner Gesellschaften*, hrsg. von Axel Honneth, Frankfurt a. M., New York, 2. Aufl., 1994, S. 68–83. Im folgenden zitiert: Honneth.)

2 Roberto Unger, *Knowledge and Politics*, S. 76. Unger verkündet, »das Ideal der Gemeinschaft zu formulieren, ist die wichtigste Aufgabe der politischen Theorie«. Die Kritiker der Liberalen sollten außerdem ihre Ambitionen in die Praxis umsetzen, indem sie »die tatsächliche Verbreitung von Gemeinschaften mit gemeinsamen Zielen« förderten (ebda., S. 249, 115). Alasdair MacIntyre, *Der Verlust der Tugend*, S. 210; Michael Sandel, *Liberalism and the Limits of Justice*, Cambridge 1982, S. 183; Charles Taylor, Cross Purposes: the Libe-

ral-Communitarian Debate, in: *Liberalism and the Moral Life*, hrsg. von Nancy Rosenblum, Cambridge, Mass. 1989, S. 171, 176 (dt.: Aneinander vorbei: Die Debatte zwischen Liberalismus und Kommunitarismus, in: Honneth, S. 103–130, hier: S. 115, 123, im folgenden die Seitenzahlen der deutschen Übersetzung); Taylor, *Sources of the Self*, Cambridge, Mass. 1989, S. 502; Christopher Lasch, *Haven in a Heartless World*, New York 1977, S. 168; *The True and Only Heaven: Progress and Its Critics*, New York 1991, S. 76. Robert Paul Wolff faßt die Ergebnisse seiner Lektüre der antiliberalen Literatur zutreffend folgendermaßen zusammen: »Die schärfste Kritik an der liberalen Gesellschaft, sei sie nun von der Linken oder von der Rechten vorgebracht, betrifft die Abwesenheit eines Gemeinschaftsgefühls noch in den erfolgreichsten und wohlhabendsten liberalen kapitalistischen Staaten. [...] Was vermissen die Konservativen und die Radikalen am meisten an den liberalen Gesellschaften? [...] die gesellschaftlichen Werte der Gemeinschaft« (*The Poverty of Liberalism*, Boston 1968, S. 183 f.).

3 Unger, *Knowledge and Politics*, S. 261; auch S. 220, 225, 233. Man kann den Kommunitarismus nur dann wirklich begreifen, wenn man ihn als eine Reaktion auf den moralischen Skeptizismus versteht, den alle Kommunitaristen fürchten. Im Gegensatz zu den vorgesellschaftlichen Prämissen des liberalen Individualismus können ihrer Ansicht nach die Menschen moralische Orientierung gewinnen, wenn sie sich den Anforderungen ihrer jeweiligen »sozialen Praxis« stellen, in der eine gemeinsame Bedeutung herrscht und deren deskriptive und wertende Begriffe miteinander in Übereinstimmung stehen. Mit anderen Worten: »Die moralische Frage, was wir tun sollen, muß nicht mehr einer unbegründeten Entscheidung überlassen bleiben, sondern kann durch die Untersuchung der Traditionen bzw. Institutionen einer Nation, einer Schicht oder einer Gruppe beantwortet werden.« Die Menschen können sich von quälenden Zweifeln befreien, indem sie sich »an die Werte ihrer Gruppe halten, die weder individuell noch subjektiv sind«. Der Kommunitarismus bietet also, anders gesagt, einen Mittelweg zwischen objektiven und subjektiven Werten an, zwischen Theologie und Nihilismus, zwischen dem Platonismus, der nur eine richtige Antwort kennt, und einem Liberalismus des »Anything goes«. Vom kommunitaristischen Standpunkt aus betrachtet sind Werte weder subjektiv (auf Launen gegründet) noch objektiv (der Natur eingeschrieben). Sie gehen

über das Individuum hinaus, ohne deshalb schon in eine wie immer geartete ewige Seinsordnung eingeschrieben zu sein. Die Normen, die dem Menschen von seiner sozialen Gruppe eingeprägt werden, bestimmen sein Verhalten nachhaltig. Sie geben dem einzelnen vor, welche Ziele er verfolgen und wie er sich in bestimmten Situationen verhalten soll. Um diese Normen zu verstehen, müssen wir glücklicherweise keine zweifelhaften theologischen und metaphysischen Vermutungen über dauerhafte oder objektiv gültige Werte anstellen. Denn die durch die Gruppe erzeugten Normen und Ziele sind zutiefst realistisch und konkret und liefern doch, was Unger, MacIntyre und die anderen am meisten herbeisehnen: eine überzeugende »Alternative zum Grundsatz des subjektiven Wertes« (Unger, *Knowledge and Politics*, S. 287, 220, 178, 261, 285, 287, 283, 108, 121, 102, 52, 54, 85, 100).

4 Merkwürdigerweise findet Taylor Sandels radikale Kritik an den Prämissen der Liberalen besonders wertvoll, weil sie seiner Ansicht nach keine politischen Konsequenzen hat (Taylor, *Aneinander vorbei*, S. 106).

5 Schmitts Vorwurf, die Liberalen würden die Existenz des Bösen nicht anerkennen und daher auch nicht sehen, daß Gewaltanwendung notwendig ist, läßt sich mit mehr Recht auf MacIntyre und Unger als auf Locke oder Montesquieu anwenden.

6 Anders als die Kommunitaristen betrachten die Liberalen die Gemeinschaft differenziert. Sie glauben etwa, daß Solidarität je nach dem Ergebnis, zu dem sie führt, gut oder schlecht sein kann. Die Identifikation mit einer Gruppe ist moralisch wünschenswert, wenn sie für die universale Anwendung von persönlichen oder individuellen Rechten für alle Menschen, unabhängig von ihrem Geburtsort, ihrer Rasse, ihrer ethnischen Zugehörigkeit, ihrer Religion, ihres Geschlechts usw., eintritt. Sie ist nicht wünschenswert, wenn sie die einer derartigen liberalen Verteilung der Rechte im Wege steht.

7 Sandel, *Liberalism and the Limits of Justice*, S. 182.

8 Das unterscheidet Wolin von einem »strikten« Antiliberalen wie Schmitt.

9 Eine nützliche Analyse der Konfusion, die aus dem kommunitaristischen Postulat folgert, einige Formen des gesellschaftlichen Lebens seien sozialer als andere, bietet: Bernhard Yack, Does Liberal Practice ›Live Down‹ to Liberal Theory: Liberalism and Its Communita-

rian Critics, in: *Community in America: The Challenge of ›Habits of the Heart‹*, hrsg. von Charles Reynolds, Berkeley 1988, S. 147–169.

10 Charles Taylor, Atomism, in: Ders., *Philosophy and the Human Sciences*, Cambridge 1985, S. 198, 200.

11 Wie bereits erwähnt, waren sich die »harten« Antiliberalen wie de Maistre, Schmitt und Strauss der grausamen Feindschaft zwischen in sich wiederum solidarischen Gruppen durchaus bewußt; das gerade unterscheidet sie von MacIntyre, Unger und den übrigen gewaltscheuen Nachkriegskommunitaristen.

12 Siehe Charles Taylor, *Sources of the Self*, S. 532, um nur ein Beispiel unter vielen herauszugreifen; Taylor ist jedenfalls mehr an persönlicher »Intaktheit« interessiert als an der Gemeinschaft.

13 Michael Sandel, The Procedural Republic and the Unencumbered Self, in: *Political Theory*, Heft 12, 1984, S. 82 (dt.: Die verfahrensrechtliche Republik und das ungebundene Selbst, in: Honneth, S. 18–35, hier: S. 20). Sogar einige »harte« Antiliberale argumentieren so verwirrend. Schmitt selbst behauptet, daß die abstrakte Idee der »Menschlichkeit« der Realität widerspreche, weil sie die empirische Zugehörigkeit des Individuums zu mehreren sozialen Gruppen nicht beachte und zugleich die konkrete empirische Macht sozialer Gruppen unterhöhle (Staatsethik und pluralistischer Staat, in: *Positionen und Begriffe im Kampf mit Weimar – Genf – Versailles*, Berlin 1988 [Hamburg 1940], S. 133–145, hier 134–142). Strauss stellt zutreffend fest, daß Schmitt zwischen der Ansicht, »das Politische« sei unentrinnbar und es sei bedroht, hin und herschwankt (Anmerkungen zu Carl Schmitt, Der Begriff des Politischen, S. 113).

14 Charles Taylor, *Sources of the Self*, S. 504, 520.

15 Die zentrale kommunitaristische Vorstellung von der »latenten Gemeinschaft« diskutiert und kritisiert Nancy Rosenblum überzeugend in: Moral Membership in a Postliberal State, in: *World Politics*, Heft 36, Juli 1984, S. 589.

16 So aber lautet Sandels These.

Kapitel 8

1 Stephen Holmes, *Rediscovering Liberal Democracy*, Chicago 1994, zeigt, wo eine solche Darstellung ansetzen kann.

2 Das Wort »Liberalismus« kam in den europäischen Sprachen zu Beginn des 19. Jahrhunderts auf, aber die Antiliberalen und auch einige andere projizieren es regelmäßig weiter zurück in die Vergangenheit. Ich werde ihrer Gewohnheit folgen, um effektiver gegen ihre Schlußfolgerungen argumentieren zu können.

Kapitel 9

1 Carl Schmitt, *Politische Romantik*, Berlin, 3. Aufl., 1968 (1. Aufl. 1919), S. 141; Giovanni Gentile, *I Fondamenti della filosofia del diritto*, Florenz 1961, S. 106; Leo Strauss, *Naturrecht und Geschichte*, Stuttgart 1956, S. 259; Alasdair MacIntyre, *Der Verlust der Tugend*, S. 333; Charles Taylor, Aneinander vorbei, S. 129; ders., Atomism, in: Taylor, *Philosophy and the Human Sciences*, Cambridge 1985, S. 200; Robert Nisbet, *Community and Power*, New York 1962, S. 225 f.; Robert Bellah et. al., *Gewohnheiten des Herzens: Individualismus und Gemeinsinn in der amerikanischen Gesellschaft*, Köln 1987 (New York 1985), S. 180 f.; Taylor, Atomism, S. 198, 200.

2 Charles Taylor, *Atomism*, S. 187–210.

3 John Locke, *Zwei Abhandlungen über die Regierung*, a.a.O., II, 77, S. 248; *The Educational Writings of John Locke*, hrsg. von James Axtell, Cambridge 1968; *Essays on the Law of Nature*, hrsg. von W. von Leyden, Oxford 1954, S. 129; *Versuch über den menschlichen Verstand*, Leipzig (Meiner) 1913, S. 71. Taylor, nicht gerade ein Freund der Fremdbestimmung, sieht, daß Locke zwar die Menschen dazu aufruft, selbständig zu denken, aber er kritisiert ihn ja auch hauptsächlich aus deskriptiven oder »metaphysischen« Gründen, weil er nämlich ein nicht zutreffendes, da zu ungesellschaftliches Bild des »Ich« entwerfe, nicht etwa weil er selbständiges Denken bevorzugte.

4 David Hume, Of the First Principles of Government, in: *Essays Moral, Political, and Literary*, Indianapolis, S. 33 (dt.: Über die ursprünglichen Prinzipien der Regierung, in: Hume, *Politische und ökonomische Essays*, Bd. 1, Hamburg 1988, S. 25–30, hier: S. 26); Über den Ursprung der Regierung, ebda., S. 31–35, hier: S. 31; Immanuel Kant, *Idee zu einer allgemeinen Geschichte in weltbürgerlicher Absicht*, in: *Kants Werke*, Akademie-Ausgabe, Bd. VIII, Berlin 1968, S. 15–32, hier S. 20. Kant stellt zwei Behauptungen auf, die die Antiliberalen gewöhnlich

übergehen: erstens, daß die Natur des Menschen angeboren ist, und zweitens, daß die wichtigsten und wertvollsten Eigenschaften des Menschen das Ergebnis seiner sozialen Interaktion sind.

5 Hume, Über den ursprünglichen Vertrag, in: *Politische und ökonomische Essays*, Bd. 2; Über den Ursprung der Regierung, S. 33 f.

6 Locke, *Zwei Abhandlungen über die Regierung*, II, 103, S. 264.

7 Siehe Samuel H. Beer, *To Make a Nation*, Cambridge, Mass. 1993, Kap. 1. Die Liberalen entwickelten den Entwurf eines Naturzustands auch als geschicktes Manöver im Gegenzug zur christlichen Mythologie, als Alternative zu den biblischen Versionen über die Ursprünge der Gesellschaft und der Regierung. Nach Montesquieu beispielsweise kommt den Individuen im Naturzustand »die Vorstellung eines Schöpfers« nicht in den Sinn (*Vom Geist der Gesetze*, Tübingen 1992, I,2, S. 12).

8 Locke, *Zwei Abhandlungen über die Regierung*, II, 4, 6, S. 202 f.

9 Locke war allerdings auch der Meinung, daß soweit wir die Geschichte verfolgen können, »die Regierung gewöhnlich mit dem Vater begann« (ebda., II, 105, S. 265), aber verwarf dann diese Beobachtung als politisch irrelevant.

10 Ebda., II, 95, S. 260.

11 Locke, *Versuch über den menschlichen Verstand*, S. 306; Locke, *Zwei Abhandlungen über die Regierung*, II, 22, S. 214; Adam Smith, *Der Wohlstand der Nationen*, 326 f., 489.

12 William Blackstone, *Commentaries on the Laws of England*, Chicago 1977, Bd. 1, S. 48, 43.

13 Immanuel Kant, *Metaphysik der Sitten,* Rechtslehre, 1. Teil, §47; Kant, Zum ewigen Frieden, in: *Kants Werke*, Akademie-Ausgabe, Bd. VIII, S. 341–386, hier: 350.

14 Nach Locke »gibt es schlechterdings nichts, worauf es gefährlicher wäre sich zu verlassen und was leichter in die Irre führte«, als die Meinung anderer, »weil es unter den Menschen mehr Irrtum und Unrichtigkeit gibt als Wahrheit und Wissen« (*Versuch über den menschlichen Verstand*, Buch IV, Kap. 15, S. 338).

15 Nach Blackstone »beruht das englische Gesetz auf allgemeinen und weitreichenden Prinzipien: es verleiht Juden, Türken wie Heiden Freiheit, und das heißt richtig verstanden, Schutz« (*Commentaries on the Law of England*, Bd. 1, S. 413).

16 Die »Augenbinde« der Gerechtigkeit kann man als institutionelles Gegenstück zu John Rawls' »Schleier der Unwissenheit« auffassen.

Wenn Sandel uns auffordert, die konkreten Eigenschaften des einzelnen zu berücksichtigen, dann fordert er unwillkürlich und unvernünftigerweise auch, bei der Verteilung der gesellschaftlichen Vorteile und Lasten verstärkt auf ethnische oder rassische Zugehörigkeit zu achten. Eine liberale Erwiderung darauf ist: John Rawls, Justice as Fairness: Political Not Metaphysical, in: *Philosophy and Public Affairs*, Heft 14, 1985, S. 223–251 (dt.: Gerechtigkeit als Fairneß: politisch und nicht metaphysisch, in: Honneth, S. 36–67).

17 Industrialisierung, Verstädterung, Alphabetisierung der Bevölkerung sowie Fortschritte im Kommunikations- und Transportwesen (einmal ganz abgesehen von der modernen Kriegsführung): Sie alle haben zur Schwächung der lokalen und regionalen Traditionen beigetragen. Diese einschneidenden gesellschaftlichen Veränderungen allein dem »Liberalismus« anzulasten heißt, träumerische Analogien mit kausalem Denken zu verwechseln.

18 Sheldon Wolin, *Politics and Vision*, Boston 1960, S. 341; Locke, *Zwei Abhandlungen über die Regierung*, II, 13, S. 207; Blackstone, *Commentaries on the Laws of England*, Bd. 4, S. 8; *The Federalist Papers*, #10, New York 1961, S. 79.

19 Christopher Lasch, *The True and Only Heaven: Progress and Its Critics*, New York 1991, S. 209; Smith, *Der Wohlstand der Nationen*, S. 763; Die Besteuerung der lebensnotwendigen Waren werde »gleich einem unfruchtbaren Boden und einem rauhen Klima [...] zu einem Fluch«. Man beachte, daß Smith Bedürfnisse hier sowohl kulturell als auch biologisch definiert: »Unter lebenswichtigen Gütern verstehe ich nicht nur solche, die unerläßlich zum Erhalt des Lebens sind, sondern auch Dinge, ohne die achtbaren Leuten, selbst der unteren Schicht, ein Auskommen nach Gewohnheiten des Landes nicht zugemutet werden sollte« (ebda., S. 38, 747).

Kapitel 10

1 Alasdair MacIntyre, *Der Verlust der Tugend*, S. 227; John Locke, *A Letter Concerning Toleration*, Indianapolis 1955, S. 16, 36, 40, 50; Locke, *Zwei Abhandlungen über die Regierung*, II, 3, 110, 131, 159, 215, S. 201, 270, 281, 302, 335.

2 Aristoteles, *Politik*, 1254b, 20–22.

3 *Adam Smith, Der Wohlstand der Nationen. Eine Untersuchung seiner Natur und seiner Ursachen*, 5. Aufl. München 1974, S. 794.
4 *The Federalist Papers*, #45, New York 1961, S. 289; Smith, *Der Wohlstand der Nationen*, S. 515, 518. Siehe auch den Hinweis auf »das wahre Interesse der Gemeinschaft«, »den allgemeinen Vorteil des Volkes«, »das universelle Gut der Nation« und den »Nutzen für das Volk« bei Blackstone, *Commentaries on the Laws of England*, Chicago 1977, Bd. 1, S. 48, 121 f., 239, sowie seine Warnung im Sinne Lockes, daß »die Maske der Gerechtigkeit und des Interesses für das allgemeine Wohl« gelegentlich aufgesetzt wird, um »Eigeninteresse und Feindschaft« zu verbergen (ebda., Bd. 3, S. 126).
5 Cesare Beccaria, *On Crimes and Punishments*, Indianapolis 1963, S. 64.
6 Aristoteles, und das ist interessant, beschreibt Körperverletzung als ein Unrecht, das einem Individuum angetan wird. Als Beispiel für ein Unrecht an der Gesellschaft nennt er den Verrat (*Rhetorik*, I, XIII, 3–4).
7 Blackstone, *Commentaries*, Bd. 4, S. 6.

Kapitel 11

1 Joseph de Maistre, *Étude sur la souveraineté*, in: *Œuvres complètes*, Bd. 1, Lyon 1884, S. 525; siehe auch: *Du Pape*, Bd. 2, in: ebda., S. 170; Carl Schmitt, Wesen und Werden des faschistischen Staates, in: *Positionen und Begriffe im Kampf mit Weimar – Genf – Versailles*, Hamburg 1940, S. 110; siehe auch Schmitt, *Der Begriff des Politischen,* 1976, S. 70; Alasdair MacIntyre, *Der Verlust der Tugend*, S. 65; (Allerdings bezieht sich MacIntyre eher auf autoritative Strukturen als auf autoritäre Entscheidungsträger im Sinne Schmitts); Baruch de Spinoza, *Theologisch-politischer Traktat*, Hamburg 1976, S. 289; Hannah Arendt, *Vita activa oder Vom tätigen Leben*, S. 36; Sheldon Wolin, *Politics and Vision*, Boston 1960, S. 317. Es ist zu bedenken, daß Staatsfeindlichkeit die Ideologie der Geistlichen war, während der Antiklerikalismus ein zentraler Bestandteil des liberalen Denken war.
2 John Locke, *Zwei Abhandlungen über die Regierung*, II, S. 230, 315, 344 f.; Adam Smith, *Der Wohlstand der Nationen*, S. 372 f.; Locke,

Zwei Abhandlungen, II, 21, S. 212 f.; Smith, *Der Wohlstand der Nationen*, S. 511.

3 Locke, *Versuch über den menschlichen Verstand*, Leipzig 1911, 2 Bde., Buch I, Kap. 4, S. 97; Locke, *Zwei Abhandlungen über die Regierung*, II, 105, 219, S. 265, 337.

4 David Hume, Über den Ursprung der Regierung, S. 35; Über den ursprünglichen Vertrag, Bd. 2, S. 302; Montesquieu, *Vom Geist der Gesetze* (I, 6), eigene Übersetzung; (XI, 5); William Blackstone, *Commentaries on the Laws of England*, Bd. 1, S. 123. Er sagt weiterhin, daß sogar die Tyrannei noch der Gesetzlosigkeit vorzuziehen sei; Locke war da anderer Ansicht (*Zwei Abhandlungen über die Regierung* II, 225, S. 341) und lieferte damit Schmitt die – allerdings sehr schwache – Grundlage für seine Gleichsetzung von Liberalismus und Anarchie. Smith, *Der Wohlstand der Nationen*, Buch 3, Kap. 3.

5 Immanuel Kant, Idee zu einer allgemeinen Geschichte in weltbürgerlicher Absicht, S. 23.

6 Locke, *Zwei Abhandlungen über die Regierung*, II, 174; S. 310; Montesquieu, *Vom Geist der Gesetze*, XI, 6; S. 217 und XII, 2; S. 258.

7 *The Federalist Papers*, #51, New York 1961, S. 322; Kant, *Idee zu einer allgemeinen Geschichte*, S. 23.

8 Locke, *Zwei Abhandlungen über die Regierung*, II, 142, 175, 22; S. 290, 311, 213 f.

9 *The Federalist Papers*, #48, S. 313.

10 Hume, Über den Ursprung der Regierung, S. 34.

Kapitel 12

1 Carl Schmitt, *Der Begriff des Politischen*, Text von 1932 mit einem Vorwort und drei Corollarien, 3. Aufl. 1963, S. 69 f.; ähnlich schreibt Schmitt »Das Bestreben des bürgerlichen Rechtsstaates geht aber dahin, das Politische zurückzudrängen« (Schmitt, *Verfassungslehre*, Berlin 1957, S. 41).

2 Kontrollen des Waffenbesitzes in den Vereinigten Staaten den Anstrich des Verfassungswidrigen zu geben, enthüllt einen auffällig illiberalen Wesenszug der amerikanischen Politik.

3 Montesquieu, *Vom Geist der Gesetze*, VI, 8, S. 117.

4 William Blackstone, *Commentaries on the Laws of England*, Chicago 1977, Bd. 1, S. 122; Bd. 3, S. 4.

5 Ein ungenau formuliertes Gesetz »kann den Vorwand dafür liefern, einem Menschen das Leben zu nehmen oder eine ganze Familie zu vernichten« (Montesquieu, *Vom Geist der Gesetze*, XI, 7).

6 John Locke, *Zwei Abhandlungen über die Regierung*, II, 20, S. 212.

7 Cesare Beccaria, *On Crimes and Punishments*, Indianapolis 1963, S. 22, 39, 92; Montesquieu, *Vom Geist der Gesetze*, XII, 5–6, S. 263–265: »Die Gesetze befassen sich nur mit der Bestrafung äußerlicher Handlungen« (ebda., XII, 11, S. 271). Man beachte auch, daß Montesquieu mit diesem Argument der Privatheit zugleich positiv und negativ, befürwortend und mißtrauisch gegenübersteht. Wenn Homosexualität als *Privat*angelegenheit betrachtet wird, dann wird die immense juridische Macht des Staates nicht als Instrument *persönlicher* Haßgefühle mißbraucht.

8 Locke, *Zwei Abhandlungen über die Regierung*, II, 131, S. 281; Blackstone, *Commentaries on the Laws of England*, Bd. 1, S. 45 f., David Hume, On the Origin of Government, in: *Essays, Moral, Political, and Literary*, Indianapolis, S. 41; Montesquieu, *Vom Geist der Gesetze*,VI, 8; XII, 24, S. 117 f., S. 285; Montesquieu, *Persische Briefe*, Brief 9.

9 Sheldon Wolin, *Politics and Vision*, Boston 1960, S. 291; Immanuel Kant, Beantwortung der Frage: Was ist Aufklärung?, in: *Kants Werke*, Akademie-Textausgabe, Bd. VIII., Berlin 1968, S. 33–42, hier S. 36 f. Siehe Kant, Zum ewigen Frieden, ebda. S. 341–386, über die Pflicht einer Regierung, die Grundsätze ihrer politischen Entscheidungen offenzulegen.

10 Spinoza, *A Theologico-Political Treatise*, New York 1951, S. 376; Locke, *Zwei Abhandlungen*, II, 222, S. 339; George Sabine, The Historical Position of Liberalism, in: *American Scholar*, Heft 10, 1940–41, S. 49–58.

11 Das stimmt sogar dann, wenn die Liberalen politische Teilhabe als ein Mittel sowohl für eine gute Regierung als auch zur persönlichen Freiheit beschreiben und nicht als einen Zweck an sich, der der Mehrheit der Menschen einen Sinn ihrer Existenz vorgibt.

12 Die Unterscheidung von »privat« und »öffentlich« ist ein mehrheitsdemokratischer Weg, Demokratie und Vielfalt zu vereinen; die nichtmajoritäre Alternative dazu ist das Prinzip der Vereinigung aller Gruppierungen.

13 Montesquieu verlieh seinen ambivalenten Gefühle über die Öffentlichkeit häufig Ausdruck: »Ich kenne eine Frau mit recht würdigem Gang, aber sie humpelt, sobald jemand sie anschaut« (*Persische Briefe*). Usbek begeht an den Frauen in seinem Harem unaussprechliche Verbrechen, weil er *öffentlich* gedemütigt wurde.

Kapitel 13

1 Christopher Lasch, *The True and Only Heaven: Progress and Its Critics*, S. 15; Carl Schmitt, Das Zeitalter der Neutralisierungen und Entpolitisierungen (1929), in: *Der Begriff des Politischen*, Berlin 1963, S. 83; Strauss, *Naturrecht und Geschichte*, S. 252; MacIntyre, *Der Verlust der Tugend*, S. 302; Sheldon Wolin, *Politics and Vision*, Boston 1960, S. 300; R.H. Tawney, *Religion and the Rise of Capitalism* (1927), Gloucester 1962, S. 57, 207. Die persönliche Bindung zwischen Tawney und Strauss war das Symptom einer bezeichnenden intellektuellen Affinität, siehe dazu auch Ross Terril, *R.H. Tawney and His Times*, Cambridge, Mass. 1973, S. 83 f.; Harold Laski, *The Rise of European Liberalism*, London 1962, S. 105, 102, 87. Laski verwies nicht nur auf »die ökonomische Notwendigkeit der religiösen Toleranz«, sondern behauptete auch, die Hauptleistung des englischen Konstitutionalismus sei es gewesen, zu garantieren, »daß der englische Händler ruhig in seinem Bett schlafen kann« (S. 169, 69).

2 Max Weber, *Die protestantische Ethik und der Geist des Kapitalismus*, 8. Aufl., Gütersloh 1991, S. 48; Joseph Schumpeter, *Kapitalismus, Sozialismus und Demokratie*, Bern 1946, S. 202; Montesquieu, *Vom Geist der Gesetze*, XXI, 20, S. 68 ff.

3 John Locke, *Zwei Abhandlungen über die Regierung*, II, 32–34, S. 217, 219 f.; John Milton, Areopagitica, in: *Complete Prose Works of John Milton*, New Haven 1959, Bd. 2, S. 560; Baruch de Spinoza, *Theologisch-Politischer Traktat*, Hamburg 1976, S. 301.

4 Judith N. Shklar, The Liberation of Fear, in: *Liberalism and the Moral Life*, hrsg. von Nancy Rosenblum, Cambridge, Mass. 1989, S. 21–38.

5 Strauss behauptet, daß Locke den Menschen nicht der freien Kontemplation, sondern der freudlosen Arbeit ausliefert und das vernünftige Leben »mit dem vom Schmerz befreiten Leben« identifiziert, (Strauss, *Naturrecht und Geschichte*, S. 261). Damit übergeht

er einen ganz wesentlichen Aspekt des Lockeschen, und mehr noch, allen liberalen Denkens.

6 Immanuel Kant, Idee zu einer allgemeinen Geschichte in weltbürgerlicher Absicht, in: *Kants Werke*, Akademie-Textausgabe, Bd. VIII, Berlin 1968, S. 15–32, hier S. 20.

7 Locke, *Zwei Abhandlungen über die Regierung*, II, 94, S. 259; *The Federalist Papers*, #10, New York 1961, S. 78.

8 Locke, *Zwei Abhandlungen über die Regierung*, II, 124, 123, 27, 76, 193, 221, 222; S. 278, 216, 247, 321, 337, 338. Die Regierung wird aufgelöst, wenn ihre Vertreter versuchen, das Eigentum der Untertanen anzutasten (II, 221, S. 337).

9 Ebda., II, 57, 76, 101, 211, 227, 239; S. 234, 247, 262, 332, 342, 351; Spinoza, *Theologisch-Politischer Traktat*, S. 301; Locke, *Zwei Abhandlungen über die Regierung*, II, 229, S. 343.

10 Aristoteles, *Politik*, 1262 b, 3–34.

11 Locke, *Zwei Abhandlungen über die Regierung*, II, 42, 37, 41; S. 226, 223, 225; vgl. auch Adam Smith, *Der Wohlstand der Nationen*, S. 15; Locke, *Zwei Abhandlungen*, II, 37, S. 223; David Hume, Of Refinements in the Arts, in: *Essays Moral, Political, and Literary*, Indianapolis 1985, S. 272 (dt.: Über Verfeinerung in den Künsten, in: *Politische und ökonomische Essays*, Bd. 2, S. 191–204, hier: S. 196); Smith, *Der Wohlstand der Nationen*, S. 14. Die Abschaffung von Armut lokkert natürlich auch die Fesseln der persönlichen Abhängigkeit, denn die Angst vor dem Verhungern führt naturgemäß auch zur Unterwürfigkeit der Arbeiter gegenüber ihren Arbeitgebern.

12 David Hume, *Eine Untersuchung über die Prinzipien der Moral*, Stuttgart 1975, S. 104f.

13 Sogar der übervorsichtige Blackstone gesteht zu, daß »alles Eigentum von der Gesellschaft stammt« (William Blackstone, *Commentaries on the Laws of England*, Chicago 1977, Bd. 1, S. 289).

14 Guido de Ruggiero, *The History of European Liberalism*, Boston 1959, S. 2. Montesquieu war zwar für den Verkauf von Ämtern, aber aus vielschichtigen Gründen, die liberal zu nennen sind und mit der Schaffung eines Gegengewichts gegen die königliche Macht zusammenhängen.

15 Blackstone erklärte die Abneigung der Liberalen gegen das Kaufen und Verkaufen folgendermaßen: »Kein öffentliches Amt soll unter der Last der Unfähigkeit, es zu halten oder es loszuwerden, verkauft werden. Denn das Gesetz geht davon aus, daß derjenige, der ein

Amt kauft, durch Bestechung, Erpressung oder andere ungesetzliche Methoden versuchen wird, einen günstiges Geschäft zu machen, zum deutlichen Nachteil für die Öffentlichkeit« (Blackstone, *Commentaries on the Law in England*, Bd. 2, S. 36 f.).

16 Kants Definition der Ehe als eine Form des wechselseitigen Besitzes sollte nicht als Umformung der Familie in eine Wirtschaftsbeziehung mißverstanden werden, auch wenn sie tatsächlich höchst merkwürdig klingt. In der Kantschen Ehe wird ein bilaterales Monopol durchgesetzt. Es gibt kein Recht auf Weiterverkauf, und man kann den Sexualverkehr seines Partners nicht gegen Geld kaufen, er kann ausschließlich, gleich gegen gleich, gegen die eigenen Sexualakte eingetauscht werden (Kant, Metaphysik der Sitten, in: *Kants Werke*, Akademie-Textausgabe, Berlin 1968, Bd. VI, S. 277). Die Gegenseitigkeit des Kantschen Ehevertrags ist als Protest gegen die Unausgewogenheit in nichtehelichen Beziehungen zu verstehen, die zu dieser Zeit existierte; ein Ungleichgewicht, das zugunsten der Männer ausschlug. Kant zog eine »Tauschbeziehung« einer Beziehung vor, in der eine Partei der anderen »geopfert« wurde. Obwohl möglicherweise für eine neue »bürgerliche« Mentalität kennzeichnend, ist Kants Ehetheorie keineswegs ein Aufruf zur Universalisierung der Marktmechanismen.

17 Siehe Kapitel 15.

18 Kant, Zum ewigen Frieden, S. 368; Montesquieu, *Vom Geist der Gesetze*, XX, 2, Bd. 2, S. 3; XX, 1, Bd. 2, S. 1; nach Montesquieu führt »der Handelsgeist den Geist der Einfachheit, Sparsamkeit, Mäßigkeit, des Fleißes, der Klugheit, Ruhe und geregelten Ordnung mit sich« (V, 6, S. 70; XXI, 5, S. 27).

19 Spinoza, *Theologisch-Politischer Traktat*, S. 301; Voltaire, *Lettres Philosophiques*, Paris 1961, S. 17 f. Addisons *Spectator* vermittelt zwischen Spinoza und Voltaire: »Keinen Ort in der Stadt besuche ich so gerne wie die Royal Exchange [...] Manchmal verliere ich mich in einer Gruppe von Juden und manchmal bilde ich eine mit Holländern. Ich bin je nachdem ein Däne, ein Schwede oder ein Franzose« (*The Spectator*, No. 69, 19. Mai 1711, in: Joseph Addison und Richard Steele, *Selected Essays*, hrsg. von Daniel McDonald, Indianapolis 1973, S. 237 f.).

20 Der Nachweis, daß dieser fundamentale Überzeugungswandel selbst eine ökonomisch fundierte Erklärung hat und aus dem Bedürfnis entstand, reich zu werden, dürfte schwer zu führen sein.

21 Hume, Über Verfeinerung in den Künsten, in: *Politische und ökonomische Essays*, Bd. 2, S. 201.

22 Hannah Arendt, *Vita activa oder Vom tätigen Leben*, Stuttgart 1960; George Will, *Statecraft as Soulcraft*, New York 1983, S. 72; vgl. auch Unger, *Knowledge and Politics*, S. 38; Charles Taylor, Atomism, in: *Philosophy and the Human Sciences*, Cambridge 1985, S. 201.

23 Dieser Vorwurf, das sollte allerdings gesagt werden, steht in Widerspruch zu einem anderen weitverbreiteten Vorwurf, den die Antiliberalen vorbringen und der lautet, die Liberalen hätten überhaupt keine festen Ziele gehabt, sondern hätten einzig und allein das jeweils beste Mittel für ein beliebiges Ziel im Sinn gehabt.

24 Spinoza, *Theologico-Political Treatise*, S. 301, 314 (in der deutschen Ausgabe nicht auffindbar); Kant, Was ist Aufklärung?, S. 42.

25 Alexander Solschenizyn, *A World Split Apart*, New York 1978, S. 45.

26 MacIntyre, *Der Verlust der Tugend*, S. 267.

27 Adam Smith, *A Theory of Moral Sentiments*, Oxford 1976, S. 139; Spinoza, *Theologisch-Politischer Traktat*, engl. Ausgabe, S. 228; Adam Smith, *Der Wohlstand der Nationen*, S. 676; John Stuart Mill, *On Liberty. Essays on Politics and Society*, S. 265; Smith, *Der Wohlstand der Nationen*, S. 687.

28 Andrzej Rapaczynski, *Nature and Politics: Liberalism in the Philosophies of Hobbes, Locke, and Rousseau*, Ithaca 1987, S. 150–170.

29 Locke, *Versuch über den menschlichen Verstand*, S. 299; Bentham schrieb ganz ähnlich: »Wenn ich *physisch* sage, dann meine ich die Schmerzen und die Freuden der Seele genauso wie die Schmerzen und Freuden der Sinne« (Jeremy Bentham, Principles of Legislation, in: *The Theory of Legislation*, Bombay 1979, S. 2).

30 Taylor, Atomism, S. 209.

31 Vor der Revolution konnten die Liberalen darüber etwas hochmütiger hinweggehen: »Alle Pläne für Regierungen, die von großen Besserungen in den Umgangsformen der Menschheit ausgehen, sind eindeutig phantastisch« (Hume, Die Idee einer vollkommenen Republik, in: *Politische und ökonomische Essays*, Bd. 2, S. 340.)

32 Locke, *Essays on the Law of Nature*, S. 141.

33 Locke, *Versuch über den menschlichen Verstand*, S. 303.

34 Montesquieu, *Persian Letters*, S. LXIX.

35 Smith, *Der Wohlstand der Nationen*, S. 18, 334, 495 f. Das bekannteste Beispiel für Smiths umfassendes Interesse an der Bildung des Charakters findet sich in dem Abschnitt über die Arbeitsteilung (S. 9 f., 662 f.).

Kapitel 14

1 MacIntyre, *Der Verlust der Tugend*, S. 98 f.; Ders., *Three Versions of Moral Enquiry*, S. 184 f. MacIntyre erklärt diese These zusätzlich: »Rechte werden gegen eine andere Person oder gegen andere Personen eingeklagt; man beruft sich auf sie, wenn und insofern diese anderen einem als Bedrohung erscheinen« (S. 185).

2 Beccaria schrieb: »Innerhalb der Grenzen eines Landes sollte es keinen Ort geben, der nicht an das Gesetz gebunden ist« (Cesare Beccaria, *On Crime and Punishment*, Indianapolis 1963, S. 60). Der liberale Staat kann zwar in alle sozialen Bereiche eingreifen, aber natürlich nur auf der Grundlage der geltenden Gesetze.

3 Daher ist es ebenso anachronistisch wie irreführend, wenn beispielsweise Robert Nozick in einer Gesellschaft, die sich nicht mehr auf göttliche Legitimation beruft, von einem heiligen oder unverletzlichen Recht bzw. von einem Naturrecht auf Eigentum spricht.

4 John Locke, *A Letter Concerning Toleration*, Indianapolis 1955, S. 35; Locke, *Zwei Abhandlungen über die Regierung*, II, 215, S. 335. Übrigens ist die Darstellung persönlicher Rechte als »atomisierend« eine der wenigen Übereinstimmungen zwischen marxistischen und nichtmarxistischen Kritikern der liberalen Gesellschaft, siehe Karl Marx, Zur Judenfrage, in: *Marx-Engels-Werke*, Bd. 1, Berlin 1961, S. 347–377.

5 MacIntyre greift die liberale Moral aus zwei Gründen an: wegen ihrer ausschließlichen Konzentration auf die Frage »Welchen Regeln sollen wir folgen?« und wegen ihrer gleichzeitigen Mißachtung der Frage »Was für ein Mensch soll ich werden?« (*Der Verlust der Tugend*, S. 161). Unger führt dieses Problem in *Politics* weiter aus (siehe Kapitel 6), aber die berühmteste Darstellung des Gegensatzes zwischen dem Befolgen von Regeln und der Entwicklung von Tugenden findet sich im Spätwerk Foucaults. Wie Strauss und MacIntyre kritisiert auch Foucault die Moderne im Namen der Antike. Bezeichnend für sein Werk *Sexualität und Wahrheit* ist die Vorstellung, daß die Griechen keinen Begriff des Subjektes in der modernen Form gehabt hätten. Das antike Griechenland habe eine Ethik ohne Subjektivität entwickelt, eine Ethik der Individualität und damit eine Freiheitsethik statt einer Gesetzesethik. Im Zentrum des ethischen Lebens siedelten sie die »Sorge um sich« oder die Kultivierung der persönlichen Einzigartigkeit an. Ihr Ideal war das schöne Leben. Um die größten Genüsse zu finden und sein Leben zu einem

Kunstwerk zu gestalten, mußte ein griechischer Mann seine wechselhaften Gelüste beherrschen. Aber diese emotionalen Verbote, die »Techniken der Beschränkung«, die er sich selbst auferlegte, waren Teil einer Ethik der Selbstbestätigung, keiner Ethik der Selbstverleugnung. Was den Griechen fehlte, und was sie so vorteilhaft von uns späteren Europäern unterschied, war die Idee einer universellen Norm, nach deren Maßstab die Menschen im allgemeinen ermutigt wurden, das Benehmen der anderen zu zensieren und zu beurteilen. Foucault bestreitet, daß die Moral der ästhetischen Selbstkultivierung, die nur einigen Auserwählten vorbehalten war, wie die moderne Idee einer allgemeingültigen Norm ein Versuch gewesen sei, die Bevölkerung zu »normalisieren«. Die Verhängung von allgemeinen Normen durch die Liberalen hätte eine grausame Standardisierung der individuellen Einzigartigkeit und schließlich deren Erdrosselung zur Folge gehabt. Foucault verachtete die aufklärerische Moral, weil sie für jeden akzeptabel war, insofern alle sich ihr unterwerfen sollten (Michel Foucault, *Der Gebrauch der Lüste*, Frankfurt a.M. 1986; ders., *Die Sorge um sich*, Frankfurt a.M. 1986). Foucaults Kritik am Universalismus ist insofern heuchlerisch, als er die antiken Republiken schließlich wegen ihrer Sklavenhaltung sowie wegen anderer Verstöße gegen die abstrakte Norm der Gleichheit kritisiert.

6 Die Liberalen traten gelegentlich für Bürgerwehren ein, hauptsächlich um die »negative Freiheit« zu gewährleisten, d.h. um den politischen Herrschern nicht das gefährliche Werkzeug einer Berufsarmee an die Hand zu geben. Obwohl manche Kommentatoren den Glauben an die charakterformende Kraft des Militärdienstes übermäßig betonen, war er doch letztlich für das liberale Denken von keiner besonderen Bedeutung, siehe: Kant, Zum ewigen Frieden, S. 365. Zu Kants Argument, daß der Krieg die Entwicklung der menschlichen Talente hemme, siehe: Idee zu einer allgemeinen Geschichte in weltbürgerlicher Absicht, S. 20, 27 f.

7 John Milton, Areopagitica, in: *Complete Prose Works of John Milton*, New Haven 1959, Bd. 2, S. 515; Baruch de Spinoza, *Theologisch-Politischer Traktat*, S. 301. Das wohl bekannteste Beispiel einer liberalen politischen Theorie, die auf dem Ideal der Selbstverwirklichung aufbaut, ist Wilhelm von Humboldts »Ideen zu einem Versuch, die Gränzen der Wirksamkeit des Staates zu bestimmen«, in: *Werke*, hrsg. von A. Flitner und K. Giel, Bd. 2, Darmstadt 1960. Charles Taylor beruft sich auf Humboldt und gesteht ein, daß zumindest

manche Formen des Liberalismus »inspirierend« seien, vor allem jene, die auf die »postromantische Vorstellung sich gründen [...] daß jede Person ihre eigene ursprüngliche Form der Selbstverwirklichung hat« (Taylor, What's Wrong With Negative Liberty, in: ders., *Philosophy and the Human Sciences*, Cambridge 1985, S. 216, 229.

8 Adam Smith, *Der Wohlstand der Nationen*, S. 9; Kant, Idee zu einer allgemeinen Geschichte in weltbürgerlicher Absicht, S. 18; John Stuart Mill, On Liberty, in: *Essays on Politics and Society*, Kap. 3 (dt.: *Die Freiheit*, Leipzig 1928, S. 76); Kant, Idee zu einer allgemeinen Geschichte in weltbürgerlicher Absicht, S. 22, 21.

9 Kant, Zum ewigen Frieden, S. 366; *The Federalist Papers*, #51 und #55, New York 1961, S. 322, 346.

10 Locke, *Zwei Abhandlungen über die Regierung*, II, 131, S. 281.

11 Strauss, *Naturrecht und Geschichte*, S. 259; Locke, *Zwei Abhandlungen über die Regierung*, II, 6, S. 203; Adam Smith, *The Theory of Moral Sentiments*, Oxford 1976, S. 162. Die Psychologie der Pflicht in Montesquieus Darstellung spiegelt die Skepsis der Liberalen gegenüber dem Gehorsam wider. »Warum lieben die Mönche ihren Orden so sehr? Aus demselben Grund, der ihnen das Mönchsdasein so unerträglich schwer macht. Ihre Regel beraubt sie alles dessen, worauf für gewöhnlich die Sehnsucht gerichtet ist. So bleibt ihnen also nur die Liebe zu ihrer Regel selbst trotz dem Druck, den sie ausübt.« *(Vom Geist der Gesetze*, V, 2, S. 63.)

12 Spinoza, *Theologisch-Politischer Traktat*, S. 289; Locke, *Zwei Abhandlungen über die Regierung*, II, 192, S. 321.

13 Locke, *Zwei Abhandlungen über die Regierung*, II, 183, S. 316f.; William Blackstone, *Commentaries on the Laws of England*, Chicago 1977, Bd. 1, S. 439; Mill, *Die Freiheit*, S. 145.

14 Michael Sandel, *Liberalism and the Limits of Justice*, Cambridge 1982.

15 Unger, *Knowledge and Politics*, S. 74.

16 Im Strafgesetz hat übrigens die Abstraktion auch noch andere Vorteile. Sie erlaubt uns etwa, Charles Mansons Rechte zu respektieren, obwohl wir ihn ganz offensichtlich als Person nicht respektieren können. Das Rechtsdenken ist also mit anderen Worten sehr gut an die stets nur mangelhaft vorhandene Sympathie der Menschen füreinander angepaßt, die Hume hervorhebt.

17 Joseph de Maistre, *Betrachtungen über Frankreich*, Wien und Leipzig 1991, S. 60.

Kapitel 15

1 Unger, *Knowledge and Politics*, S. 77, 255, 52, 42, 138, 248, 254.
2 Ebda., S. 52. Vgl. auch die ähnlichlautende Kritik an Max Weber bei Strauss (*Naturrecht und Geschichte*, S. 44f.) und bei MacIntyre (*Der Verlust der Tugend*, S. 44f., 155ff.; 192ff.).
3 John Locke, *A Letter Concerning Toleration*, Indianapolis 1955, S. 46; Shirley Letwin, *The Pursuit of Certainty*, Cambridge 1965, S. 127 bis 188; Montesquieu, *Vom Geist der Gesetze*, X, 3, S. 193; VI,2, S. 108.
4 Schmitt, Der bürgerliche Rechtsstaat, in: *Abendland* (1928), S. 201.
5 Montesquieu, *Vom Geist der Gesetze*, XI, 5, XI,3; »Denn in seinem eigentlichen Sinn bedeutet das Gesetz nicht so sehr die Beschränkung, sondern vielmehr die Leitung eines frei und einsichtig Handelnden in seinem eigenen [im englischen Original: proper, A. d. Ü.] Interesse, und seine Vorschriften reichen nicht weiter, als es dem allgemeinen Wohl derer dient, die unter diesem Gesetze stehen.« (Locke, *Zwei Abhandlungen über die Regierung*, II, 57, S. 234; siehe auch II, 6,13; S. 203, 207f.).
6 Strauss, *Naturrecht und Geschichte*, S. 232; John Milton, Areopagitica, in: *Complete Prose Works of John Milton*, New Haven 1959, Bd. 2, S. 503; Spinoza, »The Ethics«, in: *The Chief Works of Benedict de Spinoza*, New Haven 1959, Bd. 2, S. 212; Locke, *Letter Concerning Toleration*, S. 22; John Stuart Mill, *Die Freiheit*, S. 25.
7 Überzeugend vertritt dieses Argument Will Kymlicka, *Liberalism, Community, and Culture*, Oxford 1989.
8 Bei ihm heißt es: »Sobald diese deutlich voneinander unterschiedenen Prinzipien miteinander verwechselt werden, gibt es keine Hoffnung mehr auf korrekte Überlegungen in öffentlichen Angelegenheiten. Es gebührt den Theologen, die Grenzen zwischen dem Rechten und Unrechten in Hinblick auf das Gute oder die Schlechtigkeit einer Handlung an sich zu bestimmen; die Beziehung aber zwischen dem politisch Gerechten und Ungerechten zu bestimmen, ist Aufgabe des Staatsmannes« (Cesare Beccaria, *On Crimes and Punishments*, Indianapolis 1963, S. 6).
9 Locke, *Zwei Abhandlungen über die Regierung*, II, 13, S. 207.
10 Voltaire, *Philosophical Dictionary*, Harmondsworth 1983, S. 322. Voltaire sagt, jedermann wisse, daß es unmoralisch sei, einen Angeklagten für schuldig zu erklären und zu bestrafen, ohne ihm zu erlauben, sich zu verteidigen und zu erklären. Dieser Grundsatz ist weder will-

kürlich noch eine Frage der persönlichen Vorliebe, sondern ein universelles moralisches Gesetz.

11 Friedrich Nietzsche, *Jenseits von Gut und Böse*, 9. Hauptstück, Abschn. 259, S. 217.

12 Locke, *Zwei Abhandlungen über die Regierung*, II, 6, 13, S, 203, 207; William Blackstone, *Commentaries on the Laws of England*, Chicago 1977, Bd. 1, S. 249.

13 Die Grausamkeit würzt alle Vergnügen, so lautet der Kern der für Nietzsche kennzeichnenden Form des Antiliberalismus: »›Leidensehn tut wohl, Leiden-machen noch wohler ‹« – das ist ein harter Satz [...] Ohne Grausamkeit kein Fest.« (Nietzsche, *Zur Genealogie der Moral*, Zweite Abhandlung, §6, S. 318)

14 Locke, *Zwei Abhandlungen über die Regierung*, II, 8. 97, S. 204, 261; Immanuel Kant, Idee zu einer allgemeinen Geschichte in weltbürgerlicher Absicht, S. 24.

15 Strauss, *Naturrecht und Geschichte*, S. 261.

16 In dieser Hinsicht ist auch von Interesse, daß MacIntyre »demokratisch« immer in derogativer Bedeutung gebraucht. Sein Angriff auf »die Demokratisierung des moralischen Handelns« ist dafür ein typisches Beispiel. »Jeder kann« in einer liberalen Gesellschaft, so schreibt er, »demnach ein moralisch Handelnder sein, denn moralisches Handeln muß im Selbst und nicht in sozialen Rollen oder Handlungen liegen«. Liberale Rechte würden den einzelnen Menschen, nicht gesellschaftlichen Schichten zugeschrieben. Daher sei für die Liberalen »der moralisch Handelnde [...] irgendwer und jeder, der nicht gerade geistig gestört ist«. Aristoteles hätte moralisches Handeln niemals derart demokratisiert, denn er teilte nicht die Vorstellung »des moralischen Handelns aller«. Wahrscheinlich verstand er, daß wahres moralisches Handeln einigen wenigen vorbehalten ist (*Der Verlust der Tugend*, S. 294, 52, 208, 342). Da MacIntyre im Gegensatz zu Strauss beständig Hinweise auf seine egalitär-sozialistischen Sympathien ausstreut, ist es umso erstaunlicher, daß er solche antidemokratischen Gedanken niederschreibt.

17 MacIntyre, *Whose Justice? Which Rationality?*, S. 98. Siehe dazu auch Unger, *Knowledge and Politics*, S. 63–103; Taylor, Atomism, in: *Philosophy and the Human Sciences*, Cambridge 1985, S. 201 und Sheldon Wolin, *Politics and Vision*, Boston 1960, S. 332. Auch Robert Nisbet hilft uns, uns auf diesen Punkt zu konzentrieren. Der Liberalismus, so schreibt er, löse die sozialen Bindungen auf und »das Wesen der

sozialen Bindung ist die Ungleichheit« (*Twilight of Authority*, New York 1975, S. 217).

18 David Hume, Über den Ursprung der Regierung, S. 34; Locke, *Zwei Abhandlungen über die Regierung*, II, 220, S. 337; Blackstone, *Commentaries*, Bd. 1, S. 400.

19 Die Liberalen, zwischen den Kommunitaristen und den Superindividualisten angesiedelt, akzeptieren die gesellschaftliche Bedeutung zweier Unterscheidungen: Treue/Verrat und gutes Leben/schlechtes Leben. Wie wichtig diese Unterscheidungen auch immer sein mögen, so spielen sie doch in jeder liberalen Gesellschaft eine untergeordnete Rolle. Aus politischen Gründen müssen sie hinter der liberalen Dichotomie von richtiger Handlung/falscher Handlung zurückstehen. Nur in nichtliberalen Gesellschaften sind die Unterscheidungen zwischen Treue und Verrat einerseits und einem guten und einem schlechten Leben andererseits von größerer *politischer* Bedeutung als die zwischen dem Richtigen und dem Falschen. Zugegeben sind diese Begriffe etwas schwammig, man könnte überzeugend argumentieren, daß die Gerechtigkeit selbst ein Gut ist und daß die Verfassungstreue durchaus liberal sei. Aber das Gute der Gerechtigkeit und der Treue zu liberalen Idealen ist nicht das, was die antiliberalen Vertreter des Guten und der Treue im Sinn haben.

20 Cesare Beccaria, *On Crimes and Punishments*, S. 11.

21 Locke, *Zwei Abhandlungen über die Regierung*, II, 76, 94, 5, S. 247, 259, 202.

22 Locke, *Versuch über den menschlichen Verstand*, Buch IV, Kap. XIX, S. 14. Schon allein das Prinzip der inneren Widerspruchslosigkeit gewährt, daß die Lockesche Vernunft nicht rein instrumentell ist. Locke beruft sich fortwährend auf den Maßstab der logischen Konsistenz, beispielsweise auch in seinem Argument gegen die Verfolgung von religiösen Minderheiten. Wenn ein Richter in England das Recht hat, Angehörige einer religiösen Minderheit zu bestrafen, dann hat auch der Richter in Istanbul das entsprechende Recht, die Christen zu verfolgen. Die einzige Möglichkeit, diese unannehmbare, aber logische Schlußfolgerung zu vermeiden, ist, politische Verfolgung überhaupt aufzugeben. Die »Vernunft« selbst (die mehr ist als eine Zweck-Mittel-Rationalität) gebietet Toleranz in einem politisch festgelegten Rahmen.

23 Locke, *Zwei Abhandlungen über die Regierung*, II, 142, S. 290.

24 Montesquieu, *Vom Geist der Gesetze*, Tübingen 1992, (XI,3), Bd. 1,

S. 213; Blackstone, *Commentaries*, Bd. 1, S. 6; Adam Smith, *Der Wohlstand der Nationen*, S. 513; Nietzsche, *Der Wille zur Macht*, Abschn. 926, Bd. 19, S. 298.

25 Kant, Zum ewigen Frieden, S. 350; Über den Gemeinspruch: Das mag in der Theorie richtig sein, taugt aber nicht für die Praxis, in: *Werke*, Akademie-Textausgabe, Bd. VIII, S. 273–314, hier: S. 292; Idee zu einer allgemeinen Geschichte in weltbürgerlicher Absicht, S. 23. Das Hauptprinzip in Kants Moralphilosophie lautet »ich soll niemals anders verfahren als so, daß ich auch wollen könne, meine Maxime solle ein allgemeines Gesetz werden« (*Grundlegung zur Metaphysik der Sitten*, hrsg. von Karl Vorländer, Hamburg 1965, S. 20).

26 Vergleiche Strauss, *Naturrecht und Geschichte*, S. 259 mit Locke, *Versuch über den menschlichen Verstand*, Buch I, Kap. 3, S. 32 f.

27 Auch dieses Verbot kann man wiederum in einer abfälligen, an Nietzsche orientierten Weise ausdrücken: Weil die Europäer durch die liberale Moral verdorben sind, fehlt ihnen die aristokratische Chuzpe, wenn man das so sagen kann, zu behaupten, eine Handlung sei einfach schon deshalb »gut«, weil sie sie ausführen wollen. Die Liberalen sind durch ihr schlechtes Gewissen bereits daran gehindert, der Wertsubjektivität zu folgen.

28 Kant, Über den Gemeinspruch: Das mag zwar in der Theorie richtig sein, taugt aber nicht für die Praxis, S. 293.

29 Schmitt, Das Zeitalter der Neutralisierungen und Entpolitisierungen (1929), in: *Positionen und Begriffe*, S. 87; Staatsethik und pluralistischer Staat (1930), in: *Positionen und Begriffe*, S. 145; Alexander Solschenizyn, *A World Split Apart*, New York 1978, S. 37.

30 Unger, *Knowledge and Politics*, S. 54, 86 f.; Michael Sandel, The Procedural Republic and the Unencumbered Self, in: *Political Theory*, 12 (1984) [dt.: Die verfahrensrechtliche Republik und das ungebundene Selbst, in: *Kommunitarismus. Eine Debatte über die moralischen Grundlagen moderner Gesellschaften*, hrsg. von Axel Honneth, Frankfurt, New York, 2. Auflage 1994, S. 18–35].

31 Man kann diese doppelte Strategie der Antiliberalen mit der Beschwerde darüber vergleichen, daß das Essen nicht schmecke *und* nicht genügend davon da sei.

32 Diesen vermeintlichen Widerspruch schreibt unter anderem auch MacIntyre den Liberalen zu, in: *Whose Justice? Which Rationality?*, S. 326–348.

33 Unger, *Knowledge and Politics*, S. 85.

34 Hume, Über den Ursprung der Regierung, S. 32; Smith, *Vom Wohlstand der Nationen*, S. 611 f. Man kann das mit einem zwar banalen, aber leicht verständlichen Beispiel veranschaulichen: Der Schiedsrichter bei einem Baseball-Spiel kann nicht vollkommen neutral sein, denn er muß die Regeln durchsetzen. Außerdem sind die Gewinner und die Verlierer zumindest teilweise Entscheidungen unterworfen, die dem Gutdünken des Schiedsrichter unterliegen. Aber würde deswegen jemand behaupten wollen, ein Schiedsrichter *könne* zwei miteinander rivalisierenden Mannschaften gegenüber nicht neutral sein? Zugegebenermaßen liefert das Amt des Schiedsrichters kein angemessenes Modell für die Funktion der Jurisdiktion in einem liberalen Staat, aber zumindest hilft dieses vertraute Beispiel, den häufig vorgebrachten antiliberalen Vorwurf zu widerlegen, man könne gar nicht unparteiisch sein.

35 Es sollte festgehalten werden, daß die Idee der Unparteilichkeit zwischen verschiedenen rivalisierenden Gruppen als politisches Ideal zuerst zur Zeit der Religionskriege entstand. Sie bleibt bis auf den heutigen Tag wertvoll, da die politischen Autoritäten noch mit den Erben der an diesem Krieg beteiligten Parteien umgehen müssen. Der liberale Staat mag noch heute gut daran tun, sich in abstrakte soziale und moralische Kontroversen nicht verwickeln zu lassen. (Die Regierung behält sich das Recht vor, im Falle der Gefahr für die Öffentlichkeit einzugreifen, aber diese Gefahr muß erst nachgewiesen werden.) Zu einer überzeugenden Verteidigung der liberalen Idee der Neutralität entsprechend dieser Argumentation siehe Charles Larmore, *Patterns of Moral Complexity*, Cambridge 1987, S. 40–68.

36 Montesquieu, *Vom Geist der Gesetze*, Bd. 1, VI, 2, S. 107 f., VI, 5, S. 111–115.

37 Die Behauptung, der Liberalismus habe kein Konzept des gesellschaftlichen Zwecks und konzentriere sich ausschließlich auf Nebenschauplätze oder auf die Spielregeln, ist unzutreffend; eher trifft zu, daß die Liberalen Ziele hatten, doch waren es immer *beschränkte* Ziele.

38 Kant, Was ist Aufklärung?, S. 40.

39 Locke, *Zwei Abhandlungen über die Regierung*, II, 11, S. 206.

40 Charles Taylor, Aneinander vorbei, S. 118; Unger, *Knowledge and Politics*, S. 20, 152, 168, 228, 177; MacIntyre, *Der Verlust der Tugend*, S. 147 f. Es ist bedeutsam, daß Taylor sich an manchen Stellen von

der kommunitaristischen Kritik des verfahrensrechtlichen Vorgehens distanziert: »Es ist durchaus möglich, sehr entschieden für eine Moral einzutreten, die auf dem Begriff des Guten gründet, aber wenn es um die Grundsätze der Politik geht, auf eine verfahrensrechtliche Formel zurückzugreifen.« Dann fügt er klärend hinzu, »politische Fragen sind in der Tat vom Wesen der moralischen Theorie zu unterscheiden« (Taylor, *Sources of the Self*, Cambridge, Mass. 1989, S. 532). Natürlich überzeugt es immer weniger, die liberale *Politik* im gewöhnlichen kommunitaristischen Sinn zu kritisieren, je größer der Abstand zwischen moralischer und politischer Theorie wird.

41 Kant schrieb ironisch, der »Glanz des Oberhaupts« eines Staates »besteht darin, daß ihm, ohne daß er sich eben selbst in Gefahr setzen darf, viele Tausende zu Gebote stehen, sich für eine Sache, die sie nichts angeht, aufopfern zu lassen.« Siehe auch seine Bemerkungen zu Söldnern: »daß, zum Tödten oder getödtet zu werden, in Sold genommen zu sein, einen Gebrauch von Menschen als bloßen Maschinen und Werkzeugen in der Hand eines Andern (des Staats) zu enthalten scheint« (Kant, Zum ewigen Frieden, S. 354, 345).

42 Locke, *Zwei Abhandlungen*, II, 6,8, S. 203 f.; Montesquieu, *Persian Letters*, S. 48; Kant, *Grundlegung der Metaphysik der Sitten*, S. 52; Locke, *Zwei Abhandlungen*, II, 6, S. 203; Smith, *The Theory of Moral Sentiments*, Oxford 1976, S. 234 (VI, II,2).

43 In einem regel-utilitaristischen Rahmen gibt es allerdings keinen Widerspruch zwischen einer ernsthaften Verurteilung der Manipulation und der instrumentellen Begründung von Rechten.

44 Locke, *Letter Concerning Toleration*, S. 36.

45 Er tat das, weil »nichts für die Gesellschaft notwendig [ist], das nicht für die Ziele, zu denen sie gegründet wurde, notwendig ist«; ein Feldwebel kann »einem Soldaten befehlen, auf die Mündung einer Kanone loszumarschieren«, aber er darf diesem Soldaten nicht aufgrund des ausdrücklichen Zweckes seines Amtes »befehlen, ihm einen Pfennig von seinem Gelde zu geben«. Die Macht ist also, »nur weil sie absolut ist, noch lange nicht willkürlich«, sie ist streng beschränkt auf das Ziel, dessentwegen die Macht zugestanden wurde (Locke, *Zwei Abhandlungen*, II, 47, 139, S. 289).

46 Ebda., II, 8, S. 204; Beccaria, *On Crimes and Punishment*, S. 65 f.; Kant, *Metaphysik der Sitten*, Rechtslehre, Vom Straf- und Begnadigungsrecht I.

Kapitel 16

1 Schmitt, Das Zeitalter der Neutralisierungen und Entpolitisierungen (1929), in: *Der Begriff des Politischen*, Berlin 1963, S. 94; Strauss, On the Intentions of Rousseau, in: *Hobbes and Rousseau*, hrsg. von Maurice Cranston und Richard Peters, Garden City 1972, S. 267; Lasch, *The True and Only Heaven*, S. 308; Unger, *Knowledge and Politics*, S. 75.

2 MacIntyre, *Whose Justice? Which Rationality?*, S. 353.

3 Unger, *Knowledge and Politics*, S. 160, 213.

4 Die Autoren der Gegenaufklärung benutzen nur sehr selten den Begriff »Terror«, um das Abschlachten der Bauern und Häretiker unter dem *Ancien régime* zu beschreiben. Von ihrem Standpunkt aus betrachtet, ist der Mord bestimmter Gruppen nur dann terroristisch, wenn er weiter oben auf der gesellschaftlichen Leiter stattfindet, nur dann also, wenn die unteren Bevölkerungsschichten wagen, Hand an diejenigen zu legen, welche die Repräsentanten der Gesellschaftsordnung sind.

5 Friedrich Nietzsche, *Jenseits von Gut und Böse*, §208, S. 128 f.

6 Adam Smith, *Der Wohlstand der Nationen*, S. 662, 666 f.

7 Diese Gleichsetzung mutet unter anderem deswegen etwas merkwürdig an, weil die Naturwissenschaft keine besondere Rücksicht auf die menschliche Freiheit nimmt – die den Liberalen, wie wir annehmen dürfen, besonders am Herzen liegt.

8 Heidegger, *Die Frage nach der Technik*, S. 30.

9 Alexander Solschenizyn, *A World Split Apart*, 1978, S. 48 f.; *Warning to the West*, 1976, S. 130 f. (dt.: *Warnung: Die tödliche Gefahr des Kommunismus*, Frankfurt/Berlin/Wien 1980).

10 Unger, *Knowledge and Politics*, S. 25, 179, 204, 32. Unger verbindet dieses Argument wie Lasch mit der genau entgegengesetzten Klage: Der Liberalismus habe die Menschheit ihrer »Beherrschung der eigenen Zukunft« beraubt (S. 59).

11 Unger, *Knowledge and Politics*, S. 201, 153. Natürlich schrieb Unger dies, bevor er selbst den moralischen Imperativ aufstellte, man sollte bis zum äußersten gehen.

12 Unger, *Knowledge and Politics*, S. 229, 176, 112. Wie aber sind wir Menschen in diese katastrophale Situation geraten? Wer de Maistre gelesen hat, weiß, daß unser Fall aus der Säkularisierung bzw. der Auflösung der religiösen Beschränkungen resultiert: »Natur und

Gesellschaft können als mögliche und wirkliche Objekte der unbegrenzten Manipulation begriffen werden, wenn man die Welt als profan und nicht mehr als Verkörperung des Heiligen betrachtet.« Der säkulare Humanismus ist Unger zufolge ein Sakrileg. Er leistet der Wissenschaft Vorschub, indem er die »traditionelle Auffassung, daß viele natürliche Phänomene heilig sind und deshalb vom Menschen respektiert werden müssen«, abschafft (S. 19, 159, 153). Unger folgt Heideggers Kritik an »dem rationalistischen Anspruch, die Welt dem Verstand durchsichtig zu machen« (S. 320).

13 Daß einige Mittel, die die moderne Wissenschaft hervorgebracht hat, sehr gefährlich sind, ist eine ganz andere und gänzlich unbestrittene Behauptung.

14 William Blackstone, *Commentaries on the Laws of England*, Chicago 1977, Bd. 1, S. 47; Locke, *Versuch über den menschlichen Verstand*, Buch II, Kap. 2, S. 122; Voltaire, *Philosophical Dictionary*, S. 297.

Kapitel 17

1 Diese Überlegung veranlaßte Kant, die Ehe als einen Tausch zu beschreiben (vgl. Kapitel 13, Anmerkung 16).

2 Die Liberalen leugneten aus ganz konkreten politischen Gründen, etwa um die Idee von der Erbsünde abzuschaffen, daß die Individuen »Teil« voneinander sein können. Sie wollten damit nicht auf Dauer angelegte menschliche Beziehungen zerstören.

3 Man könnte also sagen, daß das ursprüngliche Antonym zu Egoismus nicht Altruismus war, sondern irrationale Gewalt: Vgl. Albert O. Hirschman, *Leidenschaften und Interessen. Politische Begründungen des Kapitalismus vor seinem Sieg*, Frankfurt a.M. 1980.

4 Vgl. Kapitel 1 in Stephen Holmes, *Rediscovering Liberal Democracy*, Chicago 1994.

Schluß

1 Alexander Solschenizyn, *Warning to the West*, New York 1976, S. 146f., 49 (dt.: *Warnung: Die tödliche Gefahr des Kommunismus*,

Frankfurt/Berlin/Wien 1980); *A World Split Apart*, New York 1978, S. 57, 51.

2 So können z. B. in diesem politischen System nur solche Politiker Legitimität für sich beanspruchen, die sich öffentlich dem Risiko aussetzen, Wahlen auch zu verlieren.

Rationen

Herausgegeben
von Otto Kallscheuer
Lektorat
Peter Hammans

Nicht Leitlinien sind in den Epochen des Umbruchs gefragt, sondern produktive Neugier: Rationen liefern Proviant und Orientierungswissen für unübersichtliche Zeiten. Rationen bieten Vernunft im Plural, Aufklärung, deren Ergebnis nicht schon vorab feststeht. Rationen versorgen Zeitgenossen mit Geistesgegenwart. Bisher sind sechzehn Bände erschienen.

Benjamin Barber
Starke Demokratie
Aus dem Amerikanischen von Christiane Goldmann und Christa Erbacher-von Grumbkow
ISBN 3-88022-804-3

Ted Honderich
Das Elend des Konservativismus
Aus dem Englischen von Anne Vonderstein
ISBN 3-88022-807-8

Michael Ignatieff
Wovon lebt der Mensch
Aus dem Englischen von Hans Jörg Friedrich
ISBN 3-88022-799-3

Anne Phillips
Geschlecht und Demokratie
Aus dem Englischen von Christa Erbacher-von Grumbkow
ISBN 3-88022-458-7

Stephen Holmes
Die Anatomie des Antiliberalismus
Aus dem Amerikanischen von Anne Vonderstein
ISBN 3-88022-466-8

ROTBUCH *Rationen*

ROTBUCH *Taschenbuch*

Weltgesellschaft im Umbruch

Rony Brauman
Hilfe als Spektakel
Das Beispiel Ruanda
Aus dem Französischen von
Barbara Kleiner
ISBN 3-88022-377-7

Richard Wagner
Völker ohne Signale
Zum Epochenumbruch in Osteuropa
ISBN 3-88022-066-2

Richard Wagner
Sonderweg Rumänien
Bericht aus einem Entwicklungsland
ISBN 3-88022-047-6

Michael Sontheimer
Im Schatten des Friedens
Ein Bericht aus Vietnam
und Kamputschea
ISBN 3-88022-013-1

Ernest Gellner
Nationalismus und Moderne
ISBN 3-88022-358-0

Walter Gorenflos
Keine Angst vor der Völkerwanderung
ISBN 3-88022-371-8